교사리더십과 학급경영

| 김규태 저 |

양 성 원

그리운 선생님과 학급

나는 서울교육대학에 들어가서야 교사(敎師)라는 말을 처음 알게 되었을지 모른다. 그 전에는 '선생님'이란 말 밖에 몰랐던 것 같다. 나는 나의 선생님을 고등학교 때 까지는 무조건 선생님으로만 불렀던 것 같다. 그래서 선생님이라고 하면 그리움이 앞선다. 선생님들이 있었기에 오늘의 내가 있는 것이다. 그리고 내가 서울교대를 나와 서울시내 초등교사가 되어서도 그냥 선생님이 되고 싶었지 딱딱한 교사이고 싶지는 않았다. 아이들이 나를 불러주던 '선생님' 좋고 그 이름이 그립다. 나는 진정 아이들이 좋아서 초등학교 선생님으로 남고 싶었다.

어쩌다 박사가 되고 교수가 되었을 때도 누가 "주 박사는 꼭 초등학교 선생님 같애" 라고 하는 말을 들으면 그렇게 좋을 수가 없었다. 초등학교 선생님이 내 몸에 배었었구나 생각하니 한편 행복하기까지 하였다. 어쨌든 나는 대학교수가 되어 초등교사로는 실패한 사람이 되고 말았다.

어쩌다가 생각치도 않게 내가 살아 온 이야기를 책으로 쓰게 되어 책 제목을 '대한민국 한 교사의 삶과 생각(학지사)'이라고 했더니 출판사에서 '교수'라고 하지 왜 '교사'라고 하느냐며 제목을 바꾸자고 하였다. 교수도 영어의 교사(Teacher)에 해당되며 나는 교수보다 교사로 남고 싶다며 아이들이 불러주던 그리운 '선생님'을 생각하여 교사를 고집하였던 적이 있다.

학급(學級, Classroom)은 왜 학급이라고 부르게 되었는지 모르겠다. 학급이 학습하는 집단을 의미한다면 차라리 '학집(學集)'이라고 하는 게 나을지도 모른다. 옛날에 갑(甲), 을(乙), 병(丙) 등급(等級, class)으로 학습 집단을 나누고 우열반으로 나눌 때는 학급이란 말이 맞았을지도 모른다. 그런데 학습집단인 학급에 '경영(經營)'할 것이 있는가? 그래서 나는 개인적으로는 '학급경영'이란 용어를 좋아하지 않는다. 교사의 주임무가 경영자란 말인가?

'학급관리(學級管理)' 정도는 가능하다고 본다. 실제로 외국에서의 'Classroom Management)'란 책을 보면 모두 수업 중 학습집단을 어떻게 관리할 것인가를 다루고 있다. 우리나라에서와 같은 '학급담임'이란 제도도 없고 경영할 것이 없기 때문이다. 우리나라에서 학급담임이 하는 일을 대부분의 외국에서는 '상담사'가 하고 있는 것이다.

그래도 '학급'은 나의 그리움의 대상이다. 내가 맡았던 학급이 생각나기 때문이다. 까르르 웃는 아이들의 모습이 떠오르고 노래 소리가 흘러나오던 나의 교실이 그립기 때문이다. 60년대 우리들의 서울 초등학교 교실은 120명에 4부제를 하는 학교까지 있었다. 나는 '콩나물 교실'의 교사였다. 그때의 나의 아이들은 콩나물이고 교실은 콩나물 시루였다. 아이들아 미안하다. 그래도 그때 콩나물 교실에서 그 콩나물들에게 '빛나는 졸업장(?)'을 주었었기에 산업국가를 만들 수 있었다고 한다.

우리나라에서 선생님들은 학생을 가르치지 않고 '학급(집단, 교실)'을 가르치고, 아이들을 가르치지 않고 국어를 가르치고 지리를 가르친다고 나는 지적한 적이 있다. 아이들은 선생님을 '0반(학급) 선생님'이라고 부른다. 내 선생님(my teacher)이 아니라 '학급'(집단)을 가르치는 선생님, 교실을 가르치는(classroom, 건물) 선생님이라고 정확히 호칭하고 있는 것이다. 학급은 가르치지만 인간 나는 가르치지 않고 있다는 것을 아이들은 정확히 알고 있는 것이다. 선생님이 복도에 지나가면 아이들은 "저기 국어 간다," "저기 영어 간다"고 말한다. 선생님 인간이 지나가는 게 아니라 교과목 국어가 가고 영어가 가는 것이다. 인간 선생님으로 보이는 게 아니라 국어 지식, 영어 지식으로만 보이는 것이다. 선생님이 인간 자기를 가르치는 게 아니라 국어, 영어 지식 파편조각을 가르친다고 아이들은 정확히 알고 그렇게 말하는 것이다. 내가 그런 초등학교 교사였고 지금도 그럴 수밖에 없는 대한민국 교사들이 많을 것이다. 가르치는 일을 하려면 교실(classroom, 건물)을 가르치지 말고, 지식의 파편조각을 가르치지 말고 사람을 가르치는 일을 해야 보람을 느낄 수 있을 것이다.

학교는 가르치는 곳이 아니라 배우는 곳이다. 나는 학교가 가르치는 곳이라면 학교(學校)가 아니고 교교(敎校)라고 불렀을 것이라고 극단적으로 말한 적이 있다. 학교는 학생뿐만 아니라 모두가 배우는 곳이다. 나는 '배움'이라는 말과 함께 '깨친다'는 말을 참

좋아한다. 평생을 배워야 한다. “공부하다 죽어라”고 한다. 태어나기 전 뱃속에서부터 배우기 시작하여(태교) 무덤에서도 학생(顯考學生)으로 배운다고 한다. 학생들이 배울 수 있도록 교사와 교육과정(학습과정), 환경을 마련해줘 학생들의 배움을 도와주는 곳이 학교라고 보기 때문에 교교라고 하지 않고 학교라고 하는 것이다. 학생들은 교사가 가르치지 않아도 배울 수 있는 것도 많다고 본다. 자기가 깨우쳐서 배우는 것이 진짜 배우는 것이다. 이제야 자기주도학습이니 플립러닝이니 하는 것이 안타깝다. 교사도 가르치려고 하기 전에 먼저 배우려고 해야 한다. 교사와 학부모, 어른들은 무조건 아이들을 가르치려고만 대드는 형국이다. 환자의 맥도 안 짚어보고 침놓을 생각만 하는 것 같다고 나는 비꼬아 말한 적이 있다.

학교는 학생을 중심에 놓고 보아야 한다. 교사 앞으로 학생이 지나가는 게 아니라 학생 앞으로 교사와 학교가 지나가는 것이다. 밥상을 차리는 것은 교사와 학교이지만 막상 밥을 먹을 사람은 학생이다. 자기 밥상을 자기가 차려먹는 학생도 있어야 한다. 학생에게 자기 입맛에 맞는 것을 골라먹을 자유도 줘야 한다. 대한민국은 자유민주주의 국가이면서 교육에서만은 선택의 자유가 없는 것이 우리나라의 교육이고 학교와 학급의 현실이다. 아이들이 다 다르다고 하면서 한 가지 밥상, 한 가지 반찬만 먹으라고 하면서 평등과 획일의 잣대만 들이대고 21세기 교육을 하겠다면 이미 와있는 21세기를 어쩌자는 것인가? 등산로를 하나만 만들어 놓고 다 그곳으로만 몰린다고 등산객을 원망하면 어쩌자는 것인가? 도대체 누가 치맛바람을 일으키게 만들고 과열하게 만들어 놓았는가?

그래도 교육은 대부분 교사에 의하여 학급에서 이루어진다. 그래서 교사와 학급은 중요하다. 이 책의 저자도 ‘교사의 리더십’과 ‘학급경영’으로 귀결지으려 한 것 같다. 이 책은 6개 부(part) 13개 장(chapter)로 이루어졌는데 01. 교사와 교직의 이해, 02. 교사 전문성과 정체성, 03. 교직의 위기와 대처, 04. 교육조직행동의 이해의 4개 부 9개장을 바탕에 깔고 나서야 드디어 이 책의 본론이면서 결론에 해당하는 2개부 4개장으로 된 05. 교사 리더십, 06. 학급경영의 이해와 실제를 끌어냈다. 앞에 많은 전제가 깔려있다는 것은 그만큼 교사리더십과 학급경영이 어렵다는 의미일 것이다. 어떻게 보면 2개의 부 중에서도 맨 뒤의 학급경영을 위한 교사리더십으로 볼 수도 있을 것이다. 학습을 위한 리더십이냐 경영을 위한 리더십이냐 아니면 둘 다를 위한 리더십이냐의 초점의 문제는 또 있을 수 있다. 또 앞의 4개 부에 비중을 둘 것이냐 아니면 뒤의 2개 부에 비중을 둘 것이냐의 문제도 생각하게 되는데 저자는 뒤의 2개 부 4개장에 비중을 두고 싶겠지만 독자나 수강생은 앞의 4개 부 9개장에 비중을 둘 수도 있을 것이다. 그만큼 교사가 되는 바탕이 중요하다고 볼 수도 있기 때문이다. 남과 조직을 리드하고 경영한다는 것이 중요하고 어려운데 이를 논리적으로 잘 연결했다는 점에서 이 책은 귀중한 교재가 될 것으로 본다. 특히 거의 모든 장에 걸쳐 마지막 부분에 '셀프체크' 도구가 제시되어 있는데 이는 그 장에 대한 자신의 학습 확인도 하고 또 그 장의 내용에 대한 연구도구로 활용할 수 있을 것으로 보아 아주 좋은 착안이라고 생각한다.

오늘날의 나를 있게 만들어 주신 그리운 선생님들과 내가 맡았던 그리운 학급을 생각하며 공부할 수 있는 기회를 주고 많은 자료를 모아 한권의 보석으로 엮어 주신 저자에게 깊이 감사드린다. 그리고 이 책으로 공부하신 분들이 많은 사람들에게 정신적인 영향을 주고 또 존경받게 되길 바란다.

2020. 1.

주삼환

충남대학교 명예교수

(전 한국교육행정학회 회장)

(주삼환리더십상 헌정 제정)

추천사

전 세계는 지능정보기술의 발전에 따라 제4차 산업혁명에 접어들고 있다. 제4차 산업혁명은 기하급수적인 속도로 진화하고 있으며, 국가, 기업, 산업 및 사회 전체 시스템에 혁신을 가져오고 있습니다. 미래 일자리 지형의 변화에 대응하는 교육으로의 개편 요구가 높아지고 있습니다. 이런 시점에서 교사들은 교육과정, 수업, 생활지도 등에 전문성을 신장하고 미래교육을 이끌어가는 리더가 될 필요가 있습니다. 김규태 교수가 집필한 '교사리더십과 학급경영'은 급변하는 교직환경 속에서 교사들의 수행해야 할 직무의 성격과 내용, 교사리더십과 전문성도 함께 변화될 필요가 있다는 점을 잘 지적하고 있습니다.

본서는 저자인 김규태 교수가 2011년 계명대에 부임하여 학부와 대학원 및 교원연수 등에서 하신 강의와 그동안 집필해 오신 저서와 논문들을 토대로 작성되었다고 들었습니다. 그러한 적용 실제를 바탕으로 하였기에 이 책은 학부 및 대학원생들이 쉽게 이해하고 학습할 수 있도록 구성되어 있습니다. 일례로 텍스트보다 이미지에 강한 디지털 원주민인 학생들을 고려하여 다양한 개념과 원리 등을 쉽게 이해하도록 시각화된 도표와 그림 등을 많이 제시하고 있습니다.

이 책은 교사와 교직 관련 교과목들인 교사론, 교사리더십, 교육조직행동, 교육행정, 학급경영, 교직실무를 융합하려는 시도를 하고 있습니다. 교사전문성과 교사정체성 문제를 다루고 있고, 교직이 직면하고 있는 위기 상황과 이를 극복하기 위한 긍정교육조직 원리를 제시하고 있습니다. 또한 교직에서 일어나는 개인, 집단, 조직 수준의 조직행동을 다루고 있고, 교육 분야에서 제시하는 리더십 유형과 함께 교사리더십의 특성과 리더로서의 교사 역할을 다루고 있다는 점에서 그러하다고 봅니다.

이 책은 최근 교육동향인 2015 개정교육과정, 학습자 중심 수업, 과정중심평가, 디지털 도구 활용, 진로지도 및 학생 특성 이해 등을 반영하여 교사로서 주요 직무인 학급 관리 이론과 실제를 다루고 있습니다. 또한, 조직행동, 리더십, 학생 이해 관련 여러 심리적, 사회적 변수들과 자기 진단도구를 소개하고 있습니다. 따라서 현직 및 예비교사들이 자기를 점검하며 계발하는데 자료로 활용될 수 있을 것입니다.

외국이론을 주로 소개하는 기존의 개론서들과 달리 우리 교육현장을 토대로 우리의 교육이론을 정립하기 위한 저자의 노력이 돋보이는 책입니다. 이러한 노력은 교사양성 교육의 질을 높이고, 나아가 한국교육학 정립의 토대가 될 것입니다. 저자의 노력에 다시 학계의 일원으로서 깊은 감사를 드립니다.

2019년 12월 5일

박남기

광주교육대학교 교수

(현 한국교육행정학회 회장)

(전 한국교원교육학회 회장)

서문

학교교육의 질은 무엇보다 교사의 전문성에 달려 있다. 이것은 최근 학습자 중심의 수업이니 자기주도적 학습을 강조하고 있다고 하여도, 교사가 학생이 스스로 꿈을 찾아 배우고 자신을 계발하도록 돕는 전문성을 효과적으로 발휘하여 학생에게 적절한 도움과 영향을 미칠 때 학교교육의 질이 확보된다는 의미일 것이다. 다른 말로 하자면 교사가 학생의 학업과 학교생활에 대해 긍정적으로 이끄는 영향력을 의미하는 교사리더십을 효과적으로 발휘할 때 학교교육의 질은 확보된다는 의미일 것이다. 따라서 교사가 어떻게 리더십을 발휘하느냐가 학생 개인은 물론 학교교육의 성과와 질을 결정한다는 점에서 교사들이 갖추어야 할 것은 리더십일 것이다.

교사가 학생들을 이끄는 공간을 학급이라고 한다. 학급은 교사가 리더로서 학생들에게 영향력을 발휘하는 범위, 자신의 교육애와 열정을 내뿜는 직무 공간, 하루 중 많은 시간을 보내는 생활공간이다. 한 나라, 한 학교에도 구성원들의 생활규칙과 방식이 있듯이, 학급에도 학생과 교사가, 학생과 학생이 함께 공부하고 생활하는데 필요한 규칙과 방식이 있다. 또한, 학교에서 교사들이 수행할 책임과 과업이 있듯이 학급에도 교사와 학생 모두 지켜야 할 법도와 책임과 일들이 있다. 학교장이 학교교육을 관리하듯, 교사도 자신이 속한 학급을 관리해야 한다.

교사리더십이라는 영역과 학급경영이라는 영역을 분리해서 접근되고 있는 것이 일반적이나, 본서는 교사들이 학급에서 학생들을 지도하고 관리하기 위한 리더십은 무엇이며, 학급관리의 영역과 내용과 방법들은 무엇인지를 융합해 보려고 시도하였다. 이러한 점에서 본서는 교사들이 수행해야 할 직무 영역인 교육과정, 교수학습, 생활지도 등과 관련된 교직이론은 물론, 교사들이 교직에서 실천적으로 수행할 지식과 기술들을 다루는 교사론, 교사리더십, 교육조직행동, 학급경영 등을 바탕으로 집필되었다.

즉, 교사에게 필요한 교육학 지식과 실천을 종합적으로 다루었다. 본서는 최근 교사들이 직면하고 있는 지능정보사회, 2015 개정 교육과정, 학습자 중심 수업과 과정중심평가 등 최근 교직의 변화 맥락, 교직의 위기를 초래하는 교권침해 등 여러 교직환경을 다루면서 교사들의 전문성과 정체성도 변화해야 한다는 점도 강조하였다.

본서는 교직을 준비하는 예비교사들과 현장에서 학급 리더로서 학생들을 지도하고 있는 현직교사 그리고 교사리더십과 학급경영을 연구하는 연구자들을 위해 집필되었다. 특히 이 책은 디지털 원주민인 예비교사들을 고려하여 다양한 개념이나 원리 등을 쉽게 이해할 수 있도록 비주얼화된 도표와 그림으로 요약하여 제시하였다.

본서는 전체적으로 6부 13장으로 구성되어 있다. 제1부는 교사는 누구인지를 다루는 교직에 대한 이해(제1장)와 교사들이 직면하고 있는 교직환경들을 다루는 변화하고 있는 교직환경(제2장)을 다루었다.

제2부는 교사전문성(제3장)과 교사정체성(제4장)을 다루었다. 제3장에서는 변화하는 교직환경에 따른 교사전문성은 무엇인지, 교사들은 전문성 신장을 위해 어떠한 준비와 활동을 해야 하는지를 살펴보았다. 제4장에서는 교직의 위기와 변화 속에서 교사들이 자신들이 누구인지를 탐색해가는 과정인 교사정체성에 대한 개념, 특성과 기능 및 영향요인에 대해 다루었다. 이 장은 여타 다른 저서가 다루지 않은 것을 다룬다는 점에서 의의가 있다.

제3부는 제5장과 제6장으로 구성되며, 교직의 위기와 대처를 다루었다. 제5장에는 위기에 처한 교직 상황과 교직 침해 실태와 교권보호에 대해 다루었고, 제6장에서는 교직의 위기를 극복함에 있어서 긍정심리학을 응용한 지식과 전략을 소개하고 있다. 이들 장들은 다른 책들에서 다루지 않은 장들로서 본서의 가치를 높여주는 장들이라 볼 수 있다.

제4부는 제7장부터 제9장까지로 구성되며, 교사들이 교직에서 갖는 개인적, 집단적, 조직적 수준의 행동들인 교육조직행동을 다룬다. 제7장에서는 교사 개인 수준에서의 조직행동으로 직무동기, 조직공정성, 임파워먼트, 교사효능감, 학업적 낙관주의, 신뢰, 교사헌신, 감정노동, 소진, 지각편향 등을 다룬다. 제8장에서는 집단 수준의 조직행동으로 학교조직의 구조와 특성, 관료제 및 전문가조직, 교직사회화 등을 다룬다. 제9장에서는 조직수준의 행동들인 직무만족, 직무스트레스, 조직시민행동, 조직몰입, 교직

문화, 교직풍토 등을 다룬다.

제5부는 제10장과 제11장으로 구성되며, 교사리더십을 다룬다. 제10장은 리더십의 일반적 이론들인 특성론, 행동론, 상황론, 변혁적 리더십, 감성적 리더십, 서번트 리더십 등을 다루며, 제11장에서는 효과적인 교사의 특성, 성공하는 교사의 9가지 습관, 효과적인 리더로서의 교사의 역할과 교사리더십의 촉진 및 장애요인, 팔로워 및 팀장으로서의 리더를 다루었다.

제6부는 제12장과 제13장으로 구성되며, 학급경영의 이해와 실제를 다루었다. 제12장에서는 학급의 의미와 유형, 학급의 적정규모, 학급의 교육적 효과, 학급경영의 특성과 원리, 학급담임의 업무와 일과 등에 대해 이론적으로 다루었다. 제13장에서는 학급경영의 환경과 동향, 학급에서의 교육과정, 교수학습, 생활지도 등 학급관리의 영역과 전략 등에 대해 다루었다.

막상 집필을 마치고 나니 본서에서 다른 내용과 예시 등에 대해 보다 상세하고 다양하고 알찬 내용을 구성 및 제시하는데 미흡하다는 생각이 든다. 그렇다고 저자는 완벽주의를 고집하고 싶지 않다. 왜냐하면 독자들로부터 이 책에 대한 여러 질책과 비판을 받고 더 발전적으로 수정 보완할 기회를 갖고 싶기 때문이다. 아울러 이 책이 저자가 그동안 대학 강단에서, 교원연수, 학회발표, 강연 등에서 다룬 내용으로 구성되었다는 점에서 이 책의 보다 나은 발전은 대학 강난이나 강연에서 가르치며 보다 정교하게 다듬고 싶기 때문이다.

이 책이 출판되도록 허락해 주시고 여러 지원을 아끼지 않으신 양성원 강철원 사장님께 감사드리며, 출판 과정에서 졸고를 다듬어주신 편집부의 노고에도 감사드리는 바이다. 끝으로 이 책을 집필하는 과정에서 여러 가지 생각과 아이디어를 갖게 해 준 제자들, 그리고 이 졸고에 씨름하고 있을 때 물신양면으로 지지를 보내준 가족에게 감사드린다.

2020년 3월

영암관에서

저자 김규태 드림

차례

PART 03. 교직의 위기와 대처

PART 04. 교육조직행동의 이해

PART 01

교사와 교직환경의 이해

Chapter 01

교사에 대한 이해

학습 목표

1. 교사의 신분과 유형에 대해 설명할 수 있다.
2. 교직관과 직무에 대해 설명할 수 있다.
3. 교사의 역할과 자질에 대해 설명할 수 있다.
4. 교사의 권리와 책임에 대해 설명할 수 있다.
5. 교직윤리와 교직단체에 대해 설명할 수 있다.

1. 교사 신분과 유형

교사는 교육을 통하여 국민 전체에 봉사하는 직무와 책임, 특히 수업 및 학생지도를 담당하는 교육공무원을 말하며 자격, 임용, 보수, 연수 및 신분보장 등에 관하여 교육공무원법 등에 따라 특례를 적용받는다. 교사는 수업활동과 학생지도에 필요한 소양과 지식을 갖추고 고도의 자율성과 사회적 · 윤리적 책임을 담당해야 한다는 점에서 경력직공무원 중 특수한 지식과 기술을 담당하는 특정직으로 분류된다.

교사는 각 학교에서 학생을 직접 지도 · 교육하는 자를 말하므로 각 학교에서 근무하더라도 학교의 관리 운영에 관한 사무를 담당하는 사무직원은 교원이 아니다. 또한 우리나라는 교원의 법정자격제도를 채택하고 있으므로 자격을 갖추지 못한 무자격자는 교사가 될 수 없으며, 교원자격증을 가진 자라도 임명절차를 거치지 아니한 자는 교사라 할 수 없다.

교사는 법령에서 정하는 바에 따라 학생을 교육한다. 교사의 자격 종류는 정교사(1급, 2급), 준교사, 전문상담교사, 사서교사, 보건교사, 영양교사, 진로진학상담교사 등으로 구분된다. 또한 교육과정을 운영하기 위하여 필요하면 학교에 이들 교사 이외에도 산학겸임교사 · 명예교사 또는 강사 등을 두어 학생 교육을 담당하게 할 수 있다.

교사는 고용자인 학교 설립 주체가 누구인가에 따라 국 · 공립학교 교사와 사립학교 교사로 구분된다. 국 · 공립학교 교사는 국가와 지방자치단체가 설립한 국 · 공립학교에서 근무하고 있는 교사를 말하며, 사립학교 교사는 개인 또는 법인이 설립한 사립학교에서 근무하고 있는 교사를 말한다.

국 · 공립학교 교사는 교육공무원법에 적용을 받으며 사립학교 교사는 사립학교법에 적용을 받는 것을 원칙으로 하고 있다. 하지만 우리나라는 설립 주체별 교사의 구분에도 불구하고 사립학교 교사에게도 국 · 공립학교 교사와 동일한 수준의 권리와 의무를 부여하고 있다. 그 이유는 사립학교를 공익을 추구하는 공교육기관으로 보고 사립학교에 대해 인건비 및 운영비 등을 국고로서 지원하고 있기 때문이다.

사립학교 교사의 근무관계를 규정하고 있는 사립학교법은 임용권자가 서로 다름에 따른 교원 임용 절차에 대한 규정만을 달리할 뿐, 그 밖의 자격요건 · 복무 · 연수의무 · 신분보장 및 사회보장 등에 있어서 교육공무원과 동일하게 처우하고 있다. 이에 따라 사립학교 교사는 교육공무원법에 따른 국 · 공립학교 교사와 같이 정년이 62세까지 보장되고 있으며 보수 및 복무사항도 비슷하다.

<table>
<tr><td rowspan="7">국 · 공립</td><td rowspan="4">교육공무원
(특정직)</td><td rowspan="3">교원</td><td>유치원</td><td>원장, 원감, 교사</td></tr>
<tr><td>초 · 중등</td><td>교장, 교감, 교사</td></tr>
<tr><td>대학</td><td>교수, 부교수, 조교수, 강사</td></tr>
<tr><td colspan="2">교육전문직</td><td>장학관, 장학사, 교육연구관, 교육연구사</td></tr>
<tr><td rowspan="2">일반직공무원</td><td colspan="2">사무계(행정)</td><td>교육행정직</td></tr>
<tr><td colspan="2">기술직</td><td>직군, 직렬, 직급으로 세분</td></tr>
<tr><td>기타 별정직</td><td colspan="3">비서관, 비서, 기능직, 고용직</td></tr>
<tr><td colspan="2">사립</td><td colspan="3">국 · 공립 계통에 준함</td></tr>
</table>

2. 교사의 위상과 직무

교육은 주로 조직화 · 제도화된 공교육기관인 학교에서 이루어지고 있으며, 학교교육을 수행하는 자가 교사이다. 교사는 각 학교에서 원아, 학생을 직접 지도하는 교육자이자, 학생들에 대한 지도교육이라는 노무에 종사하고, 그 노무제공에 대한 대가로 받는 임금 급료 기타 이에 준하는 수입에 의하여 생활하는 근로자라 할 수 있다. 교사는 수업 및 교육활동에 있어서는 종속된 행정집행자나 법규의 적용자가 아니며, 국가나 지방자치단체 또는 사립학교의 설립 경영자나 학생들의 부모 및 그들에게 영향을 미칠 수 있는 제3자들의 지시에 단순히 복종하는 사람도 아니다. 교사는 학생들에게 사고의 방식을 길러주며, 학생들로 하여금 이해력과 통찰력을 개발하도록 하여 지적인 흥미를 유발시킬 수 있는 능력을 배양하도록 하고, 학생들이 사물에 대한 자기 나름의 견해를 가질 수 있도록 가치적인 문제들을 가르치는데 헌신하는 성직자이다. 교사는 고된 노무나 그 댓가보다는 학생들의 학업이나 인격적 성장을 도모하고, 그 가치에 보람을 느끼며 자신의 열정과 힘을 쏟아내는 서번트이다.

교사는 그 직무에 있어서 행정기관이나 기업에서 근무하는 일반근로자와 다른 특성과 역할을 발휘한다. 교원의 직무는 학생들의 건전한 인격의 신장을 목표로 하여 그들을 직접 지도 · 교육하는 것이고, 이러한 직무는 태어나면서부터 교육을 받고 학습하여 인격체로서 성장해가는 학생들의 기본적인 권리인 교육을 받은 권리를 실현하는 위임자이다. 다시 말해, 교사는 학습자들에게 미래 생활을 준비하기 위한 기초능력을 길러주는 공교육제도의 주관자로서 지위를 담당하도록 주권자인 국민으로부터 위임받은 사람이다.

교사는 수업활동과 학생지도에 필요한 전문적 기술과 능력을 발휘하는 전문가이다. 교사는 해당 분야에 대한 최신의 연구결과에 대한 식견과 정보뿐 아니라 인간의 성장과 발달, 행동심리, 정신건강과 위생, 학생의 욕구에 관한 고도의 지식을 필요로 하는 전문가이다. 따라서 교사는 장기간에 걸친 교육과 훈련을 받지 않고서는 그 직업이 요구하는 소양과 지식을 갖출 필요가 있다. 또한, 교사는 다른 전문직인 의사, 변호사 또는 성직자와 같이 고도의 자율성과 사회적 책임성을 아울러 가져야 한다는 사회적 · 윤리적 특성이 있다.

종합하면, 교사의 직무는 성직자, 노동자, 전문가 등 세 가지 관점에서 이해될 수 있다(김규태 외, 2013). 성직자관은 교사를 성직자와 같이 소명의식을 가진 직분을 수행하는 사람으로 본다. 이는 교사는 언제나 교육의 중심에 있게 되었으며, 지적으로나 도덕적으로 학생들이 본받아야 할 모델로서 수행해야 한다는 측면을 강조한다. 노동직관은 교사를 근로자로 보는 관점이며, 정신적 노동을 주로 하는 것이며, 계약에 의해 고용된 상태이므로 교사 또한 노동법에 규정하는 권리와 의무를 강조한다. 전문직관은 고도의 지적 · 정신적 전문성을 실천하는 자로서 교과내용에 관한 지식과 함께 교과를 가르치는 방법에도 정통해야 하며, 개별 학생에 대한 이해를 바탕으로 최상의 학습 및 생활지도를 실천하는 사람이다.

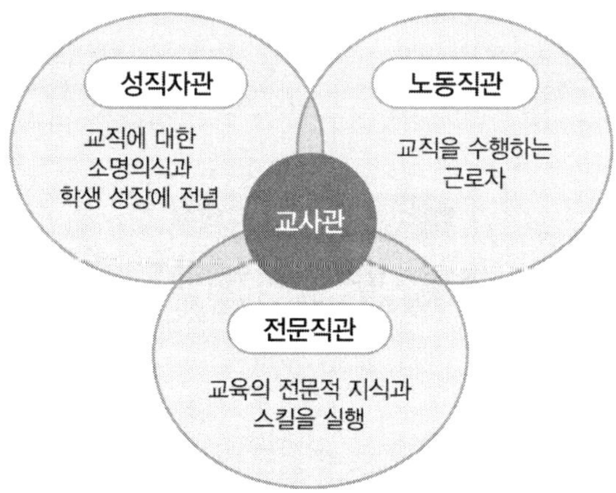

3. 교사의 역할과 자질

1) 학술적 관점에서의 역할과 자질

교사는 학생, 학부모 및 교사와의 상호작용을 통해 교육과정을 구현하도록 수업 및 생활지도를 담당하는 사람이다. 교사는 인격의 주체로서 교육적 신념과 가치를 바탕으로 학교교육을 담당한다. 교사는 전문적 지식과 경험에 터해 정해진 교육과정을 실현하기 위한 전문적인 수업과 학생지도를 담당한다. 교사는 학교교육에서 이루어지는 수업, 생활지도, 학급경영, 교직실무 등에 대한 주어진 분야에서 뛰어난 기술을 지닌 장인(匠人), 학문이나 기예에 통달하여 교육연구의 원리와 이치를 깨달은 달인(達人), 전공 분야의 지식과 기술에 능하고 새로운 원리와 방법을 개발할 수 있는 명인(名人)이 되어야 한다.

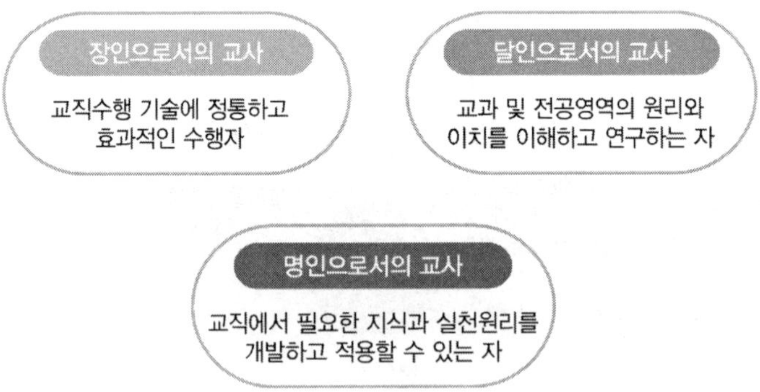

(1) 정범모 관점

정범모(2009)는 〈표 1-1〉과 같이 교원이 학교교육을 위해서 필요한 자질과 역량을 일반교양, 교과교양, 교직교양으로 구분한 바 있다. 일반교양은 인간, 사회, 예술, 자연 등에 대한 기본적 이해를 갖는 소양과 자질로서 교육에 대한 신념 및 가치관 형성과 학생 개인의 이해와 돌봄에 영향을 준다. 교과교양은 전공 교과에 대한 지식과 방법에 통달하여 교육과정 편성 및 운영과 교과내용 구성 · 전달 · 평가, 학생 생활지도와 상담에 영향을 준다. 교직교양은 학교에서 요구하는 여러 가지 교직실무에 필요한 원리와 방법을 이해하여 학사운영, 교무관리, 학급경영과 학생관리 등에 영향을 준다.

〈표 1-1〉 교원이 갖추어야 할 세 가지 교양

교양 유형		특징	적용
인성	일반교양	인간, 사회, 자연 등에 대한 이해	• 교육에 대한 신념과 가치관 • 학생 개인에 대한 이해와 돌봄
전문성	교과교양	전공 교과 지식과 방법에의 통달	• 교육과정 편성 및 운영 • 교과내용의 구성과 전달 및 평가 • 학생 생활지도와 상담
	교직교양	교직 실무의 원리와 방법 이해	• 학사운영 및 교무관리 • 학급경영 및 학생관리

(2) 교육사회학 관점

교육사회학 이론인 기능주의, 갈등론, 상징적 상호주의 관점에서 교사의 역할은 달리 규정되고 있다.

기능주의적 관점에서 보는 교사의 역할은 첫째, 교사는 학교교육을 통해 학생들을 기존 사회의 유지와 적응을 위한 사회화를 담당한다. 둘째, 교사는 사회에 적합한 인재를 양성하고 배출한다. 셋째, 교사는 학생들의 재능과 능력을 평가 분류한다. 넷째, 교사는 기존 사회의 유지나 통합과 변화를 촉진한다(김규태, 이석열, 상유징, 신지승, 2014)..

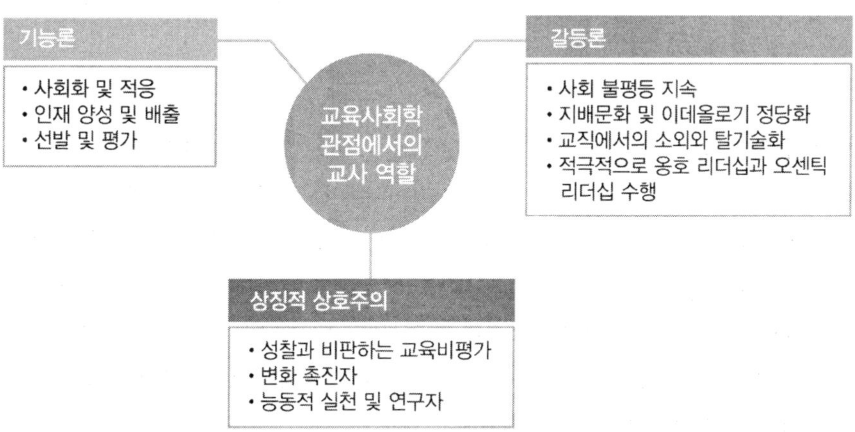

이러한 교사의 기능과 역할은 갈등주의적 관점에서는 비판의 대상이 될 수 있다. 갈등주의자들은 교사의 기능과 역할을 다음과 같이 보는 경향이 있다. 첫째, 교사는 기존의 질서를 재생산함으로써 사회 불평등을 지속시킨다. 둘째, 교사는 자본주의의 이데올로기를 학생들에게 전달하고 통제하며, 위계적 교육제도와 계층적 불평등을 합리화한다. 셋째, 교사는 시험이나 평가를 통해 능력별 집단 편성을 통해 계층의 선발과 분배과정을 정당화한다. 넷째, 교사는 교직 업무를 단순 사무직화하고 자신의 일로부터 소외시키고 있다. 이것은 애플(Apple)의 탈기술화(deskilling)와 기술재학습(reskilling)의 현상으로 설명이 가능하다(김규태, 이석열, 강유정, 신지승, 2014). 탈기술화는 국가에서 표준화된 교육계획 아래 다양한 교육 자료, 구체적 학습 안내, 정형화된 학습 기자재 등을 제공함으로써 교사의 할 일은 단지 컴퓨터 마우스의 클릭만 하는 존재로 떨어진다. 기술재학습은 이런 기술퇴화의 상황에 적응된 교사들이 국가에서 새로운 교육과정이나 내용이 제시되면 그것을 재학습한다. 하지만 교직에서는 교사가 점점 단순한 작업의 반복으로 인해서 자신의 역할과 기능을 상실하게 되고 있는 실정이다.

하지만 갈등주의적 접근에서도 교사가 수행하는 적극적 역할과 기능을 언급하기도 한다. 우선, 교사들은 그들의 전문성 행위의 목표가 자신의 전문성주의와 이해를 옹호하는 것이 아니라 진정한 수업과 학습(authentic pedagogy)을 옹호할 수 있다. 이는 Anderson(2009)이 제창한 옹호 리더십(advocacy leadership)과 참된 리더십(authentic leadership)을 통해 살펴볼 수 있다. 이것들은 교사들이 학생의 전인적 성장과 학습을 위해 실천적, 변혁적 역할과 기능을 수행할 것을 강조한다.

> 옹호 리더들은 모든 학생들을 위해 질적 수준이 높고 공평한 교육 원리를 실천해야 한다는 믿음을 지녀야 한다…. 그들은 학습자이어야 하고 항상 현실 안주와 관행을 떨치고자 해야 할 것이다…. 그들은 학생의 학습과 프로그램을 모니터링하여 개선하고자 다양한 유형의 데이터를 활용해야 한다. 그들은 시험 데이터는 진단하기 위하여 사용해야 하지만, 이것을 교육과정과 수업을 축소하고 왜곡하는데 활용하는 것을 허용해서는 안된다. 그들은 저소득 학부모와 학생의 스트레스와 위협을 이해하고 그들의 안녕과 성공을 위한 숙고와 노력을 경주해야 할 것이다(pp. 9-10).

이러한 교사의 옹호 및 참된 리더십은 상징적 상호주의 관점에서 보면 반성하는 실천가(reflective practitioners)로도 볼 수 있다(Schön, 1983). 반성하는 실천가들은 교직 수행 과정에서 상황맥락 지식에 따라 전문적 판단과 실천 방법을 강구하는 전문가이다. 그들은 자신의 전문적 활동과 결과를 냉정하게 평가하는 교육비평가다(Eisner, 2002). 게다가 교사는 공식적인 위계와 구조 속에서 주어진 과업과 역할만을 수행하는 수동적 실천가가 아닌 능동적인 리더로서 역할을 수행해야 할 것이다. 전문가들은 멘토, 교육과정 개발자, 의사결정자, 문제해결자, 변화촉진자, 그리고 현장연구자로서 그 역할을 수행할 수 있다(김규태, 2012).

2) 제도적 · 실천적 관점에서의 역할과 자질

교사가 갖추어야 할 역할과 자질에 대해 제도적 · 실천적 관점은 〈표 1-2〉와 같이 교사의 근무성정평정 기준(대통령령 제29180호, 시행 2018. 9. 21.)에서 제시되고 있는 내용을 중심으로 살펴보겠다. 이 기준에는 교육자로서의 품성, 공직자로서의 자세, 학습지도, 생활지도, 교육연구 및 담당업무로 구분된다. 이들 영역들을 정범모(2009)가 제시한 세 가지 교양과 연결해 보면, 교육자로서의 품성과 공직자로서의 자세는 일반교양에, 학습지도와 생활지도는 전공교양에, 교육연구 및 담당업무는 교직교양과 일맥상통한다.

일반교양의 영역으로 구분될 수 있는 교육자로서의 품성은 교원의 사명과 직무에 관한 책임과 긍지, 교원으로서의 청렴한 생활태도와 예의, 학생에 대한 이해와 사랑을 바탕으로 하는 교육 헌신, 학부모 · 학생으로부터의 신뢰와 존경 등에 해당된다. 그리고 공직자로서의 자세는 교육에 대한 올바른 신념, 직무에 대한 충실성과 솔선수범, 교직원간의 협조와 포용력, 자발적이고 적극적인 직무 수행 등에 해당된다.

전공교양의 영역에 해당될 수 있는 학습지도는 수업연구 및 준비에 대한 최선, 수업방법 개선 노력과 학습지도의 열의, 창의적인 교육과정 구성과 교재의 효율적 활용, 적절한 평가와 효율적인 평가 결과의 활용 등에 해당된다. 또한 생활지도는 학생의 인성교육 및 진로지도에 대한 열의, 학교행사 및 교내외 생활지도에 대한 최선, 학생의 심리, 고민 등에 대한 이해 노력과 적절한 지도, 학생 개개인의 건강 · 안전지도 등에 대한 배려심 등에 해당된다.

교직교양의 영역에 해당될 수 있는 교육연구 및 담당업무는 전문성 신장을 위한 연구 · 연수활동에의 적극성, 담당업무의 정확하고 합리적인 처리, 학교교육목표의 달성을 위한 임무수행을 위한 적극성과 창의성 등에 해당된다.

이렇게 볼 때 교사는 학교교육에서 이루어지는 수업, 생활지도, 학급경영, 교직실무 등에 대한 주어진 분야에서 뛰어난 기술을 지닌 교육전문가이다. 교사는 학생, 학부모 및 교사와의 상호작용을 통해서 교육과정 구현을 위한 수업 및 생활지도를 담당하는 전문가이다. 교사는 교육행위를 통하여 복잡하고 애매모호하고 불확실하며, 개별적이고 주체적인 인간의 경험을 풍부하고 충실하게 이해하고 바람직한 방향으로 변화시키는 행위를 수행한다. 또한 교사는 자신의 지식과 기술에 따라 스스로 결정하고 실천하는 재량권을 행사한다. 그리고 교사는 교육 실천 속에서 끊임없이 도덕적 판단력과 심성을 지니면서 학생들을 지도한다(김규태, 2012).

〈표 1-2〉 제도적 · 실천적 관점에서의 역할과 자질

영역	역할과 자질
교육공무원으로서의 태도	1) 교육자로서 품성을 갖추고 직무에 충실한가?
	2) 공직자로서 사명감과 직무에 관한 책임감을 갖고 솔선수범하는가?
학습지도	1) 수업교재 연구를 충실히 하는가?
	2) 학생 수준에 적합한 수업계획을 수립하는가?
	3) 학생들이 수업에 적극적으로 참여할 수 있도록 분위기를 조성하는가?
	4) 학생의 능력과 수준에 적합한 질문을 제시하는가?
	5) 학생들을 학습활동이나 과제 수행에 적절히 참여시키는가?
	6) 학생 특성과 요구에 적합한 수업자료 및 매체를 활용하는가?
	7) 학생의 이해도와 참여도를 수시로 점검하는가?
	8) 평가 결과를 수업개선을 위한 자료로 적극 활용하는가?

영역	역할과 자질
생활지도	1) 학생 개개인의 특성을 파악하기 위하여 노력하는가?
	2) 상담을 통해 학생이 당면한 문제를 원만히 해결할 수 있도록 지원하는가?
	3) 학생의 적성과 특기를 고려하여 진로 · 진학 정보를 제공하는가?
	4) 학생들이 학급에서 친구들과 잘 어울려 생활하도록 지도하는가?
	5) 안전사고 및 학교폭력을 예방하기 위한 교육을 실시하는가?
	6) 학생들이 올바른 기본생활습관(언어, 행동, 예절, 질서 등)을 기르도록 지도하는가?
	7) 학생들이 건전한 가치관과 도덕성을 갖추도록 지도하는가?
전문성 개발	1) 전문성을 높이기 위한 연구활동에 적극적인가?
	2) 전문성을 높이기 위한 연수활동에 적극적인가?
담당업무	1) 담당 업무를 정확하고 합리적으로 처리하는가?
	2) 담당 업무를 창의적으로 개선하고 조정하는가?

4. 교사의 권리와 책임

1) 교육할 권리

교사의 교육할 권리에 대해서는 행복추구권에서 찾는 견해, 학문의 자유에서 찾는 견해, 헌법 제31조의 교육권설에 찾는 견해 등이 있다. 행복추구권에서 교육할 권리는 인간의 존엄과 가치 및 행복추구권이 교육할 자유를 통해서 보장될 수 있다고 본다. '학문의 자유'의 입장에서의 교육할 권리는 대학에서만 인정되는 것이 아니라 일반학교에서도 교육의 자유를 인정해야 한다고 본다. 교육권설에서 교육할 권리는 어린이에 대한 교육을 그 주 대상으로 하는 바, 그에 대응하는 권리로서 양친을 중심으로 하는 국민전체에 교육의 자유가 보장되어 있다(김철수, 2004: 801-802).

교육할 권리에 대한 헌법재판소 판례

✤ 초·중등 교사의 교육할 권리에 대한 견해

- 행복추구
- 학문의 자유 추구
- 교육권 위임 수행

✤ 교육할 권리의 제한 사유

- 임용된 교육자로서 국민의 교육받을 권리의 위임을 실현하며 학습권 우선보장
- 미성년자임으로 심리적·가치 판단 등이 제한됨으로 대학에 비해 학문적 자유 제한 필요
- 법에 정한 국민기초교육(의무교육)을 충실히 수행해야 함으로 제한
- 근거법령
  교육기본법 제6조, 제14조 제2항
  초·중등교육법 장학감독권(제7조), 교육법에 따른 교육(제20조), 국가교육과정 집행(제23조), 검·인정 교과용 도서 사용(제29조)

학교교육에 있어서 교사의 교육할 권리는 자연법적으로는 학부모에 속하는 자녀에 대한 교육권을 신탁받은 것이고, 실정법상으로는 공교육의 책임이 있는 국가의 위임에 의한 것이다(헌재 1992. 11. 12 선고, 89헌마88). 교사의 교육할 권리가 국가의 책임과 권한으로부터 위임되었다고 해도 헌법 제31조 제4항의 규정대로 교육의 자주성·전문성·정치적 중립성의 요구가 있고, 교원은 일정한 범위 내에서 '교육의 자유'를 향유할 수 있다. 하지만, 초·중등학교 교원이 '교육의 자유'를 향유한다고 할지라도, 헌법상의 기본권으로서 국민의 교육받을 권리 역시 보호되어야 하기 때문에 교원의 교육의 자유는 일정한 제한을 받지 않을 수 없다.

첫째, 교원이 국민의 지위에서 진리를 탐구하고 그 결과를 전파하는 경우와는 달리, 교육자의 지위에서 학교교육을 수행하는 장면 속에 들어오면 헌법 제31조 제1항에 규정된, 국민의 교육받을 권리를 존중하여야 하고, 이 학습권을 침해하는 방식으로 교육의 자유를 행사할 수 없다(헌재 1991.7.22 89헌가106 판례집 3, 145). 왜냐하면 학교는 일반 국민이 학문의 자유를 펼칠 수 있도록 마련된 공간이 아니라 국민의 교육받을 권리를 실현하기 위해 교육이념과 교육목적에 따라 설립·운영되는 교육기관이기 때문이다.

둘째, 초 · 중등학교 학생은 대개 미성년자로서, 아직 독자적인 가치 판단 능력을 갖출 만큼 성숙한 수준에 도달하지 않았고, 발달 단계상 감수성이 예민하고 가소성이 큰 시기에 속해 있다. 이 점에서 초 · 중등학교 교원의 수업의 자유는 대학에서 교수의 자유와 동일할 수는 없으며, 상대적으로 대학에 비해 더 제한될 수 있는 것이다(헌법재판소 89헌마88, 판례집 4 756).

셋째, 초 · 중등교육은 보통교육이자 국민기초교육으로서, 교원의 직무 활동은 국가와 사회 공동체의 이념과 윤리라는 테두리를 벗어나서는 안 되는 제약을 받는다(헌법재판소 89헌가106, 판례집 3, 415). 또한 국민기초교육을 충실히 시행하도록 전국적으로 일정한 교육의 수준을 유지하면서, 학생의 종합적이고 균형 잡힌 전인적 성장을 꾀하여야 한다는 점에서도 교원의 교육의 자유는 제한된다.

헌법에 근거하여 교원의 교육의 자유를 제한하는 구체적인 법령을 살펴보면 먼저 교육기본법 제6조를 들 수 있다. 동조에서는 교육이 정치적 · 파당적 또는 개인적 편견의 전파를 위한 방편으로 이용되어서는 아니된다는 밝히고 있다. 또한 교육기본법 제14조 제2항에서 "교원은 특정 정당 또는 정파를 지지하거나 반대하기 위하여 학생을 지도하거나 선동하여서는 아니된다."고 하여 정치적 중립성을 규정하고 있다. 초 · 중등교육법에서 교원의 교육의 자유에 대한 제한을 설정하고 있는 주된 조항으로는, 교육과학기술부장관과 교육감의 장학지도권을 규정한 제7조, 교사는 법령이 정하는 바에 따라 학생 또는 원아를 교육한다고 한 제20조 제3항, 학교는 교육과학기술부장관과 교육감이 정하는 교육과정을 운영하도록 한 제23조, 교과용도서를 사용하도록 한 제29조를 들 수 있다.

2) 교사의 권리

교사가 갖는 권리는 크게 교육자로서의 권리, 전문직 종사자로서의 권리, 인간으로서의 기본적 권리로 구분된다.

(1) 교육자로서의 권리

교육자로서의 권리는 교육권, 신분상의 권리, 재산상의 권리로 구분된다. 교육권은 교육과정 결정 및 편성권, 교재의 선택 · 결정권, 교육내용과 방법 및 수업할 권리, 성적평가권, 학생지도 및 징계권 등이 있다. 교육과정의 결정 및 편성권은 교육활동의 핵심인 교육내용을 결정하고 교과서를 작성하는 권한이다(초 · 중등교육법 제23조). 그리고 교재의 선택권은 출판된 교육용 도서를 선택하는 권한이다(동법 제29조). 다만 각급 학교의 교과용 도서를 교육부가 저작권을 가졌거나 검정 또는 인정한 것으로 국한시키고 있다(동법 제29조 제1항). 교육내용과 방법 및 수업할 권리는 교실에서 수업할 때 교과서 범위 내에서 구체적 내용을 선택 · 결정할 권리이다(교육기본법 제12조). 성적평가권은 교원의 학생교육권(초 · 중등교육법 제20조)에는 학생에 대한 교과 성적 및 생활 상태 평가권은 당연히 갖는다는 측면을 강조한다. 학생지도 및 징계권은 꾸짖거나 체벌과 같은 사실 행위로서 행해지는 것, 퇴학 · 정학과 같은 법적 효과가 따른 형태로 구분되고 있다.

〈표 1-3〉 교육자로서의 권리

보장 내용	근거 규정
• 교원은 교육활동에 있어 학문의 자유가 보장되고, 학부모 등의 부당한 간섭을 받지 않도록 보호됨.	• 「교원의 지위에 관한 권고」(ILO/UNESCO) 제61조 및 67조
• 교육의 자주성 · 전문성 · 정치적 중립성은 헌법에 의해 보장되고, 교원의 전문성과 지위는 법률로 보장함.	• 「헌법」 제31조 및 「교육기본법」 제14조
• 교원의 교육활동은 법률에 의하지 않고는 제약받지 않음.	• 「초 · 중등교육법」 제20조

(2) 전문직 종사자로서의 권리

전문직 종사자로서의 권리는 신분 및 직위보유권, 직무집행권, 재심청구 및 행정소송권, 의사에 반한 신분 조치를 당하지 않을 권리, 권고사직 당하지 않을 권리, 불체포특권, 처분사유 설명서 교부권 및 후임자 보충발령의 유예, 여교원의 동등 신분보장권,

재산상의 권리 등이 있다.

신분 및 직위보유권은 교사는 법령이 정하는 사유와 절차에 의하지 않고는 그 신분과 직위로부터 일방적으로 배제되거나, 그 직위에 속하는 직무의 집행을 방해 당하지 않을 권리를 가진다(국가공무원법 제68조). 직무집행권은 교사가 담당하고 있는 직무의 집행을 방해 당하지 않을 권리를 가진다. 재심청구 및 행정소송권은 교사가 징계처분, 기타 그 의사에 반하는 불리한 처분에 대해 불복할 때에는 그 처분이 있은 것을 안 날로부터 30일 이내에 교육부에 설치된 교원소청심사위원회(이하 심사위)에 소청심사를 청구할 수 있는 권리를 말한다. 심사위는 소청을 접수한 날로부터 60일 이내에 이에 대한 결정을 하여야 한다. 다만 심사위가 불가피하다고 인정하는 경우에는 그 의결로 30일을 연장할 수 있다. 의사에 반한 신분 조치를 당하지 않을 권리는 교원은 법령이 정하는 사유와 절차에 의하지 않고는 신분조치(휴직 · 강임 · 면직)를 당하지 않을 권리를 말한다(교육공무원법 제43조 제2항, 사립학교법 제56조). 권고사직 당하지 않을 권리는 교원이 사회적으로 우대되어야 한다는 교육법의 정신에 입각하여 권고사직 당하지 않을 신분상의 권리를 가진다(교육공무원법 제43조 3항).

불체포특권은 교원은 현행범인 경우를 제외하고는 소속 학교장의 동의 없이 학원 안에서 체포되지 않을 특권을 가진다는 권리이다(교원 지위 향상을 위한 특별법 제4조, 사립학교법 제60조). 처분 사유 설명서 교부권 및 후임자 보충발령의 유예권은 교원은 직권에 의해 처분 당할 때, 그 처분권자 혹은 처분제청권자로부터 처분의 사유를 기재한 설명서를 교부받을 권리를 말한다(국가공무원법 제75, 사립학교법 제66조). 여자와 연소자는 특별한 보호를 받도록 헌법(제32조)이 규정하고 있다.

여교원에 대한 신분보장상의 차이는 없다는 권리이다. 여교원은 출산 전후를 통하여 90일 이내에 휴가를 얻을 수 있다(공무원복무규정 제20조). 그리고 여성교원에게는 산모의 건강 및 자녀 양육을 위해 3년간의 휴직청구권이 보장되어 있다(교육공무원법 제44조).

재산상의 권리는 보수청구권 등이 있다. 보수의 법적인 의미는 봉급과 기타 각종 수당을 합산한 금액을 말한다(공무원보수규정 제4조). 따라서 교원의 봉급은 보수의 기본적인 재산권이 되며, 교원의 경제적 지위의 기초가 된다. 교원의 봉급은 교원의 동일 자격 ·

학력 · 경력에 의하여 동일 호봉의 원칙에 준한다. 봉급 외의 보수청구권은 수당청구권(특수업무수당, 상여수당, 가계보전수당, 초과근무수당, 명예퇴직수당 등)과 연금청구권, 실비변상청구권(국가공무원법 제48조) 등이 있다.

〈표 1-4〉 전문직 종사자로서의 권리

보장 내용	근거 규정
• 교원의 지위와 신분은 부당하게 간섭받지 않으며, 법률이 정하는 사유 외에는 강임 · 휴직 · 면직되지 않음.	• 「교육공무원법」 제43조
• 교원의 인사 · 조직 · 처우 및 기타 직무조건에서 불이익한 처분에 대해 심사를 청구할 수 있음.	• 「교육공무원법」 제49조 및 「교원의 지위 향상 및 교육활동 보호를 위한 특별법」 제9조
• 교원은 현행범이 아니고서는 학교에서 체포되지 않음.	• 「교육공무원법」 제48조
• 교원은 경제적 · 사회적 지위 향상을 위해 단체를 조직하고 활동할 수 있음.	• 「교육기본법」 제15조 및 「교원의 노동조합 설립 및 운영 등에 관한 법률」 제4조

(3) 인간으로서의 기본적 권리

인간으로서의 기본적 권리는 교사도 인간으로서 존엄과 행복 추구권, 신체의 자유, 양심 · 의사 표현의 자유, 재판청구권, 노동권 등에 대한 권리를 보장받는다는 것이다.

〈표 1-5〉 인간으로서의 기본적 권리

보장 내용	근거 규정
• 교원은 시민으로서 갖는 모든 권리를 자유롭게 행사할 수 있음.	• 「헌법」 제11조 및 「교원의 지위에 관한 권고」(ILO/UNESCO) 제80조
• 교원의 예우 및 교육활동에 대해서는 법률에 의해 특별히 보호됨.	• 「교원의 지위 향상 및 교육활동 보호를 위한 특별법」 제1조
• 교원에 대한 부당한 민원 · 진정 등에 대해서는 소명의 기회가 주어지며, 그 과정에 대해서는 비밀이 보장됨.	• 「교원의 지위 향상 및 교육활동 보호를 위한 특별법 시행령」 제7조

3) 책임

교사가 수행해야 하는 책임 중 하나는 행정적 책임이다. 교사는 학기 설정, 수업일수 조정, 학급 편성 운영, 수업 시간, 조기 진급 및 조기 졸업, 입학과 수료 및 졸업 등 법령에 규정한 학사운영 기준에 부합하도록 학사운영을 해야 한다(초 · 중등교육법 제27조 ①, 초 · 중등교육법 시행령 제44조, 제45조, 제46조, 제50조). 또한 교사는 복무, 승진, 연수, 징계 등을 규정하는 법규 및 행정규칙을 이행해야 한다(국가공무원법, 교육공무원법, 국가공무원복무규정, 공무원근무사항에 관한 규칙, 국가공무원승진규정, 교원 등의 연수에 관한 규정 등). 그리고 교사는 학생의 학업성취도 및 인성 등을 종합적으로 관찰 평가하여 학생지도 및 상급학교의 학생 선발에 활용할 수 있는 자료를 교육부장관이 정하는 기준에 따라 작성 관리해야 한다(초 · 중등교육법 제25조).

둘째, 교사는 전문가로서 전문적 책임을 수행해야 한다. 교사는 교육자로서 갖추어야 할 품성과 자질을 향상시키고, 그 직무를 수행하기 위하여 부단히 연구와 수양에 노력해야 함은 물론, 학교 내에서 동 학년 모임, 교과별 모임, 현장연구, 자체연수 등을 통해 교육활동 개선을 위해 경주해야 한다(교육기본법 제14조 ②, 교육공무원법 제38조 ②, 초 · 중등교육과정 고시). 또한 교사는 학생 병합 수업, 방송프로그램 수업 활용, 정보통신매체 이용한 수업 실시와 아울러 개별 및 공동학습활동, 발표 토의학습, 실험 관찰 조사 등 직접체험활동을 활용한 교과수업 등을 수행해야 한다(초 · 중등학교 교육과정 고시). 아울러 교사는 학생자치활동, 징계, 훈육, 진로지도, 특기 적성계발 등의 생활 진로지도 및 상담에 있어 전문성을 발휘해야 한다(초 · 중등교육법 제17조, 초 · 중등교육법 시행령 제30조, 제31조, 초 · 중등학교교육과정 고시 등).

셋째, 교사는 학생과 학부모의 필요와 요구를 부응하는 고객지향적 책임을 수행해야 한다. 교사는 학교와 학생의 특성과 요구 및 수준에 맞는 학교교육과정을 편성 운영해야 한다. 또한 교사는 학생과 학부모의 요구를 바탕으로 방과 후 혹은 방학 중 프로그램을 개설해야 한다. 그리고 교사는 학생의 수준과 흥미 및 요구에 맞는 교과서를 선택해야 함은 물론, 학생의 수준에 맞는 교재 및 자료를 개발해야 한다. 아울러 교사는 교과용 도서 이외에 학교에서 수행하는 수준별 교육과정 실시를 위한 심화 · 보충학습자료를 개발 사용해야 한다(초 · 중등교육법 제29조 ①, 초 · 중등교육법 제32조, 초 · 중등학교 교육과정 고시).

넷째, 교사는 도덕적 책무를 수행해야 한다. 교사는 교육공무원으로서 수행해야 하는 선서, 성실의무, 복종의 의무, 직장이탈금지, 친절공정의 의무, 비밀엄수의 의무, 청렴의 의무, 품위유지의 의무, 영리업무 및 겸직금지, 정치운동의 금지, 집단행위의 금지 등의 도덕적 책무를 이행해야 한다(국가공무원법 제55조~66조, 국가공무원복무규정).

〈표 1-6〉 교사의 책임

유형	영역	내용	근거
행정적 책임	학사운영	학생의 선발, 졸업, 진급, 성적 등 학사관리 운영	초 · 중등교육법 제27조 ①, 초 · 중등교육법시행령 제44조, 제45조, 제46조, 제50조
	행정규정	복무 승진 연수 평가 등 행정규정 준수	국가공무원법, 교육공무원법, 국가공무원복무규정, 공무원근무사항에 관한 규칙, 국가공무원승진규정, 교원 등의 연수에 관한 규정 등
	사무관리	학생생활기록부 기록 관리	초 · 중등교육법 제25조
전문적 책임	연구연수	품성과 자질 및 직무 향상을 위한 연구연수활동	교육기본법 제14조 ②, 교육공무원법 제38조 ②, 초 · 중등교육과정 고시
	수업	다양한 수업 방법의 강구 실시	초 · 중등교육법 시행령 제48조, 초 · 중등학교교육과정고시, 교육공무원승진규정
	평가	다양한 평가도구방법 기준 강구 실시	초 · 중등교육과정 고시
	생활지도	학생 징계 및 훈육, 특기적성 계발, 진로지도 등	초 · 중등교육법 제17조, 제31조, 교육공무원승진규정
고객지향적 책임	교육과정	학생의 특성과 요구 및 수준에 적합한 교육과정 편성 운영	초 · 중등교육법 제32조 초 · 중등학교교육과정 고시
	교과 및 교과서 선택	학생들의 필요 능력 적성에 적합한 교과 및 교과서 선택권 보장	초 · 중등교육법 제32조 초 · 중등학교 교육과정 고시
도덕적 책임	자질, 품성 및 태도 복무	성실, 친절공정, 비밀엄수, 청렴, 품위유지 등의 의무 이행	국가공무원법 제55조, 제66조, 교육공무원법승진규정

출처: 김규태(2012a), 이준희(2012)의 관련내용을 수정 · 종합함

5. 교직윤리와 교직단체

1) 윤리적 실천가로서의 교사

교직은 전문적이고 도덕적인 실천과정과 맥락을 특징으로 하며, 교사들은 학생과 학교교육을 위해 여러 가지 윤리적 결정과 쟁점에 직면하게 된다. 교사는 교육행위를 통하여 복잡하고 애매모호하고 불확실하며, 개별적이고 주체적인 인간의 경험을 풍부하고 충실하게 이해하고 바람직한 방향으로 변화시키는 행위를 수행한다. 이를 위해서는 교육적 상상력, 감정이입력, 인간적 만남, 인간에 대한 교육적 열정, 진리에 대한 열정과 정직성, 특정 상황에 대한 감식력, 사려 깊음과 관심 등 도덕적 실천력을 발휘해야 한다.

교사는 자신의 지식과 기술에 따라 스스로 결정하고 실천하는 재량권을 행사한다. 그래서 교사의 직무는 단순한 과정을 요구하고 사전에 주어진 지침에 따라 수행되는 것이 아니라 이루어야 할 목표와 목표 달성을 위한 실행의 절차에 대한 끊임없는 반성적 실천을 요구하고 있다. 교사는 학생의 고유한 가능성과 교육적 필요를 포착하는 일에서부터 그에게 가장 의미 있는 경험의 소재들을 선정 · 해석 · 번역하여 전달하는 일에 이르기까지 윤리적 판단과 결정을 해야 한다.

교사는 교육 실천 속에서 끊임없이 도덕적 판단력과 심성을 지닐 필요가 있다. 왜냐하면 교육 실천과정은 학생과 교사 간의 상호작용에서의 인격적 관계, 근면성, 관대함, 공공성, 평등성 등의 윤리적 가치 실현, 윤리강령과 도덕적 공동체로서의 학교 구축 등의 요인들이 내재되어 있기 때문이다(김규태, 2012). 이러한 점에서 교사는 교직에서 직무를 수행함에 필요한 개인적이고 단체적인 수준의 윤리를 실천할 필요가 있을 것이다.

2) 제도적 관점에서의 교직윤리

제도적 관점에서 제시되는 교직윤리는 국가공무원법(제7장)에서 명시하고 있다. 국가공무원법에서 제시하고 있는 교사들이 수행하는 복무사항은 성실 의무(제56조), 복종의 의무(제57조), 직장 이탈 금지(제58조), 친절·공정의 의무(제59조), 비밀 엄수의 의무(제60조), 청렴의 의무(제61조), 품위 유지의 의무(제63조), 영리 업무 및 겸직 금지(제64조), 정치 운동의 금지(제65조), 집단 행위의 금지(제66조) 등이 있다.

- 모든 공무원은 법령을 준수하며 성실히 직무를 수행하여야 한다(성실 의무).
- 공무원은 직무를 수행할 때 소속 상관의 직무상 명령에 복종하여야 한다(복종의 의무).
- 공무원은 소속 상관의 허가 또는 정당한 사유가 없으면 직장을 이탈하지 못한다(직장 이탈 금지).
- 공무원은 국민 전체의 봉사자로서 친절하고 공정하게 직무를 수행하여야 한다(친절·공정의 의무).
- 공무원은 재직 중은 물론 퇴직 후에도 직무상 알게 된 비밀을 엄수(嚴守)하여야 한다(비밀 엄수의 의무).
- 공무원은 직무와 관련하여 직접적이든 간접적이든 사례·증여 또는 향응을 주거나 받을 수 없다. 공무원은 직무상의 관계가 있든 없든 그 소속 상관에게 증여하거나 소속 공무원으로부터 증여를 받아서는 아니 된다(청렴의 의무).
- 공무원은 직무의 내외를 불문하고 그 품위가 손상되는 행위를 하여서는 아니 된다(품위 유지의 의무).
- 공무원은 공무 외에 영리를 목적으로 하는 업무에 종사하지 못하며 소속 기관장의 허가 없이 다른 직무를 겸할 수 없다(영리 업무 및 겸직 금지).
- 공무원은 정당이나 그 밖의 정치단체의 결성에 관여하거나 이에 가입할 수 없다. 공무원은 선거에서 특정 정당 또는 특정인을 지지 또는 반대하기 위한 다음의 행위를 하여서는 아니 된다. ① 투표를 하거나 하지 아니하도록 권유운동을 하는 것 ② 서명 운동을 기도(企圖)·주재(主宰)하거나 권유하는 것 ③ 문서나 도서를 공공

시설 등에 게시하거나 게시하게 하는 것 ④ 기부금을 모집 또는 모집하게 하거나, 공공자금을 이용 또는 이용하게 하는 것 ⑤ 타인에게 정당이나 그 밖의 정치단체에 가입하게 하거나 가입하지 아니하도록 권유운동을 하는 것(정치 운동의 금지).

- 공무원은 노동운동이나 그 밖에 공무 외의 일을 위한 집단 행위를 하여서는 아니된다. 다만, 사실상 노무에 종사하는 공무원은 예외로 한다(집단 행위의 금지).

3) 교직단체

일반적으로 교원단체는 유네스코(UNESCO)와 세계노동기구(ILO)가 1966년에 공동으로 작성한 '교원 지위에 관한 권고문'에서 "교원단체는 교육의 진보에 크게 기여할 수 있는 것이며, 따라서 교육정책의 결정에 마땅히 관여해야 한다"라고 천명한 권고문에 의해 설립되기 시작하였다. 교원단체는 기본적으로 전문직으로서의 교권의 신장과 교원들의 권익 및 복지 보호를 위한 조직이라고 할 수 있다. 교원단체가 교직의 전문성 신장을 위한 단체라고 함은 교원조직이 사회봉사 기능을 담당하며 교육의 진흥과 문화의 창달 및 민주사회의 실현을 목적으로 한다는 측면을 강조한다. 그리고 교원단체가 교원들의 권익 및 복지 보호를 위한 조직이라고 함은 교원의 제반권리를 옹호하고 교원의 근무조건, 교원복지, 교권 확립 등을 위한 이익단체(interest group)임을 강조하는 것이다.

우리나라의 교원단체는 한국교원단체총연합회, 전국교직원노동조합, 한국교원노동조합, 자유교원조합 등이 있다. 우선, 한국교원단체총연합회(한국교총)는 1947년 11월 23일 결성된 '조선교육연합회'를 모태로 발전한 교직단체로서 1948년 8월 15일 정부수립과 함께 '대한교육연합회'로 개칭하였고, 1989년 11월에는 그 명칭을 '한국교원단체총연합회'로 바꾸었다. 1991년에는 '교원지위 향상을 위한 특별법'이 제정됨에 따라 교육당국과의 교육에 대한 교섭 · 협의권을 정례화하게 되었다. 한국교총은 여러 교육정책을 마련하여 교권 신장을 위해 노력하고 있으며, 최근 수석교사제도화를 이끄는 등 활동을 하고 있다.

둘째, 전국교직원노동조합은 1987년 9월 전국교사협의회가 발족되어 활동하던 중에 1989년 5월 전국교직원노동조합(전교조)이 결정되면서 시작되었다. 전교조는 '참교육'을 구호로 내걸고 노동 3권 보장을 주장하면서 교원 노동운동을 전개하였다. 이러한 과정에서 전교조는 1989년 1,500여 명의 교원들이 교단을 떠나게 되는 등 정부에 의해 공식 교원단체로 인정받지 못하였다가 1999년 1월에 국민의 정부에 의해 공포된 '교원의 노동조합 설립 및 운영에 관한 법률'에 의해 합법화되었다. 전교조는 기본적으로 노동자로서의 교사의 권익 보장을 위하는 단체로서 전국민주노동조합총연맹 산하단체로 활동하고 있다. 전교조는 노동 3권 중에서 단결권, 단체교섭권은 보장받고 있으나 단체행동권은 부여받지 못하고 있다.

이 밖에도 1999년 2월 12일에 교원의 노동기본권 보장과 교육환경 개선 및 실천을 위하여 한국노동조합총연맹 산하 단체로 결성된 한국교원노동조합이 있으며, 또한 전교조와는 반대로 학교별 특성화된 교원평가의 실시, 교원처우성과급제 도입, 교육정보 공개 추진, 학업성취도 평가 및 기초학력진단 평가의 전국 확대 실시 등 자유주의 교육정책을 옹호하는 자유교원조합이 있다.

학습 정리

1. 교사는 학교에서 학생을 교육을 담당하는 자로서, 임용 주체가 국가와 지방자치단체이면 국공립 교사, 개인 및 법인이면 사립교사로 불린다. 국공립교사는 교육공무원법을 적용받으며, 교육원 직렬로 특정직으로 분류된다. 반면, 사립교사는 사립학교법에 적용을 받지만, 그 밖의 자격요건 · 복무 · 연수의무 · 신분보장 및 사회보장 등에 있어서 교육공무원과 동일하게 처우받고 있다.
2. 교사들은 성직자, 노동자, 전문가로서 그 직무를 수행하고 있다. 교사들에 대한 성직자관은 교사를 성직자와 같이 소명의식을 가진 직분을 수행하는 사람으로 본다. 노동직관은 교사를 근로자로 보는 관점이며, 정신적 노동을 주로 하는 계약에 의해 고용된 자로 본다. 전문직관은 고도의 지적 · 정신적 전문성을 실천하는 봉사자로서 교과내용에 관한 지식과 함께 교과를 가르치는 방법에도 정통해야 하며, 개별 학생에 대한 이해를 바탕으로 최상의 학습 및 생활지도를 실천하는 자로 본다.
3. 교사는 학교교육에서 이루어지는 수업, 생활지도, 학급경영, 교직실무 등에 대한 주어진 분야에서 뛰어난 기술을 지닌 장인(匠人), 학문이나 기예에 통달하여 교육연구의 원리와 이치를 깨달은 달인(達人), 전공 분야의 지식과 기술에 능하고 새로운 원리와 방법을 개발할 수 있는 명인(名人)이다. 또한, 교사들은 학교교육을 위해서 필요한 자질과 역량인 일반교양, 교과교양, 교직교양을 갖출 필요가 있다. 그리고, 교사들은 기능론 관점에서 사회화와 선발, 갈등론 관점에서 교육불평등 및 재생산 촉진자, 상징적 상호주의 관점에서 반성하는 실천가로서 역할을 담당한다.
4. 교사에게는 교육할 권리, 전문직 종사자로서의 권리, 인간으로서의 기본적 권리가 있다. 이와 함께 교사에게는 담담해야 할 행정적 책임, 전문적 책임, 고객지향적 책임, 도덕적 책임이 있다.
5. 교사들은 국가공무원법에 따른 성실 의무(제56조), 복종의 의무(제57조), 직장 이탈 금지(제58조), 친절 · 공정의 의무(제59조), 비밀 엄수의 의무(제60조), 청렴의 의무(제61조), 품위 유지의 의무(제63조), 영리 업무 및 겸직 금지(제64조), 정치 운동의 금지(제65조), 집단 행위의 금지(제66조) 등 공직윤리를 실천해야 한다. 또한, 교사들은 기본적으로 전문직으로서의 교권의 신장과 교원들의 권익 및 복지 보호를 위한 교직단체인 한국교원단체총연합회, 전국교직원노동조합, 한국교원노동조합, 자유교원조합 등에 가입하여 활동할 수 있다.

Chapter 02

변화하는 교직 환경

학습 목표

1. 지식정보사회의 특징에 대해 설명할 수 있다.
2. 제4차 산업혁명의 특징과 교육에의 적용 실제에 대해 설명할 수 있다.
3. 과학기술사회의 양상과 특징을 설명할 수 있다.
4. 세계화 및 고령화사회의 특징을 설명할 수 있다.
5. 변화하는 직업세계의 변화와 교육의 역할에 대해 설명할 수 있다.

세계는 지능정보기술의 발전에 따라 제4차 산업혁명에 접어들고 있다. 제4차 산업혁명은 기하급수적인 속도로 진화하고 있으며, 국가, 기업, 산업 및 사회 전체 시스템에 혁신을 가져오고 있다. 미래 일자리 지형의 변화에 대응하는 교육 분야의 대변혁은 피할 수 없는 상황이다. 예를 들면, 현재 초등학교 입학생의 약 65%는 현존하지 않는 새로운 직업을 얻을 것이라는 전망, 또한 2020년까지 약 510만여개 일자리가 감소된다는 전망 등을 그 예로 들 수 있다. 따라서 교사들은 미래사회를 위한 교육 패러다임과 변화를 주도하는 리더십과 전문성을 향상하도록 끊임없는 학습을 할 필요가 있다. 아래에서는 지식정보사회와 네트워크, 온라인 집단지성, 창의성, 제4차 산업혁명, 과학기술사회, 세계화 및 다문화사회, 변화하고 있는 직업세계 등을 제시할 것이다.

1. 지식정보사회

지식정보사회는 인터넷, 디지털, 네트워크, 스마트 기기 등을 매개로 하여 지식과 정보를 탐색, 수집, 분석, 종합, 비판, 창조하며, 사이버공간을 통해 연결, 소통, 참여, 공유하고, 스마트 기기를 활용하여 학습과 일을 효과적으로 수행할 수 있는 사회를 말한다. 지식정보사회는 앨빈 토플러의 '제3의 물결'에서 제시되었다. 1차 물결은 농업혁명인데, 인류가 농경을 시작해 먹을 것을 풍부하게 생산해 낸 사회를, 2차 물결은 산업혁명을 통해 도래했고, 증기기관과 기계를 통한 대량 생산해 내는 사회를, 3차 물결은 지식정보혁명으로 정보와 지식을 대량생산하고, 대량생산된 지식과 정보가 대량으로 유통, 전달, 소비되는 사회를 말한다.

지식정보사회는 네트워크를 통해 서로 연결 · 소통하는 사회이다. 네트워크 사회는 정보와 상품, 자본과 사람과 지식이 컴퓨터 네트워크를 통해 서로 연결되고 이동하는 사회를 말한다. 즉, 정보와 지식이 인터넷망과 소셜네트워크서비스 등을 통해 수평적인 연결과 소통을 통해 통제와 감시의 규율을 벗어나 다양화와 자율성을 지향하는 사회를 말한다.

최근 대두된 제4차 산업혁명은 이러한 지식정보사회와 네트워크사회에 더해 사물인터넷, 인공지능 등을 통해 초연결, 기계학습 등이 강화된 사회라고 할 수 있다(백욱인, 2013). 지능정보사회의 도입은 장밋빛 환상만은 아니다. 거기에는 우리가 해결해야 할 프라이버시침해, 사이버일탈, 정보격차 및 스마트폰 중독 등 여러 문제가 산재되어 있으며, 그것들은 다음과 같다.

지능정보사회의 병폐

- 프라이버시와 잊혀질 권리
  ※ 잊혀질 권리: 개인이 온라인 사이트에 올라가 있는 자신과 관련된 각종 정보의 삭제를 요구할 수 있는 권리
- 사이버일탈(cyber deviation): 컴퓨터 및 인터넷 등과 간은 사이버 고간에서 발생하는 일탈 또는 일

탈 행위. 사이버상의 범죄행위뿐 아니라 온라인 욕설이나 폭언, 음란/폭력 사이트 접촉 등
- 인터넷실명제, 리플, 선플 예절 등
- 정보격차(digital divide): 새로운 정보에 접그근할 수 있는 능력을 보유한 자와 그렇지 못한 자 사이에 경제적, 사회적 격차가 심화되는 현상.
- 인터넷 중독, 스마트폰 중독 → 디지털 단식, 디지털 디톡스
- 디지털 감시사회 → 교통카드, 신용카드, 위치추적, 감시카메라 등으로 감시받는 사회

출처: 이항우 등(2011). 정보사회의 이해

지식정보사회는 인터넷과 SNS 등을 통해 온라인 집단지성을 추구하는 사회라고 볼 수 있다. 집단지성(Levy, 2002)은 사이버공간을 통한 지식과 정보의 자유로운 분배와 상호교환을 통해 공동의, 사회적 문제를 해결해 나가는 집단 능력을 말한다. 또한 네트워크, 인터넷 공동체를 통해 다수의 개체들이 서로 협력 또는 정보공유 및 생산을 하는 공동체로 불린다. 집단지성은 인터넷으로 서로의 생각을 나누고 공유하는데서 한 걸음 나아가 현실의 집합행동으로 연결되기도 한다. 집단지성은 집단 내의 성원들이 대화와 토론, 수정과 보완을 통해 최선의 결과물을 산출해내기 위한 일련의 과정으로 효율성과 합리성, 집단성과 호혜성을 함축하고 있다. 집단지성은 다수의 컴퓨터 이용자 간의 상호 협동적인 참여와 소통이 만들어 내는 결과물, 집합적 행위의 결과물, 판단과 지식의 축적물 혹은 그 과정을 말한다. 하지만 집단지성에 있어 동조(conformity) 현상이 발생할 수 있다. 동조 현상은 솔로몬 애쉬의 실험에서 제시된 것으로 대부분의 사람들이 A라는 음식을 선택하면 B를 선택하려는 마음을 바꾸어 A를 선택하는 것이다. 동조현상은 특정 조건 아래서 서로의 생각을 모아 발전시키고 구체화하기 보다는, 다른 집단의 의견에 쉽게 동의하고 그 의견의 합리성을 더해줌으로 오히려 집단에 의한 개인의 자율성 및 창의성을 감소시킬 수 있다.

집단지성의 유형

- **공유형(sharing)**: 특정 주제에 대한 자료나 정보를 공유하여 누구나 열람 활용할 수 있게 하는 게시판 같은 것임.
- **기여형(contributing)**: 상호 질문을 주고받는 형식을 통해서 특정 문제에 대한 해결책을 찾는 토론방이나 지식iN 같은 것임. 이것은 각자의 의견이 독립적으로 존재할 뿐, 이에 대한 평가나 추천은 가능하지만 의견의 차이나 모순을 조율하지 않음.
- **공동창조형(co-creating)**: 위키피디아나 오픈소스 등 같이 많은 사람이 참여하여 지속적으로 중립적이고 체계적인 지식을 축적해가는 과정을 말함. 이것은 내용을 보완하거나 수정하는 자율적인 상호 조율을 통해 새로운 지식을 창출이 가능함.

출처: 이항우 등(2011). 정보사회의 이해

집단지성의 예: 오픈소스 기반의 S/W

S/W 개발자들이 자신이 보유한 소스 코드를 서로 공개하고 협업을 통해 S/W를 공동 개발하는 것은 집단지성의 예임. 운영 체제로는 Linux, 응용 프로그램으로는 웹 서버인 Apache, 오피스 도구인 Open office 등이 있음.

출처: 이항우 등(2011). 정보사회의 이해

2. 제4차 산업혁명 사회[1)]

세계는 지능정보기술의 발전에 따라 제4차 산업혁명에 접어들고 있다. 제4차 산업혁명은 기하급수적인 속도로 진화하고 있으며, 국가, 기업, 산업 및 사회 전체 시스템에 혁신을 가져올 것이다. 클라우드 슈밥(4차 산업혁명 주창자)은 제4차 산업혁명을 디지털 혁명(제3차 산업혁명, IT 및 전자기술 등)에 기반하여 물리적 공간, 바이오 공간의 경계가 융합되는 기술 혁명이라고 정의했다.

1) 본 내용은 "제4차 산업혁명, 학교교육을 어떻게 변화시킬까?" (한국교육과정평가원, 연구'정책Brief, 2016, Vol. 3)와 지능정보사회 대비 학교교육의 방향과 탐색(한국교육과정평가원, 2016 KICE 이슈페이퍼, 연구자료 ORM 2016-26-9), 미래사회에 지능을 더하다-교육분야(한국정보화진흥원, 2017.8)에서 지능정보사회와 교육 관련 컬럼들에서 발췌 요약한 것이며, 자세한 내용은 해당 자료를 참고바라며, 여기서 제시된 표나 그림에 대한 별도 인용은 하지 않았다.

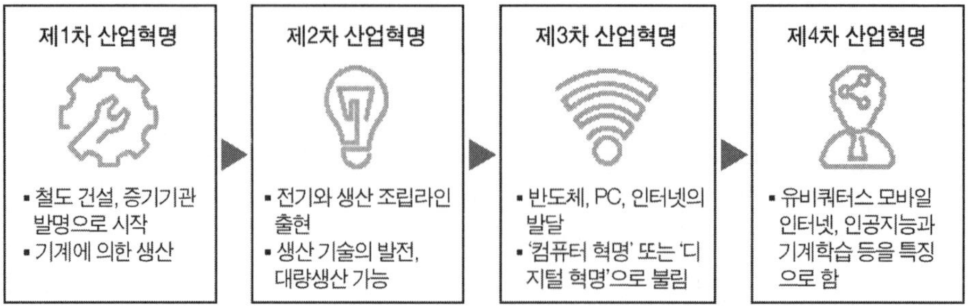

제4차 산업혁명은 '초연결성(Hyper connectivity)의 확장'과 '초지능성(Hyper intelligence)의 확장' 두 가지 방향을 지향한다. 컴퓨팅과 통신의 대상이 사람과 사람을 넘어 사람·사물·공간으로 퍼져가는 네트워킹의 수평적 관점에 주목하는 개념이며, 초지능성은 초연결성을 지닌 인터넷과 모바일 플랫폼과 인공지능을 기축으로 하는 사회 시스템 간의 상호작용이 한층 심화되는 네트워킹의 수직적 확장에 비중을 두는 개념이다.

제4차 산업혁명을 촉진하는 기술은 지능정보기술이라고 불리운다. 이들 기술의 혁신은 산업과 고용구조, 생산과 삶의 방식 등 국가사회 전반에서 근본적이고 시스템적인 대혁명을 유발할 것으로 전망이다. 특히, 기계와 인간이 공존하는 사회에서 미래 일자리 지형의 변화에 대응하는 교육 분야의 대변혁은 피할 수 없는 상황이다. 예를 들면, 현재 초등학교 입학생의 약 65%는 현존하지 않는 새로운 직업을 얻을 것이라고 전망, 또한 2020년까지 약 510만여개 일자리가 감소된다는 전망 등을 그 예로 들 수 있다.

이미 선진국들은 미래사회를 대비하기 위한 교육정책 혁신에 착수하고 있다. 미국은 구글, 페이스북, MS 등 기업과 함께 지능정보기술을 통해 인간의 잠재력을 최대한 끌어내기 위한 교육 프로그램 개발을 추진 중에 있고, 영국은 컴퓨팅 교육을 의무화하는 한편, 창조적인 방법으로 생각하고 문제를 해결해 나갈 수 있는 창의성 교육을 강화하고 있다.

※ 영국의 경우 '13년 '공립학교 교과개정'에서 컴퓨팅 교육을 의무화했으며, 영국은 '코드 클럽(https://www.codeclub.org.uk)', 미국은 '코드닷오알지(https://code.org)'를 인터넷 상 코딩 교육 학습 환경 툴로 제공

유럽위원회 IPTS(Institute for Prospective Technological Studies) 미래교육 2030 예측

✤ **학교**

- 졸업장, 시험제도를 포함해 기존 학교의 물리적, 제도적 구조는 여전히 존재하나 개인의 요구와 선호를 충족시키기 위해 교수법은 크게 변화
- 학교를 중단하는(또는 졸업하는) 연령이 점점 더 낮아질 것이다. 학습에 더 적합한 환경과 대안이 학교 외부에 있기 때문
- 목적과 흥미에 따라 분야 간, 과목 간, 학교 간의 네트워크가 형성될 것

✤ **교수학습 / 교육과정**

- 교수학습은 개인의 요구와 선호를 수용하기 위해 점점 더 개방적이고 유연한 방식으로 운영될 것
- 학습은 점점 더 자기조절학습, 개인별 맞춤형학습, 협력학습의 형태로 이루어질 전망
- 학습자가 주도적으로 자신의 학습경로를 선택
- 탈학교 현상을 막고 수업 참여와 동기의 유지를 위해 학습은 개인의 요구, 흥미 등 개인차를 고려하여 이루어지고, 일상적 삶의 활동과 통합될 것으로 예상
- 전통적 교과의 경계가 무너질 것이며, 학습자가 범교과적 학습을 독립적으로 수행하는 일이 많을 것이기 때문
- 비형식적 학습(informal learning)의 비중과 중요성이 점점 더 커질 계획
- 특정 기능(skill)은 머지않아 쓸모가 없어지기 때문에 일반적인 역량이나 여러 영역에서 두루 사용될 수 있는 기능 습득(예: 소프트 스킬)에 더 주목하게 될 전망
- 학습은 점점 더 맥락이 있고 범교과적 문제해결 프로젝트 등을 통해 이루어질 것
- 구성주의는 여전히 유지되겠지만 새로운 교육 패러다임이 등장
- 게임과 학습은 더 이상 서로 상반되는 활동이 아니게 될 것으로 예측
- 가상현실・증강현실이 광범위하게 사용될 계획

✤ **교사의 역할**

- 교사는 학생이 자기주도로 개별 혹은 협력 학습을 하는 과정에서 가이드, 멘토, 코치, 파트너 역할을 하게 될 것

✤ **평가**

- 배우는 방식대로 평가하는 방식이 개발될 것
- 학습은 개인의 주도로 이루어지고 표준화된 외부 평가에 의존하지 않게 될 것으로 예상

✤ **학력인정, 자격증**

- 비공식적으로 획득한 자격을 학력으로 인정해주는 시스템이 도입
- 공교육과는 별개의 다양한 자격증이 나타날 것

지능정보기술은 개별화, 체험화, 로봇화 등을 특징으로 학교교육의 혁신을 주도할 것으로 전망된다. 지능정보기술의 교육 분야에의 혁신을 위한 활용 가능성을 제시하면 다음과 같다.

① **모든 학습자의 조언자**(Mentors for Every Learner): 언제 어디서나 모든 학생에게 도움을 줄 수 있는 인공지능 과외교사를 만들기 위한 사용자 모델링, 사회적 시뮬레이션, 지식재현 기술 등의 통합

② **21세기 기술의 학습**(Learning 21st Century Skills): 21세기에 필요한 기술인 자기주도력, 자가 평가능력, 팀워크 등을 개발할 수 있도록 인공지능 교육을 활용

③ **학습지원을 위한 상호작용 데이터**(Interaction Data to Support Learning): 교육 현장에서 벌어지는 학습을 둘러싼 개인 간 상호작용, 사회적 맥락, 학습맥락, 개인의 흥미에 대한 분석

④ **글로벌 교실에 대한 보편적 접근성**(Universal Access to Global Classrooms): 전 세계의 학생이 언제 어디에서나 접속하여 수업 참여하는 세계 교실의 실현

⑤ **평생 학습**(Lifelong and Lifewide Learning): 인공지능을 활용하여 교실 밖과 학교 밖에서도 학습을 이어갈 수 있게 하는 평생 학습을 실현

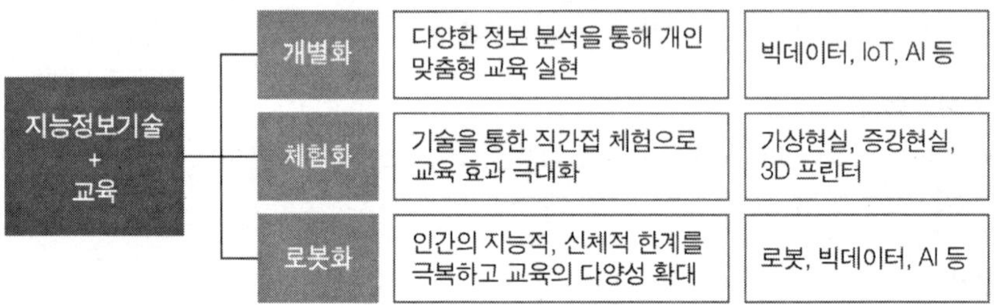

교육 부문에의 적용할 수 있는 지능정보기술 중에서 여기서는 인공지능기술, 가상현실, 증강현실 등에 초점을 둘 것이다. 인공지능 기술은 인간의 목적 지향적 사고 과정을 본떠 만든 것으로 지능적 기계, 특히 컴퓨터가 인간처럼 행동하게 만드는 과학과 공학 기술을 의미한다. 이러한 인공지능은 빅데이터 기반의 弱인공지능('15년)에서 인간

의 능력을 증강시키는 기술('18년)로 진화하며 스스로 사고·판단·예측, 스스로 학습·진화, 두뇌를 모사하는 인지컴퓨팅 등 强인공지능기술('25년)로 발전할 것으로 전망되고 있다.

2015
빅데이터 인공지능
- Deep Learning
- IBM Watson

▶▶

2018
인간능력증강 인공지능
- 슈트로봇
- 정보조합 제공

※출처: 네이버영화 정보

▶▶

2025
스스로 사고하는 인공지능
- 스스로 판단하여 최적의 솔루션 제시
- 감정교류

인공지능기술의 공통 메커니즘은 기계학습이다. 기계학습은 인공지능이 인간과 가장 유사한 방식으로 학습하고 결정할 수 있도록 하는 가장 발달된 인공지능 기술이다. 기계학습은 이전의 규칙 기반 프로그래밍 기법처럼 기계에게 매 상황별로 명시적인 행동을 하도록 프로그래밍하는 게 아니라, 이전의 수많은 경험으로부터 다양한 경우를 학습한 뒤, 처음 직면하는 상황에서도 주어진 목표에 도달할 확률이 가장 높은 의사결정을 하게 하는 방법이다. 인공지능 기술은 의사결정, 예측, 계획을 가능하게 지원하는 것으로 다양한 분야에서 응용될 수 있다.

기계학습은 크게 지도학습(supervised learning), 비지도학습(unsupervicod learning), 그리고 강화학습(reinforcement learning)으로 구분된다. 우선, 지도학습은 기계에게 정답이 표기된 학습 자료를 주고 입력된 정보와 정답 간의 대응관계를 학습하도록 하여 범주 분류, 결과 예측, 행동 결정을 하도록 하는 방법이다. 학습 자료의 양에 따라 성능이 달라지며 대표적으로 서포드벡터머신(Support Vector Machine: SVM), 결정트리(Decision Tree), 딥러닝(Deep Learning) 알고리즘이 있다. 다음으로, 비지도학습은 기계에게 정답이 표기되지 않은 학습 자료를 주어 학습시킨 후 주어진 자료에서 특징을 찾아내어 유사한 것들을 묶어 범주를 형성하도록 하는 방법이다. 여기에는 군집 알고리즘, 토픽 모델링 등의 기술이 있다. 마지막으로 강화학습은 실제와 유사한 환경에서 초기 모델과 최종 목표를 주고 컴퓨터가 다양한 시도를 통해 시행착오학습(Try-and-error/Reward)을 반복적으로 경험함으로써 목표달성을 위한 최적의 결정을 하도록 모델을 점차 변화시키는 방법이다. 이는 알파고에서 딥러닝과 함께 쓰인 기술이며, 게임, 자율 주행차 등의 인공지능기술에서 많이 사용된다.

이러한 인공지능기술은 개인 맞춤형 학습(Adaptive and Personalized Learning)과 게임 기반 학습(Game based Learning)을 통해 교육 분야에서 구현될 전망이다. '개인 맞춤형 학습'은 온라인 학습 과정에서 생기는 각종 데이터를 분석하여, 수치화된 사용자 정보를 기반으로 학습자에게 적합한 방법으로 교육 콘텐츠를 제공하는 학습이다. 예를 들면, Knewton의 경우 온라인 교재 판매 회사 및 대학들에게 맞춤형 학습 플랫폼을 제공하는 서비스이다. 이는 콘텐츠의 내용, 교수학습 방법, 진도의 빠르기 등에 대한 학생의 민감도와 숙련도 등을 측정하여 개별화된 학습 전략을 제공하며, 학습 수준의 영향력에 대한 계산을 기반으로 사용자에게 다양한 콘텐츠를 추천한다.

'게임 기반 학습'으로서 Crystal Island를 그 예로 들 수 있다. 이것은 미생물학과 관련된 교육용 게임으로 크리스털 섬에 퍼진 전염병의 원인을 진단하고, 치료법을 찾도록 한다. 게임 참여자는 주어진 문제를 해결하기 위하여 가상의 객체들을 다루고, 게임 내 캐릭터들과 상호작용하며, 실험 장비 등을 사용한다. 이러한 과정에서 참여자는 다양한 미생물학 관련 지식을 학습하게 된다.

인공지능기술과 함께 가상현실(Virtual Reality: VR)과 증강현실(Augmented Reality: AR)도 학교교육에 변화를 가져올 핵심 기술이 될 수 있다.

가상현실 (Virtual Reality: VR)	증강현실 (Augmented Reality: AR)
컴퓨터 등을 사용하여 실제와 유사 하지만 실제가 아닌 환경이아 상황 등을 만들어 내는 기술을 말함. 가상의 환경을 통해 실제와 유사한 공간적, 시간적 체험을 하게 함으로써 사용자에게 현실과 상상의 경계를 자유롭게 드나들게 함	실제 환경에 가상 정보를 합성하여 현실 세계의 뷰(view)를 변화시키는 가상현실 기술의 한 분야임. 실세계의 물체와 디지털 세계의 물체가 공존하여 실시간 상호작용이 가능하도록 하는 기술을 포함함
비행훈련 시뮬레이션 프로그램 등이 있음	Anatomy 4D(신체 구조와 생체 메커니즘 학습을 위한 교육용 애플리케이션) 등이 있음

지능정보기술의 도입은 학교교육에 있어서 역량중심 교육과정, 학습자중심교육, 참여중심수업, 교사 및 학습자 역할 변화 등에 영향을 미칠 것으로 예상된다. 우선, 학습자의 미래 핵심 역량을 강화하기 위한 역량중심교육을 강조할 것이다. 역량중심교육은 학습자가 다양한 문제들을 스스로 해결해 갈 수 있는 능력을 함양하기 위한 교육이라고 할 수 있다. 또한, 학습자가 생활을 통해 직면하는 새롭고 다양한 장면에서 개인의 삶을 더욱 윤택하게 영위할 수 있도록 나아갈 바를 스스로 탐색하고 실천할 수 있는 역량 개발에 초점을 두는 교육이라고 할 수 있다.

능력	기본적 직무기술	직능을 넘나드는 직무기술	
인지능력 ▪ 인지 유연성 ▪ 창의성 ▪ 논리력 ▪ 문제인식 감수성 ▪ 수리력 ▪ 시각화 능력	업무내용 관련 기술 ▪ 능동적 학습 ▪ 구술 표현력 ▪ 독해력 ▪ 작문 표현력 ▪ ICT 이해도	사회관계 기술 ▪ 협동 기술 ▪ 감성지능 ▪ 협상력 ▪ 설득력 ▪ 서비스 지향성 ▪ 타인 교육 훈련 기술	자원 관리 기술 ▪ 재무자원 관리 ▪ 물질자원 관리 ▪ 인적 자원 ▪ 시간 관리
신체능력 ▪ 육체적 힘 ▪ 신체동작의 정교한 정확성	업무처리 관련 직무기술 ▪ 능동적 경청 ▪ 비판적 사고 ▪ 사기 모니디링과 타인 모니터링	체계적 기술 ▪ 판단력과 의사 결정력 ▪ 체계 분석력 복합적 문제해결 기술	테크놀로지 관련 기술 ▪ 장비 뉴지 및 보수 ▪ 장비 작동 및 제어 ▪ 프로그래밍 ▪ 품질관리 ▪ 기술 및 UX 디자인 ▪ 기술적 문제 해결

[그림 2-1] 핵심 직무기술

우리나라는 2015 개정 교육과정(교육부, 2015)에서 미래 사회를 살아갈 인재 양성을 위하여 자기관리, 정보처리, 창의적 사고, 심미적 감성, 의사소통, 그리고 공동체 역량을 강조하고 있다. 이는 인간으로서의 삶을 영위하면서 경험하게 되는 다양한 측면의 문제들을 스스로 해결할 수 있는 역량을 교육을 통해 증진시키기 위한 것이다. 즉, 향후 도래할 지능정보시대에 인간으로서 갖추어야 할 역량이 자신의 삶을 보다풍요롭고 자주적으로 꾸려나가기 위한 것임을 강조하고 있다.

이러한 역량을 개발하기 위해서는 교과 통합형 교육과정 및 개인 맞춤형 교육과정의 구현이 요청된다. 이것은 교과 중심의 분절적 교육과정을 지양하고, 교육과정의 편성과 운영이 단위 학교와 개별 학습자의 필요와 요구에 부합할 수 있도록 국가 수준의 표준화 노력이 최소화 되어야 하며, 통합형 · 융합형 교육과정으로의 혁신이 필요하다는 것을 의미한다.

지능정보기술의 발달은 또한 개별 학습자에 초점을 두는 교수학습 과정 실현을 가능하게 한다. 최근 인공지능 기술과 데이터 분석 기술 등을 활용하는 적응적 학습 기술(adaptive learning technologies), 그리고 온라인 학습 환경의 발전은 개별 학습자의 학습 활동 데이터를 수집하고 분석하여 학습자 수준에 따른 개별적인 학습 경로를 설계하고 제공하는 개인 맞춤형 학습을 가능하게 한다. 맞춤형 학습은 개별 학습자가 각기 다른 목표 지점을 향해 나아가는 개념이기 때문에 개인별로 자신에게 적합한 학습 목표를 설정하고 이를 달성하기 위한 교수학습 과정상의 처치를 제공받는 개념이다.

'맞춤형 학습(personalized learning)'과 '개별화 학습(individualized learning)'

맞춤형 학습은 학교에서 학습자 개개인의 능력과 자질을 발견하고 이를 성장시키기 위해 학교의 교육과정, 교수 방법, 평가를 설계하고, 이러한 성장을 지속적으로 지원할 수 있도록 교실 수업을 포함한 모든 교육 활동을 설계하는 학습을 말한다.

개별화 학습은 모든 학습자가 동일한 목표 지점을 향해 가되 서로 다른 속도로 가서 동일한 학습목표를 성취하는 개념으로 본다면, 맞춤형 학습은 개별 학습자가 각기 다른 목표 지점을 향해 갈 수 있기 때문에 개인별로 적합한 학습목표를 설정하고 이를 달성하기 위한 교수학습 과정상의 처치를 제공받는 개념이다.

인공지능기술은 개인 맞춤형 학습과 함께 혼합학습, 협력학습, 크로스오버러닝 등이 활성화될 것이다. 혼합학습(blended learning)은 교실학습과 온라인학습을 병행하는 것으로 물리적으로 한 공간에 모여 면대면 상호작용을 할 때 최대 효과를 얻을 수 있는 활동들에 수업 시간을 할애하고, 그 밖의 활동이나 내용에 대해서는 개별적으로 온라인 학습을 하게 된다. 그 예를 들면, 플립러닝(flipped learning)이 대표적이다. 이것은 교사가 미리 준비해 놓은 수업 영상과 자료를 통해 학생이 미리 학습하고, 수업 시간에 교사가 해당

교과 내용을 전달하기보다는 학생들과 상호작용을 하거나 심화된 학습 활동을 하는 데 시간을 할애하는 학습법이다.

협력학습(collaborative learning)은 교실 밖 실세계 문제의 공동해결을 하는 학습으로 정보기술을 활용하여 학문 중심학습(academic learning)의 결과를 실생활에 적용해 볼 기회를 확대해 나가는 것을 강조한다. 학습자에게 실생활 연계를 위해 주어지는 과제는 개인의 학습 활동을 넘어 소집단 활동 및 교실 안팎의 적극적 교류를 통해 해결 가능한 경우가 많다. 정보기술을 활용하여 교실, 학교, 국가를 넘어 학습자와 학습자, 학습자와 교사, 학습자와 전문가 간의 협력학습을 수행한다.

크로스오버러닝(crossover learning)은 교실학습과 교실 밖 현장 학습을 연계하는 것을 말한다. 기술의 발달은 교실에서의 학습과 비형식적인 환경에서의 학습을 하나의 연속선상에 올려놓고 있다. 이렇게 형식적, 비형식적 학습을 연계하는 개념이다. 교실 학습은 일상적인 삶에서의 경험(예를 들어, 박물관이나 동아리 활동과 같은 비형식적 환경에서의 학습)을 통해 풍부해지고, 비형식적인 환경에서의 학습은 교실에서 논의된 질문들에 의해 깊어질 수 있다.

인공지능기술은 학교교육 주체인 교사와 학교의 역할을 변화시킬 것이다. 교육과 정보기술이 융합된 교수학습 방법이 보편화되고 온라인상에서의 학습이 일상화됨에 따라, 학습자는 자신이 사용하는 기기와 자신이 학습하는 방법 및 내용에 대한 자율성을 더 많이 가지게 되었고 이로 인해 학습자 중심 교육으로의 전환이 가속화되고 있다. 이에 따라 교사는 강의자 혹은 '지식전달자'로서의 전통적인 역할을 벗어나, 개별 학습자의 학습을 안내하고 멘토링을 제공하는 '학습지원자'로서의 역할을 요구받게 되었다. 이러한 교사 역할의 변화에 따라, 학교 역시 전통적인 '교수 현장'으로서의 기능을 넘어 학습자의 학습을 지원하는 '학습 현장'으로서의 기능을 수행하도록 요구받고 있다.

공간으로서의 학교의 변화는 먼저, 교실이라는 물리적 공간이 점차 줄어드는 대신에 지식과 정보를 제시하고 설명하는 개념의 스튜디오나 가상공간이 현재의 교실을 대신할 것이고, 오히려 현재의 교실은 카페 개념의 소통을 위한 공간으로 변화하여 이 공간에서 학습자들은 첨단 기기 앞에서 필요한 정보를 수집하고 토론하는 '학습 현장'으로서의 장면이 예상된다. 또한, 학교에 인공지능기술이 도입되면 개별 학습자의 학습을 지원하는 가상 멘토를 제공함으로써, 개인 학습과 관련한 방대한 자료를 수집 · 분석하고 이를 토대로 학습자의 필요를 반영한 적기 학습을 가능하게 할 수 있을 것으로 전망된다. 그리고, 학문 간 융합이 일어나는 통합형 교육과정을 운영하게 되며, 교수학습 방식의 변화로 인해 학교 안팎은 물론 물리적 공간과 온라인 공간을 아우르는 체험 중심의 학습이 확대되고 궁극적으로 학교는 고정된 학제와 학력 인증의 역할에서 벗어나 학습동공체로 그 역할을 확대할 것으로 전망된다.

학습자의 역할도 변화될 것이다. 지능정보사회에서는 학교 교육 안에서 개인 맞춤형 학습이 실현될 것이며, 학교 교육의 내용에 있어서는 지능성을 갖춘 기기나 시스템과는 차별화되는 인간의 능력으로서 고등 사고력이 강조되고, 따라서 지식을 다루기보다는 실제적인 문제해결 역량을 함양하는 데 초점이 놓일 것이다. 개별 학습자가 자신의 삶에서 독립적 문제해결자가 되기 위해서는 자신의 요구와 필요에 부합하는 학습을 설계하는 데 적극적으로 참여하거나 혹은 보다 주도적인 역할을 수행할 필요가 있다.

3. 과학기술사회

과학기술사회는 과학기술을 통한 창조적 경제 실현과 개인 및 사회 행복 증진을 강조하는 사회를 말한다. 최근 학자들은 미래과학기술로 융합과학기술에 관심을 갖고 있다. 융합과학기술은 IT, BT, NT, ET, ST, CT 등 지식과 이론들이 상호 융·복합적으로 결합된 새로운 지식과 기술을 말한다.

- IT(정보기술, Information · Technology) → 정보통신 분야
- BT(생명공학기술, Bio Technology) → 생명 공학 분야
- NT(나노기술, Nano Technology) → 초정밀 원자세계 분야
- ET(환경공학기술, Environmental Technology) → 환경 공학 분야
- ST(우주항공기술, Space Technology) → 우주항공분야
- CT(문화콘텐츠기술, Cultural Technology) → 문화관광 콘텐츠 분야

6T로 대표되는 융합과학기술은 다음과 같다[2]. 정보기술은 컴퓨터, 미디어, 영상 기기 등과 같은 정보 기기를 운영 · 관리하는데 필요한 소프트웨어 기술과, 이들 기술을 이용하여 정보를 수집 · 생산 · 가공 · 보존 · 전달 · 활용하는 모든 방법을 말한다. 생명공학기술은 생물이 가지고 있는 고유한 기능을 높이거나 개량하여 필요한 물질을 대량으로 생산해 내거나 유용한 물질을 만들어내는 기술을 말한다. 나노기술은 나노미터 크기의 범주에서 조작 · 분석하고 이를 제어함으로써 새롭거나 개선된 물리적 · 화학적 · 생물학적 특성을 나타내는 소재 · 소자 또는 시스템을 만들어 내는 과학기술을 말한다. 환경공학기술은 환경에 영향을 미치는 인자를 환경학적으로 건전하고 지속 가능한 발전 수준으로 제어하는 기술을 말한다. 우주항공기술은 위성체 분야, 발사체 분야, 위성 이용 및 우주 과학 분야로 나뉘는 미래 산업을 이끌고 갈 첨단 기술의 집합체를 말한다. 문화기술은 디지털 문화콘텐츠를 창조 · 개발 · 제작 · 가공 · 유통하는 지적 노하우 및 물리적 기술을 말한다.

장성원 등(2013)은 미래 산업을 바꿀 세 가지 키워드와 7가지 혁신기술을 제시하였다[3]. 먼저 세 가지 키워드는 사용자의 명령을 수행하는 데서 나아가 개인별 요구사항과 의도를 먼저 분석하여 최적의 서비스를 제시하는 능동형 맞춤, 통념상 절감하기 어렵다고 생각했던 분야에서 시간, 에너지, 원재료 등을 절감하는 스마트 세이빙, 시간, 공간, 사용층 등의 불균형 해소이다. 이러한 키워드를 기반으로 7대 혁신기술이 등장하고 미래 산업에 커다란 변화를 가져올 것으로 예상하였다. 그 7대 혁신기술은 에워러블 컴퓨터, 3D 프린팅, 상황인식 기술, 자동주행차, 초경량 소재, 유전자 치료제, 포스트 배터리 등이며 자세한 것은 다음과 같다.

2) 네이버 지식백과 인용

3) 장성원 등(2013)의 미래산업을 바꿀 7대 파괴적 혁신기술(SERI 보고서)에서 인용 발췌함.

분야	혁신기술	내용	예상 변화
전자통신	웨어러블 컴퓨터	신체나 의복에 착용하여 자유롭게 사용할 수 있게 한 컴퓨터 기기	섬유산업의 하이테크화 기기의존형 헬스케어 확대
	3D 프린팅	3차원 설계도에 따라 한 층씩 소재를 쌓아올려 입체 형태로 만드는 기술	개인 맞춤형 제조 확대 나노, 생명, 우주항공분야 활용
소프트웨어/서비스	상황인식 기술	사용자 상황(행위/생체신호/이력/환경)에 맞게 적절한 기능을 자동 수행	타깃마케팅 정교화, 세분화 사전에 예측 대응하는 패러다임 변화 가속화
자동차	자동주행차	운전자 조작 없이 차 스스로 위치와 상황을 감지해 속도, 조향 제어	효율적 도로인프라 구축 사고 감소로 보험·병원 변화 렌털서비스 성행
소재	초경량소재	마이크로래티스 등 가벼우면서도 강한 소재	항공우주분야에서 운송수단으로 응용분야 확대 에너지절감
바이오/의료	유전자 치료제	질병의 원인인 비정상 유전자를 정상 유전자로 대체하여 질병을 완치	의료비 지불기준의 변화 예방형 건강보험 출시 미용 항노화산업 부상
에너지	포스트 배터리	구부림, 고밀도, 저가격 전지	웨어러블 디바이스 성장 전기차, 전력저장시스템 저변 확대

출처: 장성원 등(2013), p. 2.

4. 세계화 사회

세계화 사회는 글로벌 사회, 지구촌 사회 등으로 불리기도 한다. 세계화 사회는 국가 간 교류와 협력을 통하여 정치, 경제, 문화 등에서 상호성이 증대되는 사회를 말한다. 세계화 사회는 경제적으로 교역 · 투자 · 통신 등이 확대되어 국가 간 상호의존이 증대하고 다국적 기업의 활동이 활성화된다. 또한 뉴스, 영화, 텔레비전 프로그램, 대중음악, 전신 및 통신 프로그램 등 현대적 문화와 생활양식을 전 세계로 확산공유되는 경향이 높다(Giddens & Sutton, 2013). 이와 동시에 세계 속에서 지역의 특수성과 우수성을 추구하는 글로컬화(glocalization)도 이루어지고 있다.

세계화로 인하여 다원화 사회도 주목받고 있다. 그것은 다양한 인종, 언어, 역사, 문화적 배경을 가진 사람들이 각자의 고유한 생활세계, 문화, 언어 및 가치를 존중받으면서 세계 또는 지역의 사람들이 함께 공존하는 사회를 말한다. 다원화 사회는 모자이크 사회(Mosaic Society) 또는 샐러드 볼(Salad Bowl) 사회라고도 불린다. 그러나 다원화 사회는 하나의 문화로 동화·융합을 강조하는 멜팅팟 사회(melting pot)와는 구분된다. 우리나라도 외국 근로자와 배우자 등의 영향으로 다문화사회로 접어들고 있고, 이에 따른 다문화 교육의 요구도 증가하고 있다.

5. 고령화 사회

우리나라는 고령화사회를 빠른 속도로 맞이하였다. 일반적으로 전체 인구에서 65세 이상 인구가 차지하는 비중에 따라 고령화사회(7%), 고령사회(14%), 초고령사회(20%)로 구분된다. 통계청 통계서비스(KOSIS)에 의하면 우리나라는 전체인구 대비 65세 이상 인구가 2015년 현재 13.1%에 달하고 있고, 2020년에는 15.7%, 2030년에는 24.3%로 추정하였다. 즉, 우리나라는 현재 고령사회에 진입을 하고 있고 15년 후에는 초고령사회가 된다는 것이다. 또한 인구고령화로 가구주의 연령이 65세 이상인 고령가구 수가 점차 증가하고 있다. 이는 2000년 173만 가구에서 2010년 298만 가구로 증가하였다. 또한 고령가구 중 노인 1인 가구의 비중은 2000년 31.4%에서 2010년 34.2%로 2.8%p 상승하였다(김정근, 2011).

고령화 사회에 따라 노인을 대상으로 하는 실버산업도 계속 증가하고 있다. 노인복지를 제공하는 복지국가의 위기와 함께 민간 서비스산업으로서 실버산업은 필수불가결한 서비스를 제공한다. 각종 양로원 시설과 함께, 건강하고 물질적으로 여유가 있는 노인계층을 대상으로 관광, 교육, 소비, 스포츠산업이 등장하고 있다.

급격한 고령화는 노동시장에서 노동력 부족(shortage), 생산성 저하(shrinkage), 세대 간 일자리 경합(struggle) 등을 초래할 수 있다(이찬영 등, 2011). 고령화로 생산성에 참여할 수 있는 노동력이 부족해지면서 경제성장률은 지속적으로 하락한다. 노동력 구성에서 고령층이 증가하면 새로운 지식과 기술 습득 속도가 저하되어 노동생산성이 저하된다. 단기적으로는 고용구조가 중고령층 위주로 급격히 재편되면서 세대 간 일자리 경합 문제가 발생한다. 이러한 측면에서 고령화에 따른 평생 및 직업교육을 통해 노년을 대비하거나 노년에도 일정한 일과 학습을 병행할 수 있는 제도적 지원이 필요하다.

6. 변화하는 직업 세계

세계경제포럼(World Economic Forum, 2018; 2020)은 20개 경제권과 12개 산업영역을 고찰하여 2018~2022년 사이에 미래의 직업에서 초래될 네 가지 점을 지적하고 있다.

첫째, 2020년까지 총710만개 일자리가 사라지고 신규 일자리는 200만개에 불과하고, 컴퓨터와 인공지능 등으로 대체하는 직업군도 많아진다. 이는 일자리 변화와 함께 직무역량의 변화도 요청된다. 4차 산업 혁명이 일자리에 미칠 영향에 대한 미래고용 보고서에 의하면, 향후 5년 동안 "4차산업혁명"으로 선진국 및 신흥시장 15개국에서 710만개의 일자리가 사라지게 될 것이며, 반복적 업무를 수행하는 사무직 475만개가 없어질 것이며, 산업혁명에 의해 만들어지는 일자리는 210만개에 불과한 것으로 전망했다. 사무직 및 관리 직종에 집중되어 있을 것이라 전망했다.

둘째, 자동화, 로봇화, 디지털화의 구현 정도는 나라마다 다르게 나타날 것이다. 초고속 인터넷, 인공지능, 빅데이터 분석, 클라우드 기술 등은 비교적 널리 확산될 것이며 기계학습과 증강현실, 가상현실 등에도 많은 투자가 이루어질 것이다. 그러나 로봇기술에 대한 투자는 영화나 소설에서처럼 급속하게 이루어지지는 않고 비교적 완만하게 유지될 것이며 비유동 로봇이 가장 널리 활용될 것이다.

2022년까지 새롭게 출현할 일자리	2022년까지 감소하거나 사라질 일자리
• 데이터 분석자 및 데이터 과학자 • AI와 머신러닝 전문가 • 사이버 운영 관리자 • 소프트웨어와 어플리케이션 개발 및 분석사 • 온라인 판매 및 마케팅 전문가 • 빅데이터 전문가 • 디자인 변형 전문가 • 뉴테크놀로지 전문가 • 조직개발 전문가 • IT서비스 전문가	• 데이터 관리 직원(정보검색 및 입력) • 회계, 장부, 고속도로 집계원 • 행정비서 • 의회 및 공장 노동자 • 고객 정보 및 서비스 담당자 • 비지니스 서비스 및 관리자 • 회계사 및 감리사 • 물자기록 및 주식 관리자 • 일반 관리자 • 우편 담당자

출처: World Economic Forum(2018).

셋째, 상당한 정도의 직업 파괴에도 불구하고 긍정적 직업 전망이 가능하다. 기술진부화로 현재 직업의 22~31% 정도가 감소할 것으로 전망되기도 하지만 반면, 세계적으로 16~27%의 새롭게 부상하는 일자리가 출현할 것으로 보인다. 단순히 양적으로만 보면 기계, 로봇 등에 의해 7천5백만 개의 일자리가 대체될 것으로 전망되지만, 1.33억 개의 새로운 일자리가 나타날 것으로 보인다. 새롭게 나타날 일자리들로는 데이터 분석가, 소프트웨어 어플리케이션 개발자, 이커머스 및 사회미디어 전문가 등 기술의 발전에 바탕을 둔 직무 그리고 고객서비스전문가, 세일즈 및 마케팅 전문가, 훈련개발 인간문화 조직개발 전문가 혁신관리자와 같이 독특한 인간 자질에 바탕을 둔 직무들이다.

넷째, 인간, 기계, 알고리즘간의 노동 분할이 빠르게 전개될 것이다. 여러 산업에서 인간의 활동은 총 과업시간의 71%를 담당하고 기계나 알고리즘이 29%를 담당하고 있다. 하지만 2022년에 는 인간은 58%의 과업시간을 담당하고 42%는 기계나 알고리즘이 담당할 것이다. 2022년에는 데이터 처리, 정보검색 및 정보이전 과업의 62%가 기계에 의해 처리될 것이다. 특히 추리, 의사결정, 관리 및 정보검색 등의 과업에서 기계의 참여도가 크게 확대될 것이다.

다섯째, 작업에서의 새로운 과업은 새로운 스킬에 대한 요구를 키울 것이다. 2022년에는 대부분의 직무를 이행하는데 요구되는 스킬이 크게 변화될 것이다. 세계의 평균적 스킬 안정성은 불과 58% 정도에 그칠 것이다. 따라서 작업자들은 대략 42% 정도의 직무 스킬 변화를 경험하게 될 것이다. 특히 현저하게 증가할 스킬 요구는 기술디자인, 다양한 기술 역량 유형에 대한 요구 증가뿐만 아니라 분석적 사고, 능동적 학습 등이다. 또한 창의성, 독창성, 진취성, 비판적 사고, 설득 및 협상 등의 인간적 자질에 대한 요구와 유연성 및 복잡한 문제해결 등의 스킬의 가치도 증가할 것이다. 나아가 서비스 지향성뿐만 아니라 감정적 지능, 리더십 등도 현재보다 더욱 크게 요구될 것이다.

학습 정리

1. 지식정보사회는 디지털 기기와 네트워크를 바탕으로 지식과 정보를 생산하고 소비하여 일과 학습에 활용하는 사회, Internet과 SNS 등을 통해 서로 연결되고 소통하는 네트워크사회, 온라인 공동체를 통해 집단지성을 추구하는 사회라 할 수 있다.
2. 제4차 산업혁명은 지식정보사회의 특징에 '초연결성(Hyper connectivity)과 '초지능성(Hyper intelligence)'으로 확장된 것을 특징으로 한다. 초연결성은 컴퓨팅과 통신의 대상이 사람과 사람을 넘어 사람·사물·공간으로 퍼져가는 네트워킹의 수평적 관점에 주목하는 개념이며, 초지능성은 초연결성을 지닌 인터넷과 모바일 플랫폼과 인공지능을 기축으로 하는 사회 시스템 간의 상호작용이 한층 심화되는 네트워킹의 수직적 확장에 비중을 두는 개념이다. 4차 산업혁명 기술들을 활용하는 것을 지능정보기술이라고도 하며, 지능정보기술로는 인공지능, 빅데이터, 가상현실, 증강현실 등이 있다. 이들 지능정보기술은 개별화, 체험화, 로봇화 등을 특징으로 학교교육의 혁신을 주도할 것으로 전망된다.
3. 과학기술사회는 IT, BT, NT, ET, ST, CT 등 지식과 이론들이 상호 융·복합적으로 결합된 새로운 지식과 기술인 융합과학기술을 통해 창조적 경제 실현과 개인 및 사회 행복 증진을 강조하는 사회이다. 융합과학기술들은 4차 산업혁명 기술들과 밀접한 관련이 있으며, 에워러블 컴퓨터, 3D 프린팅, 상황인식 기술, 자동주행차, 초경량 소재, 유전자 치료제, 포스트 배터리 등 혁신기술로 발전하고 있다.
4. 세계화 사회는 국가 간 교류와 협력을 통하여 정치, 경제, 문화 등에서 상호성이 증대되는 사회를 말한다. 세계화는 다문화사회를 촉진하고 있다. 이것은 다양한 인종, 언어, 역사, 문화적 배경을 가진 사람들이 각자의 고유한 생활세계, 문화, 언어 및 가치를 존중받으면서 세계 또는 지역의 사람들이 함께 공존하는 사회를 말한다.
5. 우리나라는 전체 인구에서 65세 이상 인구가 차지하는 비중에 따라 고령화사회(7%)와 고령사회(14%)를 넘어 초고령사회(20%)로 나아가고 있다. 고령화 사회에 따라 실버산업이나 평생교육의 필요성이 증대되고 있다.
6. 변화하는 교육환경, 특히 4차 산업혁명의 진행에 따라 반복적 업무를 수행하는 사무직이나 생산직 등 직종은 데이터 분석가, 소프트웨어 어플리케이션 개발자, 이커머스 및 사회미디어 전문가 등 기술의 발전에 바탕을 둔 직무 그리고 고객서비스전문가, 세일즈 및 마케팅 전문가, 훈련개발 인간문화 조직개발 전문가 혁신관리자 등 4차 산업혁명 관련 일자리로 대체될 전망이다. 이러한 측면은 새로운 인재상과 역량을 요구하며, 이를 위한 교육의 역할도 새로운 패러다임을 모색할 필요성을 시사한다.

PART 02

교사 전문성과 정체성

Chapter 03

교사 전문성

학습 목표

1. 교사 전문성 개념과 특성을 설명할 수 있다.
2. 새로운 전문성주의 특징을 설명할 수 있다.
3. 변화하는 교직 환경에 따른 교사 전문성의 요구와 특징을 설명할 수 있다.
4. 교사 전문성 신장 활동에 대해 제시할 수 있다.

1. 교사 전문성의 개념과 특성

교사는 학생, 학부모 및 교사와의 상호작용을 통해서 교육과정 구현을 위한 수업 및 생활지도를 담당하는 전문가이다. 교사는 인격의 주체로서 교육적 신념과 가치를 바탕으로 학교교육을 수행하며 전문적 지식과 경험에 터해 정해진 교육과정을 실현하기 위한 전문적인 수업과 학생지도를 담당한다. 이처럼 교사는 학교교육에서 이루어지는 수업, 생활지도, 학급경영, 교직실무 등에 대한 주어진 분야에서 뛰어난 기술을 지닌 장인, 학문이나 기예에 통달하여 교육연구의 원리와 이치를 깨달은 달인, 전공 분야의 지식과 기술에 능하고 새로운 원리와 방법을 개발할 수 있는 명인이다(김규태, 방경곤, 이병환, 권민석, 2013).

Doyle(1990, p. 17)은 전문직의 특성을 ① 일반인이 갖고 있지 않은 전문적인 지식체의 소유, ② 업무의 본질적인 결정에 대한 통제권의 소유, 즉 자율적 실행, ③ 특정 직업이 그 직업과 관련하여 주장하는 것들에 대한 합법성에 대한 일반대중의 수용 등으로 보았다. Darling-Hammond와 Wise(1992, p. 1360)는 "전문직이란 특수화된 지식, 집단적 자기 규제, 고객의 독특한 요구에 대한 특별 배려, 자율적 업무수행, 그리고 고객의 복지를 위한 책임감 등이 배합된 직업"이라고 보았다. Murray(1992, p. 496)는 전문직의 특성으로 ① 사회에 필수적인 기능의 수행, ② 장기간의 훈련을 요하는 전문화된 지식과 기술, ③ 직업과 직업집단에 대한 강한 소속감, ④ 직무수행상의 권위와 자율, ⑤ 공적 봉사 등을 제시하였다.

이러한 점을 종합해 볼 때 교직은 전문직과 같은 특성을 지니고 있으며 교사 역시 전문가라고 할 수 있다. 전문직으로서의 교직 특성을 전제로 교사가 전문가인 이유를 살펴보면 다음과 같다. 첫째, 교사는 장기간의 전문적 지식체계인 교수 실천에 대한 지식, 내용지식, 교육과정 실행지식 등에 정통(精通)하다. 둘째, 교사는 복잡하고 모호하며, 불확실하고 개별적이며 주체적인 인간의 경험을 풍부하고 충실하게 이해하며 교육 행위를 실천한다. 셋째, 교사는 자신의 지식과 기술에 따라 스스로 결정할 수 있는 자유 재량권을 행사한다. 넷째, 교사는 자신의 동료에 의한 통제와 자신의 업무 수행을 판단할 전문적 식견과 기술을 지닌 외부 전문가들에 의한 통제를 받는다. 다섯째, 교사는 교육 실천 과정에서 자신들의 도덕적 판단과 결정을 한다. 즉 교육행위를 하는 과정에서 외부의 압력, 법규 및 규칙보다는 자신의 양심, 신념과 동기에 의해 직무를 수행한다. 여섯째, 교사는 고객의 필요와 요구에 맞는 교육 프로그램을 개발 제공하여 고객의 만족도를 높인다.

전문가로서의 교사는 교수 · 학습에 관한 이론적 이해를 바탕으로 교수방법 및 수업 기술 등과 관련된 전문 지식을 체계적으로 습득해야 하며, 이를 통해 교사는 스스로 수업 전문성을 향상시키기 위해 노력한다. 또한 교사 전문성 향상을 위해서는 학생 수준에 적절한 교육내용, 교수 · 학습방법, 교육환경 등의 준비와 수업전문성 개발이 필요하다. 송인발, 박주호(2014)는 교사의 전문성 개발 활동을 촉진시키기 위하여 학교 조직 수준에서 참여적 학교풍토를 조성하고 교사협력활동을 위한 적절한 시간을 교사들에게 할애하는 노력 및 정책적 개입이 필요하다고 하였다. 정제영, 김현주, 이유진

(2014)는 학교의 전체 학생 수는 교사의 전문성 계발 노력 수준에 부정적인 영향을 미치고 있으며, 교육환경 특성 중 사교육 시장 발달 수준과 사회 경제적 수준이 교사의 전문성 계발 노력에 통계적으로 유의미한 영향을 미친다고 하였다. 한재민, 이윤식(2013)은 초등학교 교장의 변혁적 리더십과 수석교사의 수업장학활동, 교사 효능감, 교사의 수업전문성 간의 구조관계에 대한 연구를 통해 초등학교 교장의 변혁적 리더십과 수석교사의 수업장학활동, 교사 효능감은 모두 교사 전문성에 유의미한 설명력을 보이며, 초등학교 교장의 변혁적 리더십과 수석교사의 수업장학활동은 교사 효능감을 매개로 하여 교사의 전문성에 유의미한 효과를 나타내고 있었다.

셀프체크 McMahon과 Hoy(2009)의 **교사 전문성 척도**(teacher professionalism scale)

문항	전혀 동의 하지 않는다	거의 동의 하지 않는다	동의 하지 않는다	동의 한다.	많이 동의 한다	매우 많이 동의 한다
1. 나는 어떠한 보상이나 수당이 주어지지 않더라도 방학 중에 독서나 교육과정을 개발하면서 보낸다.						
2. 나의 동료 교사들은 내가 능력 있는 교사라고 인정하지 않는다. (역채점)						
3. 나는 나의 수업에 대한 피드백을 환영한다.						
4. 나는 방학 중에 어떠한 수업교재도 연구하지 않는다. 왜냐하면 방학은 나의 시간이기 때문이다. (역채점)						
5. 전문성 개발은 대개 시간 낭비라고 본다. (역채점)						
6. 나는 다른 동료교사들이 나의 수업 내용과 방식에 대해 논의하는 것을 꺼려한다. (역채점)						
7. 교육청이나 학교에서 강제화하지 않을지라도 연수활동을 통해 전문성을 계발할 것이다.						
8. 교사는 학교 또는 지역의 교육과정이나 정책 결정에 참여할 책임이 있다.						

2. 새로운 전문성주의

교직에 몸담고 있는 전문가들은 오랫동안 관성과 습관이 되어버린 고전적 전문성주의(old professionalism)라는 울타리를 넘어서 성과중심의 새로운 전문성주의(new professoinalism)로 수용할 필요가 있다. 새로운 전문성주의는 상호조언과 협동에 기반한 전문적 공동체 형성과 평가 데이터의 공유와 공동 학습을 통해 개인적 집단적 교직 실천행위를 반성하는 것이다(Hargreaves, 2000; Hargreaves, 1994).

Hargreaves(1994)는 '새로운 전문성주의'(new professionalism)를 주장하면서 전문가의 삶과 역할이 개인주의, 위계, 감독, 현직교육, 권위, 독립에서 협동, 팀, 멘토링, 전문성계발, 파트너십, 계약, 성과주의 그리고 권한위임으로 변화하고 있다고 지적했다. 또한 Sachs(2000)는 실천적 전문성주의(activist professionalism)를 주장하면서 집단적이고 협동적인 행위, 효과적인 의사소통, 전문적 기술의 존경과 책임 및 열정을 촉진하기 위한 파트너십과 현장 실천연구와 네트워크 촉진을 가져올 것이라고 했다. 그래서 전문적 성과는 보다 명시적이고 가시적이며 협동적으로 제시될 것이라고 하였다. Hargreaves(2000)가 주장한대로 전문가는 스스로 또는 혼자 힘으로 교직 개인주의를 극복하고 상호 협력과 학습을 위한 새로운 전문성주의를 수용하여 지속적으로 교수실천 과정에 피드백과 성찰을 함으로서 참된 의미의 교육을 실현해야 할 것으로 주장했다.

교사들은 교육 결과의 평등을 실현하도록 가난하고 뒤처진 학생들을 돌보는 것에 대한 사명감을 가져야 할 것이다. 학생들을 위해 옹호하기 위하여, 전문가들은 반성하는 실천가(reflective practitioners)의 의미를 되새길 필요가 있다(Schön, 1983). 반성하는 실천가는 끊임없이 업그레이드되는 상황맥락 지식에 따라 전문적 판단과 실천 방법을 강구하는 전문가이다. 이들은 그들 자신의 전문적 활동과 결과를 냉정하게 평가하는 교육비평가이다(Eisner, 2002). 게다가 전문가들은 교육당사자들에게 적절한 정보와 자료를 제공하기 위한 데이터 기반 의사결정자가 될 필요가 있다. 전문가들은 일반적으로 학교 운영 및 평가 데이터와 정보를 습득하거나 활용하는데 익숙하지 못하다. 그들은 점점 더 책무성 관련 자료를 생성하고 수집하고 해석하기 위하여 그리고 자신의 학교와 학생의 학업성적 향상과 좋은 실행들을 검토하는데 다른 전문가들과 협력해야 할 것이다(Rothstein, 2000; Porter, 1991). 이러한 과정은 전문가와 행정가 사이의 생산적이고 반성적인 데이터 의사소통을 촉진할 것이다(Lachat & Smith, 2005). 그래서 전문가들은 학교의 프로그램 효과와 학생의 학업 개선을 점검하고 기술하는데 필요한 다각적인 정보를 생성하고 해석하고 활용함으로서 옹호하는 리더로서 활약할 것이다(Anderson, 2009).

교사들은 공식적인 위계와 구조 속에서 주어진 과업과 역할만을 수행하는 수동적 실천가가 아닌 능동적인 리더로서 역할을 수행해야 할 것이다. 전문가들은 멘토, 교육과정 개발자, 의사결정자, 문제해결자, 변화촉진자, 그리고 현장연구자로서 그 역할을 수행할 수 있다(Darling-Hammond & Cobb, 1995). Cindy와 Joellen(2007)도 마찬가지로 교사 리더들은 학교 문화를 형성하고, 학생학습을 개선하고, 수업 전문가, 교육과정 전문가, 학습촉진자, 멘토, 데이터코치 등의 다양한 역할을 수행할 수 있다고 보았다.

교사들은 교육 실천 과정에서 전문가의 전문적 지식과 기술 및 경험을 기반으로 하여 전문가 간의 상호평가, 상호지도 및 조언 등의 활동을 통해 집단적으로 책무를 공유하고 이행하는 풍토와 문화를 조장할 필요가 있다(Louis, Kruse, & Raywid, 1996; Darling-Hammond & Ball, 1999; Darling-Hammond, 1990). 이러한 평가가 교육 현장에 정착되기 위해서는 무엇보다도 전문가들이 교육 실천 과정에서 자신의 전문적 지식과 기술을 활용하여 자신의 책무를 이행할 수 있다는 역량을 지니고 있다는 것에 대한 강한 확신과 신뢰가 필요하다. 그리고 전문가들이 전문적 표준과 질적 수준을 제시할 때 교사들의 적극적인 참여를 적극적으로 보장해 줄 필요가 있다. 왜냐하면 전문가들은 교육 실천 과정과 맥락을 바탕으로 전문적 표준과 질적 수준의 타당성 및 적용가능성을 탐색하고 새로운 대안을 제시하는 역할을 수행할 수 있기 때문이다(Abdal-Haqq, 1995; Little, 1993).

교사들은 학교조직의 역량을 강화하도록 전문가들이 공동으로 실천 과정과 맥락을 진단하고 평가할 수 있는 학습조직 문화로 변화·유지할 수 있는 방향에서 그들의 직무들을 수행할 필요가 있다. 앞에서 제시한 바와 같이 O'Day 등(1995)는 전문가들이 책무성을 제고하기 위해서는 그들이 직면하고 있는 조직의 역량의 수준과 상황에 밀접하게 관련이 있다는 점을 제시하였다. Newmann, King & Ridgon(1995)도 조직의 역량이 전문가들에게 전문적 지식과 기술의 활용, 교직원의 전문성 계발, 학교의 자율성 확대, 구성원간의 조직목표의 공유, 직원간의 목표달성을 위한 협동 체제 구축 등의 조건 속에서 강화된다는 점을 제시하였다. 이를 위해서는 Fuhrman(1999)이 제시한 바대로 전문가들이 대화와 토론을 통해 조직의 문제와 쟁점을 분석하고 해결 방안을 모색하여 집단적인 책무성을 공유할 수 있는 학습적이고 개방적인 조직 문화가 형성되어야 할 것이다. 교사전문성 개발은 전적으로 전문가에 의존하고 이에 대한 상당한 재량과 자율성을 부여할 필요가 있고, 아울러 동료 간의 협업과 소통을 통한 전문성 통제가 전문직성을 강화하는데 있어서 개인 중심 전문성 개발에 초점을 두는 것이 타당할 것이다.

하지만, 교사전문성 개발 참여에 있어서 외부에서 부여된, 기관에서 부여된 전문성 개발의 참여가 개인 자율에 맡기는 것보다 높은 것도 사실이다. Perryman(2006)의 생산적 자율성 논리에 따르면 그럴 수 있는 논리일 수 있다. 생산성 자율성은 교사들이 수행한 직무 절차와 성과에 따른 교사 통제, 즉 점검과 통제를 통한 책무성을 입증하는 것이다. 즉, 사전에 결정된 연수 개발 프로그램에 참여하고 그 증빙으로 전문성 정도를 파악할 때 늘 전문성 감시를 받는다는 의미로 해석될 수 있다. 이것은 외부지향적, 성과지향 책무성과도 연계될 수 있다. 즉, 교사들에게 사전에 결정된 전문성 개발 가이드라인과 참여 기준과 성과 목표를 제시하고, 그 도달 정도에 따라 책무성 이행 정도를 입증하는 것과 일맥상통하다(Ball, 2003). 더 나아가 생산적 자율성은 Webb(2006)이 교사들의 전문성 개발에 대해 실적과 성과를 통해 점검하는 방식으로 지적한 "처벌 형식의 책무성으로서의 감시 기제(surveillance as a punitive form of accountability)로도 볼 수 있다.

외부지향적, 성과지향적 전문성 개발 유도는 결국 교사들의 전문직성에 부합되는 전문성 향상보다는 오히려 평가받는 존재가 되어 교직 수행에 대한 위축과 자율성 침해 등으로 이어질 수 있다. 이와 함께 교사들의 정체성 혼미와 스트레스 및 소진까지 이어질 수 있다. 따라서 교사전문성 개발을 위한 외부 책무성도 교사 스스로 전문성 노력을 통해 국가 수준의 교사들이 지녀야 하고, 또한 수행해야 하는 표준에 이를 수 있는 방향을 지향할 필요가 있다. 이를 위해서는 국가 및 지방 수준의 교사단체에 의한 교사 전문성 수행 기준이 마련하고 이를 장려하는 방법도 고려할 수 있다.

이러한 예는 미국의 National Board for Professional Teaching Standard(NBPTS; https://www.nbpts.org/)에서 "What Teacher Should Know and Be Able to Do"를 들 수 있다. NBPTS는 전문적 표준을 개발하여 교육 현장에 보급하고 있고, 자기주도적 참여와 노력을 통해 전문적 표준에 도달한 전문가에게 'National Board Certification'이라는 인증서를 수여하고 있다. 미국의 각 주, 교육구, 일선학교에서는 이 기관이 수여한 인증서를 취득한 교사들에게 전문성 계발의 노력과 성과에 상응하는 인센티브를 제공하고 있다.

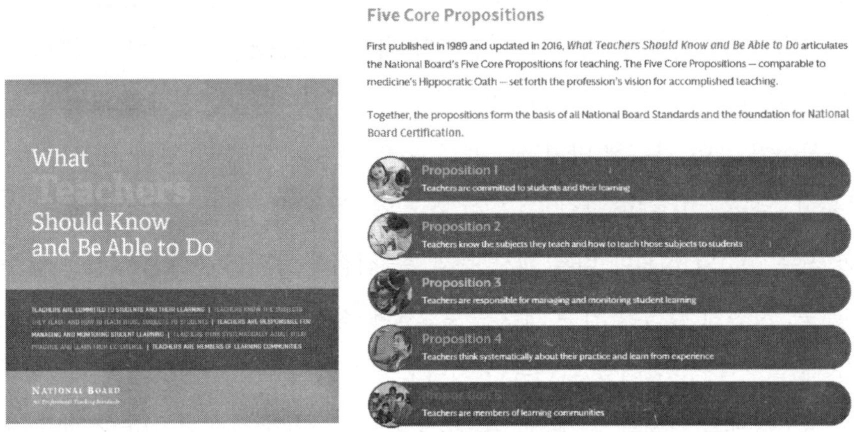

NBPTS은 의사들의 히포크라테스 선서와 같은 5대 핵심 강령(the Five Core Propositions)을 교직을 수행하는 전문가 선언을 제시하는데, 그 취지는 학생에 대한 질적 교육에 초점을 두고 있다. 그것들은 첫째, 교사들은 학생과 그들의 학습에 헌신한다(Teachers are committed to students and their learning). 둘째, 교사들은 그들이 가르치는 과목과 그것에 대해 어떻게 가르칠지에 대해 정통한다(Teachers know the subjects they teach and how to teach those subjects to students). 셋째, 교사들은 학생 학습을 관리하고 모니터링할 책임이 있다(Teachers are responsible for managing and monitoring student learning). 넷째, 교사들은 그들의 직무 수행에 대해 체계적으로 사고하며, 경험으로부터 학습한다(Teachers think systematically about their practice and learn from experience). 다섯째, 교사들은 학습공동체의 일원이다(Teachers are members of learning communities).

교사전문성 개발에 있어서 성과지향, 생산성 자율성, 외부책무성 지향, 전통적 전문성을 강조하는 방식보다는 전문가들이 대화와 토론을 통해 교직과 학생 지도 관련 문제와 쟁점을 분석하고 해결 방안을 모색하여 집단적 책무성과 교사들 간 상호평가와 멘토링 활동을 촉진할 수 있는 전문적 학습공동체를 보다 활성화할 필요가 있다.

3. 변화하는 교직 환경에 따른 교사 전문성

1) 4차 산업혁명 시대에 부합되는 교사전문성 재탐색

교사전문성은 굴뚝경제, 9-to-5, 오프라인, 비동시성, 세포조직(Cell) 등 2차 산업혁명 기반이라고 할 수 있다. 그런데 변화하는 교직 환경은 디지털 및 지식경제, 24/7, 동시성, 스마트워크, 집단지성, SNS 소통 등 여러 방면을 들 수 있다. 이러한 점에서 교사전문성은 디지털 경제학적 관점을 반영한 디지털, 지식정보 기반 전문성으로의 전환이 필요하다.

교사전문성 관련 정책이나 접근은 굴뚝경제 포디즘 시스템을 표방하는 표준화, 전문화, 동시화, 집중화, 극대화, 중앙집권화, 소품종 대량생산 등을 지향하였다. 이로 인해 굴뚝경제 기반 교사전문성(20세기 모델링)은 맥도날드화 및 탈숙련 전문성으로, 교사의 역할은 교육전문가에서 교육기술자로 전락되었다고 할 수 있다. 이에 더해 Cell 교실, aloneness, independence 기반 전문성에서 협력와 공유 및 성찰을 강조하는 전문적 학습공동체 기반 전문성으로 전환될 필요가 있다.

4차 산업혁명 시대에 따른 교사전문성은 교육공학 분야에서 제시된 교과내용지식을 넘어서 테크놀로지 교수내용지식을 적극 고려해 볼 필요가 있다. 교과내용지식(PCK: Pedagogical Content Knowledg)은 교사 주도의 교실 수업에서 교과 지식과 전달 방식에 대한 지식이라면, 테크놀로지 교수내용 지식(TPACK: Technological Pedagogical Content Knowledge; 테크놀로지 도구를 활용하여 적절한 교수학습 방법과 전략을 구사할 수 있는 교과내용지식)이 강조될 필요가 있다. 이에

TPACK는
특정 테크놀로지 도구(하드웨어, 어플리케이션 등)를 사용하여 학생들이 수업 내용을 효과적으로 학습하도록 적절한 교수방법 및 평가 전략을 제시·활용할 수 있는 지식을 말한다.

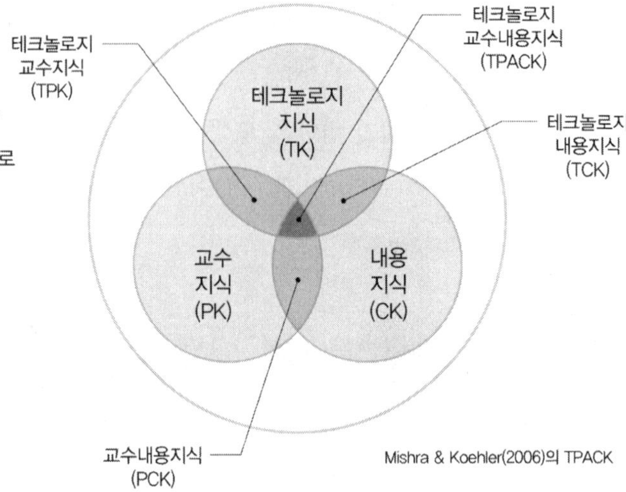

Mishra & Koehler(2006)의 TPACK

더해 테크놀로지(소프트웨어), 사물인터넷, 빅데이터, 인공지능 등 4차 산업혁명 시대(초지능화, 초연결화, 로봇화, 융복합)에는 기반 도구와 스킬을 활용하여 교육과정, 교수학습, 생활지도, 학급경영, 자기관리, 학습공동체 등을 성공적으로 이행할 수 있는 새로운 교사전문성을 적극 고민할 필요가 있다.

테크놀로지 교수내용 지식(TPACK) → 초연결, 초지능 기반 교육 전문가

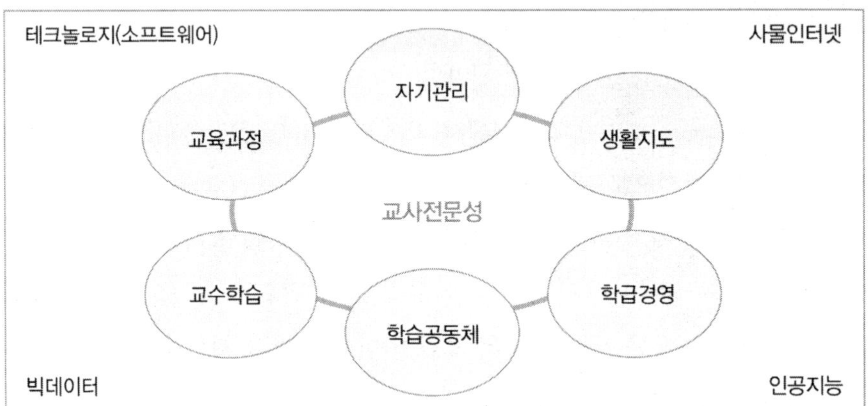

2) 하이컨셉, 하이터치

다니엘 핑크(2011)는 21세기 우리 사회는 농부의 사회에서 공장근로자의 사회와 지식근로자의 사회를 거쳐 하이컨셉(high-concept)와 하이터치(high-touch)가 강조되는 사회로 접어들었다고 하였다. 하이컨셉은 패턴과 기회를 감지하고, 언뜻 관계가 없어 보이는 아이디어를 결합해 뭔가 새로운 것을 창조해내는 능력을 말한다. 하이터치는 다른 사람과 공감하고, 미묘한 인간관계를 잘 다루며, 자신과 다른 사람의 즐거움을 잘 유도해내고, 목적과 의미를 발견해 이를 추구하는 능력을 말한다. 다니엘 핑크는 하이컨셉과 하이터치가 조화롭게 갖춘 인재가 갖추어야 할 조건으로 디자인, 스토리, 조화, 공감, 유희, 의미 등을 제시하였다.

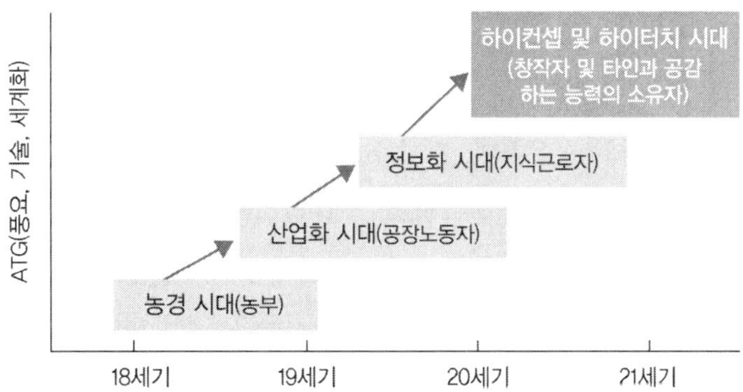

[그림 3-1] 하이컨셉, 하이터치 시대

자료: 다니엘 핑크(2011). 새로운 미래가 온다. 한국경제신문, p. 76.

① **디자인**(design): 단순히 기능을 갖는 제품, 서비스, 경험, 라이프 스타일을 넘어서 시각적으로 아름답거나 좋은 감정을 선사할 수 있는 가치를 만들 수 있는 능력

② **스토리**(story): 정보와 데이터로 넘쳐나고 있는 시대에서 훌륭한 스토리를 만들어 사람들을 설득, 의사소통, 이해를 이끌 수 있는 능력

③ **조화**(symphony): 현 시대가 요구하는 것은 전문적 지식에 터한 '분석'일 뿐만 아니라 큰 그름을 볼 수 있고 새로운 전체를 구성하기 위해 이질적인 조각들을 서로 연

계, 통합, 융합할 수 있는 능력

④ **공감**(empathy): 복잡하고 가변적인 사회일수록 분석적, 논리적 사고로는 부족하며, 다른 사람의 마음을 이해하고, 유대를 강화하며, 배려하는 마음을 지니는 능력

⑤ **유희**(play): 웃음, 명랑한 마음, 게임, 유머 등을 통해 개인적 여유와 재미를 향유할 수 있는 능력

⑥ **의미**(meaning): 풍요, 생존 경쟁을 강조하는 시대에는 물질적 풍요보다는 목적의식, 초월적인 가치, 그리고 정신적 만족감을 줄 수 있도록 의미를 부여하는 능력

3) 디지털 역량 기반 교사 전문성

European Commission(2014)은 디지털 경제와 사회를 살아가는 유럽 시민에게 필요한 핵심역량으로 디지털 역량을 주창하였다. 이것은 일, 여가, 참여, 학습, 사회활동, 소비활동 등에서 과업을 수행하고, 문제를 해결하고, 의사소통하고, 정보를 관리하고, 협업하고, 콘텐츠를 창조하고 공유하며, 지식을 효과적으로, 효율적으로, 적절하게, 비판적으로, 창조적으로, 자율적으로, 신축적으로, 윤리적으로, 반성적으로 구축하기 위해 ICT와 디지털 미디어를 활용할 때 요구되는 일련의 지식, 기술 및 태도를 말한다. 제4차 산업혁명을 맞이하는 우리 시대에 있어서 교사들은 교실 내에서 갖추어야 할 역량과 함께 디지털 역량을 갖추어야 하는데, 우리 교실, 우리 학생 모두 디지털 도구와 정보 및 자료를 통해서 학습하는 시대가 조만간 접어들기 때문이다.

〈디지털 역량 요인〉

① **정보**: 적절성과 목적을 고려하면서 디지털 정보의 확인, 탐색, 저장, 조직 및 분석

② **커뮤니케이션**: 디지털 환경에서의 소통, 온라인 도구를 통한 자원 공유, 다른 사람과의 연락, 디지털 도구한 협력, 공동체와 네트워크와의 상호작용 및 참여

③ **콘텐츠 창조**: 새로운 콘텐츠의 창조와 편집, 선행 지식과 콘텐츠의 재구성, 창조적 표현 창출, 미디어 산출과 프로그래밍

④ **안전**: 개인정보보호, 데이터 보안, 사생활 보호

⑤ **문제해결**: 디지털 필요와 자원 확인, 필요나 목적에 부합되는 디지털 도구 선택, 디지털 도구를 통한 문제해결, 기술적 문제 해결

4. 교사 전문성 신장 활동

1) 학습공동체

교사들은 같은 교과별, 학년별, 부서별, 그룹별로 관심 주제와 필요에 따라 형성된 학습공동체에 참여하여 학교 개선과 교사 개인의 수업, 생활지도 및 학급관리 등과 관련된 전문적 실천 지식과 경험을 서로 공유하면서 전문성을 신장하고 교육의 질을 향상하고 있다. 또한, 학습공동체에 참여하면서 교직 생활의 어려움이나 난제를 서로 상의하고 해결 과제를 위해 서로 협력하면서 교직의 일체감을 형성하며 교직에서의 적응과 사기를 얻을 수 있다. 아울러 학습공동체에 참여하며 교직에서 수행하는 수업과 생활지도 등에 대해 모델링을 찾고 그에 따라 자신의 교직 수행에 대한 성찰과 개선을 도모한다. 이렇게 교사들이 자발적으로 모임을 만들고 상호 공유와 협력을 위해 팀을 형성하고 상호 대화와 협력을 촉진하는 네트워크를 구축하여 전문성을 계발함은 물론 학생의 학업 성취와 교육의 질을 개선하고자 형성된 교사들의 자발적 모임을 전문적 학습공동체라고 한다.

전문적 학습공동체는 교사들의 팀 활동을 통한 교직 실천 과정의 문제와 해결책을 공유할 뿐만 아니라 교직 수행을 위한 전문적 지식과 실천에 대한 공동 연구나 성찰 과정을 함께 도모하는 분위기와 문화를 전제로 이루어진다. 전문적 학습공동체는 교사들이 함께 공유하고 실천하고 성찰하는 조직임으로 교사 개인의 학습과는 차이가 있는데, 구체적으로 살펴보면 다음의 표와 같다(이석열, 2015).

개인 학습	학습공동체
고립	협력
지원계획 없음	지원적 네트워크
개인적 성공, 실패	학교의 성공, 실패
개인적 학습과 성찰	실행연구를 위한 공유적 탐구
새로운 전략과의 싸움	공유적 전략과 협력적 평가
교사 성장은 개인에 달려 있음	모든 교사의 지속적 성장
팀에 가입 안됨	높은 직무수행팀의 구성원

출처: 이석열(2015). 교원의 능력개발을 위한 전문적 학습공동체 운영 방안. 교육정책네트워크 이슈보고서, p. 6.

학습공동체는 교사들이 함께 학습하는 조직(이하 학습조직)이다(서경혜, 2015)[1]. 학습조직은 Senge가 집필한 제5원칙(The Fifth discipline, 1990)이라는 저서에서 구체적으로 제시되어 있다. Senge는 학습조직을 다음과 같이 정의하였다.

> 학습조직은 구성원들이 진정으로 원하는 결과를 창출하기 위하여 끊임없이 자신들의 역량을 확장시키고, 새롭고 폭넓은 사고방식이 길러지고, 공동의 열망이 자유롭게 추구되고, 구성원들이 총체적 안목을 갖기 위하여 끊임없이 배우는 조직이다(p. 3).

Senge(2014)는 학습조직이 다른 조직과 다른 점을 다섯 가지 원칙으로 제시했다. 이때 원칙은 규율이나 훈육을 의미하는 것이 아니라, 실천으로 행하기 위하여 배우고 익혀야 할 이론과 기술을 의미한다. 그가 제시한 원칙들은 자기완성(personal mastery), 사고모형(mental model), 공유비전(shared vision), 팀학습(team learning)과 시스템사고(system thinking)이다(서경혜, 2015).

1) 서경혜(2015). 교사학습공동체. 서울: 학지사.

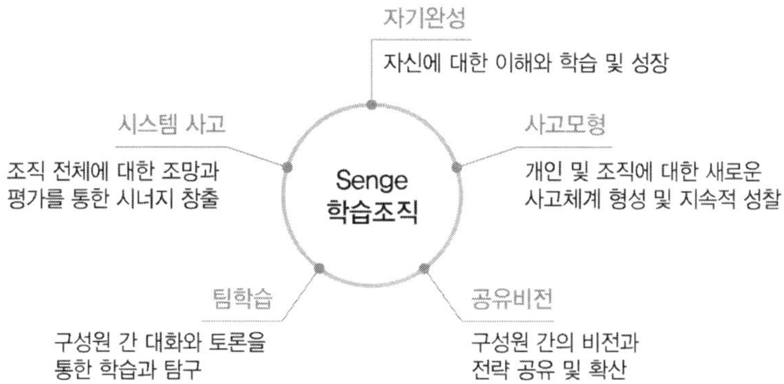

① **자기완성**: 끊임없이 자신의 비전을 명확히 하고 발전시켜 나아가며, 자신의 에너지를 집중하고, 인내력을 키우며, 현실을 객관적으로 보고자하며, 평생 배움을 멈추지 않는 원칙이다.

② **사고모형**: 색안경에 따라 세상이 다르게 보이듯이, 우리의 이해와 실천에 영향을 미치는 관점, 가정들과 이론들에 따라 조직과 개인도 달라 보이는 것을 말한다. 그래서 우리의 실천 과정을 이해하고 변화하기 위해서는 사고모형을 이해하고 이를 변화시킬 필요가 있다. 학습조직은 사고모형을 표면화, 비판적으로 고찰, 재구성함으로써, 새로운 사고모형을 수립하고 개인과 조직의 실천 변화를 가져오도록 끊임없는 집단적 반성과 탐구를 필요로 한다.

③ **공유비전**: 우리가 이루고 싶은 것이 무엇인지 그리고 왜 그것이 중요한지에 대해 구성원 모두가 공유하는 것이다. 그래서 학습조직에서는 리더와 구성원들이 서로 비전을 이야기하고 공유하는 과정을 필요로 한다. 일단 비전이 공유되면, 구성원들은 일하는 방향과 방식을 찾기 쉽고 그와 관련된 학습도 수월하게 할 수 있다.

④ **팀학습**: 구성원들이 대화와 토론을 통해 팀으로 학습하고 역량을 계발하는 것이다. 학습조직에서 대화는 복잡하고 어려운 문제를 자유롭고 창의적으로 탐구하고 타인의 아이디어와 의견을 경청하면서 함께 생각하는 것이다. 또한, 학습조직에서 토론은 의사결정을 요하는 문제나 이슈 등에 대해 여러 다양한 관점에서 분석 및 비판함으로 강점과 약점을 파악하여 최선의 대안을 탐색하는 것이다. 대화와

토론을 통한 팀학습은 개인학습의 한계를 넘어 혼자서는 이르기 어려운 문제를 해결할 수 있는 시너지 효과를 발휘할 수 있다.

⑤ **시스템 사고**: 학습조직의 가장 핵심적인 원칙으로, 전체를 조망하고 이를 구성하는 부분들 사이의 역동적 관계를 이해할 수 있는 능력이다. 이를 통해 조직 전체의 직무와 운영에 영향을 미치는 문제들과 해결책들을 종합적으로 탐색할 수 있다.

교사들의 학습공동체는 전문성을 신장하며 그로 인해 학교교육의 질 개선을 도모할 수 있다. 그렇다면 교직에서 학습공동체는 어떠한 방식으로 운영되고 있는가? 그 방식들은 수업, 생활지도, 학급관리 등에서 여러 형태로 운영될 수 있지만, 여기서는 교사들의 핵심 직무인 수업과 관련한 학습공동체 유형들인 수업친구(또는 수업멘토), 학년협의회 및 교과협의회, 수업동아리 등을 소개하고자 한다(김규태, 강유정, 권민석, 최경민, 2017).

① **수업친구 또는 수업멘토**: 학교 안에서 동료교사, 선배교사, 수석교사 등 수시로 수업 고민을 나눌 수 있는 수업친구 또는 수업멘토를 정하여 한 달에 한 번, 또는 정해진 일정에 따라 지속적으로 수업 관련 조언이나 상담을 하는 활동을 말한다. 이는 동료장학, 수업멘토링 등이라고도 할 수 있다.

② **학년협의회 및 교과협의회**: 학년별로 수업과 평가 등에 대해 대화와 토론을 하거나, 공동 수업지도안을 마련하거나, 수업발표 및 성찰회 등을 통해 전문성을 신장하는 활동을 말한다.

③ **수업동아리**: 학년이나 과목에 상관 없이 수업에 대한 개선과 학생의 학습성과 극대화 등을 뜻을 지니고 있는 교사들이 함께 고민을 나누며 연구하는 모임이다.

이러한 공동체가 성공을 이루기 위해서는 무엇보다도 교사들의 자발성이 요청된다. 자발성이 있어야 형식적으로 흐르지 않고 지속적, 실질적 활동이 가능하기 때문이다. 또한, 교사들이 모여서 함께 모여서 성장을 도모할 수 있도록 모임의 성격과 목표를 분명히 설정할 필요가 있다. 즉 비전공유를 명확하게 해야 한다. 그리고 함께 나누며 협력하기 위한 라포 형성과 신뢰 구축도 필요하다. 아울러 전문적 활동을 수행할 필요가 있다. 그 이유는 일반적인 모임과 다른 학습공동체의 존재 이유이기 때문이다. 이를 위해서는 교직 수행에 대한 전문적 실천 경험과 노하우를 나누며, 상호 성찰과 피드백을 함으로서 자기 및 집단 성장과 모임에 대한 만족감과 성취감을 높일 필요가 있다.

2) 교원능력개발활동

교사는 학습공동체를 통해 전문성 신장도 하지만, 교내에서 수행되는 능력개발을 위한 현직연수나 장학 활동을 한다. 현직연수는 교사가 교직에 재직 중에 전문적 능력을 배양하기 위한 자발적 또는 의무적으로 이루어지는 교육훈련 활동이라고 할 수 있다. 교원능력개발을 위한 활동은 기관중심연수, 단위학교 중심 연수, 개인 중심 연수로 구분된다.

① **기관중심연수**: 교사들이 중앙 및 시도 교육연수원이나 대학 및 민간 교원연수기관에서 실시하는 연수로, 자격연수, 직무연수 등이 있다. 자격연수는 상위자격 취득을 위해 실시하는 것으로 신규교사연수, 1급 정교사 자격 연수 등으로 15일 이상 90시간 이상으로 한다. 직무연수는 교직 직무수행 능력 향상을 위한 교과, 생활지도, 정보화, 교양 및 취미 등과 관련된 연수를 말한다.

② **단위학교 중심 연수**: 학교 내 혹은 학교 간 자율적으로 실시하는 연수로, 일반적인 교육발전을 위한 자체연수와 교과 수업 발전을 위한 교과협의회로 구분할 수 있다. 컨설팅 수업 장학, 연구수업, 교과교육연구회, 교내 자율장학 등이 있다.

③ **개인 중심 연수**: 교원 스스로 전문적 지식과 스킬을 습득하기 위해 교육을 받는 것으로 국내외 교육기관에서의 학위취득, 학회활동, 교과교육연구회, 교내 학습공동체 등에 가입하거나, 교직 현장에서의 실천연구(action research)를 수행하는 것을 말한다.

교사들의 핵심 직무는 무엇보다도 수업이다. 장학은 수업 활동을 위한 지도 및 조언 활동이다. 교직에서 이루어지고 있는 장학 유형은 〈표 3-1〉과 같다.

교수–학습 방법 개선, 교실수업 개선, 교실수업 혁신을 위해 교육 현장에서 주로 활용하고 있는 전략은 수업코칭과 수업장학이라고 할 수 있다. 수업코칭은 수업 문제를 귀납적으로 접근하게 되며, 자기 수업 성찰을 통해 스스로 수업에 대한 자신만의 답을 찾아가게 된다. 반면, 수업장학은 교사의 교수학습 행위 개선이 목적이며, 수업에 대한 정답을 제시하며, 그 기준에 따라 수업을 평가하고, 피드백을 한다.

〈표 3-1〉 현장에서 이루어지는 장학 형태들

구분	내용
컨설팅장학	• 교사가 자발적으로 다른 교사 · 전문가에게 도움을 요청하여 교육 문제를 해결할 수 있는 전문적인 자문 활동 • 자발적 의지가 중요, 교내 · 외의 유능한 전문가에게 의뢰하고 체계적인 도움을 받음
임상장학	• 교수–학습과정을 장학사가 관찰, 이를 토대로 함께 교수계획, 전략을 수립 · 실행, 평가해 교수–학습과정에 재반영 → 교사의 교실활동을 개선하고 학생들의 학습효과를 제고 • 전문성을 갖춘 교내 교원의 도움으로 수업을 함께 계획하고, 실제 수업을 관찰, 분석, 피드백
동료장학	• 교사 상호간 교실수업을 관찰, 피드백을 주며 공통된 전문적 관심사를 토론, 전문적 성장을 위해 협동
자기장학	• 교사 개인이 전문적 발달을 위하여 스스로 계획을 세우고 실천 • 자기수업 분석 · 연구, 자기평가, 학생을 통한 수업분석, 교과연구회 · 학술회 참여, 스스로 대학원 다니고, 연수 적극 참여
약식장학	• 단위학교의 교장 · 교감이 간헐적으로 짧은 시간동안 학급순시 · 수업참관을 통해 수업 및 학급경영활동을 관찰하고, 지도 · 조언
멘토링 장학	• 신규교사와 경력교사의 역할분담을 통해 교직 생활 전반에 걸쳐 교사의 전문성 개발과 교직생활의 안정성을 구축

학습 정리

1. 교사는 장기간의 교육과정, 수업, 생활지도에 대한 지식에 정통하며, 복잡한 교육행위를 이해하고 실천하고, 전문적 판단과 결정을 하며 이에 대한 책임을 지며, 학생의 발달과 요구에 부응하는 교육서비스를 제공하는 측면에서 전문직이라 할 수 있다.
2. 전통적인 교직은 개별 교실에서 홀로 수업하거나 직무를 수행하는 것에 익숙하며, 온정주의, 개인주의, 위계, 감독, 독립 등의 조직문화를 지향한다. 하지만, 새로운 전문성주의는 협동, 팀, 멘토링, 전문성 개발, 성과주의, 권한위임과 책임 등을 지향한다. 새로운 전문성주의를 지향하는 교사들은 학생들의 학업성취와 성장을 위한 사명감과 반성하는 실천가로서 역할을 하며, 다양한 데이터를 활용하여 학생들의 학업성취 향상을 위해 상호평가 및 조언을 통해 성과향상에 집중하며, 능동적인 멘토, 교육과정 개발자, 문제해결자, 변화촉진자, 현장연구자 등 전문가로서 역할을 수행하며, 학교조직의 역량과 변화를 위한 변혁적, 긍정적 리더십을 발휘한다.
3. 교사들은 디지털 및 지식경제, 24/7, 동시성, 스마트워크, 집단지성, SNS 소통 등을 특징하는 변화하는 교직 환경을 살고 있다. 테크놀로지(소프트웨어), 사물인터넷, 빅데이터, 인공지능 등 4차 산업혁명 시대(초지능화, 초연결화, 로봇화, 융복합)에는 기반 도구와 스킬을 활용하여 교육과정, 교수학습, 생활지도, 학급경영, 자기관리, 학습공동체 등을 성공적으로 이행할 수 있는 새로운 교사전문성을 필요로 한다. 4차 산업혁명 기술을 포함한 디지털 테크놀로지를 활용하여 교육과정 및 수업의 효율화를 도모할 수 있는 테크놀로지 교수내용 지식이 보다 요청되고 있다. 또한, 다니엘 핑크가 제시한 하이컨셉과 하이터치를 실현하는 전문가로서 디자인, 스토리, 조화, 공감, 유희, 의미 등 특성을 실현할 수 있어야 할 것이다.
4. 교사들은 자발적으로 모임을 만들고 상호 공유와 협력을 위해 팀을 형성하고 상호 대화와 협력을 촉진하는 네트워크를 구축하여 전문성을 계발하는 모임인 전문적 학습공동체에 적극 참여할 필요가 있다. 또한, 수업친구(또는 수업멘토), 학년협의회 및 교과협의회, 수업동아리, 동료장학 및 수업코칭 등에 적극 참여할 필요가 있다.

Chapter 04

교사정체성

학습 목표

1. 교사정체성의 개념에 대해 설명할 수 있다.
2. 교사정체성의 유사개념들을 구별 · 설명할 수 있다.
3. 교사정체성의 특성을 열거하여 제시할 수 있다.
4. 교사정체성의 기능을 설명할 수 있다.
5. 교사정체성 형성과정과 영향요인을 설명할 수 있다.
6. 교사정체성과 교사전문성 관계를 설명할 수 있다.

1. 교사정체성의 개념

교사정체성이 무엇인가에 대한 정의는 〈표 4-1〉과 같이 국내외 학자별로 다양한 방식과 관점에서 제시되고 있다. 그래서 교사정체성에 대해 합의된 개념을 도출하는 것은 어려울 수 있다. 〈표 4-1〉에서 제시된 몇 가지 학자들의 정의를 살펴보면, Reeves(2018)는 역동적, 다면적, 협상되어 구성되는 것, 개인 행위자(agency)와 사회구조(structure)가 연계되어 구성되는 것으로 보았다. Lee와 Schallert(2015)는 사회적 존재로서 지속적으로 자아의 타협을 통해 재념화하는 것이며, 특별히 전문적 기능을 다루고 교직에 헌신하도록 하는 역할, 능력과 가치를 포함하는 것으로 보았다. Lasky(2005)는 교사들이 자신에 대해 정의하는 방식이며, 경력 단계에 걸쳐 변화되는 전문적 자아의 구성이며, 학교나 정책적 맥락에 따라 재구성될 수 있는 것으로 보았다. Beijaard, Meijer와

Verloop(2004)는 교사되어감에 대한 개인적이고 전문적 측면의 지속적인 해석, 재구성, 통합 과정으로 보았다. 조동근, 임세영(2017)은 교사정체성을 시간의 흐름에 따라 동일성과 연속성을 지니는 교사로서의 자기 개념으로 보았다. 송경오(2015)는 교사가 자신의 가르침의 역할에 대한 성찰 과정을 통해 교직의 가치와 의미를 깨닫는 것으로 보았다. 이효신(2015)은 다양하고 변화하며 갈등을 일으키고, 사회적, 문화적, 정치적 상황과 연계되어 있다. 또한 교사 정체성은 담화를 통해 구성되고, 유지되며 타협이 이루어지는 과정으로 보았다. 이들 학자들이 제시한 개념을 종합해 보면, 교사정체성은 교사들이 집단적 규범과 가치, 사회적 교환과 상호작용에 따라 교직생활을 하면서 자기와 타인의 구별로서의 정체성을 형성 유지하면서도 집단적 규범과 생활양식에 수용하고 동일시하거나 재구성하는 것으로 정의할 수 있다.

〈표 4-1〉 교사정체성에 대한 연구자별 정의

연구자	정의
Beijaard, Verloop & Vermunt(2000)	교사들이 자기에 대해 인식하고, 의미부여하며, 평가하는 방식이다.
Beijaard, Meijer & Verloop(2004)	교사되어감에 대한 개인적이고 전문적 측면의 지속적인 해석, 재구성, 통합 과정이다.
Lasky(2005)	교사들이 자신에 대해 정의하는 방식이며, 경력 단계에 걸쳐 변화되는 전문적 자아의 구성이며, 학교나 정책적 맥락에 따라 재구성될 수 있는 것이다.
Sutherland, Howard, & Markauskatite(2010)	교사가 자신이 전문적인 교사라고 핵심적으로 인식하는 것에 대한 내러티브이다.
Cohen(2010)	교사 자신과 그들이 수행하는 일을 이해하고 내외적 기대를 조정하는 지속적이고 역동적인 과정이다.
Akkerman & Meijer(2011)	시간과 맥락에 따라 변화하는 다중성(multiplicity), 불연속성(discontinuity), 사회성(social nature)을 지닌다.
Mockler(2011)	교사가 개인적으로 그리고 집단적으로 교사로서 자신을 어떻게 보고 이해하는 방식이자 내용이다
Lee & Schallert(2015)	사회적 존재로서 지속적으로 자아의 타협을 통해 재념화하는 것이며, 특별히 전문적 기능을 다루고 교직에 헌신하도록 하는 역할, 능력과 가치를 포함한다.

연구자	정의
Reeves(2018)	역동적, 다면적, 협상되어 구성되는 것, 개인 행위자(agency)와 사회구조(structure)가 연계되어 구성되는 것이다.
유홍준, 유태용 등(2014)	한 개인이 자신의 직업에 대하여 심리적 일체감을 가지고 있는 정도와 자아상에서 자신의 직업이 차지하는 중요도이다.
송경오(2015)	교사가 자신의 가르침의 역할에 대해 스스로 돌아보고 성찰하는 과정을 통해 자신의 직업에 대한 본연적 가치와 의미를 깨닫는 것이다.
이효신(2015)	다양하고 변화하며 갈등을 일으키고, 사회적, 문화적, 정치적 상황과 연계되어 있다. 또한 교사 정체성은 담화를 통해 구성되고, 유지되며 타협이 이루어진다.
정순경, 손원경(2016)	교사 개인의 정치적, 사회적, 개인적, 구조적인 환경의 변화 속에서 개인이 원하는 교사상과 가치를 통해 정의된다.
허난설(2016)	개인적 자기상과 교사 역할 사이에서 개인이 구축한 복합적, 역동적인 마음 상태이다.
채현순, 장유진(2016)	한 분야의 전문가가 타 분야의 전문가와 구별되는 자신의 전문성 및 기타 특성에 대한 주관적 인식이다.
조동근, 임세영(2017)	시간 흐름에 따라 동일성과 연속성에 대한 교사 개인의 정의이다.

2. 교사정체성의 유사개념

교사정체성은 〈표 4-2〉와 같이 교사이미지(교사상), 개인정체성, 사회정체성, 집단정체성 등 여러 유사 개념들로 규정되고 있다. 교사이미지 또는 교사상은 교사라는 개념에 대한 지각 내용으로서, 교사에 대한 구체적 경험의 누적에 의해 일반화된 정의를 말한다(이학주, 2000). 그 예로 Beijaard 등(2004)이 교사들은 자신을 교재 전문가(a subject matter expert), 교수 전문가(pedagogical expert), 교훈적 전문가(didactical expert)로 인식하며 정체성을 형성한다는 것과 허영주(2015)가 예비교사들은 투철한 교직관을 지니고, 새로운 수업을 하며, 친근하고 신뢰로우며, 학생의 꿈을 지원하고, 성공적 결과를 이끈 교사를 이상적인 교사로 인식하고 있다는 것을 예로 들 수 있다. 또한, 개인적 정체성은 교사 개인이 자기에 대해 이해하고 평가하는 자기개념으로, 그리고 사회적 정체성은 교사들이 자신과 동일시하거나 비슷한 전문가 집단의 관점에서 스스로 정의하고 평가하는 개념으로 규정될 수 있다(Greenberg, Schmader, Arndt, & Landau, 2017). 전문적 정체성은 교사가 전문직으로서 자율성과 식견에 기반한 성찰적 과정을 통해 자신의 가르침(teaching) 활동에 대해 의미와 가치를 갖는 일이라고 볼 수 있다(송경오, 2015). 직업정체성은 한 개인이 자신의 직업에 대하여 심리적 일체감을 가지고 있는 정도와 자아상에서 자신의 직업이 차지하는 중요도로 볼 수 있다(유홍준 외, 2014).

〈표 4-2〉 교사정체성 관련 유사 개념

구분	정의
교사상	교사라는 개념에 대한 지각 내용으로서, 교사에 대한 구체적 경험의 누적에 의해 일반화된 정의적 의미(이학주, 2000)
개인적 정체성	교사 개인이 자기에 대해 이해하고 평가하는 자기개념(Greenberg, Schmader, Arndt, & Landau, 2017)
사회적 정체성	사람들이 동일시하는 사회적 집단의 관점에서 스스로를 정의하고 평가하는 자기개념(Greenberg, Schmader, Arndt, & Landau, 2017)
전문적 정체성	교사가 전문직으로서 자율성과 식견에 기반한 성찰적 과정을 통해 자신의 가르침(teaching) 활동에 대해 의미와 가치를 갖는 일(송경오, 2015)
직업적 정체성	한 개인이 자신의 직업에 대하여 심리적 일체감을 가지고 있는 정도와 자아상에서 자신의 직업이 차지하는 중요도(유홍준 외, 2014)

이렇게 교사정체성이 다양한 유형으로 접근된다는 점에서, 교사정체성은 개인이 자기에 대해 이해하고 평가하는 개인적 정체성을 의미하는 것인지, 사회적 집단에 소속되었다는 지각에 기반한 집단적 정체성의 일부인지, 사회적 지위와 역할, 그 역할에 따른 규범과 가치에 의해 형성되는 사회적 정체성인지 규정하기 어려운 모호한 개념일 수 있다.

3. 교사정체성의 특성

앞에서 교사정체성은 교사들이 집단적 규범과 가치, 사회적 교환과 상호작용에 따라 교직생활을 하면서 자기와 타인의 구별로서의 정체성을 형성 유지하면서도 집단적 규범과 생활양식에 수용하고 동일시하려는 것으로 볼 수 있다. 또한 교사들이 갖는 정체성은 개인적, 사회적 정체성 등 다차원적 속성을 지니며, 시간과 공간의 흐름에 따라 역동적, 불연속적으로 협상되어 재구성되는 과정으로 볼 수 있다. 이러한 점에서 교사정체성은 Akkerman과 Meijer(2011)가 지적한 바와 같이 교사정체성은 단일하고, 개인적이며, 연속적인 속성이라기보다는 시간과 맥락에 따라 변화하는 다중성(multiplicity), 불연속성(discontinuity), 사회성(social nature) 등의 특성을 지니고 있다고 할 수 있다. 이와 비슷하게 안아라, 김한별(2013)도 교사정체성은 사회적, 문화적, 정치적, 역사적 맥락 의존성을 바탕으로 형성되며, 타인과의 관계에서 형성되며, 다중적으로 끊임없이 변화하는 역동적 성격을 가지며, 이야기(narrative)를 통하여 그 의미가 드러나며, 이야기를 통하여 재구성되는 측면이 있다고 지적했다. 따라서 본 연구에서는 Akkerman과 Meijer(2011)와 안아라, 김한별(2013)이 제시한 것을 근거로 [그림 4-1]과 같이 교사정체성의 특성을 다중성, 불연속성, 사회성, 담론성으로 설정하고 이에 대해 구체적으로 논의해 보고자 한다.

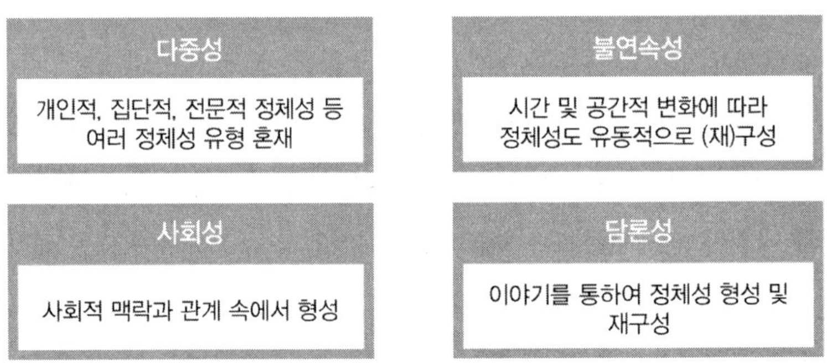

[그림 4-1] 교사정체성의 특성

교사정체성은 다중성을 띤다. 이것은 개인 교사가 지닌 다양한 하위 정체성(sub-identities)을 지님을 의미하며, Gee(2001)가 Nature-identity, Institution-identity, Discourse-identity, Affinity-identity 등으로 분류한 예를 들 수 있다. Nature-identity은 타고난 발달적 특성과 상태에 따른 정체성으로, 나는 쌍둥이다, 나는 내성적이다, 나는 과혈질이다 등과 같이 나는 선천적으로 가르치는데 타고났다 등에 해당된다. Institution-identity는 사회와 조직 등에서 부여한 지위와 역할에 따른 정체성으로 나는 선생님이다, 나는 교무부장이다 등에 해당된다. Discourse-identity는 타인과의 상호작용 속에서 담론/대화 등에 의해 합리적으로 인식된 정체성으로 다른 사람이나 집단이 나를 어떻게 바라보고 생각하느냐, 타인과의 관계 속에서 나를 어떻게 인식하느냐에 대해 합리적으로 자기를 인식하는 것이다. Affinity-identity는 소속된 집단의 가치나 정서가 내재되거나 공유된 정체성으로 교원노조, 학습공동체, 비공식집단, 가상집단, SNS토론집단 등을 통해 형성되는 점을 강조한다. 이밖에도 Day, Sammons, Stobart, Kington, and Gu(2007)은 전문적 정체성, 상황적 정체성, 개인적 정체성으로 구분하였다. Beijarrd 등(2000)은 교과 전문가(a subject matter expert), 수업 전문가(pedagogical expert), 교훈적 전문가(didactical expert)로서 구분하였다. 그렇지만 이들 교사정체성의 하위유형들이 개별적으로 구별되거나 지속 유지되는 것이 아니라 유동적이고 상호 연계되어 있으며, 교직의 상황 변화에 따라 구성 또는 재구성된다는 것이다. 그래서 정체성이라 불리는 다양한 하위유형들이 어떻게 상호 연계되어 있고 상호작용하는지, 또한 어느 유형들이 교사정체성 구성 및 재구성에 영향을 미치는지에 대한 연구가 요청된다.

교사정체성의 두 번째 특성은 불연속성, 즉 교사정체성이 지속적으로 구성되는 과정과 변화를 갖는다는 것이다. 이것은 시간 및 공간적 변화에 따라 정체성도 유동적으로 달리 구성과 재구성된다는 입장이다.

세 번째 특성은 사회성으로 다양한 사회적 맥락과 관계를 통해 형성된다는 것을 의미한다. Flores과 Day(2006)는 교사정체성에 영향을 미치는 맥락적 요인, 관계, 상호작용이며, 이는 교사정체성을 형성하는 사회적 맥락과 환경에의 영향을 강조하고, 다른 교사들과의 관계와 상호작용을 통해 형성되는 것을 강조한다.

네 번째 특성은 담론성으로, 이것은 교사정체성이 시간과 공간을 통해 정체성을 어떻게 형성, 유지 및 변화하였는지를 이야기(narrative)를 통하여 해석하고, 전달하며, (재)구성한다는 측면을 강조한다. Cohen(2010)은 교사정체성 분석을 위해서는 대화, 내러티브, 생애사 등을 통한 담론 분석이 필요하다고 했다. 이것은 교사가 변화하는 직무 상황에서 어떻게 그들 자신을 보는가를 이해하는 방식으로 교사 내러티브와 스토리텔링을 통해 교사의 전문적 정체성 특성과 그것이 이루어진 과정을 이해하는 것이 중요한 수단임을 강조하는 것이다.

앞에서 살펴본 것 같이 교사정체성은 불연속성과 사회성을 지닌 것으로 보여진다. 하지만, 교사정체성이 고정되고 지속된 측면도 존재한다. 국내에서 수행된 이상적인 교사상에 대한 연구들(예: 이학주, 2000; 김병찬, 2005; 안길훈, 2007; 허영주, 2015)에서 시간의 흐름에 따라서도 비슷한 경향성을 보인다는 점, 초임교사부터 경력교사까지 교직에 대한 경험과 인식이 누적되고 공유되고 있는 속성도 있다. 이것은 형식문화, 독립주의, 온정주의 등 교직문화 연구에서 발견된 특성들에 해당된다. 이러한 점에서 교사가 담당하는 교과(전공)에 따라, 교직경력에 따라, 학교급에 따라 공유되는 교사정체성은 무엇이며 달리 규정되는 것은 무엇인지, 다양한 학교조직의 맥락과 구조 및 문화가 다른 상황에서 달리 규정되는 교사정체성은 무엇인지, 교사 개인적으로 인식하는 정체성과 교사 집단이 공유하는 정체성은 어떠한 관계가 있는지 등에 대한 학술적 논의는 활발히 진행될 필요가 있다.

4. 교사정체성의 기능

앞에서 교사정체성의 형성이 사회적 인지와 학습 과정이나 권력 담론 과정에서의 재구성을 통해 이루어지며, 그 형성 과정에서 관련된 다양한 교직 상황과 맥락 및 교사의 개인 및 사회적 요인들의 영향을 받아서 교사정체성이 형성된다는 점을 살펴보았다. 그렇다면 교사가 개인 및 사회적 관계와 맥락에서 형성되는 정체성은 교사 개인 또는 집단에게 미치는 역할과 효과는 무엇인가? 이에 대한 질문을 규명하는데 있어서

Adams와 Marshall(1996)이 제시한 수동적 정체성과 능동적 정체성 아이디어는 교사정체성의 순기능과 역기능을 이해하는데 도움이 된다. 능동적 정체성은 자기 탐색과 구성을 통한 확립된 정체성을 보이는 상태이며, 그 기능은 다음과 같다.

첫째, 교사로서 자신이 누구인지 이해하는 인식 틀을 제공한다. 둘째, 교사 자신이 선택한 교직에 대한 의미, 가치 및 방향을 확인한다. 셋째, 교직에서의 능동적, 자율적 직무수행을 촉진한다. 넷째, 교직에 대한 가치, 신념에 대한 안정감과 일체성을 제공한다. 다섯째, 교직에서의 미래 발전성과 자기주도적 역량 수행에 대한 자신감을 보장한다.

교사정체성은 교사몰입 및 교직헌신을 촉진하는 역할을 한다(Cohen, 2010). 그리고 교사효능감, 교사헌신(몰입), 직무동기, 전문성 지향성에 영향을 미친다(Lee, 2014). 아울러 Beijarrd, Verloop와 Vermunt(2000)가 지적한대로 교사의 전문적 정체성에 대한 긍정적 지각은 교육변화에 대한 대처능력이나 혁신 이행에도 긍정적으로 영향을 미친다. 이러한 경험은 교사들이 갖는 교사로서의 이미지와 정체성에 영향을 미친다. 교사의 내면에서 지각하는 자신의 이미지가 자신의 교직 수행 과정이 일치하거나, 교사의 소명의식이 강하면 자아존중감이 커지며 이로 인해 높은 수준의 정체성을 보일 가능성이 높다(서미옥, 2017).

반면, 수동적 정체성은 동일시와 모방을 기반으로 하며 폐쇄되고 혼미한 정체성 상태로 나타나며, 주체적인 의사결정을 회피하고 외부의 사회적 협의체에 순응하는 상태를 말한다. 이러한 상태는 교사들로 하여금 교직 스트레스와 감정노동을 통한 소진과 직무이탈 현상을 보이도록 만들 수 있다. 교사들은 자신에 대한 소극적, 부정적 평가를 받는다면 스트레스와 소진은 물론 혼미한 정체성을 보이는 경향이 있다. 또한, 교사들은 타인이 바라보거나, 평가하거나 또는 기대하는 이미지로 보이기 위해서 자신의 실제 모습을 감추거나 변장하여 자신을 드러낸다. 이러한 자기인식에 대한 부조화 현상을 감정노동이라고 하는데, 이것이 심화되면 직무스트레스와 소진 등이 가중되며, 이로 인해 교사들은 소극적 정체성을 형성할 가능성이 높아진다(이영만, 2016; 임지균, 도승이, 2014; 조은영, 이지연, 2015).

5. 교사정체성 형성 과정과 영향 요인

교사정체성은 전술한 바와 같이 사회적 인지 및 관계 속에서 개인적, 사회적 정체성을 형성하거나, 사회구조와 행위자의 상호작용에서 구성되며, 권력과 규율 등에 대한 담론 및 성찰을 재해석 및 재구성된다. 그렇다면 교사정체성은 사회적 과정에서 또는 담론적 과정에서 어떠한 과정을 거치며 형성되는가? 여기서는 교사정체성의 형성과정에 대한 아이디어도 Beijaard, Meijer와 Verloop(2004)이 [그림 4-2]에서와 같이 제안한 것을 소개한다. 이들은 교사정체성이 교사로서 가르치는 일에 대해 개인적이고 집단적으로 적절하다고 인식되는 것에 대한 지속적인 통합 과정을 통해 형성된다고 하였다. [그림 4-2]의 실선은 교사가 실천적 지식을 구성해 가는 과정으로 1사분면에서 시작되어 2, 3, 4사분면을 지나 다시 1사분면으로 돌아가 다시 시작된다. 점선은 교사 정체성의 여러 다른 과정들이 있다는 점을 제시하는 것이다. 일반적으로 전문적 정체성 형성은 2사분면(공유된 맥락에서의 암묵적 개인 실천 지식)와 3사분면(자기성찰을 통해 의식된 개인 실천 지식)의 상호작용과 그 상호작용의 결과인 4사분면(공공화된 개인 실천 지식)에 초점을 두는 경향이 있다.

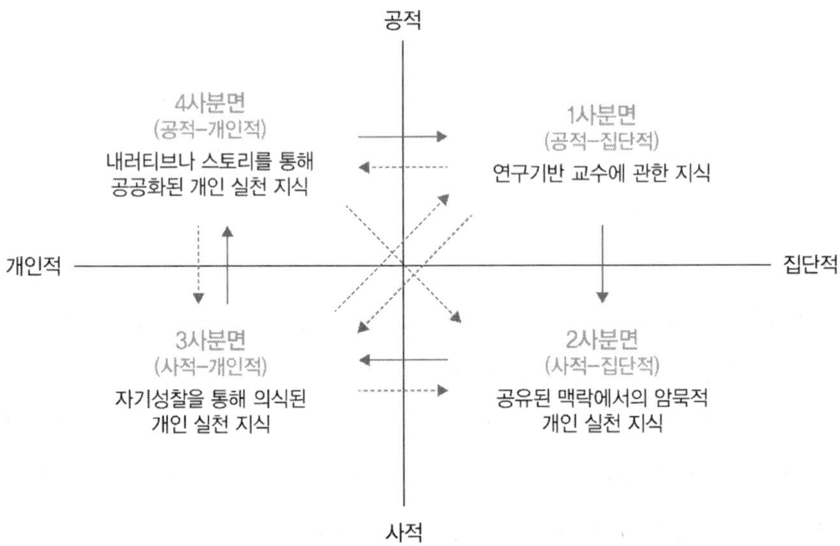

[그림 4-2] 교사정체성의 형성과정(그림 3사분면 수정)

출처: Beijaard, Meijer, & Verloop(2004), p. 124

이것은 교사 정체성 형성이 다양한 경로와 맥락 속에서 교사로서 수행하는 일에 대한 개인 실천 지식을 구성해 가는 과정임을 시사한다.

Flores와 Day(2006)에 따르면 교사정체성은 [그림 4-3]과 같이 교사정체성에 대한 사전 이론(교사상), 과거 교직 영향(개인 배경, 초기 교직 훈련, 교직 수행), 교직맥락(수업실행, 학교문화, 리더십)과 재형성된 정체성(보수주의와 프로액티비즘) 등의 상호 영향을 받으며 형성된다고 주장했다. 또한 이들은 교사 개인의 교직에 대한 과거 경험(역사)와 맥락적 영향 간의 강력한 상호작용을 통해 교사정체성이 형성된다고 보았다. 협력문화에서 일한 교사들은 가르침에 대한 긍정적인 태도를 보이고 개발하는 경향뿐 아니라 자연적이고 자발적인 협업적 작업 관계와 문화 간의 연결도 강화한다. 그리고 교직실행과 교사 자신의 신념에 대한 이해, 즉 교사 정체성의 재형성을 중재하는 개인배경(biography)도 교사 정체성에 핵심 역할을 담당한다. 반면, 교사 임용 초기에 강하게 영향을 미쳤던 부정적 학교 상황과 맥락은 교사 정체성의 부정적 형성에 영향을 미칠 수 있다. 이러한 부정적 경향들은 교사들이 교직 입문 과정에서 형성한 교직에 대한 의미, 가치와 이미지 등을 변화시키며, 교사의 일상화, 규율화되며 교사정체성을 위축 상실하도록 한다. 학교 문화와 리더십에 대한 긍정적 또는 부정적 교직의 영향은 교사의 가르침에 대한 이해를 재형성하고 전문적 학습과 개발을 방해하는 역할을 한다.

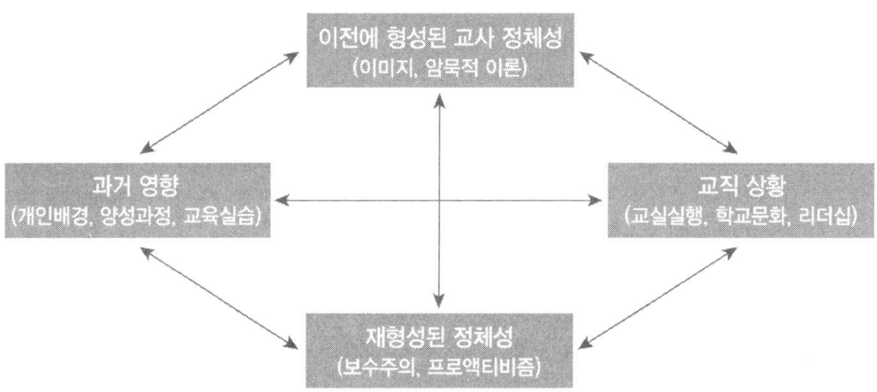

[그림 4-3] 교사정체성 형성과 영향 요인

출처: Flores, M. A., & Day, C. (2006), p. 230.

6. 교사정체성과 교사전문성 관계

교사정체성은 교사전문성 신장 또는 위축과 관련이 있다. 왜냐하면 교사정체성은 교사가 그들의 전문성을 어떻게 보고 이해하는지를 의미하기 때문에 그것에 대한 인식의 방향이 적극적이냐 소극적이냐에 따라 교사전문성도 그리 결정된다는 의미이다. 일반적으로 교사전문성은 교사직을 수행하기 위해 요구되는 탁월한 수준의 명제적, 방법적 지식 및 기술이다(윤정일, 신효정, 2006). 교사들이 발휘하는 전문성 요소들은 개인차원(인성, 가치, 신념, 태도, 지식), 조직차원(실적, 능력, 헌신), 사회차원(사회문화적으로 요구되는 자질, 역할) 등이 있다(김이경, 2004). 이러한 교사전문성을 개인적으로 그리고 집단적으로 어떻게 인식하고 이해하는 방식이 바로 교사정체성이라고 할 수 있다(Beijaard, Meijer, & Verloop, 2004; Mockler, 2011).

이렇게 보면 교사정체성과 교사전문성과 밀접하게 연관되어 있는 개념들이다. 교사전문성이 교사들이 교직수행에 필요한 교육과정, 수업, 생활지도 등과 관련된 전문적 지식과 기술(김옥예, 2006; 소경희, 2003)이라면, 교사정체성은 교사들이 자신을 전문가로서 인식 과정이라고 할 수 있다(Lasky, 2005). 이것은 교사의 전문적 실천 과정에서 교사가 자신을 전문가로서 인식하고 있는가는 그들의 전문적 수행 능력과 관련이 있다는 점을 의미한다. 또한, 교사전문성과 교사정체성의 발달 과정은 전문적 실천 과정에서 대한 성찰을 통해서 이루어진다는 점에서도 서로 연관이 있다. 이것은 교사의 전문성 발달에 있어서 교사가 반성적 실천가로서의 역할 수행이 중요하다는 실증적 결과(강대현, 2013; 구원회, 2016; 이수용, 2016)와 교사들의 성찰과 내러티브에 따라 자신의 자아상과 정체성 형성이 이루어진다는 연구들(Akkerman & Meijer, 2011; Flores & Day, 2006; Sutherland, Howard, & Markauskaite, 2010; Taylor, 2017)에서 찾을 수 있다. 그리고 교사전문성과 교사정체성을 형성하는데 영향 요인에 있어서 유사한 경향을 보인다. 교사전문성 결정 요인은 교사효능감(김아영, 2012), 전문적 학습공동체(서경혜, 2009), 학교환경(송경오, 정지선, 2008; 정제영, 김현주, 이유진, 2014) 등 개인변수와 조직 및 환경 변수로 알려져 있다. 교사 정체성 연구자들도 개인배경 및 특성, 교직훈련, 학교문화, 리더십, 교육환경 등을 제시에 따라 구성된다고 본다(Beijaard, Meijer,

& Verloop, 2004; Flores & Day, 2006; Hong, 2010).

교사정체성은 교사가 자신 또는 집단에서 인식 또는 공유하고 있는 교사전문성을 지각하고 해석하는 방식에 대해 성찰 과정을 통해 인식하며, 또한 정체성 형성 요인들이 교사전문성의 그것과 비슷하다는 점에서 밀접한 관련이 있다고 하였다. 그러나 교사정체성과 교사전문성 형성에 있어서 어떤 변수가 독립변수이고 종속변수인가, 그 변수의 영향 관계는 어떠한가?

첫째, 교사전문성과 교사정체성 개념적 관계는 유사하다는 것이다. 이것은 두 개념들에 대한 속성과 구성요인들이 상호 공유가 가능하다는 의미이다. 그래서 이들 개념들은 강한 상관을 보이면서 상호 영향을 미치는 변수로 볼 수 있다. 이때 두 개념을 구성하는 요인들은 교사효능감, 직무동기, 조직몰입, 직무만족, 직무스트레스, 감정노동, 소진 등과 같은 변수와의 관계에 대한 타당성도 일치해야 한다.

둘째, 교사정체성이 교사전문성에 내포되어 있는 관계, 즉 교사정체성의 교사전문성에 대한 부분집합인 관계이다. 이때 교사전문성을 구성하는 인지적, 정의적 수준의 자기에 대한 이해와 지각 정도로 해석될 수 있으며, 교사전문성 발달 과정에 따라 정체성 형성도 이루어진다고 볼 수 있다. 이에 따라 교사전문성은 교사정체성을 형성하는 필수 조건이자 영향 변인으로 상정될 수 있다.

개념 간의 관계	변수 간 영향
전문성 = 정체성	전문성 ↔ 정체성
교사전문성의 발달은 교사정체성의 발달과 선형적 관계를 보인다.	교사정체성과 교사전문성은 상호영향을 미친다.
전문성 > 정체성	전문성 → 정체성
교사정체성은 교사전문성의 관점과 발달에 따라 교사정체성은 발달한다.	교사전문성의 관점과 수준은 교사정체성 형성과 발달에 영향을 미친다.
전문성 < 정체성	정체성 → 전문성
교사전문성은 교사정체성의 관점과 발달에 따라 교사전문성도 달리 형성된다.	교사정체성의 관점과 수준은 교사전문성 형성과 발달에 영향을 미친다.

[그림 4-4] 교사전문성과 교사정체성 관계

셋째, 교사전문성이 교사정체성에 내포되어 있는 관계, 즉 교사전문성이 교사정체성의 부분집합인 관계이다. 이것은 교사정체성에 대한 내용이나 관점에 따라 교사전문성이 달리 규정되고 형성된다는 것이다. 이에 따라 교사정체성 수준과 유형에 따른 교사전문성의 수행 방식과 수준에의 영향 요인으로 상정될 수 있다.

학습 정리

1. 교사정체성은 교사들이 집단적 규범과 가치, 사회적 교환과 상호작용에 따라 교직생활을 하면서 자기와 타인의 구별로서의 정체성을 형성 유지하면서도 집단적 규범과 생활양식에 수용하고 동일시하거나 재구성하는 것이다.
2. 교사정체성은 교사이미지(교사상), 개인정체성, 사회정체성, 집단정체성 등 여러 유사 개념들로 규정되고 있다. 교사이미지 또는 교사상은 교사라는 개념에 대한 지각 내용으로서, 교사에 대한 구체적 경험의 누적에 의해 일반화된 정의를 말한다. 개인적 정체성은 교사 개인이 자기에 대해 이해하고 평가하는 자기개념으로, 그리고 사회적 정체성은 교사들이 자신과 동일시하거나 비슷한 전문가 집단의 관점에서 스스로 정의하고 평가하는 것이다. 전문적 정체성은 교사가 전문직으로서 자율성과 식견에 기반한 성찰적 과정을 통해 자신의 가르침에 대해 의미와 가치를 갖는 일이다. 직업정체성은 한 개인이 자신의 직업에 대하여 심리적 일체감을 가지고 있는 정도와 자아상에서 자신의 직업이 차지하는 중요도라 할 수 있다.
3. 교사정체성은 단일하고, 개인적이며, 연속적인 속성이라기보다는 다중성, 불연속성, 사회성, 담론성 등 특성을 지니고 있다
4. 교사정체성은 첫째, 교사로서 자신이 누구인지 이해하는 인식 틀을 제공한다. 둘째, 교사 자신이 선택한 교직에 대한 의미, 가치 및 방향을 확인한다. 셋째, 교직에서의 능동적, 자율적 직무수행을 촉진한다. 넷째, 교직에 대한 가치, 신념에 대한 안정감과 일체성을 제공한다. 다섯째, 교직에서의 미래 발전성과 자기주도적 역량 수행에 대한 자신감을 보장한다. 반면, 교사정체성이 부정적, 수동적으로 형성되면, 교사들은 폐쇄되고 혼미한 정체성 상태로 나타나며, 주체적인 의사결정을 회피하고 외부의 사회적 협의체에 순응하는 상태를 보이며, 또한 교직 스트레스와 소진 및 감정노동을 경험한다.
5. 교사정체성은 교사정체성에 대한 사전 이론(교사상), 과거 교직 영향(개인 배경, 초기 교직 훈련, 교직수행), 교직맥락(수업실행, 학교문화, 리더십)과 재형성된 정체성(보수주의와 프로액티비즘) 등의 상호 영향을 빋으며 형성된다
6. 교사정체성과 교사전문성과 밀접하게 연관되어 있는 개념들이다. 교사전문성이 교사들이 교직수행에 필요한 교육과정, 수업, 생활지도 등과 관련된 전문적 지식과 기술이라면, 교사정체성은 교사들이 자신을 전문가로서 인식 과정이라고 할 수 있다. 이것은 교사의 전문적 실천 과정에서 교사가 자신을 전문가로서 인식하고 있는가는 그들의 전문적 수행 능력과 관련이 있다는 점을 의미한다. 또한, 교사전문성과 교사정체성의 발달 과정은 전문적 실천 과정에서 대한 성찰을 통해서 이루어진다는 점에서도 서로 연관이 있다.

PART 03

교직의 위기와 대처

Chapter

05 위기에 처한 교사

학습 목표

1. 위기에 처한 교직 상황을 제시할 수 있다.
2. 교권침해의 정의와 유형을 제시할 수 있다.
3. 교권침해 실태를 설명할 수 있다.
4. 외국의 교권보호 사례를 설명할 수 있다.

1. 위기에 처한 교직 상황

우리나라에서 가장 선호되고 있는 직장 중 하나가 교직이다. 그런데 2013년에 실시된 교수–학습국제조사(TALIS, 2013)에서 우리 교사들은 교직에 대한 만족도가 낮고 교사가 된 것을 후회한다는 비율이 20.1%로 조사 참여국 평균의 9.5%보다 두 배 이상 높고, 다시 직업을 선택한다면 교직대신 다른 직업을 선택할 것이라는 반응(36.6%)도 조사 참여국 평균(22.4%)보다 14% 이상 높았다(허주 등, 2015). 이는 최근 경기도교육청에서 근무하는 교사가 2018년 6월에 전국 20~30대 젊은 교사 4,565명을 대상으로 조사한 결과, 젊은 교사 절반은 정년까지 근무할 생각이 없다고 답했다(강현숙, 2018. 6. 11.)는 응답, 명예퇴직을 신청하는 교사나, 보직이나 담임업무를 기피 및 회피하려는 교사가 많아지고 있다는 기사에서도 일맥상통하다고 보여진다(김한준, 2018. 2. 18.; 이우진, 2018. 9. 3.).

이러한 이유는 여러 가지가 있겠지만, 떠드는 학생을 지도하는 교사에게 욕을 하고 책을 얼굴에 집어 던지거나, 교사 지도에 불응하며 폭언과 욕설을 한다거나, 학생으로부터 성희롱을 당하거나, 학급 경영 불만으로 폭언을 하거나 협박성 문자나 허위사실로 민원을 제기하거나, 술자리 강요를 거부한 교사에게 폭언이나 인사상 불이익을 주는 등 심각한 교권침해로 인한 것이 크다고 볼 수 있다. 이로 인해 교사들은 학교생활과 교육현실에 대한 스트레스, 불만족, 감정노동, 우울을 경험한다. 한국교육개발원(2017)은 7천 명의 전국 교사들의 직무스트레스 수준이 높은 범주에 있어 이는 가정 노동을 하는 교사들의 소진에까지 영향을 미친다는 결과를 발표하였다. 이러한 현실은 교사들로 하여금 그들의 역할과 자존감을 상실하게 할 뿐만 아니라 교사로서의 정체성 위축과 회의를 갖게 한다. 이것은 권미경, 김천기(2015)가 교사들이 학부모들로부터 과다한 요구와 불만 및 책임 추궁을 받을 때 심리적 위축, 스트레스, 감정노동과 소진을 받고 그에 따라 서비스 담당자, 고객 상담사, 보육사, 학원장 등의 정체성으로 변화하는 경향이 높다.

2. 교권침해

1) 교권침해의 정의

교권침해는 정상적인 교육활동을 위한 교원의 교육권이 교육행정기관, 학교관리자, 동료교원, 학생, 학부모, 지역주민, 언론 등에 의해 부당하게 간섭받거나 침해되는 현상을 말한다. 현행 법제에서는 교권침해의 정의를 다음과 같이 제시하고 있다.

① 「교원의 지위 향상 및 교육활동 보호를 위한 특별법」 제15조: 학교의 학생 또는 그 보호자 등이 교육활동 중인 교원에 대하여 폭행, 모욕 등 대통령령으로 정하는 교육활동을 침해하는 행위

② 「교원의 지위 향상 및 교육활동 보호를 위한 특별법 시행령」 제2조의3: 상해와 폭행의 죄, 협박의 죄, 명예에 관한 죄, 손괴의 죄, 성폭력 범죄 행위, 불법 정보

유통 행위와 교육부장관이 정하여 고시하는 행위로서 교육활동을 부당하게 간섭하거나 제한하는 행위

③ 교육활동 침해 고시 제2조: 교원의 교육활동을 부당하게 간섭하거나 제한하는 행위로서, 공무방해에 관한 죄 또는 교원의 정당한 교육활동을 방해하는 행위, 교육활동 중인 교원에게 성적 언동 등으로 성적 굴욕감 또는 혐오감을 느끼게 하는 행위, 교원의 정당한 교육활동에 반복적으로 부당하게 간섭하는 행위, 교육공무원법 제43조 제1항에서 제시된 교원의 전문적 지위나 신분에 영향을 미치는 부당한 간섭을 하는 행위

2) 교권침해의 유형

교권침해의 유형은 〈표 5-1〉과 같이 교권의 유형에 따라 교육자로서의 교권침해, 전문직 종사자로서의 권리 침해, 인간으로서의 기본권 침해 등으로 구분될 수 있다. 또한, 교권침해에 관한 현행 법제도는 〈표 5-2〉와 같다.

〈표 5-1〉 교권침해 유형

구분	유형
교원으로서의 교육할 권리 침해	• 인터넷에서의 교사 비방 또는 언론매체를 통한 압박 • 학교안전공제회 보상 거부, 직접 보상, 추가보상 요구 • 학교폭력 처리과정에서 교사에 대한 부당한 압박 • 학교안전사고에 대한 손해배상청구, 형사고소 • 학내에서 폭언이나 난동 등 수업과 업무 방해 • 교사 배제를 주장하는 서명운동 등 명예 훼손 • 전화나 이메일 SNS를 통한 폭언과 협박 • 학생 인권 침해를 빙자한 담임 교체 요구 • 학교폭력 피해자 학부모의 무리한 요구 • 학부모에 의한 교사 폭언, 폭행, 협박 • 교사에게 일방적인 책임 전가 • 학생평가와 관련한 권한 침해 등

구분	유형
전문직 종사자로서의 권리 침해	• 사립학교에서의 법인 내 학교 간 강제전보 • 근무지외 연수에 대한 승인권 남용 • 교내인사자문위원회의 운영 관련 • 계약제 교원에 대한 교권침해 등
인간으로서의 기본권 침해	• 모성보호 및 여성의 권리와 관련된 권리 침해 • 휴가 허가권의 남용 등 복무와 관련된 분쟁 • 학생에 의한 교사 성희롱 또는 폭행 등

〈표 5-2〉 교권침해를 보호하기 위한 법제도

구분	유형
주요법령	• 교육기본법(제12조, 제14조), 교육공무원법(제7장) • 교원의 지위 향상 및 교육활동 보호를 위한 특별법 • 교원의 지위 향상 및 교육활동 보호를 위한 특별법 시행령 • 교원예우에 관한 규정 – 학생에 대한 교육과 지도에서 교원의 권위가 존중되도록 특별히 배려 – 국 · 공립학교 및 사립학교 교원의 보수 우대 – 학교안전사고 책임에서 교원을 보호하여 직무수행의 안정성 도모 – 교원의 불체포특권 및 법률에 의한 신분 보장 – 징계 및 인사 상 부당한 처분에 대한 소청심사제도
주요제도	• 교권보호위원회 • 교원소청심사위원회 • 고충심사위원회 • 학교장 통고 제도 • 학교안전공제회 • 교원치유지원센터

3. 교권침해 실태

1) 전체 경향

학생의 교권침해 건수는 해마다 감소하는 추이를 보이고 있다. 학생들에 의한 교권침해는 주로 폭언욕설과 수업방해가 많은 것으로 나타났으며, 학생에 의한 성희롱은 점차 증가하고 있는 것으로 나타났다. 한편, 학부모에 의한 교권침해는 2013년 이후 점차 증가하고 있는 것으로 나타났다.

교권 침해 현황(2009~2017) (단위: 건)

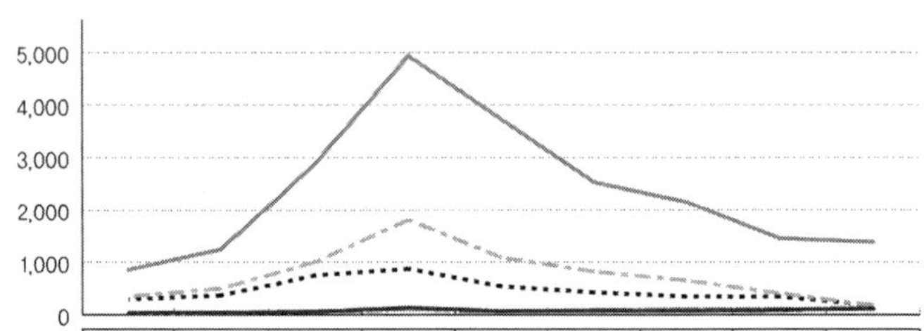

	2009	2010	2011	2012	2013	2014	2015	2016	2017
학생에 의한 교사폭행	31	45	59	132	71	85	83	89	116
학생에 의한 교사폭언욕설	858	1,241	2,889	4,933	3,730	2,531	2,154	1,454	1,385
학생에 의한 교사성희롱	19	31	52	98	62	80	107	108	138
학생에 의한 수업방해	348	500	1,005	1,808	1,088	822	653	409	173
학생에 의한 기타	293	369	749	872	542	427	349	345	178
학부모에 의한 교권침해	11	40	47	128	69	63	112	93	119

[그림 5-1] 교권침해 현황(2009~2017)

주) 교육부 내부 자료를 대학저널(2018년 8월 30일자), News1(2016년 2월 22일자)에서 보도한 내용을 토대로 재구성한 것임

2) 학생에 의한 교권침해 실태

학생들에 의한 교권침해는 수업 시간에 잡담 및 불필요한 행위나 교과 교사의 정당한 지도에 불응하거나 수업과 전혀 무관한 자세나 행동으로 교사의 수업을 중단하는 등과 관련된 '수업방해', 교원에게 난폭하게 말하거나 인격을 무시하는 모욕 또는 욕설을 하거나, 교원의 정당한 지도에도 불구하고 폭언을 하는 것과 관련된 '폭언 · 욕설 ·

협박 · 모욕', 학생지도 과정에서 주로 발생하면서 교사를 때리고 밀치고 고함을 치는 등의 '폭행', 수업 시간에 음란한 문구나 신문 기사를 낭독하거나, 신체적 특징을 성적으로 평가하거나 비유하며 말하거나, 음란한 농담을 하거나 농담으로 특정 신체 부위 접촉을 강요하거나, 언어적으로 연인 사이에 부르는 호칭을 사용하는 등과 관련된 '성희롱', 학교 홈페이지나 SNS(Social Network Service)와 같은 곳에 학교와 교사의 실명을 거론하며 허위 사실을 게재하는 등과 관련된 '사이버 매체 폭력' 등을 통해 일어난다(한국교육개발원, 2017). 학교급별 교권침해를 살펴보면 초등학교는 증가 추세에 있고, 중학교와 고등학교는 감소 추세를 보이고 있다. 하지만, 성희롱에 의한 교권침해는 모든 학교급에서 증가하고 있는 경향을 보이고 있다.

(1) 초등학생에 의한 교권침해

초등학생에 의한 교권침해는 2013년 이후부터 증가 추세를 보이고 있다. 교권침해 유형은 주로 폭언폭설과 폭행이 주로 많았다. 주목할 점은 2017년에 들어서면서 성희롱에 의한 교권침해가 나타나 이에 대한 대비책이 필요하다고 본다.

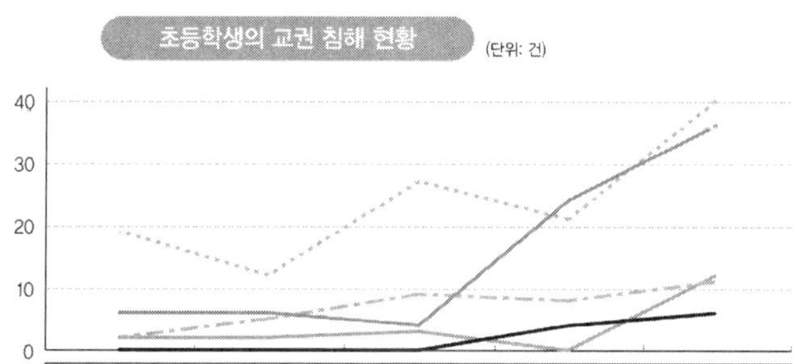

	2013	2014	2015	2016	2017
폭행	6	6	4	24	36
폭언욕설	19	12	27	21	40
교사성희롱	0	0	0	4	6
수업방해	2	5	9	8	11
기타	2	2	3	0	12

[그림 5-2] 초등학생의 교권침해 현황

주) 교육부 내부 자료를 대학저널(2018년 8월 30일자)에서 보도한 내용을 토대로 재구성한 것임

(2) 중학생에 의한 교권침해

중학생에 의한 교권침해는 2013년 이후 점차 감소 추세를 보이고 있으며, 주로 폭언욕설과 수업방해로 교권을 침해하는 것으로 나타났다. 한편, 성희롱에 의한 교권침해는 2013년도(34건) 대비 100%가 증가한 78건인 것으로 나타나 성희롱 관련 교권침해에 대한 예방 대책을 마련할 필요가 있다고 본다.

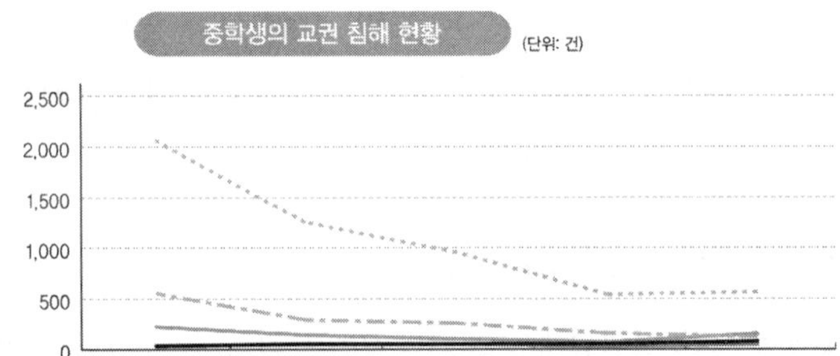

	2013	2014	2015	2016	2017
폭행	42	49	50	31	46
폭언욕설	2,066	1,254	954	540	564
교사성희롱	34	55	51	55	78
수업방해	554	292	256	159	125
기타	224	143	104	72	154

[그림 5-3] 중학생의 교권침해 현황

주) 교육부 내부 자료를 대학저널(2018년 8월 30일자)에서 보도한 내용을 토대로 재구성한 것임

(3) 고등학생에 의한 교권침해

고등학생에 의한 교권침해는 2013년 이후 점차 감소 추세를 보이고 있으며, 폭언욕설과 수업방해에 의한 교권침해가 많았다. 성희롱에 의한 교권침해는 2013년 28건에 비해 2017년에는 56건으로 2배 증가한 것으로 나타났다.

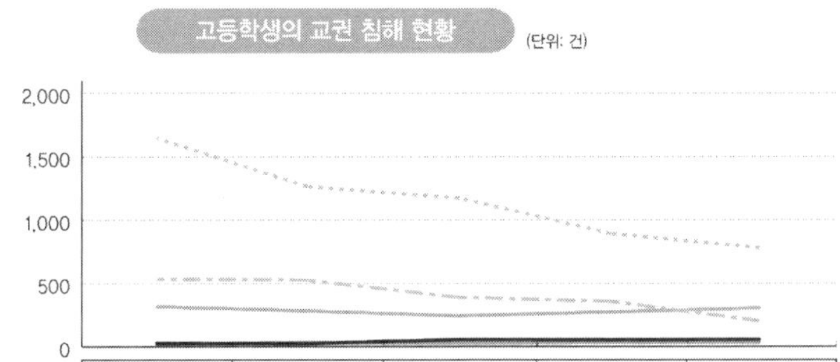

	2013	2014	2015	2016	2017
폭행	23	31	29	34	34
폭언욕설	1,645	1,265	1,173	893	781
교사성희롱	28	25	56	53	56
수업방해	532	525	388	356	201
기타	316	282	242	273	303

[그림 5-4] 고등학생의 교권침해 현황

주) 교육부 내부 자료를 대학저널(2018년 8월 30일자)에서 보도한 내용을 토대로 재구성한 것임

(4) 성희롱에 의한 교권침해 현황

성희롱에 의한 교권침해에 있어 중학생과 고등학생은 2017년에는 2013년 대비하여 약 2배 정도로 증가했고, 초등학생도 2016년부터 이로 인한 교권침해를 하고 있는 것으로 나타났다. 이는 교권 예방에 있어 성희롱 관련 침해에 대한 대책이 강구될 필요가 있음을 시사한다.

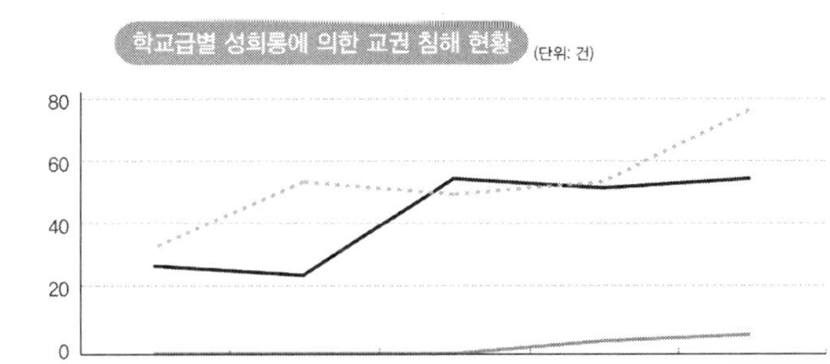

	2013	2014	2015	2016	2017
초등학교	0	0	0	4	6
중학교	34	55	51	55	78
고등학교	28	25	56	53	56

[그림 5-5] 학교급별 성희롱에 의한 교권침해 현황

주) 교육부 내부 자료를 대학저널(2018년 8월 30일자)에서 보도한 내용을 토대로 재구성한 것임

3) 학부모에 의한 교권침해

학부모에 의한 교권침해는 주로 교육 활동 중 학생과 교사의 갈등, 학부모의 부적절한 항의나 민원을 제기하거나, 교사에 대한 항의를 하거나, 교사에게 폭언을 하는 등과 관련되어 발생한다. 학부모에 의한 교권침해 유형은 자녀가 왕따를 당했거나 벌을 주었거나, 지적을 했다는 이유로 학급에 찾아가 교사 대한 항의를 통한 수업 및 교육적 지도를 간섭하거나 방해하는 행위, 담임 교체, 생활지도나 학급경영, 학교폭력 등 사안 해결에 대한 불만이나 휴대전화 문자로 교사를 위협하거나, 허위 글 게시 등을 통한 교원에 대한 폭력, 폭언, 조롱, 희롱, 폄하를 함으로 교원의 인권을 침해하는 행위, 그리고 학교안전사고 등에 따른 무리한 보상 요구와 소송을 제기하는 행위 등에 해당된다(한국교육개발원, 2017). 학부모에 의한 교권침해는 초등학교와 중학교는 2013년 이후 점차 증가하고 있으며, 고등학교는 다소 감소하고 있는 것으로 나타났다.

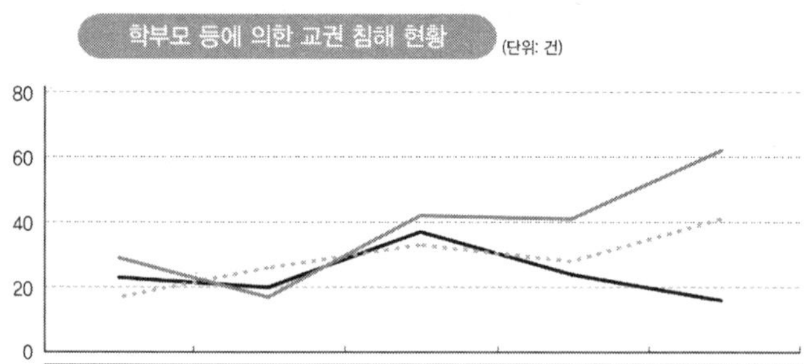

	2013	2014	2015	2016	2017
초등학교	29	17	42	41	62
중학교	17	26	33	28	41
고등학교	23	20	37	24	16

[그림 5-6] 학부모 등에 의한 교권침해 현황

주) 교육부 내부 자료를 대학저널(2018년 8월 30일자)에서 보도한 내용을 토대로 재구성한 것임

4) 교직원 및 행정기관에 의한 교권침해

교직원 및 행정기관에 의한 교권침해는 교육행정기관 및 학교행정가, 운영자, 교직원 등에 의하여 부당하게 교권이 침해받은 것을 말한다. 이것은 수업권 침해, 부적절한

행정 업무 처리 요구나 차별대우 및 인사상 불이익을 주는 행위 등이 포함된다. 수업권 침해 및 부적절한 행정업무 처리 요구에는 수업이나 학생 교육 도중 행정 업무 처리를 요구하거나, 수업지도 등에 대한 지나친 간섭으로 교사의 전문성을 침해한다거나, 수업 중 예고 없는 교실 방문으로 수업에 차질을 준다거나, 교사와 학생 동의 없이 무단으로 수업 동영상을 촬영하거나, 교원인사위원회 등을 거치지 않은 학교장의 업무분장 등이 여기에 속한다. 차별 대우, 인사상 불이익 행위는 교원단체 또는 노동조합 가입자에 대한 차별 대우, 학부모와의 분쟁에 대하여 교사에게 일방적 합의 강요, 권고사직이나 직권 면직, 부당한 전보나 주의경고 등 위법 및 부당한 인사 상 불이익 처분 행위로 구분될 수 있다(한국교육개발원, 2017).

그 사례로는 육아로 근무시간 변경 요청, 학교 운영 개선 등을 요구하는 교직원에게 사직서를 내라고 한다던지, 술자리나 회식 등을 거부한 교사에 대해 폭언을 하거나, 지시를 이행하지 않은 이유로 폭행을 한다던지, 예산부족으로 각종 출장비나 수당 지급을 감액한다던지, 수시로 모욕적인 성희롱 발언을 하거나 성추행하는 행위 등을 들 수 있다. 한국교원총연합회(2017)의 보고서에 따르면, 처분권자에 의한 교권침해 관련 상담 건수가 81건이었고, 주로 징계처분(44건)과 불합리한 처분(34건)이 대부분이었으며 전년도(132건) 대비 38.64% 감소한 수치이었다. 또한, 교직원에 의한 교권피해 상담건수는 77건이었고, 그 원인행위별로 보면 명예훼손(26건), 인사, 시설 등 하교 운영(22건), 학교 및 학급 경영 간섭(13건) 등이 주요 상담 사항이었고, 전년도(83건) 대비 7.23% 감소하였다.

5) 학교 안전사고 등 기타 교권침해

학교 안전사고에 관한 교권침해는 학교 내 · 외에서 발생하는 교육활동 중 안전사고에 대해 공제사업을 실시하고 있으나, 보상액이 적은 경우 교사나 학교장을 상대로 과도한 보상을 요구하거나 소송을 제기하는 등의 행위를 말한다. 또한, 부당한 교육활동에 대한 간섭과 민원 제기를 통한 교권침해도 있을 수 있다. 이는 학부모의 부당한

담임 교체 요구, 학부모의 교사의 성적처리, 생활지도 등에 대한 과도한 민원 제기 등을 들 수 있다.

4. 외국의 교권보호 사례[1)]

선진 외국도 우리와 같이 교권침해가 심각하며 이에 대한 교권 보호 조치를 강구 실시하고 있다. 외국의 경우는 학생들이 학습에 몰두하는 학습환경을 구축하거나 긍정적 학습환경 조성과 안전한 교육환경 제공하기 위하여 교사에 대한 강력한 훈육과 처벌권을 부여하고 있으며, 교권침해에 대한 보호조치를 강구 실시하고 있다. 아래에서는 핀란드, 영국, 독일, 일본, 미국의 사례를 중심으로 교권보호 제도와 사례를 간략히 제시하고자 한다.

1) 핀란드

학생들이 행복하고 교육 성과가 높은 나라라고 인정받는 핀란드에서도 약 1/4 정도의 교사가 학생과 학부모에게 교권침해를 당하고 있다고 한다. 2013년 한 교사의 해고 사건이 있었다. 헬싱키시 한 중학교의 학교 식당에서 다른 학생들을 괴롭히던 학 학생을 강제적으로 식당에서 끌어낸 교사가 헬싱키시 교육위원회의 결정에 의해 해고된 사고이었다. 이로 인해 시민 15만명이 해고 취소 청원과 시위를 했고, 그 교사는 결국 다른 학교로 복직하였다. 이러한 계기로 인해 핀란드는 학생 교육과 지도를 위한 교권 강화를 골자를 하는 교육관련 법 개정을 하였다. 그 내용은 다음과 같다. 교사는 다른 학생을 위협하거나 위협할 가능성이 있는 다급한 상황에서는 학생에게 무력을 사용할 수 있는 권리가 있다. 또한, 교사는 학생으로부터 위험한 물건을 강제적으로 압수할 수 있으며 위험한 물건이 있을 것으로 추정되는 학생의 소지품을 검사할 수 있다. 단,

1) 외국의 교권보호 사례는 한국교육개발원 홈페이지에 탑재된 자료와 김갑성(2016)의 주요국의 교권보호 정책과 시사점 등을 참고하여 작성한 것임.

이러한 상황에서는 2명의 교사가 동시에 필요하며 교사 1명이 결정할 수는 없다. 또한, 학생은 자신이 훼손하거나 더럽힌 학교 기물이나 환경을 스스로 복구해야 한다. 이러한 법적 강화는 학생생활지도와 통제를 보다 강화하는 조치라고 할 수 있다(이보영, 2014).

2) 영국

영국은 신체적 체벌을 제외하고 학생들을 훈육할 권리를 교사에게 부여하는 것을 골자하는 법령을 통해 교권을 보호하고 있다. 영국 교육법에 따르면, 교사는 교내·외 활동에서 교육활동 방해 행위, 교복 착용 문제, 학교 운영에 차질을 주는 행위 등 학생의 부적절한 행동에 대해 훈육적 처벌을 내릴 수 있으며, 교사가 내린 훈육적 처벌에 대해 교사의 전문적 결정을 전적으로 지원하며, 칼, 무기, 담배, 성인잡지 등 금지물품은 학생의 동의 없이 압수할 수 있으며, 훈육적 처벌을 더욱 강화하여 교사의 수업활동을 따르지 않거나 교내·외 학교 활동 운영을 방해하는 아동을 교실 밖으로 내보낼 수 있으며, 학교장은 교사 또는 급우에게 신체적 위협을 가하는 학생을 전문적 판단에 근거하여 정학, 퇴학 처벌을 내릴 수 있다(제89-93조; 김갑성, 2016). 이러한 학생에 대한 훈육적 처벌권과 함께 교권을 정당하게 행사하고 학생을 효과적으로 지도할 수 있는 리더십과 교실 관리 전략과 방법도 권고하고 있다(윤선인, 2014).

3) 독일

독일에서 교권침해는 놀림, 욕설, 위협 등의 언어폭력, 신체폭력, 수업거부나 수업방해 등과 관련된다. 폭력의 주체는 주로 학생이고, 언어폭력 등은 학부모의 비율도 높으며, 독일교사협회에 따르면 교사 절반 정도가 교권침해 경험이 있다고 한다. 독일 학교법에는 교권침해가 발생할 경우, 교사는 학교법에 따라 훈육조치와 징계조치를 할 수 있고, 사안이 중할 경우 형법에 제소할 수 있다. 훈육 조치로는 상담, 경고, 학부모와 학생 면담, 구두나 서면 질책, 수업에서 제외 등이 있다. 징계 조치로는 서면경고, 다른 반으로 보내거나 정학, 퇴학에 대한 경고 또는 퇴학, 주 전체 공립학교에서의 학교 교육권 박탈에 대한 경고나 박탈 등이 있다(정수정, 2014).

4) 일본

일본은 교육과정 편성, 교육계획, 수업계획 결정, 교과서 채택이나 평가방법, 교무분장 결정 등에 대한 교사의 교육할 권리를 보장하려는 노력을 기울이고 있다. 또한, 일본은 몬스터 페어런트(Monster parents)라는 드라마까지 제작되면서 교사에 대한 학부모의 이기적 요구나 간섭 등에 대한 보호 조치를 강구 실시하고 있다. 아울러 교권침해에 대한 보호 조치는 구체적으로 명시되어 있지는 않지만, 정책적 차원에서 교권침해에 대한 보호 차원에서 교원 개인에 대한 셀프케어(자기관리, 스트레스 해소, 정신과 상담 등), 라인케어(교직원 상황파악과 조기대응, 교무분장 및 학부모 관련 문제 지원 등) 등을 제공하고 있다(김지영, 2014).

5) 미국

미국은 교권침해가 심각한 수준에 있다. 미국심리학회는 2011년 48개 주에 있는 교사들을 대상으로 설문조사한 결과 80% 이상의 교사가 최근 일년 동안 교권침해를 경험했고, 94% 이상이 학생으로부터 피해를 받았다고 보고하였다. 최근에는 사이버 상에서 이루어는 교권침해도 많아지고 있으며, 신체 폭력과 더불어 언어폭력 사례도 늘어가고 있고, 이로 인해 불안, 우울 및 교사효능감 저하 현상을 보이며, 궁극적으로 수업의 질이 낮아진다고 보고하였다. 이에 미국은 교사보호법(2001년)와 각 주별 정책을 통해 교사 대상 소송 지원이나 학교에서 학생과 학부모 등에 의한 교사의 신체 및 정신적 피해에 대한 보호 조치를 실시하고 있다. 예를 들면, 위스콘신 주에서는 교권침해 주체가 학생나 학부모의 경우 교사에 대한 임시 접근 금지 명령을 발동하거나, 교사 수업에 참여하지 못하도록 함으로 전학을 갈 수 밖에 없도록 하고 있다. 또한, 미시간주에서는 교권침해를 하는 학생을 퇴학까지 가능하도록 규정으로 제시하고 있다(이세웅, 2014).

학습 정리

1. 교직은 위기에 처해 있다. 그 이유는 떠드는 학생을 지도하는 교사에게 욕을 하고 책을 얼굴에 집어 던지거나, 교사 지도에 불응하며 폭언과 욕설을 한다거나, 학생으로부터 성희롱을 당하거나, 학급 경영 불만으로 폭언을 하거나 협박성 문자나 허위사실로 민원을 제기하거나, 술자리 강요를 거부한 교사에게 폭언이나 인사상 불이익을 주는 등 이유들을 열거할 수 있다.
2. 교권침해는 정상적인 교육활동을 위한 교원의 교육권이 교육행정기관, 학교관리자, 동료교원, 학생, 학부모, 지역주민, 언론 등에 의해 부당하게 간섭받거나 침해되는 현상을 말한다. 교권침해의 유형은 교원으로서의 교육할 권리침해, 전문직종사자로서의 권리침해, 인간으로서의 기본권침해 등이 있다.
3. 학생의 교권침해 건수는 해마다 감소하는 추이를 보이고 있다. 학생들에 의한 교권침해는 주로 폭언욕설과 수업방해가 많은 것으로 나타났으며, 학생에 의한 성희롱은 점차 증가하고 있는 것으로 나타났다. 한편, 학부모에 의한 교권침해는 점차 증가하고 있다.
4. 우리나라와 같이 외국 나라들도 교권침해가 심각하며 이에 대한 교권 보호 조치를 강구 실시하고 있다. 외국의 경우는 학생들이 학습에 몰두하는 학습환경을 구축하거나 긍정적 학습환경 조성과 안전한 교육환경 제공하기 위하여 교사에 대한 강력한 훈육과 처벌권을 부여하는 등의 방식으로 교권을 보호하고 있다.

Chapter 06

긍정심리학 관점에서의 교직 위기 대처

학습 목표

1. 긍정심리학의 개념과 특징을 설명할 수 있다.
2. 긍정조직학의 특성과 영역을 설명할 수 있다.
3. 긍정조직행동의 특성을 설명할 수 있다.
4. 조직에서 긍정성을 이끄는 방법을 설명할 수 있다.
5. 긍정성을 발휘하는 교사의 특징을 설명할 수 있다.

1. 긍정심리학의 이해

긍정조직학은 긍정심리학을 지식 기반으로 삼는다. 긍정심리학(positive psychology)은 인간의 삶에서 개인의 강점들을 최상의 상태로 만드는 것을 강조하며, 인간의 강점은 분석되어질 수 있고 계발되고 달성 가능한 상태(state-like)가 될 수 있다고 본다. 또한, 긍정적 정서(행복, 기쁨, 즐거움, 성취, 난관주의, 희망, 신념, 복원력 등), 긍정적 개인 특성(성격, 재능, 흥미 등), 긍정적 집단(가족, 학교, 직장, 공동체 등)에 관심을 둔다.

긍정심리학은 행복을 강조한다. Seligman(2011)은 플로리시(flourish)을 주창하면서 행복공학(happiness engineering)을 강조했다. 플로리시는 사람들로 하여금 자신이 소유한 모든 능력을 동원하여 행복을 만개하도록 돕는 것을 말한다. 사람을 행복하게 해 줄 수 있는 그 사람 내면의 긍정적 정서와 강점특성을 개발하고 도와서 꽃피게 해 주는 것이다.

플로리시는 번성, 풍족 즉 더 바랄 것이 없고 더 올라갈 데 없고, 더 채울 것이 없을 정도의 풍족한 삶을 의미하는 것이다.

▪ 긍정적 정서

- 현재에 대한 긍정적 정서: 기쁨, 활홀경, 평온함, 열의, 정열, 즐거움, 몰입
- 미래에 대한 긍정적 정서: 낙관주의, 희망, 신념, 신뢰
- 과거에 대한 긍정적 정서: 만족, 안도감, 성취감, 자부심, 평정

▪ 플로리시(flourish)

행복공학(happiness engineering)이라고 함. 이는 사람들로 하여금 자신이 소유한 모든 능력을 동원하여 행복을 만개하도록 돕는 것을 말함. 사람을 행복하게 해 줄 수 있는 그 사람 내면의 긍정적 정서와 강점특성을 개발하고 도와서 꽃피게 해 주는 것임. 플로리시는 번성, 풍족 즉 더 바랄 것이 없고 더 올라갈 데 없고, 더 채울 것이 없을 정도의 풍족한 삶을 의미하는 것임. 이는 PERMA를 통해 측정될 수 있음. P는 긍정적 정서(positive emotion), E는 몰입(engagement), R은 긍정적 관계(relationships), M은 삶의 의미(meaning), A는 성취(accomplishment)를 의미함.

긍정심리학은 Seligman에 의해서 주창되었으며, 긍정적 경험, 긍정적 특성, 긍정적 집단의 복원을 통해 보다 나은 개인 삶의 질과 사회적 번영을 이룰 수 있다는 점을 강조한다. 특히 인간의 6가지 핵심 미덕들(지혜와 지식, 용기, 인간애, 정의, 절제, 초월)과 24강점을 발견, 발굴, 발휘하는 것에 초점을 둔다(Peterson & Seligman, 2004).

Seligman은 행복은 PERMA를 통해 측정될 수 있다고 하였다. P는 긍정적 정서(positive emotion), E는 몰입(engagement), R은 긍정적 관계(relationships), M은 삶의 의미(meaning), A는 성취(accomplishment)를 의미한다. 긍정심리학자들에 의하면 행복은 측정되고 계발될 수 있는 상태로서 본다. 왜냐하면 행복의 결정은 이미 설정된 행복의 범위(유전적 특성과 쾌락의 쳇바퀴 등)이 50% 정도, 행복에 영향을 미치는 외적환경(돈, 결혼, 사회생활, 부정적 정서, 나이, 건강, 교육, 날씨, 인종, 성, 종교 등)이 10%, 개인이 통제할 수 있는 자율적 내적환경(효능감, 낙관주의, 희망, 낙관성 등)이 40% 정도 영향을 미친다고 하면서 개인이 어떻게 자율적 내적환경을 계발하고 통제할 수 있는가에 따라 달라질 수 있다고 보았다.

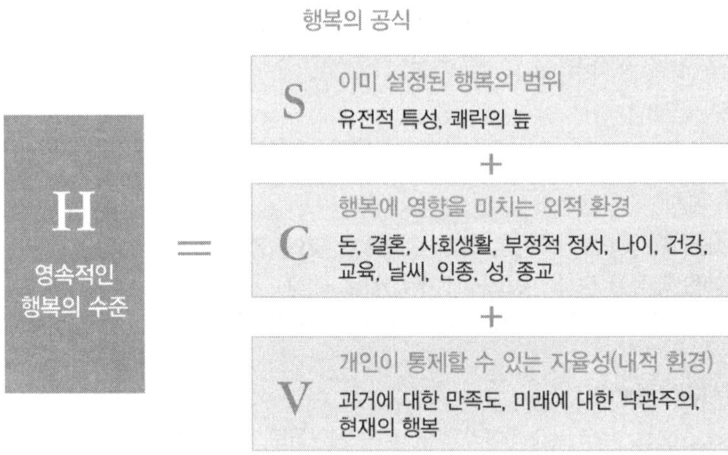

[그림 6-1] 행복의 공식

** S는 행복에 50% 정도, C는 행복에 8-15% 정도 영향을 미친다고 함.

셀프체크 **서은국, 구재선(2011)의 단축형 행복 척도**(Concise Measure of Subjective Well-Being: COMOSWB)

- 만족도(1-3), 긍정적 정서(4-6), 부정적정서(7-9)
- 점수계산: 만족감 + 긍정정서 - 부정정서

다음은 삶의 만족에 대한 질문입니다. 우리의 삶은 개인적 측면(개인적 성취, 성격, 건강 등), 관계적 측면(주위 사람들과의 관계 등), 집단적 측면(내가 속한 집단-직장, 지역사회 등)으로 구분될 수 있습니다. 삶의 각 측면에서 귀하께서 중요하게 생각하시는 부분을 떠올려 보십시오. 귀하는 그러한 삶의 각 측면에 대해서 얼마나 만족하십니까? '전혀 그렇지 않다(1점)'에서 '매우 그렇다(7점)'까지의 보기 중에서 귀하의 생각과 가장 가까운 번호를 골라 주십시오.

내용	전혀 그렇지 않다——매우 그렇다						
1) 나는 내 삶의 개인적 측면에 대해서 만족한다.							
2) 나는 내 삶의 관계적 측면에 대해서 만족한다.							
3) 나는 내가 속한 집단에 대해서 만족한다.							

다음은 지난 한 달 동안 귀하가 경험한 감정을 묻는 질문입니다. 지난 한달 동안 무엇을 하며 지냈는지, 어떤 경험을 했는지를 생각해 주십시오. 그리고 나서 다음에 제시되는 감정들을 얼마나 자주 느

꼈는지 '전혀 느끼지 않았다(1점)' 에서부터 '항상 느꼈다(7점)' 까지의 보기 중에서 번호를 골라 주십시오.

내용	전혀 느끼지 않는다——매우 느낀다						
4) 즐거운							
5) 행복한							
6) 편안한							
7) 짜증나는							
8) 부정적인							
9) 무기력한							

셀프체크 Diener, Emmons, Larsen, & Griffin(1985)의 SWLS(Satisfaction With Life Scale, 삶의 만족도 척도)

- 1:전혀 아니다, 2:아니다, 3:약간 아니다, 4:중간이다, 5:약간 그렇다, 6:그렇다, 7:매우 그렇다.
- 31~35점=매우 만족함, 26~30점=만족함, 21~25점=약간 만족함, 20점=중립 상태, 15~19=약간 불만족함, 10~14점=상당히 불만족함, 5~9점=매우 불만족함.

문항	①	②	③	④	⑤	⑥	⑦
1. 전반적으로 나의 인생은 내가 이상적으로 여기는 모습에 기깝디							
2. 내 인생의 여건은 아주 좋은 편이다							
3. 나는 나의 삶에 만족한다.							
4. 지금까지 나는 내 인생에서 원하는 중요한 것들을 이루어냈다.							
5. 다시 태어난다 해도 나는 지금처럼 살아갈 것이다							

긍정심리학은 개인의 강점들을 발견하고 그것을 계발하여 최상의 긍정적 정서를 확장-구축(broaden-build)할 수 있다는 점을 발견한다. 강점(strength)은 가치 있는 성과를 위하여 최적의 기능을 할 수 있도록 느끼고 생각하고 행동하는 역량(Linley & Harrington, 2006)을

말한다. 이러한 강점들은 강점 척도들에 의해 측정된다. 주요 강점 척도으로는 학업성과와 직무성과를 예측해 주는 34개 재능 테마로 측정하는 Clifton StrengthFinder 척도(Buckingham & Clifton, 2001; www.strengthfinder.com에서 검사 가능하며 34개 테마 중에서 5가지 대표 테마 제시)와 6개 핵심 미덕과 그에 따른 24개 강점들로 측정하는 VIA(Value in action) 척도(Peterson & Seligman, 2004; www.ppc.sas.upenn.edu에서 검사 가능)가 있다.

■ 강점발견하기(Lopez/권석만, 정지현 역, 2011)

강점: 가치 있는 성과를 위하여 최적의 기능을 할 수 있도록 느끼고 생각하고 행동하는 역량(Linley & Harrington, 2006)

주요 강점 척도로서 Clifton 사회에 널리 펴져 있고 학업성과와 직무성과를 예측해 주는 34개 재능 테마로 측정하는 Clifton StrengthFinder 척도(Buckingham & Clifton, 2001; www.strengthfinder.com에서 검사 가능하며 5가지 대표 테마 제시)와 6개 핵심 미덕과 그에 따른 24개 강점들로 측정하는 VIA(Value in action) 척도(Peterson & Seligman, 2004; www.ppc.sas.upenn.edu에서 검사 가능)가 있음.

※ Clifton StrengthFinder의 34개 테마

성취, 활동성, 적응력, 분석, 조정, 신념, 명령, 의사소통, 경쟁, 연결성, 일관성, 맥락, 신중성, 개발, 질서, 공감, 초점, 미래지향성, 조화, 착상, 포괄성, 개인화, 사고, 탐구심, 학습, 극대화, 긍정성, 관계, 책임감, 복구, 자기확신, 중요성, 전략, 매력

※ Clifton Youth StrengthFinder의 10개 테마

성취, 돌봄, 경쟁, 자신감, 신뢰, 발견, 미래지향성, 조직, 존재감, 관계

대표강점: 본인이 스스로 인정하고 자부심을 느끼며, 일 · 사랑 · 자녀양육에서 날마다 발휘하는 탁월한 특성으로 다음과 같은 징후를 보이면 대표강점이라고 판단 가능

- 진짜 나다운 것이라는 자신감이 생긴다.
- 발휘하는 순간 흥분의 도가니에 휩싸인다.
- 처음 습득한 이후부터 급속하게 발전한다.
- 꾸준히 계발하기 위해 새로운 방법을 계속 익히고 싶다.
- 그 강점을 활용할 수 있는 방법을 이모저모로 궁리한다.
- 그 강점을 활용할 때 자신을 제어하기 힘들다.
- 그 강점을 밑천 삼아 창업이나 개인 사업을 하고 싶다.
- 그 강점을 활용할 때 황홀경에 빠지기까지 한다.

2. 긍정조직학

긍정조직학(POS: positive organizational scholarship)은 조직과 조직구성원의 긍정적 특성, 과정, 결과에 대한 체계적 연구를 하는 학문이다. 긍정조직학은 긍정적(positive), 조직(organization), 학(scholarship)의 의미들이 내포하고 있다(Cameron, Dutton, & Quinn, 2003).

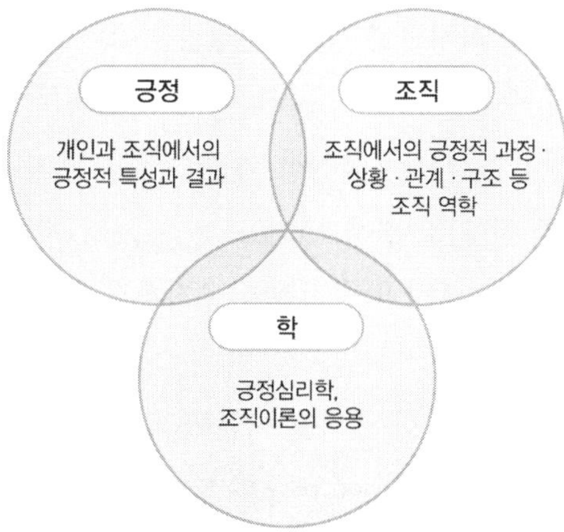

[그림 6-2] 긍정조직학 특성

우선, 긍정적(positive)의 의미는 조직 구성원 개개인이 갖고 있는 긍정적 경험 및 특성은 무엇인가, 긍정적 조직의 특성은 무엇인가, 그러한 조직이 나타내는 긍정적 결과는 무엇인가, 또한 조직 안에 개인 또는 집단의 상호작용은 어떠하며 그것이 긍정적 조직 특성 및 긍정적 결과에 어떻게 발현되는가에 관심을 둔다는 점을 강조한다. 이는 위대한 개인 또는 조직이 다른 개인이나 조직과 비교해서 독특하게 갖고 있는 강점(strength)과 특성(예: 복원력, 희망, 효능감, 낙관성 등)이 미치는 조직성과들에 초점을 둔다. 즉 조직의 성과에 영향을 미치는 긍정적 편향성(bias) 등에 주목한다. 이러한 긍정성(positivity)은 비선형적인 역동성과 긍정적 나선(positive spiral)을 특징으로 하며, 긍정적 경험, 긍정적 우수성, 긍정적 특성, 긍정적 구조와 맥락 및 과정, 강점과 잠재력, 긍정적 에너지, 긍정적 개선,

긍정적 상호작용, 긍정적 결과, 긍정적 풍토, 긍정적 일탈 등을 포괄하고 있다.

둘째, 조직적(organizational)의 의미는 긍정적 조직의 특징은 무엇인가, 긍정적 조직은 구성원들에게 어떠한 영향을 주며, 그로 인한 조직 안의 개인, 개인 간, 조직 전체의 긍정적 성과는 무엇인가 등을 탐구한다. 긍정적 조직 자체에 대한 탐구뿐만 아니라 긍정적 조직 안의 개인, 개인 간 또는 개인과 조직 간의 역동성 및 영향과 강점 중심적 조직변화를 강조한다(Cameron, Dutton, & Quinn, 2003). 긍정적 조직 맥락의 영향은 긍정적 조직 맥락이 어떻게 개인을 변화시킬 수 있으며, 강점을 소유한 개인은 어떤 긍정적 조직 맥락에서 성과를 발휘할 수 있는가를 탐구하는데 주로 실행들, 직무재설계, 목표, 신념, 리더십 등이다. 조직에서 발생하는 긍정적 과정 · 상황 · 맥락 · 구조 · 역동성을 강조. 긍정적 조직 맥락에서의 영향 및 경쟁우위(competitive advantage)의 요소 기반한 조직 설계 및 변화 강조한다. 조직의 역동성과 긍정적인 조직과정이 새로운 매커니즘을 통해서 뛰어난 긍정적 성과나 기대 이상의 결과를 만들어내는 측면을 밝히는 것을 말한다. 뛰어난 긍정적 또는 예상하지 못한 성과를 이끌어내는 긍정적 조직 그 자체의 역동성과 긍정적 조직 프로세스의 상호작용에 바탕을 두고 개인, 집단 및 조직에서의 긍정적 성과를 탐구한다.

셋째, 학(scholarship)의 의미는 조직의 긍정성의 발생, 원인, 과정, 관계, 구조, 결과 등을 이해 · 설명 · 예측하기 위한 조직이론의 응용과 과학적 탐구를 강조한다. 여기서는 긍정심리학, 조직행동론, 조직학 등 여러 조직이론과 연구를 활용한다.

이러한 점에서 긍정조직학은 조직의 성과 및 발전 등 긍정적 현상을 가능하게 하는 기능요인(enablers: 과정, 능력, 구조, 방법), 동기(예: 비이기심, 이타주의, 헌신 등) 및 그에 따른 결과물 또는 효과(예: 활력, 의미성, 환희, 좋은 관계 등)을 탐구하는 학문이라 할 수 있다(Cameron, Dutton, & Quinn, 2003).

3. 긍정조직학의 영역

긍정조직학은 조직에서 긍정적 특성, 과정, 전략 등이 인간 행동에 어떻게, 왜 효과를 미치는지, 그리고 어떤 특정 전략이나 역동적 요인(과정, 구조, 관계 등)들이 왜 다른 요인들보다 더 생산적인지를 이해하도록 한다. 긍정조직학은 조직연구에 대한 새로운 렌즈로서 오래된 조직현상에 대한 새로운 관찰, 방식, 관점을 강조하고, 조직맥락과 과정을 주목하고 조직에 대한 주관적 해석과 의미부여를 강조하며, 조직에서의 긍정적 상태, 과정, 결과의 생성되는 측면을 강조한다(이지영, 김명언, 2008; Cameron, Dutton, & Quinn, 2003).

긍정조직학은 문제해결 패러다임보다는 긍정적 강점 개발 패러다임을 강조한다. 즉, 조직의 부정적, 역기능적, 병리적 현상(결함, 문제, 약점, 장애, 위기, 병폐 등)을 진단하고 해결하는 패러다임(주로 효율화, 최적화, 재구조화, 다운사이징, 조직진단, 컨설팅 등에 해당)보다는 조직과 조직구성원의 긍정적 성과, 프로세스, 특성에 주목(우수성, 번성, 번영, 풍요, 복원력, 미덕, 활력, 한계를 뛰어넘음, 긍정적 일탈, 유의미성)하는 패러다임에 초점을 둔다(이지영, 김명언, 2008; Cameron, Dutton, & Quinn, 2003). 이는 Caza와 Caza(2008)은 1979, 1989, 1999년에 게재된 주요 학술지 논문의 5/6이 조직의 부정성과 문제점에 초점을 두었다는 점은 이 패러다임의 변화의 필요성을 강조한 것이다.

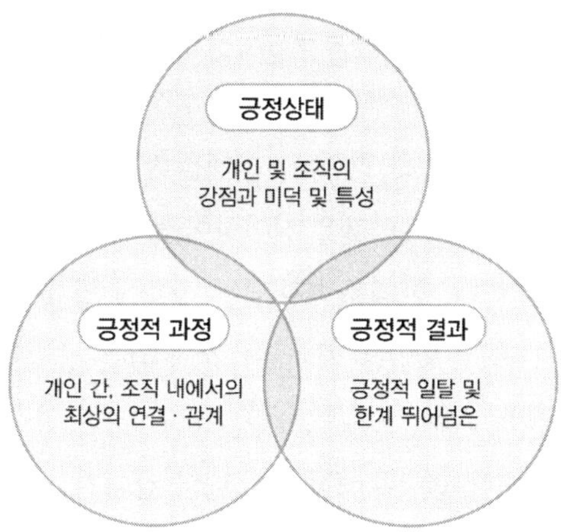

[그림 6-3] 긍정심리학의 관심 영역

긍정조직학은 조직의 긍정의 상태, 과정(상호작용), 결과 등에 초점을 둔다. 우선, 긍정적 특성은 위대한 개인 또는 조직이 다른 개인이나 조직과 비교해서 독특하게 갖고 있는 강점들과 미덕들은 무엇인가에 초점을 둔다. Park와 Peterson(2003)은 긍정적 조직의 특성에 대해 공유된 비전, 안정성, 공정성, 인간애, 존엄성 등을, Cameron(2003)은 조직의 미덕(virtuousness)으로서 인간적 성숙, 도덕적 선, 사회발전의 기여 등을 제시하였다. Peterson과 Seligman(2004)은 6개 미덕 24개 성격강점들을 제시하였다.

둘째, 긍정적 과정 또는 상호작용(또는 관계)은 조직 안에서 일어나는 최상의 연결(high-quality connection) 상태에 관심을 갖는다. 조직에서의 최상의 연결은 높은 수준의 정서 수용력, 관계 탄력성, 연결 가능도로 구성된다. 높은 수준의 정서 수용력은 상호관계에 있어서 긍정적 정서는 물론 부정적 정서 표현도 용이하게 할 수 있음을, 관계 탄력성은 갈등 상황의 발생 후에도 관계 회복을 신속히 이루어내는 능력을, 연결가능도는 새로운 아이디어와 영향에 대한 개방 정도를 뜻한다(높은 연결 가능성을 가지고 있는 팀일수록 새로운 아이디어와 창의적 행동방식을 수용한다고 본다). 또한 긍정적 상호작용을 활력적 관계로 보면서 이를 일시적이 아닌 오랫동안 지속되는 긍정적 정서를 경험하는 관계로 보았다(Cameron, Dutton, & Quinn, 2003).

셋째, 긍정적 결과는 조직의 긍정적 특성과 상호작용을 통해 얻은 것들로서 긍정적 일탈(positive deviation)과 한계를 뛰어넘음(transcendence) 등을 예로 들 수 있다. 긍정적 일탈은 우리가 기대할 수 있는 수준을 뛰어넘는 긍정적 현상, 탁월성을 보이는 현상, 덕을 베푸는 현상, 활력을 주는 현상 등을 말한다. 한계를 뛰어넘음은 보상이나 처벌에 관계없이 다른 사람이 한계라고 인지한 것을 뛰어넘어 놀라운 수준에 수행을 보여 변혁적인 변화를 만들어 내는 것이다. 한계를 뛰어넘는 행동에 영향을 주는 변수는 내적동기, 개인목표이며, 이를 촉진하는 요인은 자기효능감과 같은 긍정적 인지, 용기, 연민, 지혜 등과 같은 미덕들이다(Cameron, Dutton, & Quinn, 2003).

이러한 긍정조직학에 대한 연구주제들에 대해서 김대건(2008)이 제시한 예시들을 살펴보면 다음과 같다.

① 긍정적 조직성과와 관계 있는 개인과 조직의 미덕과 강점은 무엇인가?

② 개인과 조직에서의 긍정적 감정과 상태가 리더십의 효과에는 어떠한 영향을 미치는가?
③ 조직에서 인간 번영과 긍정적 역동성과 관계가 있는 긍정적 관계와 의미 있는 일과의 관계는 어떠한가?
④ 조직 미덕의 개념과 그 조직 미덕이 조직성과의 여러 측정지표와는 어떤 관계가 있는가?
⑤ 감사의 개념과 감사의 감정 및 표현과 바람직한 개인 및 조직성과 간의 관계는 어떠한가?
⑥ 조직, 집단 및 개인에서 복원력의 예측 차원, 촉진자 및 효과는 무엇인가?
⑦ 조직 환경과 개인적 제약을 초월하고, 개인과 환경 속에서 긍정적 변화를 창출하는 동기부여는 무엇인가?
⑧ 긍정적 고리 속에서 만들어진 긍정적 에너지가 훌륭한 성과를 이끌어내는가?
⑨ 조직에서 협력 매커니즘의 긍정적 역동성과 긍정적 감정이 개인과 조직을 어떻게 변화시키는가?

4. 긍정조직행동

긍정조직행동은 조직의 성과 향상을 위해 측정과 개발이 가능하여 효율적으로 관리될 수 있고, 긍정적으로 지향된, 사람의 강점과 심리적 역량들에 대한 연구와 응용에 관한 학문이다(Nelson & Cooper, 2007). 긍정조직행동의 연구 관점과 주제는 긍정조직학과 다소 차이가 있다. 긍정조직학은 미시간 대학을 중심으로, 긍정조직행동은 네브래스카 대학을 중심으로 연구되고 있다. 긍정조직학이나 긍정조직행동 모두 긍정심리학의 개념과 이론에 기반을 두나, 긍정조직학은 조직의 상황과 과정 및 구조 등에 보다 관심을 기울인다면, 긍정조직행동은 조직 구성원의 긍정 경험 및 특성, 즉 개인 및 대인 수준을 강조한다. 또한 긍정조직학은 긍정적 조직 차원의 거시적 수준에 초점을 두면서 긍정적 조직의 특성과 그러한 조직에서 나타나는 긍정적인 결과가 어떻게 나타나는가, 그리고 개인 또는 집단의 상호작용이 긍정적 조직의 특성과 결과에 어떻게 관련되고 발현되는가를 체계적으로 검증 규명하는데 초점을 둔다. 반면, 긍정조직행동은 조직구성원의 긍정적 행동 분야에 연구초점을 맞춘 미시적 수준으로 접근, 특히 긍정적 조직행동은 성과 향상을 위해 조직적으로 관리할 수 있고 개발할 수 있는 상태적(state-like) 특성을 강조한다(Luthans, 2002).

〈표 6-1〉 긍정조직학과 긍정조직행동 비교

긍정조직학	긍정조직행동
조직의 상황, 과정 및 구조	조직 구성원의 긍정적 행동 특성
맥락, 과정, 문화, 조직구조	조직 구성원의 긍정상태와 행동
거시적 접근	미시적 접근

Luthans(2002)은 긍정조직행동으로 연구될 수 있는 범주로 다음의 세 가지 점을 지적했다. 첫째, 폭넓은 이론과 연구 근거 및 타당한 측정을 통한 분석, 예측, 통제 가능하다. 둘째, 성과에 대한 영향을 강조한다. 즉, 긍정성은 개인이나 조직의 성과와 연관되어야 한다. 셋째, 상태적(state-like) 특징을 지니는 행동이어야 하며 이들 행동들은 측정 · 계발 · 발전할 수 있어야 한다.

긍정조직행동을 연구하는 학자들은 개개인이 발전을 추구하는 긍정적 심리상태로서 긍정조직행동의 상태적 특성을 측정하는 기준으로 긍정심리자본(positive psychology capital)을 강조한다((Luthans, Youssef, & Avolio, 2007; Luthans, Youssef, & Avolio, 2007). 긍정심리자본은 사회적 자본(당신은 누구를 알고 있는가, who you know)와 인적자본(당신은 무엇을 알고 있는가, what you know)을 넘어선 새로운 개념으로 당신은 누구인가(who you are)와 당신은 어떻게 변할 수 있는가(how you change)에 관심을 둔다(Luthans, Luthans, & Luthans, 2004). 긍정심리자본의 측정 기준은 다음의 네 가지이다(Luthans, Youssef, & Avolio, 2007). 이들 기준들은 개별적으로 측정되는 것이 아닌 한 척도로서 측정되는 컴포넌트이다.

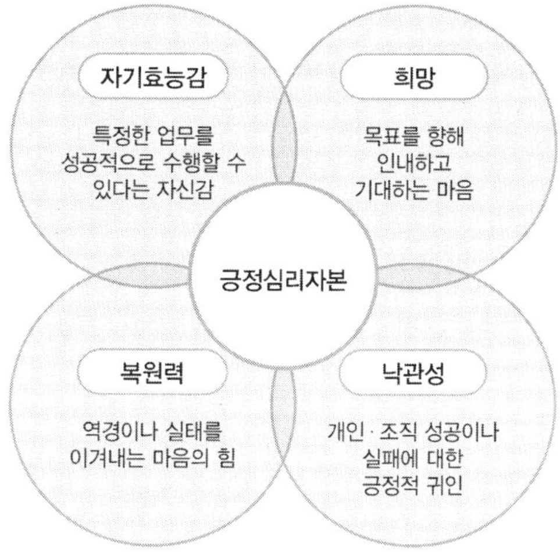

[그림 6-4] 긍정심리자본의 요소

① 자기효능감(self-efficacy): 이것은 어떤 결과를 가져올 수 있는 행동을 내가 할 수 있다는 믿음, 도전적인 과업을 성공하기 위해서 모든 노력을 쏟는 힘을 말한다(Bandura, 1982, 2001). 자기효능감은 주어진 상황에서 특정한 업무를 성공적으로 실행하고자 할 때 필요한 동기부여와 인지적 자원, 그리고 행동의 방향을 결집할 수 있는 능력이자 자신감을 말한다(Stajkovic & Luthans, 1998).

② 희망(hope): 이것은 목표를 향하여 인내하고 필요한 순간에는 경로를 재설정하는 목표의식이다. 희망은 경로사고(pathway thinking, 방법, 목표를 세분화하여 달성할 수 있는 경로와 방법을 찾을 수 있는 사고)와 목표를 달성할 수 있는 의지와 동기를 갖도록 한다(Snyder, 1995, 2002; Snyder, Lopez, Shorey, Rand, Feldman, 2003). "나는 이것을 이루어낼 방법을 찾아낼 것이다"이라는 내적 메시지에 확신을 갖는 것이 희망이다. Peterson과 Luthans(2003)는 높은 희망 수준을 보인 리더는 보다 생산적이고 수익이 높은 부서를 관리하며 부하드의 직무만족과 근속기간을 높이는 경향이 있다고 하였다.

③ 낙관주의(optimism): 이것은 현재와 미래의 성공에 대한 긍정적 귀인이다. 긍정적 사건의 발생원인이 개인적이고 항구적이며 지배적인 내재적 요인들의 결과로 파악하는 반면, 부정적 사건들에 대해서는 일시적이고 특수한 외재적 상황요인들의

결과로 파악하는 귀인요인이다(Youssef & Luthans, 2007; Seligman, 2010).

④ 회복탄력성(resilience): 이것은 긍정적 사건들, 긍정적 진행들, 점진적인 책임감과 문제, 실패나 역경에 직면했을 때 원래의 상태로 되돌아오거나 그것을 뛰어넘는 것을 말한다(Luthans & Youssef, 2004, 2007). Coutu(2002)는 조직에서 회복력이 있는 사람은 직면한 난국과 현실을 쿨하게 수용하고, 험난한 시기를 보내는 동안 적극적 의미를 찾아 보내면서 그때그때 일을 능숙하게 헤쳐나가는 특징이 있다고 보았다.

셀프체크 Luthans, Youssef & Avolio(2007)의 긍정심리자본 척도

- 효능감(1-6번), 희망(7-12번), 회복력(13-18번), 낙관성(19-24번)

문항	매우 동의하지 않는다	동의하지 않는다	어느 정도 동의한다	동의한다	매우 동의한다
1. 나는 장기적인 문제를 분석해서 해결책을 찾는 일에 자신이 있다.					
2. 나는 내 분야에서 어려움에 처했을 때 이에 대응할 자신이 있다.					
3. 우리 직장에서 전략을 논의할 때 많은 도움이 될 자신이 있다.					
4. 나는 업무(수업/행정업무)에서 목표설정을 도울 수 있는 자신감이 있다.					
5. 나는 문제를 논의하기 위해 학부모나 지역인사들을 자신 있게 접촉할 수 있다.					
6. 나는 동료들에게 내가 가진 정보를 자신 있게 제공할 수 있다.					
7. 만약 업무(수업/행정업무) 중에 어려움을 스스로 해결해야 한다면, 그러한 문제를 해결해 나갈 다양한 방안을 생각해 낼 수 있다.					
8. 요즘 내 목표를 열정적으로 추구하고 있다.					
9. 어떠한 문제든지 그것을 해결할 수 있는 방법은 다양하다.					
10. 나는 지금 직장에서 상당히 성공했다.					
11. 나는 최근 업무목표에 도달할 수 있는 다양한 방안을 찾을 수 있다.					
12. 요즘, 나 자신을 위해 설정한 업무목표를 잘 충족하고 있다.					
13. 직장에서 좌절할 때 그것을 견뎌내고 회복하기가 어렵다. (R)					

문항	매우 동의 하지 않는다	동의 하지 않는다	어느 정도 동의 한다	동의 한다	매우 동의 한다
14. 나는 종종 직장에서 겪는 어려움을 다양한 방식으로 잘 관리한다.					
15. 나에게 업무가 주어진다면 '그래 내 일이야'하고 생각한다.					
16. 나는 종종 직장에서 스트레스를 받는 일에서도, 긍정적인 부분을 찾는다.					
17. 나는 경험이 있기 때문에 직장에서의 힘든 시간을 잘 극복할 수 있다.					
18. 나는 어려 일을 동시에 수행할 수 있다.					
19. 내가 하는 업무의 결과가 불확실할 때 나는 보통 최선의 결과를 기대한다.					
20. 나의 업무와 관련하여 문제가 생기면 그 일이 잘 안될 것이라고 받아들이는 편이다(R))					
21. 나는 항상 내 직무의 밝은 면을 보려고 한다.					
22. 나는 내가 하는 일의 전망에 대해 낙관적이다.					
23. 내가 맡은 일은 결과 내가 원하는 방식으로 풀리지 않는다(R)					
24. 나는 어두운 부분이 있으면 반드시 밝은 부분도 있다는 믿음으로 업무를 대한다.					

5. 조직에서 긍정성을 이끄는 방법

조직에서 긍정성을 이끌고 유발하는 방법으로 강점탐구기법(appreciative inquiry)이 소개되고 있다. 이 기법은 Cooperrider와 Whitney(2005)가 소개하였다. 여기서는 이들 저서에서 소개된 내용을 제시하고자 한다. 강점탐구기법의 사전적 의미를 보면, appreciative는 동사 appreciate에서 파생되었는데, 그 의미는 ① 가치를 높이 사는 것, 우리 주변의 세상과 사람들에서 가장 좋은 것을 인식하는 행위, 과거와 현재의 강점, 성공, 잠재력을 인정하는 것, 살아있는 시스템에 생명(건강, 활력, 탁월함)을 주는 것들을 아는 것을 의미한다. ② 가치있게 생각하다, 소중히 여기다, 존중하다, 영광스럽게 생각하다 등을 말한다. 다음으로 inquiry는 동사 inquire에서 파생되었는데 ① 탐구하고 발견하는 행위, ② 질문하는 것, 열린 마음으로 새로운 잠재력들과 가능성들을 발견하는 것을 말한다.

이러한 의미에서 강점탐구기법은 사람들 안에, 그들의 조직 안에, 그리고 그들을 둘러싸고 있는 세계 안에 존재하는 최고와 최선의 것을 찾기 위한 상호 협력적이고 상호 진화적인 탐구 기법이라 할 수 있다. 또한 이것은 경제적, 생태적, 그리고 인간적인 관점에서 조직이 가장 효과적이고 가장 역량을 잘 발휘했던 순간에 그 조직에 생명력을 불어넣었던 것에 대하여 체계적으로 탐색하고 발견해 가는 것을 의미한다.

Cooperrider와 Whitney(2005)는 강점탐구기법이 추구하는 조직은 해결되어야 할 문제들의 집합체가 아니라 활력 넘치는 연결들과 생명력을 공급하는 잠재력의 센터로서 본다. 즉, 조직을 관계, 파트너십, 협동이며, 그리고 강점들의 결합된 힘을 일으키게 하는 영속적이고 확장되는 지식과 행동들로 짜여진 망과 같을 뿐만 아니라 인간관계들의 집합체로서 무한한 창조적 능력으로 가득한 살아 움직이는 존재로 본다. Cooperrider와 Whitney(2005)에 따르면 강점탐구기법은 조직개발 및 변화관리 분야에서 긍정혁명(positive revolution)을 일으키고 있다. 즉, 강점탐구기법은 긍정조직변화(positive organizational change)을 위한 한 방편이 된다. 긍정조직변화는 다양한 이해관계자들이 참여하여 조직의 핵심적 긍정요소에 대한 포괄적인 질의, 분석, 대화로 시작하여 여기서 발견한 지식들을 다시 조직의 전력적 변화 과제 및 우선순위와 연결짓는 모든 형태의 조직변화, 재설계 또는 계획 수립을 의미한다. Cooperrider와 Whitney(2005, p. 44)는 강점탐구기법의 과정을 강점의 발견(discovery) → 도전적 미래상 그리기와 공유(dream) → 변화 과제 및 과정의 설계(design) → 꿈의 미래 실현하기(destiny)으로 제시했다. 이 과정에서 중요한 것은 당사자들에 대한 가치발견인터뷰이다. 가치발견인터뷰는 어떤 경우에 최고의 경험을 했는지, 무엇이 가치를 가지는지, 그리고 조직이 최고의 성과를 낼 때 무엇이 조직에 생명력을 불어 넣는지 등에 관한 질문을 매개로 하여, 조직구성원들과 이해관계자들이 일대일 대화를 하는 것을 말한다.

6. 긍정적인 교사 특징

1) 회복탄력성을 지닌 교사

회복탄력성은 변화하는 환경에 적응하고 그 환경을 스스로에게 유리한 방향으로 이용하는 인간의 총체적 능력, 즉 역경을 이겨내는 마음의 근력이라 할 수 있다. 이것은 학습되고 계발될 수 있다(김주환, 2011). 회복탄력성의 개념은 자기조절능력, 대인관계능력, 긍정성 등 특성으로 구성된다(김주환, 2011). 자기조절능력은 감정조절력, 충동억제력, 원인분석력으로, 대인관계능력은 소통능력, 공감능력, 자아확장력으로, 긍정성은 자아낙관성, 생활만족도, 감사하기로 구성된다. 이러한 회복탄력성을 촉진하는 교사들의 특징은 [그림 6-5]와 같다(Henderson & Milstein, 2003).

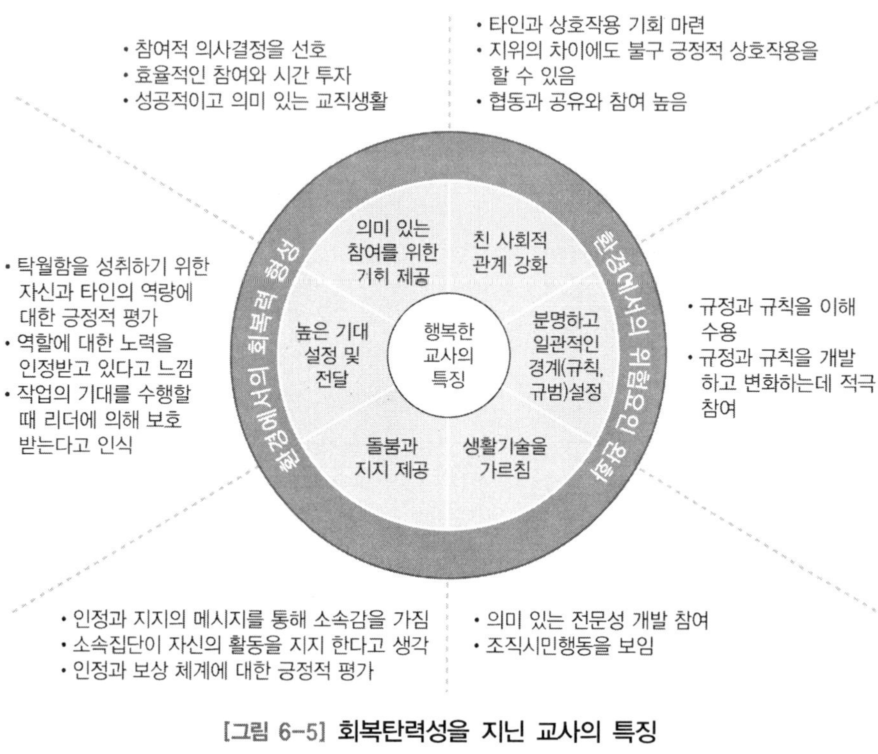

[그림 6-5] 회복탄력성을 지닌 교사의 특징

2) 마음을 잘 챙기는 교사

Shirley와 Macdonald(2016)는 외부적 압력이나 갈등 상황, 심리적 스트레스 등 내면의 상처와 문제를 극복하고 일상의 교육활동을 충실히 수행할 수 있고 동료와의 협력적 관계를 유지하며 교육에 전념할 수 있는 교사를 마음을 잘 챙기는 교사(mindful teacher)라고 하였다. 다시 말해 마음을 챙기는 교사는 내적인 평온과 현재의 나를 평가하며 교직에 대한 충실한 삶을 유지하는 사람을 말한다. 마음을 잘 챙기는 교사는 소외된 교사와 대비될 수 있다. 소외된 교사는 자신이 선택할 수 없는 외부 조건에 관여되어 조직의 일상과 부품처럼 살아가는 교사를 말한다. Shirley와 Macdonald(2016)은 마음을 잘 챙기는 교사의 특성으로 다음 일곱 가지를 제시하였다.

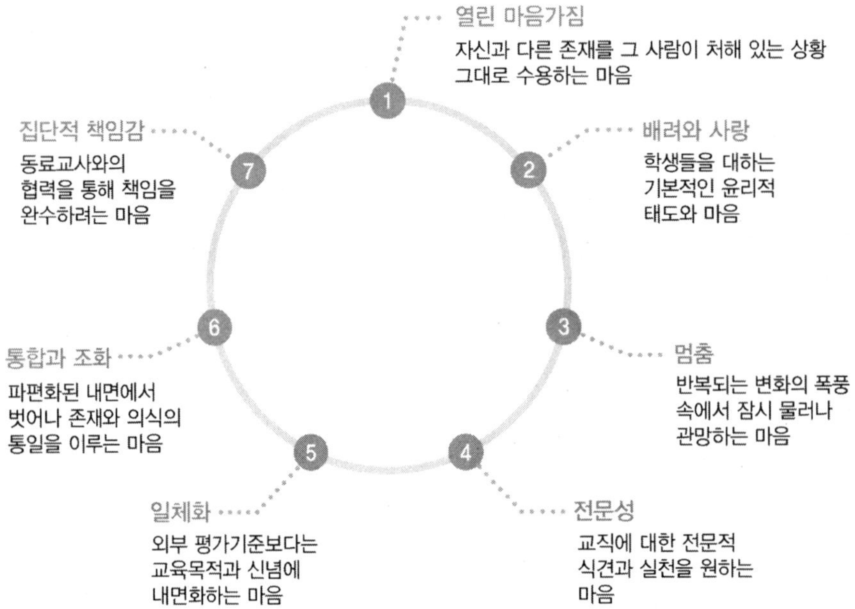

[그림 6-6] 마음을 잘 챙기는 교사 특징

자료: Shirely, D., & Macdonald, E. (2016). The mindful teacher (2nd Ed). New York: Teachers College Press.

3) 긍정적 리더십을 발휘하는 교사

긍정적 리더십을 지닌 교사들은 미덕과 행복에 초점을 맞춰 조직 내 긍정적 태도를 촉진하여 탁월한 성과를 창출하며, 이들이 보여주는 특징은 다음과 같다.

① 일상적이거나 기대한 성과를 훨씬 뛰어넘는 경이적인 결과인 긍정적 일탈 성과를 촉진한다.

② 취약점보다는 강점, 비관주의가 아닌 낙관주의, 비판적이 아닌 지지적 의사소통을 중시한다.

③ 미덕과 행복, 즉 최상의 인간특성과 사람들이 본원적으로 좋은 것으로 간주하는 것을 발현한다.

교사들이 긍정적 리더십을 발휘하는 전략은 [그림 6-7]에서와 같이 긍정적 분위기, 긍정적 관계, 긍정적 의사소통과 긍정적 의미 등을 들 수 있으며, 그 특징은 다음과 같다.

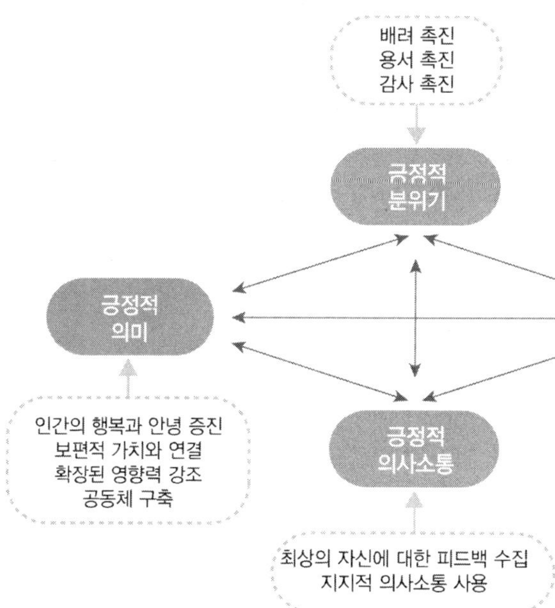

[그림 6-7] 긍정적 리더십의 구성요소와 그 관계

긍정적 분위기 촉진 전략은 배려, 용서, 감사이다. 배려는 마음에 우러난 동정심 표현의 모범을 보이고 장려하는 것이다. 용서는 조직구성원들 간에 용서하기의 행동을 활성화하는 하는 것이다. 감사는 감사의 표현을 장려하는 것으로 감사 표현의 방문하기, 편지보내기, 감사일기 등을 들 수 있다.

긍정적 관계 촉진 전략은 이타심, 에너자이너, 강점인식이다. 이타심은 다른 사람들로부터 이득을 얻는 관계보다 다른 사람들의 이익에 기여할 수 있게 만들어주는 관계를 형성하는 것이다. 에너자이너는 조직 내에서 긍정적 에너지를 촉진하고, 긍정적 에너자이너들을 효과적으로 관리하는 것이다. 강점인식은 개인과 조직으로 하여금 각자의 강점을 인식하고 그것을 개발하고 활용하도록 돕는 것이다.

긍정적 의사소통 촉진 전략은 최상의 자기발현 피드백, 지지적 의사소통이다. 최상의 자기발현 피드백은 상대방의 강점, 특별한 기여, 그리고 최상의 자신의 모습이 발현되는 경우를 찾아줌으로서 생기는 긍정적 피드백이다. 지지적 의사소통은 리더들의 지적이나 부정적인 피드백을 조직구성원들에게 격려나 도움을 주는 조언으로 인식하게 하고, 관계를 강화하는 의사소통이다.

긍정적 의미를 갖게 하는 전략은 일이 인간의 행복과 안녕에 중요하고 긍정적인 영향을 미치는 것, 일이 중요한 보편적 가치 혹은 개인적 가치와 연결되도록 하는 것, 일이 미치는 영향이 단기적인 시간 틀을 넘어 장기적인 영향을 가지거나 파급효과를 만들어 내는 것, 일이 지지적인 관계를 구축하거나 사람들에게 공동체 의식을 심어주는 것이다.

7. 교직에서의 긍정성 탐구에 대한 연구 사례

1) 긍정조직학 관점

Baker, Dilly, Aupperless와 Patil(2003)은 학생들의 긍정적 심리발달과 적응은 학교의 생태학적 맥락과 요인들에 영향을 받는데, 그것들은 학교의 사회적 풍토, 학급구조와 묵표 및 실행들, 학교조직, 동료맥락, 학생 인구학적 변인, 학생 학업능력, 학생 정신건강, 가족 맥락 등이라고 하였다. Cohen, McCabe, Michelli와 Pickeral(2009)은 긍정적 학교풍토는 학업성취, 학교성공, 효과적인 폭력예방, 학생의 건전한 발달, 교사유지(근속) 등과 관련되나 연구, 정책, 실행, 교사교육 등에서 강조하는 초점은 상이함으로 합의 도출이 필요하다고 보았다. Gimbel과 Leana(2013)는 건강한 학교의 특성을 학교 공동체 구성원들의 의견청취, 개방적인 의사소통, 신뢰구축, 협업과 협동, 목표 및 기대수준 설정 및 소통, 다양성 수용 및 공유, 긍지를 높이는 문화조성, 창의성 및 혁신을 위한 학습 및 전문성 신장 등으로 보았다. Zullig, Heubner와 Patton(2011)은 학생의 학교만족도를 높이는 학교풍토 요인들을 제시하였다. Doll, Kurien, Leclair, Spies, Champion와 Osborn(2012)은 긍정적인 학급 환경이 학급의 심리적 · 사회적 환경과 맥락을 강조, 생태학적 접근의 필요성 시사, 학업 및 식업에서의 성공 증진, 중도탈락율을 낮춤, 학업 및 비학업적 활동에의 몰입 증가, 학생 통합교육 등에 영향을 미친다고 하면서 긍정적 학급 환경 요인들을 교사-학생 관계, 동료관계, 가정-학교관계, 학업적 효능감, 자기결정, 행동적 자기통제 등으로 제시했다. Gilman, Huebner과 Furlong(2009)은 '학교에서의 긍정심리학'이라는 편저에서 학교조직의 구성원과 조직 맥락들 속에서 긍정심리학의 적용가능성과 활용방법을 제시하였다. Swanson과 Harrop(2012)은 '교사들을 위한 긍정심리학'에서 학교에서 수업과 지도에 있어서 학생의 학습을 증진하고 행복과 긍정성을 유발하고 확산할 수 있는 방법과 관리 전략을 제시하였다. Morris(2013)은 '학교에서 행복과 웰빙을 가르치기'라는 책에서 학생 개인의 강점과 긍정정서를 높일 수 있는 수업 및 지도 방법은 무엇이며 이를 실현할 수 있는 학교의 조건들을 제시하였다.

Henderson과 Milstein(2003)은 '학교에서의 회복력'이라는 책에서 회복력이 낮거나 높은 학교의 특성과 맥락을 제시하였다.

2) 긍정조직행동 관점

긍정조직행동 관점에서 학교에 적용한 연구를 보면, Petrun, Elliot와 Maier(2004)는 성취목표와 성취정서는 학업성취를 예측하는데 매개하는 역할을 한다고 보았다. Froh, Bono와 Emmons(2010)은 감사는 친사회적 행동과 삶의 만족을 통해 사회적 통합 관계에 영향을 미치며, 정서적, 사회적 안녕감에 대해 상승나선(upward spirals) 효과를 불러일으킨다고 하였다. Froh, Yurkewicz와 Kashdan(2009)는 감사는 청소년들의 삶의 만족, 낙관주의, 사회적지지, 친사회적 행동과 정적관계를 가지며 긍정적 정서인 자긍심, 희망, 감동, 용서 등을 높인다고 하였다. Roffey(2008)은 정서적 리터러시가 강하면 학교에 대한 애착과 학습에 대한 몰입과 참여를 말하는 학교 연결성(connectedness)을 높이고 청소년의 회복력, 친사회적 행동과 학습결과를 촉진하는것과 관련된다고 보았다. Miller와 Daniel (2007)은 학생의 자긍심과 회복력은 교사와의 관계와 밀접한 관련이 있다고 주장했다. Shernoff, Csikszentmihalyi, Schneider와 Shernoff(2003)은 고등학생들은 과제에 대한 도전과 그들 자신의 수행기술들이 높거나 균형 잡혀 있을 때 수업이 적절할 때, 학습환경이 통제하에 있을 때 몰입되는 경향이 높다는 점을 발견했다. Frenzel, Goetz, Ludtke, Pekrun, 와 Sutton(2009)은 교실에서 교사와 학생의 즐거움은 교사의 열정에 의해 매개된다고 하였다. Seligman, Ernst, Gillham, Reivich와 Linkins(2009)은 학습과정에서 긍정성을 강조하면 학생들의 회복력, 몰입, 긍정적 정서에 영향을 미친다고 하였다. Engels, Hotton, Devos, Bouckenooghe와 Aelterman(2008)은 긍정적 학교문화를 촉진하는 교장은 성취지향적 행동, 변혁적 리더십, 학사와 인사관리와 효과적인 시간관리를 하는 특성을 지닌다고 하였다.

학습 정리

1. 긍정조직학은 긍정심리학을 지식 기반으로 삼는다. 긍정심리학(positive psychology)은 인간의 삶에서 개인의 강점들을 최상의 상태로 만드는 것을 강조하며, 인간의 강점은 분석되어질 수 있고 계발되고 달성 가능한 상태(state-like)가 될 수 있다고 보며, 긍정적 정서(행복, 기쁨, 즐거움, 성취, 난관주의, 희망, 신념, 복원력 등), 긍정적 개인 특성(성격, 재능, 흥미 등), 긍정적 집단(가족, 학교, 직장, 공동체 등)에 관심을 둔다.
2. 긍정심리학은 Seligman에 의해서 주창되었으며, 긍정적 경험, 긍정적 특성, 긍정적 집단의 복원을 통해 보다 나은 개인 삶의 질과 사회적 번영을 이룰 수 있다는 점을 강조한다. 특히 인간의 6가지 핵심 미덕들(지혜와 지식, 용기, 인간애, 정의, 절제, 초월)과 24강점을 발견, 발굴, 발휘하는 것에 초점을 둔다(Peterson & Seligman, 2004). Seligman은 행복은 PERMA를 통해 측정될 수 있다고 하였다. P는 긍정적 정서(positive emotion), E는 몰입(engagement), R은 긍정적 관계(relationships), M은 삶의 의미(meaning), A는 성취(accomplishment)를 의미한다.
3. 긍정조직학(POS: positive organizational scholarship)은 조직과 조직구성원의 긍정적 특성, 과정, 결과에 대한 체계적 연구를 하는 학문이다. 긍정조직학은 긍정적(positive), 조직(organization), 학(scholarship)의 의미들이 내포하고 있다. 긍정적(positive)의 의미는 조직 구성원 개개인이 갖고 있는 긍정적 경험 및 특성은 무엇인가, 긍정적 조직의 특성은 무엇인가, 그러한 조직이 나타내는 긍정적 결과는 무엇인가, 또한 조직 안에 개인 또는 집단의 상호작용은 어떠하며 그것이 긍정적 조직 특성 및 긍정적 결과에 어떻게 발현되는가에 관심을 둔다는 점을 강조한다. 둘째, 조직적(organizational)의 의미는 긍정적 조직의 특징은 무엇인가, 긍정적 조직은 구성원들에게 어떠한 영향을 주며, 그로 인한 조직 안의 개인, 개인 간, 조직 전체의 긍정적 성과는 무엇인가 등을 탐구한다. 셋째, 학(scholarship)의 의미는 조직의 긍정성의 발생, 원인, 과정, 관계, 구조, 결과 등을 이해 · 설명 · 예측하기 위한 조직이론의 응용과 과학적 탐구를 강조한다.
4. 긍정조직행동은 조직의 성과 향상을 위해 측정과 개발이 가능하여 효율적으로 관리될 수 있고, 긍정적으로 지향된, 사람의 강점과 심리적 역량들에 대한 연구와 응용에 관한 학문이다. 긍정조직행동을 연구하는 학자들은 개개인이 발전을 추구하는 긍정적 심리상태로서 긍정조직행동의 상태적 특성을 측정하는 기준으로 긍정심리자본을 강조한다. 긍정심리자본은 자기효능감, 희망, 낙관성, 회복탄력성 등 네 가지 측면을 하나의 척도로 측정되는 컴포넌트 개념이다.
5. 강점탐구기법은 사람들 안에, 그들의 조직 안에, 그리고 그들을 둘러싸고 있는 세계 안에 존재하는 최고와 최선의 것을 찾기 위한 상호 협력적이고 상호진화적인 탐구 기법이다. 강점탐구기법의 과정은 강점의 발견(discovery) → 도전적 미래상 그리기와 공유(dream) → 변화 과제 및 과정의 설계(design) → 꿈의 미래 실현하기(destiny)로 이루어진다. 이 과정에서 중요한 것은 당사자들에 대한 가치발견인터뷰이다. 가치발견인터뷰는 어떤 경우에 최고의 경험을 했는지, 무엇이 가치를 가지는지, 그리고 조직이 최고의 성과를 낼 때 무엇이 조직에 생명력을 불어 넣는지 등에 관한 질문을 매개로 하여, 조직구성원들과 이해관계자들이 일대일 대화를 하는 것을 말한다.
6. 긍정성을 발휘하는 교사는 변화하는 환경에 적응하고 그 환경을 스스로에게 유리한 방향으로 이용하는 인간의 총체적 능력, 즉 역경을 이겨내는 마음의 근력인 '회복탄력성을 잘 발휘하는'

교사, 부적 압력이나 갈등 상황, 심리적 스트레스 등 내면의 상처와 문제를 극복하고 일상의 교육활동을 충실히 수행할 수 있고 동료와의 협력적 관계를 유지하며 교육에 전념할 수 있는 '마음을 잘 챙기는' 교사, 미덕과 행복에 초점을 맞춰 조직 내 긍정적 태도를 촉진하여 탁월한 성과를 창출하는 '긍정적 리더십을 발휘하는 교사'라 할 수 있다.

PART 04

교육조직행동의 이해

Chapter 07

개인수준의 조직행동

학습 목표

1. 개인, 집단, 조직 수준의 조직행동을 설명할 수 있다.
2. 직무동기의 개념과 관련이론의 특징들을 제시할 수 있다.
3. 조직공정성의 특징과 요인들을 제시할 수 있다.
4. 임파워먼트의 특징과 요인들을 제시할 수 있다.
5. 교사 효능감의 특징과 요인들을 제시할 수 있다.
6. 집단적 교사 효능감의 특징과 요인들을 제시할 수 있다.
7. 학업적 낙관주의의 특징과 요인들을 제시할 수 있다.
8. 신뢰의 특징과 요인을 제시할 수 있다.
9. 교사헌신의 특징과 요인들을 제시할 수 있다.
10. 감정노동의 특징과 요인들을 제시할 수 있다.
11. 소진의 특징과 요인들을 제시할 수 있다.
12. 지각편향의 예들을 제시할 수 있다.

조직에서는 개인 내 심리적 행동, 개인과 개인의 사회적 행동, 개인과 집단 간 정치적 행동 등 다양한 조직 내 행동들이 나타난다. 이러한 행동들을 일컬어 조직행동이라고 한다. 조직행동은 조직의 사회적·구조적·제도적 맥락 속에서 개인들과 집단들의 행위이다. 그리고 조직행동이론은 조직의 효과성에 영향을 미치는 개인들, 집단들과 구조들을 이해하고 설명하고 예측하는 지식 체계이다(Robbins & Judge, 2011).

교육조직에서 이루어지는 행동에 대해 Hoy와 Miskel(2013)은 『Educational Administration』라는 저서에서 ① 사회체제로서의 학교, ② 기술적 핵심으로서의 교수-학습, ③ 학교

구조(관료제, 느슨한 결합, 공식 구조, 전문가와 관료의 갈등 등), ④ 개인(욕구, 신념, 목표, 동기 등), ⑤ 학교조직 문화, ⑥ 학교조직 풍토, ⑦ 권력과 정치, ⑧ 조직의 외부 환경과의 관계와 적응, ⑨ 학교의 효과성, ⑩ 의사결정 및 참여, ⑪ 의사소통, ⑫ 리더십 등을 조직행동의 내용으로 보았다. 교육조직행동은 교육조직의 성과를 높이기 위해 사회적·문화적 환경에서의 인간 행동에 대한 지식을 활용하고자 하는 사회적-과학적 접근이며 교육조직 실제에 대한 적용을 강조한다. 따라서 교육조직행동은 교육조직 상황에서 일어나는 행동을 이해하고 영향을 미치는 요소들을 탐색하여 예측하는 데 도움이 된다. Robbins와

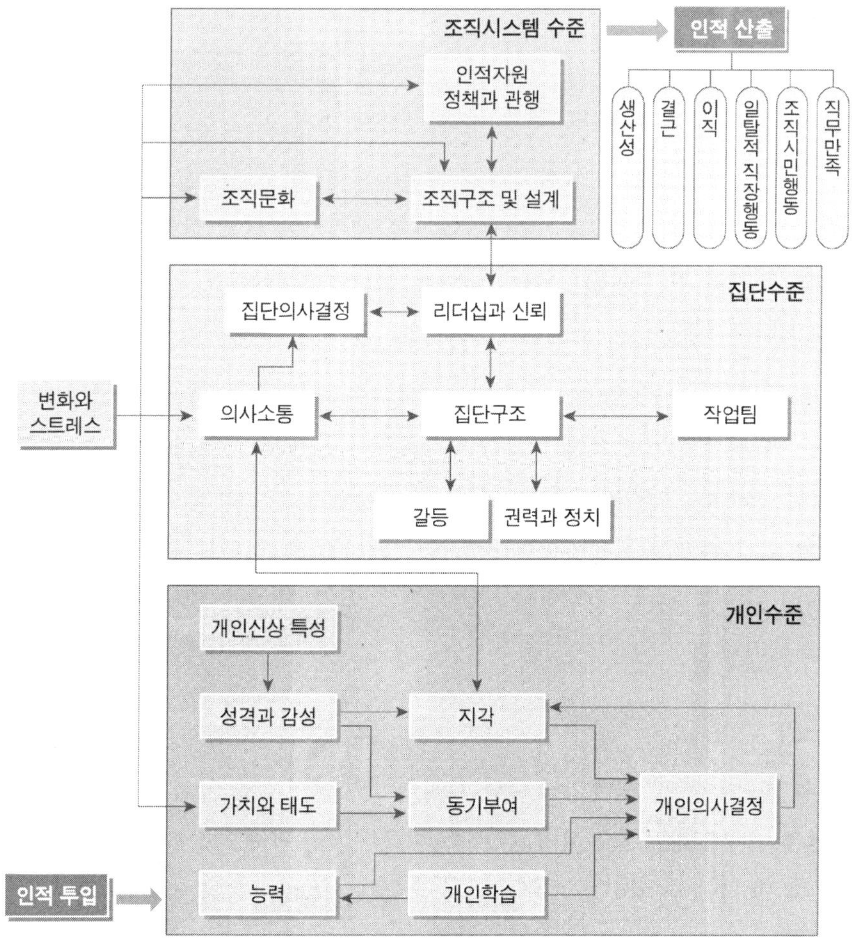

[그림 7-1] 조직행동 수준

자료: Robbins & Judge(2011), p. 32.

Judge(2011)는 [그림 2]와 같이 조직행동의 수준을 개인, 집단, 조직시스템 등 세 가지로 제시했다.

본서에서는 개인수준의 조직행동은 이 장에서 다루고, 집단수준의 조직행동은 다음 장(제8장)에서 다루며, 조직수준의 조직행동은 제9장에서 다룰 것이다.

1. 직무동기

1) 개념

직무동기는 교사가 수행하는 행동 방향, 노력의 수준, 노력 지속성을 이끄는 심리적인 원동력이다. 직무동기는 현재 성취한 수준에서 더 높은 성취를 갖기 위해 자기계발을 할 것인지, 조직에서 교사가 자신의 목표를 성취하기 위해 어느 정도 노력할지, 특정 과제를 수행하기 위해 어느 정도 노력과 시간을 투자할지를 결정하도록 유도한다.

직무동기는 내재적으로 동기가 부여된 것인가, 아니면 외재적으로 동기가 부여된 것인가에 따라 그 노력 수준과 지속성은 달라진다고 보고 있다. 즉, 교사들은 내재적 동기 또는 외재적 동기에 의해 직무를 수행하느냐에 따라 그 성과와 노력 수준과 질이 결정된다는 것이다. 일반적으로 교사들은 좋은 수업과 지도를 함으로서 스스로 보람과 성취감을 느낄 때가 외부평가나 근무평정을 잘 받을 때보다 더 교직에 대한 만족감과 직무 수행 동기가 높다.

2) 직무동기 향상 전략

Hoy와 Miskel(2013)은 교사들에 대한 효과적인 동기 전략을 다음과 같이 제시하였다.

① 낮은 욕구단계는 충족시켜 주고 높은 욕구는 도전하도록 할 때 열심히 일한다.

② 구체적이고 현실적이고 도전 가능한 목표를 설정하고 그것을 이루기 위하여 전념하고 그 목표 달성에 대한 긍정적 피드백을 받을 때 열심히 일한다.

③ 성공과 실패의 원인을 능력과 노력으로 돌리고 상황에 따라 그것이 달라질 수 있다고 인정하며 적절한 직무수행 전략을 통해 과업의 성과는 통제될 수 있다고 믿을 때 열심히 일한다.

④ 받을 만한 보상을 받고 있고, 보상이 공평하게 배분되고 존경과 신뢰로 대우받고 있다고 느낄 때 열심히 일한다.

⑤ 열심히 일을 하면 성과가 개선되고 좋은 성과는 인정받고 가치 있는 보상을 받는다고 믿을 때 열심히 일한다.

⑥ 성공할 수 있는 역량이 있으며 수행하는 과업이 어렵지 않다고 믿을 때, 그리고 유사한 일을 성공적으로 수행한 경험이 있거나 그러한 성공의 모델들이 주변에 있을 때 열심히 일한다.

3) 직무동기 이론들

직무동기에 대한 이론은 동기이론 학자만큼 다양하다. 여기서는 Maslow의 욕구위계론, 동기위생이론, X-Y이론을 제시할 것이다.

(1) 욕구위계론

Maslow는 생리적 욕구, 안전의 욕구, 사회적 욕구, 존경의 욕구, 자아실현의 욕구 등 5단계 욕구위계설을 주장했다가 인지적 욕구, 심미적 욕구, 초월적 욕구 등을 추가하여 8가지 욕구위계를 제시하였다(김규태 외, 2017). 그는 욕구들이 중요성에 따라 단계적으로 제시하였고, 욕구를 단계적으로 충족시켜줌으로서 교사들의 동기부여를 이끌어낼 수 있다고 하였다. 그가 제시한 8단계 욕구위계를 제시하면 다음과 같다.

[그림 7-2] 매슬로우의 욕구 위계론

- **생리적 욕구**: 욕구 단계상 출발점이며 인간 생명 유지를 위한 기본적 욕구로서 신체적 · 물질적 욕망(의식주, 성 등)과 관련된다.
- **안전의 욕구**: 정신적 · 육체적 안정을 얻고 싶어 하는 욕구이다. 교사들에게 직업의 안정성과 작업 환경의 안전 등을 제공하도록 근무환경, 보수, 수당, 휴가, 복지후생 등을 제공함으로 교직 수행 동기를 유지할 수 있는 것을 말한다.
- **소속 및 사랑 욕구**: 동료집단에 소속되고, 인간관계를 형성하여 상호작용하고자 하는 욕구이다. 교사들은 교내외 공식 혹은 비공식 집단에 소속되어 동료들과 어울려 우정을 나누며 교제를 하는 것을 지원해 줌으로서 직무동기를 유발할 수 있다.
- **존경의 욕구**: 타인으로부터 높은 평가와 존경을 받고 싶어 하는 욕구로서 조직에서의 승진과 인정을 받으려고 한다. 교사의 수업과 학생지도에 대한 성과를 인정하고 이에 대해 보상을 줌으로서 존경의 욕구를 충족시켜줄 수 있다.
- **인지적 욕구**: 문화나 교육을 통한 지적 욕구이다. 어떤 특정한 대상이나 경험에 대한 재음미와 발견을 통한 이해와 배움을 추구하는 것을 말한다. 이것은 교사들 간 학습공동체, 즉 배움의 공동체를 촉진하고, 또한 교과협의회나 학습동아리를 통해 프로젝트를 수행하는 활동을 지원함으로서 충족시켜줄 수 있다.
- **심미적 욕구**: 문화예술의 추구, 자연환경을 통한 아름다움을 추구하려는 욕구이다. 외적인 미보다는 오히려 정서적이고 감상적이며 감성적인 내적 미를 추구하는 것이다. 교사들 간 예술활동을 한다거나, 공연 관람 기회를 제공함으로서 직무동기를 충족할 수 있다.
- **자아실현의 욕구**: 자신의 잠재력을 인식하고 자아충족적이며 계속적인 자아발전 및 창조적이 되고자 한다. 이것은 내재적 동기를 스스로 추구함으로서 교직에서의 만족도와 성취감을 얻는 것을 말한다.
- **초월적 욕구**: 타인의 자아실현을 코칭하고 돕는 욕구로서, 선배교사들에게 후배교사들에게 멘토링 또는 코칭 활동을 할 수 있는 기회를 제공함으로서 충족시켜 줄 수 있다.

(2) 동기 · 위생이론

Herzberg는 조직 구성원들의 직무수행 시 만족과 불만족을 야기시키는 요인을 분석하기 위해 피츠버그 지역의 11개 기업체로부터 약 200여 명의 기술자와 회계자를 대상으로 면접을 통하여 조사 실시하였다. 그 결과 조직구성원의 불만을 야기시키는 요인이 대체로 일하는 환경과 관련되고, 만족을 야기하는 요인은 작업 자체와 관련된다는 사실을 밝혔다. Herzberg는 직무 불만족을 야기하는 요인을 위생요인이라고 하였다. 이것은 업무가 수행되고 있는 작업환경 및 작업조건, 직무불만족을 예방하는 기능을 하며, 조직의 정책과 관리, 감독, 작업조건, 대인관계, 금전, 지위, 신분, 안정 등이 해당된다. 반면에 만족을 주는 요인을 동기요인이라 한다. 이것은 조직구성원이 더욱 우수한 업무 수행을 위해 동기부여하는데 적합한 요인으로, 직무 그 자체와 관련되며, 자기성취, 성취에 대한 인정, 도전적이고 보람 있는 과업수행, 책임의 증대, 승진 등을 들 수 있다(김규태 외, 2017).

(3) X · Y 이론

McGregor는 인간의 본성에 대한 가정을 근거로 하여 인간의 동기를 X이론과 Y이론을 제시하였다. X이론 지향 인간은 일하기를 싫어하며, 야망이 없고 책임지기를 싫어하고 통제에 순응하면서 조직문제에 있어 창의력을 발휘하지 못하며, 생리적 욕구나 안전욕구 단계의 동기를 부여해야 한다고 본다. X이론에 따른 효과적인 관리는 경제적 보상과 통제를 적절하게 사용하는 것이다. 경제적 보상을 하고 권위주의적 리더십으로 상부책임제도의 강화를 하며, 조직구조의 위계화와 공식화, 직권제와 참여 제한 등을 활용한다. 반면, Y이론 지향 인간은 작업환경을 적절히 제공하면 직무를 자발적이고 창의적으로 수행하며, 사회적 · 존경 · 자기실현 단계의 욕구를 선호한다. Y이론에 따른 관리전략은 사회적 인간적 보상을 강조하고, 민주적 리더십으로 분권화와 권한위임을 하며, 수평적 조직, 비공식 구조 활용, 참여와 신뢰 및 존경, MBO, 셀프리더십, 자기평가 등을 강조한다(김규태 외, 2017).

2. 조직공정성

조직공정성은 학교조직 내 업무환경 하에서 교사들이 경험하게 되는 다양한 공정성 지각의 차원들을 반영하기 위해 도입된 개념이다. 조직공정성은 보상결과에 대한 분배공정성(distributive justice), 보상 절차와 규정에 대한 절차공정성(procedural justice) 그리고 보상과정 중에 발생하는 의사소통과 대인적 처우에 대한 상호공정성(interaction justice)으로 구분된다(김규태, 최경민, 2015).

① **분배공정성**: 의사결정의 과정을 거쳐 최종적으로 지급되는 임금, 승진, 조직 내 인정 등의 결과물에 대한 분배와 관련하여 교사들이 느끼는 공정성의 지각정도를 말한다.

② **절차공정성**: 자원–보상 배분결정을 위해 활용되는 절차나 규칙에 대한 교사들의 지각된 공정성을 말하는 것으로 교사들 사이의 불충분한 자원의 배정이나 업무성과의 보상결정과 관련된 의사결정 과정에 중점을 둔다.

③ **상호공정성**: 의사결정과정 및 정책이나 절차의 실행과정에서 학교장이 보여주거나, 교사들이 지각하는 대인적 처우의 공정성의 지각 정도이다.

이진원(2008)은 조직공정성이 다음과 같은 이유로 중요하게 고려되어야 한다고 주장했다. 첫째, 능력주의 인사제도 도입으로 교원평가에서 공정성이 중요해졌다. 둘째, 학교 의사결정에서 공정성 확립은 교사들에게 학교생활에 대한 만족을 주고 동기를 부여하여 학교 효과성을 높이는 중요한 요인이 된다. 셋째, 절차공정성은 학교구성원 간에 자아존중감과 상호신뢰감을 증진시켜 조직과 구성원 간의 교환이 단순한 보상과 노동이 아닌 그 이상의 것들이 교환되도록 한다.

학교 구성원들은 학교조직의 운영과 의사결정에서 자신이 공정하게 대우받았다고 생각할 때, 학교장과 동료교사를 신뢰하고 학교조직목표 달성과 학교조직에 헌신한다.

교사들이 지각하는 조직공정성을 중요하게 고려해야 하는 이유는 교사들이 능력주의 인사제도 도입으로 인한 공정성을 어떻게 인식하고 있느냐에 따라 조직생활의 만족과 동기 수준이 달라지고, 리더와 구성원에 대한 신뢰나 조직몰입 등에 대한 수준도 달라짐으로 교사들의 교직에 대한 헌신이나 성과에 대한 효과를 결정하기 때문이다.

선행연구의 결과들을 보면, 이진원, 조주영, 박세훈(2009)은 교사의 조직공정성 인식과 신뢰인식 간에는 정적 상관관계를 가지며, 절차공정성과 상호작용공정성은 학교구성원 간의 신뢰에 유의한 영향을 주었고, 이중 상호작용공정성은 교장에 대한 신뢰에, 절차공정성은 동료교사에 대한 신뢰에 보다 많은 영향을 주었다고 보고하였다. Hoy와 Tarter(2004)도 신뢰 없이는 조직공정성이 없다고 하여 이들 관계가 정적임을 밝혔다. 신뢰와 공정성 관계를 촉진하는 것은 교장의 동료적 리더십(collegial leadership)이라고 하였다. 김혁동(2012)은 조직공정성은 연령, 교직경력, 가입한 교원단체에 따라 차이가 나타났고, 구성원 간 신뢰에 영향을 미치고 있었으며, 조직몰입에도 영향을 미친다고 보았다. 강경석, 홍철희(2008)는 교사의 조직공정성 인식과 교사의 혁신행동, 교사의 조직시민 행동과 교사의 혁신행동 간에는 유의한 정적 상관관계를 보이며, 교사의 조직공정성 인식 중 절차공정성과 상호작용공정성이 교사의 혁신 행동 하위변인으로 혁신성, 혁신태도에 모두 유의한 정적 영향을 준다고 보고했다. 김혁동(2010)은 학교조직의 공정성과 구성원간의 신뢰가 조직몰입에 미치는 영향 연구를 통해 조직몰입에 영향을 미치는 하위변인에서는 절차공정성과 조직신뢰가 가장 큰 영향을 미치고 있다고 하였다. 권순호, 김병주(2012)는 조직공정성과 교사 임파워먼트의 매개효과 연구를 통해 조직공정성은 조직효과성에, 학교장의 변혁적 리더십은 조직공정성에 유의미한 영향을 준다고 하였고, 학교장의 변혁적 리더십이 조직효과성에 영향을 미치는데 있어 조직공정성은 매개역할을 한다고 하였다.

셀프체크 Hoy와 Tarter(2004)의 조직공정성 척도

문항	전혀 동의 하지 않는다	거의 동의 하지 않는다	동의 하지 않는다	동의 한다.	많이 동의 한다	매우 많이 동의 한다
1. 교장의 행동은 일관성이 있다.						
2. 우리학교 학생들은 공정하게 대우를 받는다.						
3. 교장은 좋아하는 사람들과만 상대하지 않는다.						
4. 교장은 존경하는 마음으로 모든 사람들을 대한다.						
5. 우리 학교는 모든 학생과 교직원을 차별하지 않는다.						
6. 우리 교장은 모든 사람을 공정하게 대한다.						
7. 우리 교직원은 사심과 자기이해를 추구하지 않는다.						
8. 우리 교장은 교직의 윤리 강령을 준수한다.						
9. 우리 학교 교사는 자신들에게 영향을 미치는 중요한 의사결정에 참여한다.						
10. 우리 교사들은 학교에서 공정하게 대우를 받는다.						

3. 임파워먼트

임파워먼트의 사전적 의미는 '힘을 부여하는 것'으로, 타인의 행동에 변화를 가져올 수 있는 권한과 능력을 부여하는 것을 뜻한다. 조직에서 임파워먼트는 조직의 목표를 효과적으로 달성하기 위해 리더가 구성원들에게 자신의 의사결정에 참여할 수 있는 권한을 위임하거나 동기를 유발하거나 행동을 촉진하기 위하여 권한을 부여하는 것을 의미한다.

교육분야에서도 교사 임파워먼트에 대한 연구가 진행되고 있다. 강경석, 강경수(2007)는 교사에게 자율성과 창의성을 가지게 함으로써 전문성 계발과 조직성과 증진을 위해 교사들이 역량을 최대한 발휘하는 것이라고 하였다. 신재흡(2007)은 교사 개인의 심리적

측면을 강조하며, 동기를 부여하여 교사 스스로 자신의 능력을 계발하여 교직 헌신이나 조직 효과성 증진에 이바지하는 정도라고 하였다. 권순호, 김병주(2012)는 교사 임파워먼트는 조직효과성에 유의미한 영향을 주고 있으며, 학교장의 변혁적 리더십이 조직효과성에 영향을 미치는데 있어 교사 임파워먼트는 중요한 매개역할을 한다고 하였다.

셀프체크 Short & Rinehart(1992)의 'The School Participant Empowerment Scale' 척도

– 의사결정참여(1–10), 자율성(11–13), 역량(14–24)

번호	내용	전혀 그렇지 않다	그렇지 않다	보통이다	그렇다	매우 그렇다
1	학교 경영에 새로운 아이디어를 제공하고 이를 결정하는 역할에 참여한다.					
2	학교교육과정 편성과 관련된 의사결정에 참여할 수 있다.					
3	학교교육과정 운영과 관련된 의사결정에 참여할 수 있다.					
4	학교 행사와 관련하여 의사결정에 참여할 수 있다.					
5	학교 행사를 추진하는데 여러 가지로 도움을 줄 수 있는 능력이 있다.					
6	학교의 교육활동 선정에 영향력을 가지고 있다.					
7	다른 교사들에게 조언할 기회가 있다					
8	업무처리에 관한 재량권을 갖고 있다					
9	나의 업무를 알아서 결정할 수 있다					
10	업무수행과정에서 개인적인 생각이나 판단에 따른 행동이 허용된다.					
11	수업 내용을 자유롭게 구성할 수 있다					
12	교수학습방법을 자유롭게 활용할 수 있다.					
13	수업자료 선정에 관하여 융통성을 발휘할 수 있다.					
14	학교에서 동료교사들로부터 인정을 받는 편이다.					
15	학생으로부터 존경을 받는다고 생각한다.					

번호	내용	전혀 그렇지 않다	그렇지 않다	보통 이다	그렇다	매우 그렇다
16	학부모로부터 존경을 받는다고 생각한다.					
17	교사로서 내 능력에 자신이 있다					
18	학교생활에서 동료교사들과 협력할 기회를 자주 갖는 편이다.					
19	나의 업무능력을 확신한다.					
20	교직에 필요한 기술들이 숙달되어 있다					
21	내가 가르치는 과목에 대한 전문적 지식을 가지고 있다.					
22	학생들의 특성을 잘 파악하고 있다					
23	학생들이 독립적인 학습자가 되도록 돕고 있다.					
24	학생들과 함께 함으로써 스스로 성장할 기회를 가진다.					

4. 교사 효능감

교사 효능감(teacher efficacy)은 주어진 교육 목표를 달성하는 데 필요한 행동과정을 조직하고 실행할 수 있는 능력에 대한 교사의 신념, 즉, 특정한 맥락에서 특정한 교수과제를 성공적으로 달성하는 데 필요한 행동과정을 조직하고 실행하는 능력에 대한 신념을 말한다. 교사 효능감은 교사가 학생들을 효율적으로 가르칠 수 있다는 능력을 지니고 있다는 신념이라고 할 수 있다. 교사 효능감은 개인효능감과 집단효능감으로 구분된다(Hoy & Miskel, 2013). 김아영(2012)은 효능감이 높은 개인 교사의 특징을 제시했다. 첫째, 학생을 가르치는 일이 중요하고 의미 있다고 생각하고, 교사 자신이 학생의 학습에 긍정 적인 영향을 미쳤다고 판단하면 개인적인 성취감을 경험한다. 둘째, 학생이 발전하기를 기대하고 학생의 학습에 대한 개인적 책임감을 갖고 학생들에게 도움이 되는 교수법을 찾는다. 셋째, 학습목표 결정에서도 민주적인 방법을 도입해서 학생들과 함께 전략을 세우고 결과에 대해 긍정적인 태도를 가지며, 자신이 학생들의 학습에 영향을 미칠 수 있다고 확신한다. 넷째, 학교의 행정적인 일을 수행할 때 도전적이고 모험적인 상황에서도 타협하거나 물러나지 않고 바람직한 방향으로 나아가기 위한 구체적이고 도전적인 목표를 선택한다. 다섯째, 교사효능감은 교수활동과 교육과정에 대한 일반적인 시각에도 영향을 미쳐서 교사는 이에 따라 학생들을 지도한다.

선행연구들에 의하면 교사 개인의 효능감이 높으면 가르치는 일에 높은 열정을 보이며 교직헌신도도 높다(Tschennen-Moran & Hoy, 2001). 교사효능감은 교사의 성별, 학력, 교직경력, 직무만족, 조직몰입, 집단적 교사효능감, 학교조직풍토 등에 따라 상대적으로 달라진다(김아영, 2012; 홍창남, 2006; Tschannen-Moran & Hoy, 2001). Ashton과 Webb(1986)은 결과기대인 교수 효능감은 교사들의 교수행위가 학생들의 학습에 영향을 미칠 수 있다는 교사의 기대이며, 효능기대인 개인적 교사효능감은 자신의 교수능력에 대한 개인적 기대라고 하였다. 이윤식, 이효신(2012)는 개인적 교사효능감의 하위변인 중 교과지도, 생활지도, 대인관계가 수업전문성에 미치는 영향이 크며, 학교조직건강은 교사효능감을 통해 수업전문성에 미치는 간접효과가 있다고 밝혔다. 이러한 결과를 통해 교사효능감은 수업전문성에 대한 학교조직건강의 효과를 설명하는데 있어 중요한 매개변수라고 해석할 수 있다. 권순형, 김도기(2014)는 집단적 교사효능감은 개인적 교사 효능감에 정적인 영향을 미치고 있는 것으로 나타났으며, 교사 협력은 개인적 교사효능감에 대하여 정적인 영향을 미친다고 하였다. 그리고 집단적 교사효능감은 교사 협력을 매개하여 개인적 교사효능감에 정적인 영향을 미친다고 하였다. 안도희, 김누리(2014)는 초등학교 교사의 직무환경이 교사효능감에 미치는 영향이라는 연구주제를 통해, 직무환경과 교사역량은 교사효능감에 직접적인 긍정적인 영향을 주며, 교사역량은 직무환경과 교사효능감 간의 관계에 매개하는 것으로 나타났다.

셀프체크 한국교육개발원이 개발한 교사효능감 척도(박현정 등, 2006)

– 교과지도(1–4), 생활지도(5–6), 행정업무(7–8), 대인관계(9–10)

문항	내용	전혀 그렇지 않다	그렇지 않다	보통이다	그렇다	매우 그렇다
1	나는 수업에 필요한 다양한 자료를 확보하거나 제작할 수 있다.					
2	나는 수업에 필요한 다양한 매체를 사용할 수 있다.					
3	나는 교수학습 상황에 맞는 효과적인 교수방법들을 적용할 수 있다.					
4	나는 공개수업 및 연구수업을 통해 나의 수업을 기꺼이 다른 사람에게 보여 줄 수 있다.					
5	나는 문제행동을 보이는 학생들을 적절한 방법으로 지도할 수 있다.					
6	나는 개인적 고민을 가지고 있는 학생들에게 상담을 통해 도움을 줄 수 있다.					
7	나는 학교의 중요한 기획업무를 맡게 된다면 원활하게 수행할 수 있다.					
8	나는 대규모 교내행사를 맡게 된다면 원활하게 수행할 수 있다.					
9	나는 동료교사들과 학교업무와 관련된 조언을 주고 받을 수 있다.					
10	나는 동료교사들과 깊이 있는 대화를 나눌 수 있다					

5. 집단적 교사 효능감

집단적 교사 효능감은 교직문화를 설명함에 있어서 중요한 변수이다. 이는 한 학교 전체의 교사가 교사의 노력이 학생들에게 영향을 줄 수 있다고 공유하고 있는 인식을 말한다(Owens & Valesky, 2010). 집단적 교사 효능감은 숙련경험, 대리경험, 사회적 설득 및 정서적 자극으로 형성된다(Hoy & Miskel, 2013). 교사들은 한 집단으로서 성공과 실패를 경험한다. 성공은 교사들의 집단적 교사 효능감에 강한 신념을 형성해 주며, 실패는 그것을 훼손시킨다. 그러나 성공이 빈번하고 너무 쉽다면, 실패는 좌절을 낳을 수도 있다. 집단적 교사 효능감은 지속적 노력을 통하여 난관을 극복하는 경험이 필요하다. 또한, 집단적 교사 효능감은 직접적인 경험뿐만 아니라 다른 조직을 관찰하고 이야기를 들음으로써 형성되기도 한다. 그리고 집단적 교사 효능감은 교사들이 대화, 워크숍, 전문적 개발활동 및 성취에 대한 피드백 등을 통한 언어적 설득에 의해서도 형성될 수 있다. 집단적 교사 효능감은 조직이 학습한 정서적 대응 방식에 의해 형성되기도 한다. 각 개인이 스트레스에 대응하는 것처럼 조직이 위기나 문제에 봉착하는 경우 이에 대처하는 정서 반응을 한다. 높은 집단적 교사 효능감은 더 나은 성취를 이루어낼 도전적인 목표의 수용, 강력한 조직 차원의 노력 및 지속성을 가져올 것이며, 반면에 낮은 집단적 교사 효능감은 적은 노력, 포기하는 성향, 낮은 수준의 성취를 가져올 것이다(Goddard & Goddard, 2001; Goddard, Hoy, & Woolfolk Hoy, 2000, Goddard, LoGerfo, & Hoy, 2004; Hoy et al., 2002). 집단적 교사 효능감은 교수과업의 분석과 교수능력에 대한 평가에 영향을 미친다(Hoy & Miskel, 2013).

셀프체크 Goddard(2002)의 집단적 교사효능감 척도

– 교수능력(1–6), 교수과제분석(7–12)

문항	내용	전혀 그렇지 않다	그렇지 않다	보통 이다	그렇다	매우 그렇다
1	우리학교 교사들은 다루기 어려운 학생들을 잘 다루는 능력이 있다.					
2	우리학교 교사들은 학생들을 동기부여 시킬 수 있다는 자신감을 가지고 있다.					
3	우리학교 교사들은 모든 학생들이 학습목표에 도달할 수 있다고 믿는다.					

문항	내용	전혀 그렇지 않다	그렇지 않다	보통 이다	그렇다	매우 그렇다
4	우리학교 교사들은 학습의욕이 없는 학생이 있어도 포기하지 않는다.					
5	우리학교 교사들은 의미 있는 학습을 이루어 내는 데 필요한 기술을 가지고 있지 않다. (역채점)					
6	우리학교 교사들은 학생 생활지도를 잘 하고 있다.					
7	우리학교 학생들은 배울 준비를 하고 학교에 온다.					
8	우리학교 학생들의 가정환경은 학생들의 학습활동에 도움을 준다.					
9	우리학교 학생들은 학습의욕이 낮다. (역채점)					
10	우리학교 학생들은 다양한 학습 기회들을 통해 배울 수 있다고 확신한다.					
11	우리학교 내의 학교폭력의 문제는 학생들의 학습을 방해 하지 않는다.					
12	우리학교 주변 환경은 학생들을 교육하기에 안전하다					

6. 학업적 낙관주의

학업적 낙관주의(academic optimism)는 교사들이 효과적으로 가르치고 학생들이 잘 학습할 수 있다고 믿으며, 높은 학업목표를 설정하고 이를 학생들이 성취하도록 할 수 있다고 믿는 교사들의 신념 체계이다. 학업적 낙관주의는 행복, 희망과 성취를 기반으로 하는 긍정심리학에서 출발한다. 학업적 낙관주의의 이론적 토대는 Bandura의 사회인지와 자기 효능감 이론, Coleman의 사회적 자본이론, 조직풍토와 문화에 관한 Hoy와 그의 동료 이론, Seligman의 학습된 낙관주의 등이다. 특히 학업적 낙관주의는 집단적 학업 낙관주의의 개념적 토대와 맥을 같이 한다(Hoy, Tarter & Hoy, 2006).

학업적 낙관주의는 자기 효능감, 신뢰, 학업적 강조의 세 가지 수준으로 구성된다

(Hoy, Tarter & Hoy, 2006). 자기효능감은 개인 신념 또는 기대로서 인지적 속성을 지닌다. 신뢰는 정의적 속성을 지니며, 학업적 강조는 학교에서 수행되는 학업으로 행동적 속성을 지닌다. 그래서 학업적 낙관적의는 세 가지 수준의 상호 의존 상태를 보인다(Gurol & Kerimgil, 2010). 최근 연구들은 학업 낙관주의가 이들 세 가지 수준의 속성이 반영되어 있다는 점을 실증적으로 확인했다(Fahy, Wu & Hoy, 2010).

학업 낙관주의는 학생의 사회경제적 배경과 선행학습 등을 통제할 때 학생의 학업성취를 예측하는 주요 학교 변수라는 점이 밝혀졌다(Smith & Hoy, 2007). 또한 교사들의 집단적 책임감(Wu, 2013), 집단적 교사 효능감 및 교사신뢰(Smith & Hoy, 2007), 기질상 낙관주의, 인본주의적 학급경영, 학생지향 신념과 실행(Hoy, Hoy, & Kurz, 2008) 등을 매개로 하여 학업성취에 영향을 준다는 점도 밝혀지고 있다.

셀프체크 Hoy, Tarter와 Hoy(2006)의 학업적 낙관주의 척도

– 교사의 자기효능감(1–3), 학생과 학부모의 자기신뢰(4–6), 교사의 학업성취를 위한 학업적 강조(7–9)

문항	거의 그렇지 않다	그렇지 않다	보통이다	그렇다	항상 그렇다
1) 나는 학업에 관심이 낮은 학생들에게 동기 부여하여 학업에 정진하도록 할 수 있다.					
2) 나는 학생들이 학교에서 좋은 학업수행을 잘 할 수 있다고 믿게 할 수 있다.					
3) 나는 교실 규칙들을 따르도록 할 수 있다.					
4) 나는 대부분 학생이 정직하다고 믿는다.					
5) 나는 학부모들을 믿음직하다고 생각한다.					
6) 나는 학생들을 신뢰한다.					
7) 나는 학생들이 학업을 잘 수행하도록 학생들을 이끌 수 있다.					
8) 나는 학생들에게 도전적인 과제를 준다.					
9) 나는 학생들에게 높지만 달성 가능한 목표를 설정한다.					

7. 신뢰

신뢰는 다른 사람이 인자하고 믿음직하며, 유능하고 정직하며, 개방적인 것을 근거로 다른 사람과의 관계를 맺으려는 의지이다. 신뢰는 조직 내에서의 높은 수준의 상호의존성 때문에 필요하다. 이는 개방성을 증진시키고 집단 응집성을 촉진하며, 학생의 성취도를 향상시킨다. 신뢰에는 인자함, 믿음직함, 유능함, 정직, 개방성 등 다섯 가지의 공통된 사항이 있다. 조직의 강한 신뢰 문화는 구성원들이 리더를 신뢰하고, 구성원들이 서로 신뢰하며 모든 집단이 협동적으로 함께 일하는 것이다(김규태, 강유정, 강성복, 2014).

신뢰는 개방성을 증진하고 집단 응집성을 촉진하며, 학생의 성취도를 향상시킨다. 신뢰관계는 상호 의존성을 토대로 한다. 높은 수준의 상호의존성 때문에 학교의 사회적 관계는 신뢰가 필요하다(Lunenburg & Ornstein, 2012). 학교 조직에서의 신뢰는 교장에 대한 신뢰, 동료에 대한 신뢰, 고객에 대한 신뢰 등으로 구분되며 이것들은 인자함, 믿음직함, 유능함, 정직, 개방성 등을 특징으로 한다(Hoy & Tschannen-Moran, 2003).

교사들은 학교장이 일관되게 교사들의 이익을 위해 일하며 개방적이고, 정직하며, 유능하다고 믿는다. 나아가 교사들은 동료교사들을 유능하고, 개방적이며, 정직하고, 상호관계에 진실하다고 믿는다. 교사들은 서로 의지하도록 배워왔고, 어려운 상황에서도 동료교사들이 자신들의 신뢰를 저버리지 않을 것이라고 믿는다. 마지막으로 전체 교사들이 학생과 학부모를 신뢰한다. 교사들은 학생들이 유능한 학습자라고 믿는다. 교사들은 학부모와 학생들이 자신들에게 말해주는 것을 믿는다. 그리고 교사들은 학부모와 학생들이 정직하고 개방적이며 진실하다고 믿는다(Hoy & Miskel, 2013).

교사신뢰는 다른 사람이 인자하고, 믿음직하며, 유능하고, 정직하며, 개방적인 것을 근거하여 다른 사람과의 관계를 맺으려는 교사의 의지이다. 교사가 학생 · 학교장 · 학부모에 대한 상호 간의 신뢰하는 정도는 일반적으로 학교 신뢰를 설명하는 기초가 된다. 그래서 높은 수준의 학교 신뢰 문화를 보이는 학교는 교사 신뢰가 높은 문화를 지닌다(Owens & Valesky, 2010). 반면, 학교에서의 낮은 신뢰는 의사소통에서 정보를 가감하거나 왜곡하여 구성원을 속이게 되어 자신의 이익을 더 고려하고 상대방의 이해 증진은 방어한다. 이것은 조직의 의사결정이나 소통에 상당한 거래비용을 갖게 한다(Hoy & Sweetland, 2001).

이러한 양상들은 Byrk와 Schneider(2003)가 지적한 관계적 신뢰(relational trust)와 관련이 있다. 관계적 신뢰는 효과적인 교육공동체를 구축하고 유지하기 위한 필수 요인으로서 구성원들 간의 존경, 개인적 존중, 역할에 대한 책임과 역량 발휘, 개인적 강직성 등이 실현되는 상태를 말한다. Byrk와 Schneider(2003)에 의하면 관계적 신뢰를 촉진하는 요인 중에서 교장의 리더십과 지원이 중요하다.

Tschannen-Moran과 Hoy(2000)에 따르면 신뢰는 학교조직의 요인들의 복잡한 상호관계를 촉진하고 조직을 높은 생산성과 응집성을 갖게 하는 윤활유 역할을 한다. 신뢰는 의사소통, 협동, 풍토, 조직시민 행동, 집단적 효능감, 성취와 효과성, 개방성, 협업적 관계, 전문성 등 조직과정과 맥락의 요소들과 밀접한 관련을 맺는다(Tschannen-Moran & Hoy, 2000). Hoy, Smith와 Sweetland(2002)는 개방적이고 건강한 학교풍토가 신뢰에 영향을 미친다고 하였다. Maele와 Houtte(2009)는 학교에서의 신뢰는 학교 운영 여건과 문화에 의해 영향을 받는데, 사립학교가 공립학교보다 높은 상태를 보인다고 하였다. 이쌍철, 홍창남, 송영명(2011)은 교사의 교장에 대한 신뢰 수준이 높을수록 교사의 사기와 학교만족이 높아지며, 교사 및 학교 배경변인이 교사의 사기 및 학교 만족에 주는 영향력을 감소시켜 준다고 하였다. 또한, 학교의 시설 수준이 교사의 학교 만족과 사기에 주는 영향력은 감소한다고 하였다. 한편, 홍창남, 이쌍철, 정성수 등(2010)은 교사-교장 간 신뢰관계는 학생의 학업성적에 긍정적인 영향을 준다고 보았다. 이들은 교사-교장 간 신뢰가 높은 학교일수록 학생의 읽기, 수학, 과학 점수 모두 높아지는 것으로 나타났다. 이쌍철, 홍창남(2013)은 교사 간 신뢰는 조직시민행동을 촉진하고, 교사 간 신뢰 수준이 높을수록 교사 효능감이 높아진다고 하였다.

셀프체크 Hoy와 Tschannen-Moran(2003)의 교직원 간 신뢰 척도

– 교장신뢰(1, 4, 7, 9, 11, 15, 18, 23), 동료신뢰(2, 5, 8, 12, 13, 16, 19) 고객신뢰(3, 6, 10, 14, 17, 20, 21, 22, 24, 25, 26)

번호	문항	전혀 그렇지 않다	그렇지 않다	보통 이다	그렇다	매우 그렇다
1	선생님은 교장을 신뢰한다.					
2	선생님은 서로를 신뢰한다.					
3	선생님은 학생을 신뢰한다.					
4	선생님은 교장 행동을 대개 의심한다. (역채점)					
5	선생님은 서로를 존중한다.					
6	선생님은 학부모를 신뢰한다.					
7	선생님은 교장의 강직성을 믿는다.					
8	선생님은 서로를 믿지 못한다. (역채점)					
9	교장은 최대한 선생님의 이익을 고려한다.					
10	학생은 서로를 챙긴다.					
11	교장은 선생님에게 관심이 별로 없다. (역채점)					
12	심지어 어려운 상황에서도 선생님은 서로를 믿고 의존한다.					
13	선생님은 주어진 업무에 충실하다.					
14	학부모는 그들의 헌신에 있어서 믿을만하다.					
15	선생님은 교장을 의지할 수 있다.					
16	선생님은 동료들의 강직성(충성)을 믿는다.					
17	학생은 학업수행에 있어서 믿음직하다.					
18	교장은 자신의 과업을 수행하는 데 능력 있다.					
19	선생님은 서로에게 개방적이다.					
20	선생님은 학부모의 지원을 의존할 수 있다.					
21	선생님이 여러분에게 무엇인가를 말할 때 믿을 수 있다.					
22	선생님은 모든 학생들이 유능한 학습자라고 믿는다.					

번호	문항	전혀 그렇지 않다	그렇지 않다	보통 이다	그렇다	매우 그렇다
23	교장은 선생님들이 현재 하고 있는 일에 대해서 말하지 않는다. (역채점)					
24	선생님은 대부분의 학부모들을 자녀 교육에 잘한다고 믿는다.					
25	선생님은 학부모가 그들에게 말하는 것을 믿을 수 있다.					
26	학생은 자신의 행동을 숨긴다.					

8. 교사헌신

교사헌신은 학교 조직에서 개인의 이해를 넘어서 조직의 이해와 성공을 위해 전념하는 교사의 의지를 말한다. Reyes(1992)는 교사 헌신을 '학교 목표 및 가치에 대한 개별 교사의 심리적 동일시와 조직구성원의 신분을 유지하고 개인적인 이해를 뛰어넘어 직무에 전념하고자 하는 교사의 의지'(pp. 153-154)라고 정의하고 있다. 교사헌신은 그 대상에 따라 수입헌신, 학생헌신, 조직헌신 등으로 구분된다(홍창남, 2006). 수업헌신은 교사들이 가르치는 일에 대하여 갖고 있는 심리적 애착의 수준을 말한다. 학생헌신은 학생들의 학업적 성취나 그들의 사회경제적 지위에 관계없이 학생들의 학습활동을 돕거나, 교실에서 학생들의 사회적 관계를 증진하는 활동을 말한다. 조직헌신은 학교 조직에 대한 교사의 심리적 애착 정도를 말한다.

이러한 교사 헌신은 교사의 성별이나 교직경력과 같은 인구통계학적 변인뿐만 아니라 교수 효능감이나 긍정적 피드백과 같은 사회심리적 변인의 영향도 크게 받는다. 노종희(2004)는 교사의 헌신은 그가 근무하고 있는 학교 특성에 의해서 영향을 받는다고 하였다. 그는 교사 헌신에 영향을 주는 학교 수준 변인으로 설립유형, 학교소재지, 평준화여부, 총교사수, 자율성, 학교경영참여, 협력성, 학생행동관리, 학습기회, 교장지도성 등이 포함될 수 있다고 보았다. 이용호, 김상돈, 김현진(2012)는 초등학교장의 서번트 리더십이 교사의 교직헌신을 매개로 교사의 직무만족에 미치는 구조적인 영향에 대한 연구를 통해학교장의 서번트 리더십, 교사의 교직헌신, 교사의 직무만족의 하위 요인 간에 모두 유의한 상관이 있는 것으로 나타났다. 그리고 학교장의 서번트 리더십은 교사의 교직헌신을 유의미하게 높여주고, 교사의 교직헌신은 교사의 직무만족도를 높이는 것으로 분석되었다. 또한 학교장의 서번트 리더십이 교사의 교직헌신과 교사의 직무만족에 미치는 직접효과와 교사의 교직헌신이 직무만족에 미치는 직접효과가 모두 정적으로 유의미한 영향관계를 가지는 것으로 분석되었으며, 학교장의 서번트 리더십이 교사의 교직헌신을 매개로 교사의 직무만족에 미치는 간접효과와 전체효과가 모두 정적으로 유의하게 영향을 미치는 것으로 분석되었다. 김희규(2012)는 교장의 분산적 지도성과 교사의 교직 헌신과의 관계라는 연구를 통해 분산적 지도성과 교사의 교직 헌신은 모두 높게 나왔으며, 20년 이상 근무한 교사에게서 헌신이 가장 높게 나타났다. 둘의 상관관계는 .780으로 높았다. 분산적 지도성이 교직헌신에 미치는 영향은 63.4%로 나타났다. 이광수(2013)는 교사에게 제공되는 보상 유형, 직무동기, 교직헌신 간의 관계라는 연구 주제를 통해, 물질적 보상, 사회관계적 보상, 직무 보상, 직무동기, 교직헌신 간의 구조관계를 분석한 결과, 물질적 보상은 교직헌신에는 부적인 영향 관계로 나타났다. 직무 보상은 교직헌신에 정적으로 유의한 영향을 주는 것으로 나타났고, 교직헌신에 대한 효과 역시 세 보상 유형 가운데 가장 높게 나타났다. 반면, 사회관계적 보상은 직무동기에는 정적인 영향을 주는 것으로 나타났지만, 교직헌신에는 직무동기를 매개로한 간접효과만 있는 것으로 나타났다.

셀프체크 **홍창남(2005)의 교사헌신 척도**

– 수업학생헌신(1-7), 학교조직헌신(8-12)

	문항	전혀 그렇지 않다	그렇지 않다	보통 이다	그렇다	매우 그렇다
1	교사로서 나에게 가장 중요한 일은 교과를 가르치는 일이다.					
2	수업은 교사로서의 나의 삶에 즐거움과 활력을 주는 일이다.					
3	내 삶에 있어서 보람과 만족은 대부분 가르치는 일에서 온다.					
4	가르치는 일만큼은 완벽하게 하고 싶다.					
5	나는 수업을 잘하는 교사라는 평가를 받고 싶다.					
6	내 삶에서 학생들은 중요한 위치를 차지하고 있다.					
7	나는 학생들과 상담하는 것이 즐겁다.					
8	나는 진정으로 우리 학교의 장래를 염려한다.					
9	우리 학교에 오겠다는 교사와 학생이 있으면 적극 권장하겠다.					
10	내가 직접 담당하는 업무가 아니더라도 학교 안에서 행해지는 일들은 기꺼이 참여하겠다.					
11	우리 학교가 성공적인 학교가 되도록 기꺼이 기대이상의 노력을 하겠다.					
12	학교에서 요구하는 일 때문에 근무시간이 초과될 때에도 기꺼운 마음으로 그 일을 수행하겠다.					

9. 감정노동

감정노동(emotional labor)은 직무상 대인간의 상호작용이 이루어지는 동안 종업원이 조직 차원에서 바라는 감정을 표현하는 상황이다. 예를 들면, 호텔리어나 스튜어디스는 밝고 명랑해야 하며, 장례사는 애도와 슬픔을 표현해야 하며, 의사는 중립적이어야 한다. 일반적으로 감정노동이 강하게 요구되는 부서의 직원은 그렇지 않은 부서의 직원보다 스트레스와 탈진을 더 경험하는 것으로 나타났다.

감정노동을 이해하려면 감정부조화를 알아야 한다. 감정부조화(emotional dissonance)는 사람들이 느끼고 있는 감정과 보여 주어야 할 감정 간의 불일치이다. 실제 다른 느낌이어도 주어진/요구된 감정을 보이는 것이다. 이때 실제 느끼는 감정을 감지된 감정(felt emotion)이라 하며, 조직이 구성원에게 담당 직무에 맞게 보이도록 요구하는 감정을 연출된 감정(displayed emotion)이라고 한다. 즉, 장례식장에서는 고인에 대한 상실감 여부에 관계없이 애도를 표해야 하는 것으로 예를 들 수 있다.

이렇게 가짜 감정을 연출해 보이기 위해서는 진짜 감정을 억누르는 것이 필요하다. 이를 위해서 피상적 연기(surface acting)와 내면적 연기(deep acting)가 요청된다. 피상적 연기는 내면의 느낌을 감추고 연출 법칙에 따라 감정 표출을 삼가는 것이다. 자신이 전혀 그렇게 하고 싶은 느낌이 없더라도 고객에게 웃을 보여 주는 직원은 피상적 연기를 하는 것이다. 내면적 연기는 연출 법칙에 따라 자신의 진정한 내면적 느낌을 개조하려는 노력을 말한다. 웃음치료사가 진심으로 사람들을 웃기려고 노력하는 것에 해당된다. 피상적 연기는 연출된 감정과, 내면적 연기는 감지된 감정과 연결된다.

교사들은 학생 지도의 어려움에서 오는 직무 스트레스 증가로 인해 감정 노동을 강하게 지각하고 있다. 한국교육신문이 2014년 3월에 실시한 '감정근로 인식조사'에서 96.5%가 감정 근로를 하고 있다고 반응했다. 또한, 분노, 우울, 자존감 상실 등 감정 근로 스트레스가 심각하다는 것이 78.1%에 달했다. 이러한 스트레스로 인해 91.6%는 수업 및 생활지도에 부정적인 영향을 미치며, 퇴직까지 심각하게 고려하고 있는 경우도 72.2%나 되었다(조성철, 2014, 4). 심지어 감정근로로 인한 직무스트레스로 인해 정신질환을 앓거나 자살까지 한 사례도 빈번하게 발생하고 있다. 최근 대법원 판례에 따르면 근로 스트레스로 인한 자살은 공무상 재해로서 인정하고 있다(이현정, 2016, 6).

또한 한국교육개발원(2015)의 TALIS 2013 보고서에 따르면 우리 교사들은 교직에 대한 만족도가 낮고 교사가 된 것을 후회하며 다시 직업을 선택한다면 교직 대신 다른 직업을 선택할 것이라는 반응을 보였다. 이러한 이유는 학생과 학부모의 교사에 대한 존중과 신뢰가 낮고(한국교육개발원, 2015), 학급당 학생 수나 교사 1인당 학생 수가 많거나 문제행동을 보이는 학생들이 많아서 학생지도에 있어 좌절감과 무기력을 느끼고(한국교육개발원, 2014), 교원의 능력을 깍아 내리거나 경쟁과 평가 일변도 정책과 과중한 행정업무로 인한 스트레스를 느끼는(김이경, 정수현, 박호근, 박상봉, 2004) 것이 원인으로 판단된다.

셀프체크 Morris & Feldman(1996)의 척도를 교사 상황에 맞게 수정

– 감정표현의 다양성(1–4), 감정표현의 강도(5–8), 감정표현의 빈도(9–13), 감정적 부조화(14–20)

번호	문항	전혀 그렇치 않다	그렇치 않다	보통 이다	그렇다	매우 그렇다
1	학생과 학부모에게 풍부한 감정을 표현 한다.					
2	학생과 학부모에게 긍정적 또는 부정적인 감정을 표현 한다.					
3	학생과 학부모에게 다양한 감정을 표현한다.					
4	학생과 학부모에게 여러 종류의 감정을 표현 한다.					
5	학생과 학부모에게 내 자신의 솔직한 감정을 강하게 표현 한다.					
6	학생과 학부모에게 표현하는 감정이 격한 편이다.					
7	일반적으로 학생과 학부모에게 표현하는 감정이 강하다.					
8	일반적으로 학생과 학부모에게 표현하는 감정이 부드럽다.					
9	일과 시간의 대부분 학생을 상대하며 보낸다.					
10	직무상 학생, 학부모 등 사람들와 정기적으로 만나(통화)야 한다.					
11	학생과 학부모를 응대하지 않아도 되는 일에 많은 시간을 할애한다.					
12	직업 특성상 학생, 학부모를 상대(통화)하는 일이 많다.					
13	근무시간 동안 학생이나 학부모를 만나(통화)는데 할애 한다.					

번호	문항	전혀 그렇치 않다	그렇치 않다	보통 이다	그렇 다	매우 그렇다
14	학생이나 학부모를 대할 때 가끔 내 감정을 있는 그대로 표현할 때 있다.					
15	학생이나 학부모를 대할 때 솔직한 감정을 숨길 때가 가끔 있다.					
16	학생이나 학부모를 대하는 동안 실제 감정을 숨길 때가 있다.					
17	학생이나 학부모를 대할 때 실제 감정보다 더 긍정적으로 감정표현 한다.					
18	학생이나 학부모를 대할 때 부정적인 감정을 숨긴다.					
19	학생이나 학부모를 대할 때 실제 감정과 실제 표현하는 감정이 같다.					
20	학생이나 학부모를 대할 때 실제 감정과 표현하는 감정이 다르다.					

참고: Morris, J. A. & Feldman D. C. (1996), "The Dimensions, Antecedents, and Consequences of Emotional Labor", Academy of Management Review, 21(4), 989-991.

10. 소진

소진(burnout)은 종업원들이 일정 기간 동안 직무를 수행한 후 경험하는 지친 심리적 상태를 의미한다. 탈진으로 고통받는 사람은 정서적으로 지쳐 있으며 낮은 직무 동기를 보인다. 소진은 정서적 고갈, 비인격화, 개인적 성취감 감소 등의 요인으로 측정된다(Spector, 2008/2009, pp. 445-446). 정서적 고갈(emotional exhaustion)은 일터에서 느끼는 피로감과 권태감을 의미하며 결근, 피로 등으로 나타난다. 비인격화(depersonalization)는 타인에 대해 냉소적이고 냉담하게 행동하는 것을 의미하며 고객과 타인에 대해 무관심하고 배려하지 않는 태도와 타인에 대한 적대감 등으로 나타난다. 개인적 성취감 감소(reduced personal accomplishment)는 종업원이 업무를 통해 가치 있는 것을 성취하지 못하고 있다는 느낌을 말하며 낮은 동기나 낮은 수행으로 나타난다.

셀프체크 이봉주, 유정이(2017)의 교사소진척도 타당화 연구

– 직업만족(1–5), 지각된 행정지원(6–11), 직업관련 스트레스 대처(12–16), 학생을 대하는 태도(17–18)

번호	문항	전혀 그렇지 않다	그렇지 않다	보통이다	그렇다	매우 그렇다
1	나는 앞으로 교직을 계속하고 싶다(역채점)					
2	나는 교직을 선택했다니 사실이 만족스럽다(역채점)					
3	가르치는 일은 기대하는 것보다 만족스럽다(역채점)					
4	내가 만일 다시 시작할 수 있다면 교사가 되지 않을 것이다					
5	나는 출근하는 날이 기대된다(역채점)					
6	내가 일을 잘 했을 때, 교장 또는 교감으로부터 적절한 칭찬을 받는다(역채점)					
7	교실에서 문제가 생겼을 때 관리자들은 나를 기꺼이 도와줄 것 같다(역채점)					
8	교실에서 내가 하는 노력이 관리자들로부터 인정받지 못한다고 생각한다					
9	교장 또는 교감은 나에게 칭찬보다는 비난을 더 많이 한다					
10	관리자들은 교실에서 문제가 생겼을 때 나를 도와주지 않을 것 같다					
11	관리자들은 교실에서의 문제에 대해 나에게 책임을 묻는다					
12	교직생활은 나를 우울하게 한다					
13	학교 근무는 늘 힘들다고 생각한다					
14	건강이 좋지 않은 것은 교직에서 받는 스트레스와 관련이 있는 것 같다					
15	퇴근 후에도 마음이 편하지 않다					
16	교직에서 오는 스트레스는 견딜 수 있는 것 보다 많다					
17	대부분의 학생들은 예의 바르다(역채점)					

번호	문항	전혀 그렇지 않다	그렇지 않다	보통이다	그렇다	매우 그렇다
18	대부분의 학생은 배우고자 하는 마음으로 학교에 온다(역채점)					
19	학생들은 불성실한 태도로 학교에 온다					

자료: 이봉주, 유정아(2017). 교사소진척도 타당화 연구. 한국HRD연구, 12(3), 89-115.

11. 지각 편향

지각(perception)은 개인이 감각기관(시각, 청각, 촉각, 후각, 미각)을 통해 얻은 정보를 선택, 조직, 이해하는 과정이다. 사람들은 이를 통해 주변 환경과 사건들, 인물들에 대한 생각을 구성 조합하여 해석한다. 지각은 지각자, 지각대상, 상황의 세 가지 요소로 구성된다. 지각자(perceiver)는 본인이 관찰한 것 혹은 감각기관을 통해 기억된 자극을 이해하려고 노력하는 사람을 말한다. 지각대상(target of perception)은 지각자가 이해하고자 하는 모든 것이다. 대상은 타인, 집단 내의 구성원, 사건, 상황, 생각, 소리, 혹은 지각자가 주목하고 있는 모든 것을 포함한다. 상황(situation)은 지각이 발생할 수 있는 모든 환경을 말한다. 예컨대 회의, 자료 등이다.

조직에서 이루어지는 지각은 객관적이고 정확하게 이루어져야 한다. 하지만 지각자는 상황에 대해 자신의 주관과 편견과 해석 기준에 따라 지각할 수 있다. 즉, 지각은 상대적이고 주관적으로 이루어진다. 이러한 예는 조직 내에서의 동기, 보상, 공정성 지각에서 찾아볼 수 있다. 만일 관리자들은 직원들의 정확한 성과를 이해하여 보상한다면 직원의 사기진작과 협업 및 만족을 높일 수 있다. 한편, 만일 직원의 성과를 정확히 지각하지 못하고 실적이 뛰어난 직원에게 보상이 적절하게 이루어지지 않는다면 종업원들은 불공평한 대우를 받았다고 생각할 수 있다.

편향이란 지각대상에 관한 오류적인 지각을 형성하는 쪽으로 정보를 이용, 이해하는 체계적인 성향이며, 초기효과, 비교효과, 후광효과 등 편향들이 있다. 대인지각에서 편향이 존재하는 이상 지각자는 대상에 대해 잘못된 지각을 형성하게 된다. 지각이 부정확하다면, 의사결정 역시 부적합할 가능성이 커진다. 예를 들면, 능력이 부족한 직원이 승진하고, 유능한 입사지원자가 면접관으로부터 낮은 점수를 받을 수 있다. 편향의 존재를 의식하고 있는 구성원일수록 부정적 행동과 잘못된 의사결정을 예방할 수 있다.

편향	설명	사례
초기효과	대상을 지각, 평가함에 있어서 처음에 들어온 정보가 가장 중요한 역할을 하는 것	면접관들은 면접 시작 후 단 몇 분 내에 입사지원자가 적합한지를 결정한다.
대조효과	여타 대상에 대한 지각자의 지각이 현 대상에 대한 지각에 영향을 미치는 것	평균적 성과를 기록한 직원이 최하위권의 성과를 기록한 팀에 속해 있을 때와 최상위권의 팀에 속해 있을 때 서로 다른 평가를 받는다.
후광효과	대상에 대한 전반적인 인상이 그 외 모든 특징에 대한 지각에 영향을 주는 것	어느 한 직원을 전반적으로 좋게 생각하는 관리자는 그 직원이 사실은 착오와 지각을 자주 하는데도 일을 꼼꼼히 하고 시간을 잘 지킨다고 생각한다.
유사효과	지각자는 자신과 유사하다고 생각하는 사람을 그렇지 않은 사람에 비해 더욱 긍정적으로 평가한다는 것	관리자는 자기와 비슷한 직원을 더욱 긍정적으로 평가한다.
엄격화, 관대화, 중심화 경향	어떤 지각자는 지나치게 엄격하고 어떤 지각자는 지나치게 관대하다. 대다수 지각자는 평균에 치우치는 성향을 보이는 것	직원의 성과를 평가함에 있어서, 어떤 관리자는 지나치게 엄격한 평점을 주는가 하면 지나치게 관대하게 평가하는 관리자도 있다. 또 어떤 관리자들은 모든 직원에게 평균 점수를 주기도 한다.
예측치의 효과	성과의 선행요인이될 수 있는 항목에서 지각대상자가 어떠한 성과를 이루었다는 사실을 알게 되면 그 대상에 대한 지가에 영향을 받는 것	한 학생의 성적이 매우 높다는 것을 알면 교사는 그 학생이 실제보다 더 똑똑하다고 생각한다.

학습 정리

1. 조직에서는 개인 내 심리적 행동, 개인과 개인의 사회적 행동, 개인과 집단 간 정치적 행동 등 다양한 조직 내 행동들이 나타난다. 이러한 행동들을 일컬어 조직행동이라고 한다. 조직행동은 조직의 사회적·구조적·제도적 맥락 속에서 개인들과 집단들의 행위이다. 그리고 조직행동이론은 조직의 효과성에 영향을 미치는 개인들, 집단들과 구조들을 이해하고 설명하고 예측하는 지식 체계이다
2. 직무동기는 교사가 수행하는 행동 방향, 노력의 수준, 역령에서의 노력 지속성을 이끄는 심리적인 원동력이다. 직무동기는 현재 성취한 수준에서 더 높은 성취를 갖기 위해 자기계발을 할 것인지, 조직에서 교사가 자신의 목표를 성취하기 위해 어느 정도 노력할지, 특정 과제를 수행하기 위해 어느 정도 노력과 시간을 투자할지를 결정하도록 유도한다. 직무동기 이론은 동기이론 학자만큼 다양한데, 전통적 이론으로 Maslow의 욕구위계론, 동기위생이론, X-Y이론 등이 있다.
   1) Maslow는 생리적 욕구, 안전의 욕구, 사회적 욕구, 존경의 욕구, 자아실현의 욕구 등 5단계 욕구위계설을 주장했다가 인지적 욕구, 심미적 욕구, 초월적 욕구 등을 추가하여 8가지 욕구위계를 제시하였다.
   2) Herzberg는 직무 불만족을 야기하는 요인을 위생요인이라고 하였고, 조직의 정책과 관리, 감독, 작업조건, 대인관계, 금전, 지위, 신분, 안정 등이 해당된다. 반면에 만족을 주는 요인을 동기요인이라 하였으며, 직무 그 자체와 관련되며, 자기성취, 성취에 대한 인정, 도전적이고 보람 있는 과업수행, 책임의 증대, 승진 등을 들 수 있다.
   3) McGregor는 인간의 본성에 대한 가정을 근거로 하여 인간의 동기를 X이론과 Y이론을 제시하였다. X이론 지향 인간은 일하기를 싫어하며, 야망이 없고 책임지기를 싫어하고 통제에 순응하면서 조직문제에 있어 창의력을 발휘하지 못하며, 생리적 욕구나 안전욕구 단계의 동기를 부여해야 한다고 본다. 반면, Y이론 지향 인간은 작업환경을 적절히 제공하면 직무를 자발적이고 창의적으로 수행하며, 사회적 · 존경 · 자기실현 단계의 욕구를 선호한다.
3. 조직공정성은 학교조직 내 업무환경 하에서 교사들이 경험하게 되는 다양한 공정성 지각의 차원들을 반영하기 위해 도입된 개념이다. 조직공정성은 보상결과에 대한 분배공정성(distributive justice), 보상 절차와 규정에 대한 절차공정성(procedural justice) 그리고 보상과정 중에 발생하는 의사소통과 대인적 처우에 대한 상호공정성(interaction justice)으로 구분된다
4. 임파워먼트는 교사에게 자율성과 창의성을 가지게 함으로써 전문성 계발과 조직성과 증진을 위해 교사들이 역량을 최대한 발휘하는 것이라 할 수 있다. 임파워먼트는 의사결정참여, 자율성, 역량 등을 구성요인으로 측정되고 있다.
5. 교사 효능감은 교사가 학생들을 효율적으로 가르칠 수 있다는 능력을 지니고 있다는 신념이라고 할 수 있다. 교사 효능감은 개인효능감과 집단효능감으로 구분된다.
6. 집단적 교사 효능감은 한 학교 전체의 교사가 교사의 노력이 학생들에게 영향을 줄 수 있다고 공유하고 있는 인식을 말한다. 교사의 집단효능감은 숙련경험, 대리경험, 사회적 설득 및 정서적 자극으로 형성된다.
7. 학업적 낙관주의(academic optimism)는 교사들이 효과적으로 가르치고 학생들이 잘 학습할 수 있다고 믿으며, 높은 학업목표를 설정하고 이를 학생들이 성취하도록 할 수 있다고 믿는 교사들의

신념 체계이다. 학업적 낙관주의는 자기 효능감, 신뢰, 학업적 강조 등 세 변인으로 구성된다.

8. 신뢰는 다른 사람이 인자하고 믿음직하며, 유능하고 정직하며, 개방적인 것을 근거로 다른 사람과의 관계를 맺으려는 의지이다. 신뢰는 조직 내에서의 높은 수준의 상호의존성 때문에 필요하다. 이는 개방성을 증진시키고 집단 응집성을 촉진하며, 학생의 성취도를 향상시킨다. 신뢰에는 인자함, 믿음직함, 유능함, 정직, 개방성 등 다섯 가지의 공통된 사항이 있다.

8. 교사헌신은 학교 조직에서 개인의 이해를 넘어서 조직의 이해와 성공을 위해 전념하는 교사의 의지를 말한다. 교사헌신은 그 대상에 따라 수업헌신, 학생헌신, 조직헌신 등으로 구분된다(홍창남, 2006). 수업헌신은 교사들이 가르치는 일에 대하여 갖고 있는 심리적 애착의 수준을 말한다. 학생헌신은 학생들의 학문적 성취도나 그들의 사회경제적 지위에 관계없이 학생들의 학습활동을 돕거나, 교실에서 학생들의 사회적 관계를 증진하는 활동을 말한다. 조직헌신은 학교 조직에 대한 교사의 심리적 애착 정도를 말한다.

9. 감정노동(emotional labor)은 직무상 대인간의 상호작용이 이루어지는 동안 종업원이 조직 차원에서 바라는 감정을 표현하는 상황이다. 감정노동을 이해하려면 감정부조화를 알아야 한다. 감정부조화(emotional dissonance)는 사람들이 느끼고 있는 감정과 보여 주어야 할 감정 간의 불일치이다. 실제 다른 느낌이어도 주어진/요구된 감정을 보이는 것이다. 이때 실제 느끼는 감정을 감지된 감정(felt emotion)이라 하며, 조직이 구성원에게 담당 직무에 맞게 보이도록 요구하는 감정을 연출된 감정(displayed emotion)이라고 한다. 즉, 장례식장에서는 고인에 대한 상실감 여부에 관계없이 애도를 표해야 하는 것으로 예를 들 수 있다. 이렇게 가짜 감정을 연출해 보이기 위해서는 진짜 감정을 억누르는 것이 필요하다. 이를 위해서 피상적 연기(surface acting)와 내면적 연기(deep acting)가 요청된다. 피상적 연기는 내면의 느낌을 감추고 연출 법칙에 따라 감정 표출을 삼가는 것이다. 자신이 전혀 그렇게 하고 싶은 느낌이 없더라도 고객에게 웃을 보여 주는 직원은 피상적 연기를 하는 것이다. 내면적 연기는 연출 법칙에 따라 자신의 진정한 내면적 느낌을 개조하려는 노력을 말한다.

10. 소진(burnout)은 종업원들이 일정 기간 동안 직무를 수행한 후 경험하는 지친 심리적 상태를 의미한다. 소진은 정서적 고갈, 비인격화, 개인적 성취감 감소 등의 요인으로 측정된다. 정서적 고갈(emotional exhaustion)은 일터에서 느끼는 피로감과 권태감을 의미하며 결근, 피로 등으로 나타난다. 비인격화(depersonalization)는 타인에 대해 냉소적이고 냉담하게 행동하는 것을 의미하며 고객과 타인에 대해 무관심하고 배려하지 않는 태도와 타인에 대한 적대감 등으로 나타난다. 개인적 성취감 감소(reduced personal accomplishment)는 종업원이 업무를 통해 가치 있는 것을 성취하지 못하고 있다는 느낌을 말하며 낮은 동기나 낮은 수행으로 나타난다.

11. 지각(perception)은 개인이 감감기관(시각, 청각, 촉각, 후각, 미각)을 통해 얻은 정보를 선택, 조직, 이해하는 과정이다. 편향이란 지각대상에 관한 오류적인 지각을 형성하는 쪽으로 정보를 이용, 이해하는 체계적인 성향이며, 초기효과, 비교효과, 후광효과 등 편향들이 있다. 대인지각에서 편향이 존재하는 이상 지각자는 대상에 대해 잘못된 지각을 형성하게 된다. 지각이 부정확하다면, 의사결정 역시 부적합할 가능성이 커진다. 예를 들면, 능력이 부족한 직원이 승진하고, 유능한 입사지원자가 면접관으로부터 낮은 점수를 받을 수 있다. 편향의 존재를 의식하고 있는 구성원일수록 부정적 행동과 잘못된 의사결정을 예방할 수 있다.

Chapter 08

집단수준의 조직행동

학습 목표

1. 학교조직에 대한 특성에 대해 설명할 수 있다.
2. 사회체제로서의 교직특성을 설명할 수 있다.
3. 관료제의 특징을 교직상황에 적용 설명할 수 있다.
4. 학교조직의 특수성에 대해 설명할 수 있다.
5. 교직의 이중적구조를 이해하고 관료적 및 전문적 조직을 분류할 수 있다.
6. 교직운영구조의 개념과 특징을 설명할 수 있다.
7. 교직사회화의 단계와 특징을 설명할 수 있다.

1. 학교조직에 대한 특성

교사가 일하는 학교조직을 교직이라고 한다. 교직은 공식조직과 비공식조직을 지니고 있다. 공식조직은 공식적인 조직표상에 나타난 조직으로서 공식화된 분업의 계통과 인원의 배치, 공식적인 의사소통의 경로와 권한의 배분 등을 강조하는 조직이다. 공식조직으로서의 학교조직은 학교운영계획서를 통해서 이해될 수 있다. 학교운영계획서에는 학교규칙, 교육목표, 교육과정 운영, 교무분장, 위임전결, 학교 각종 위원회 등에 대한 운영 규정과 계획이 담겨있다.

공식조직으로서의 교직은 계선조직(line organization)와 참모조직(staff organization)의 특성을 지니고 있다. 계선조직은 수직적인 지휘명령계통을 바탕으로 학교 업무를 직접 수행하는 제1차적인 조직이다(예: 교장-교감-학년부장). 참모조직은 계선조직의 기능을 원할하게 추진하도록 기획 · 자문 · 협의 · 경고 · 정보수집 · 연구 등의 기능을 수행하는 조직이다(예: 교무부, 연구부, 학생부 등). 한편, 비공식적 조직은 공식조직 내에 존재하면서 공식조직에 의해 충족되지 못하는 여러 가지 사회적 · 심리적 기능을 수행한다. 또한 그것은 공식조직 내부에서 자연발생적으로 생기는 조직이다. 그 예를 들면, 교과협의회, 교직원 상조회, 교사들 간의 각종 동호회 모임이 이에 속한다(김규태 외, 2017).

학교조직의 운영 원리는 계층의 원리, 명령통일의 원리, 기능적 분업의 원리, 조정의 원리, 적도집권의 원리 등이 있다.

첫째, 계층의 원리는 조직의 공동목표를 달성하기 위한 업무를 수행하는데 있어서 권한과 책임의 정도에 따라 수직적으로 서열화 · 등급화하는 것을 말한다.

둘째, 기능적 분업의 원리는 전문화 또는 분업화의 원리라고도 한다. 이는 조직의 전반적 업무를 직능 또는 성질별로 분담하는 것이다. 학교에서는 이를 교무분장이라고 한다.

셋째, 조정의 원리는 조직 내에서 업무의 수행 조절 및 조화로운 인간관계 유지를 통한 협동의 효과를 거두는 것이다. 이는 학교장이 교무부서 간 업무를 적정하게 배분하거나 업무 간 상충되거나 갈등을 일으키는 사안에 대해 적절하게 조정하는 활동에 해당된다.

넷째, 적도집권의 원리는 중앙집권(centralization, 조직의 권한이 상층부에 집중되어 있는 경향)와 분권(decentralization, 조직의 권한이 하부층로 위임되어 있는 경향) 사이에 적절한 균형을 유지하는 것이다. 학교조직에서는 학교장이 최종 의사결정권자로서 권한을 갖고 있지만, 교직업무의 전문적 책임을 강화하기 위하여 부장(교무부, 연구부, 학생부, 학년부 등)에 권한위임을 하는 위임전결을 두어 적도집권의 원리를 시행하고 있다.

학교조직은 학교교육의 목표를 달성하기 위해 필요한 여러 활동들을 수행한다. 이를 위하여 교직은 분업과 전문화의 원칙에 입각하여 다양한 업무를 수행하는데 이를 교무분장이라고 한다. 교무분장에서 책임을 담당하는 교사는 부장교사이라고 한다. 부장교사는 교장, 교감을 보좌하는 기능, 교직원 간의 횡적 · 종적 조정을 통한 효율적 · 능률적인 학교 업무 추진하는 조정기능, 전문적 지도 조언을 통해 교사의 질 향상 도모하는 장학 기능, 교사를 지도 · 통솔하여 능률적으로 업무 추진을 하는 지도 기능을 수행한다. 교무분장은 모든 학교에서 획일적으로 적용되는 것이 아니라 학교의 특성과 사정에 따라 융통성 있게 조직된다. 일반적으로 일선학교에서 구성 운영되는 부서는 교무기획부, 교육연구부, 교육정보부, 생활지도부 등이다.

2. 사회체제로서의 교직

사회체제로서의 교직은 Getzels와 Guba에 의해 체계화되었다. Getzels와 Guba는 사회체제를 규범적 차원과 개인적 차원의 상호작용으로 보았다(Owens & Valesky, 2011). 규범적 차원은 제도, 역할, 역할기대로 구성된다. 제도는 목적하는 바를 달성하도록 사람들로 하여금 여러 가지 분화된 과업을 수행하기에 적합하도록 역할을 조직화한 것이다. 역할은 제도 속에서의 직위, 지위를 나타내며(학교에는 교장, 교사, 학생) 직위에 대한 권리와 의무에 의해서 규정된다. 예를 들면 교사는 학생들을 위하여 학습경험을 계획할 권리를 가지며, 교육적으로 가장 효과적인 방법으로 가르쳐야 할 경험을 제공할 의무가 있다. 또한 역할은 기대를 수반한다. 역할 기대는 특정한 역할을 담당하는 개인에게 주어지는 일반적인 기대, 즉 역할에 따른 권리와 의무, 특전과 책임 등을 통칭한다.

반면, 개인적 차원은 개인, 인성, 욕구성향을 포함한다. 개인은 독특한 감정과 욕구, 사고를 가진 사람들을 말하며, 인성과 욕구성향에 의해 그 고유성이 표현된다. 인성은 내적 동기체제, 즉 변화하고 자율규제하고 환경과 상호작용하는 역동적 동기체제이다. 욕구성향은 행동의 목적과 방향을 결정하는 내적 힘, 성취, 안정, 수용, 표현에 대한 욕구는 강하게 행동에 영향을 준다.

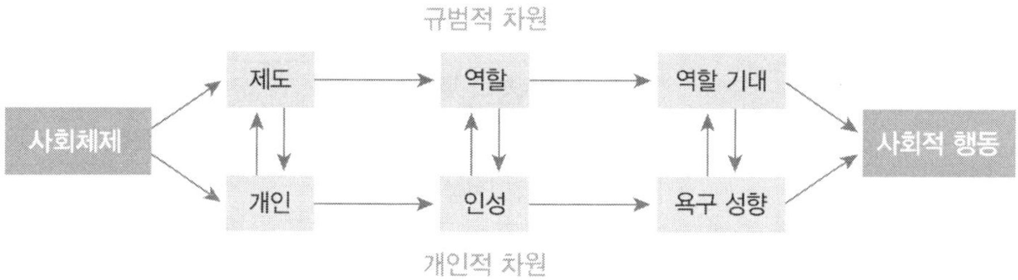

[그림 8-1] Getzels와 Guba의 사회체제론

출처: 윤정일, 송기창, 조동섭, 김병주(2015), p. 64.

3. 관료제로서의 교직

관료제로서의 교직을 이해하려면 관료제의 특성을 이해할 필요가 있다. 관료제의 특징은 〈표 8-1〉과 같이 분업과 전문화, 몰인정성, 규칙과 규정, 권위의 위계, 경력지향성 등에 해당된다. 첫째, 분업과 전문화는 조직의 과업을 보다 효율적으로 수행하기 위하여 직위 간에 직무를 적정하게 배분하고, 전문화를 도모하는 것이다. 둘째, 몰인정지향성(impersonality)은 무사지향성(無私指向性)이라고도 하는데 개인적인 감정에 치우치지 않고 공명정대하게 원리원칙에 의해 조직을 운영하는 원리이다. 셋째, 권위의 계층은 조직 내에 위계가 있고, 그 위계에 따라 공식적 명령계통이 이루어지고, 그에 따라 업무와 일이 진행이 된다. 넷째, 규칙과 규정은 과업수행의 계속성과 일관성을 유지하도록 하고, 또 구성원들의 행동에 있어 통일성과 안정성을 확보하도록 한다. 다섯째, 경력지향성은 조직구성원들의 직무경력을 중요하게 여기는 것이다.

〈표 8-1〉 관료제의 순기능과 역기능

역기능	관료제의 특징	순기능
권태	분업과 전문화	전문성
사기의 저하	몰인정성	합리성
의사소통 저해	권위의 위계	엄격한 순응과 조정
경직성과 본말전도	규정과 규칙	계속성과 통일성
업적과 연공제간의 갈등	경력지향성	유인체제

자료: 김규태 외(2016)

이러한 관료제의 특징은 학교조직에서도 적용되고 있다. 우선, 학교는 전문화와 과업의 세분화가 분명하게 설정되어 있다(김규태 외, 2017). 즉 초·중등학교의 분리, 교과목 및 지원활동의 구분, 수업과 행정의 분리 등은 그 예이다. 둘째, 학교조직은 조직기구표 내지 직제표상 명확하고도 엄격하게 규정되어 있는 권위의 계층을 가지고 있다. 셋째, 학교조직은 조직 구성원들의 행동을 통제하고 과업수행의 통일성을 기하기 위하여 규칙사용에 크게 의존한다. 넷째, 학교조직은 인화단결을 자주 내세우지만 조직관계에서 보면 몰인정성의 원리가 폭넓게 적용되고 있다. 다섯째, 교사들의 채용은 전문적 능력에 기초해서 이루어지며, 대부분의 경우 전문적 경력으로 이어진다. 승진은 연공서열과 업적에 의해 결정되고 고정된 급여를 받는다.

4. 교직의 특수성

교직은 사기업이나 공공기관과는 다음과 같은 특수성을 지니고 있다(김규태 외, 2016).

첫째, 교직은 여타의 조직에 비하여 학생에게 다음 사회를 위한 '사회화'와 '문화적 적응'을 수행하는 기관이며, 공개성과 공공성을 추구한다.

둘째, 교직은 교수-학습에 있어서 다양한 학습수준과 능력과 독특한 성격과 인성을 지닌 학생들을 대상으로 개별화되고 다양한 수업과 학생지도를 실시해야 한다.

셋째, 교직은 교사와 학생, 학생과 학생, 교사와 교사, 교사와 학부모, 학생과 학부모의 관계 등 다양한 사적이고 비공식적 관계를 강조한다.

넷째, 학교조직은 사기업이나 정부기관보다는 조직의 성과를 측정하기가 어려운 특성이 있다.

이러한 교직의 특수성은 교직이 질서정연하게 구조화되어 있어서 합리적, 과학적, 논리적, 체제적 분석이 가능하다는 합리적 관점과는 다른 관점을 지닌다. 즉 교직을 둘러싼 환경과 교직을 구성하는 하위요소들을 체계적으로 분석하여 그 효과성 및 효율성을 도모할 수 있다는 것과는 다른 관점이다. 이것은 교육 구성원 각자의 가치관과 신념, 태도와 욕구가 복합적으로 상호작용하여 교직이 구성 운영되고, 그 과정에서 협력도 있지만 여러 긴장과 모순을 야기한다는 것을 강조한다. 또한 학교 목표와 과정 및 평가 등에 있어서 불확실성과 모호성 및 복잡성을 지니고 있어서 합리적이고 논리적으로 이해와 설명이 어렵다는 점을 강조한다. 이러한 교직의 특성을 제시한 학자들은 Weick과 Meyer와 Rowan이 대표적이다.

Weick(1976)은 이완결합체제loosely-coupled system를 주창하였다. Weick에 따르면 이완결합은 "연관된 사건들이 서로 영향을 주고 있으나, 각 사건들은 고유의 정체성을 가지고 있으며, 물리적으로도 또는 논리적으로 별개"를 뜻한다(p.5). Weick에 따르면 학교에서는 업무를 어떻게 잘 수행할 것인가에 관한 사항들이 이완된 형태로 통제되고 있다고 본다. 수업활동에 대한 통제는 매우 드물며, 교수활동에 평가가 이루어지더라도 보통 형식적으로 이루어진다. 또한 학교의 한 부서에서 발생한 일은 다른 부서에 영향을 미치지 않는다. 예를 들면 상담실에서 일어난 상황과 사건은 교육정보부의 업무와 관련이 없어서 영향력이 적다. 그러나 누가 업무를 수행하고 이를 어떻게 처리해야 하는가에 대한 타이트한 조직 차원의 통제(시간표 작성, 봉급, 채용, 근무시간 준수 등)가 이루어진다.

한편, Meyer와 Rowan(1977)은 교육자들은 학교의 조직 구조를 수업활동 및 결과와 분리시키고 있으며 신뢰의 논리logic of confidence를 의지한다고 보았다. 또한 이들은 학교는 기본적으로 사람들에게 자격을 부여하는 사회기관으로 보았다. 표준화된 교육과정과 자격증을 가진 교사들은 표준화된 형태의 졸업생들을 배출하며, 이들 졸업생들은 자신이 획득한 배경에 따라 경제 및 사회계층 체제에서 적절한 위치를 차지하게 된다. 초등학교 교사, 영어 교사, 교장, 졸업반 학생 등과 같은 의례화된 분류는 엄격하게 구조화된 교육조직의 토대를 이룬다. 학교는 외부 사회의 법률적, 규범적 기준에 따름으로써 지역사회의 지원과 합법성을 얻게 된다. 철저한 감독 및 엄격한 평가를 통해 수업 프로그램의 문제점이 발견되고 불확실성을 초래할 수 있기 때문에 교수 활동에 대해서는 거의 통제가 이루어지지 않는다. 또한 교수·학습과정의 효과성을 평가하는 것보다 추상화된 의례적인 분류를 따르고 있음을 보여준다. 따라서 학교는 의례화된 구조와 수업활동을 분리하고 있으며, 믿을 수 있다는 가정을 수용함으로써 이러한 분리를 정당화한다.

5. 교직의 이중성

교사들이 수행하는 교직은 관료적이면서도 전문적인 특성을 지니고 있다. 우선, 교직은 기계적이고 합리적 관리주의라는 이미지를 지니고 있다(Hoy & Miskel, 2013). 이는 공식화, 중앙집권화, 성문화된 규칙과 조정, 수직적 의사소통, 감독, 위계, 효율성 및 외재적 인센티브 등의 특징을 갖는다. 공식조직에서 상급자(또는 기관)는 하급자(기관)에 권한과 업무를 위임할 권리를 갖고 준수해야 할 규칙과 규정을 결정한다. 또한 상급자는 하급자가 수행해야 하는 책임에 대해 감독하고 평가할 권리를 갖고 있다.

한편 교직은 학교운영, 수업과 지도 등에 대해 전문적 지식과 기술을 요청하는 전문가 조직이다(Hoy & Miskel, 2013). 교직은 학교운영, 수업과 지도 등에 대해 전문적 지식과 기술을 요청하는 전문가 조직이다(Hoy & Miskel, 2013). 학교조직의 전문적 성격은 전문가로서의 교사와 그들의 교육활동의 수혜자인 학습자 간의 상호관계와 이를 위해 활용하는 전문적 지식과 경험을 강조한다. 전문가로서 교사는 자신의 전문지식을 통한 수업과 지도의 자율성을 바탕으로 학생과 학부모에 대한 봉사정신과 책임감을 지니고 전문적 성과를 낼 것을 기대받는다. 또한 교사의 직무는 지속적인 전문성 개발과 훈련, 동료 및 전문가 집단의 통제를 받는다(김규태, 2012).

이러한 측면에서 교직은 〈표 8-2〉와 같은 관리주의와 전문성주의라는 이중 구조를 지니고 있다. 관리주의 관점에서 교직은 동질적이고, 표준화되며 집합적인 측면이 강하며, 보다 단단하게 결합된 시스템의 특성을 지닌다. 또한 중앙집권화된 통제 구조를 지향함으로 상대적으로 낮은 전문적 재량권을 행사한다. 반면, 전문성주의 관점의 교직은 다양한 개인들의 전문적 기술과 과업을 강조하는 교직문화를 반영하는 것으로 볼 수 있다. 또한 느슨한 조직 구조를 지니는 분권화된 통제 시스템 속에서 내부 책무성 기제를 바탕으로 비공식적인 전문적 규범과 기준에 의해 통제를 받기 때문에 상대적으로 높은 재량권과 전문성주의를 실천한다.

〈표 8-2〉 교직의 특성

관리주의	전문성주의
• 동질성 • 획일성 • 집합주의 • 타이트하게 연계된 구조 • 집권화 • 낮은 재량 • 외부 통제 • 명시적 규제 • 예측가능성	• 이질성 • 다양성 • 개인주의 • 느슨하게 연계된 구조 • 분권화 • 높은 재량 • 내부 통제 • 비명시적 규제 • 비예측성

출처: 김규태 외(2017).

1) 교직의 관료성과 전문성 분류 기준

관료와 전문가들은 모두 전공 분야에 관한 전문기술을 가지고 있으며, 조직이나 고객의 이익을 위해 행동한다. 하지만 Hoy와 Miskel(2013)은 교직이 관리주의와 전문성주의라는 이중성을 동시에 지니고 있어서 관료와 전문가 간의 갈등이 유발될 수 있다고 하였다. 그 이유는 〈표 8-3〉에서와 같이 조직에 대한 관점이나 사람을 통제하는 방식 차이에서 비롯된다고 할 수 있다. 관료들은 과업을 전문화하여 분업하고 엄격한 위계와 통제를 통해 집권화 및 수직적 의사소통을 강조한다. 반면, 전문가들은 자신들의 업무에 대한 책임을 지고 그 동료들와의 협업과 수평적 통제와 소통을 강조한다.

〈표 8-3〉 관료와 전문가의 조직에 대한 관점 차이

구분	관료 관점	전문가 관점
특징	① 과업이 전문화됨 ② 과업의 정의가 매우 경직됨 ③ 위계와 통제가 엄격하고, 많은 규칙이 존재함 ④ 과업에 대한 지식과 통제권한이 조직 상층부에 집중됨 ⑤ 수직적인 의사소통	① 조직구성원은 부서의 공통과업 달성에 기여함 ② 과업이 구성원 사이의 팀워크에 의해서 새롭게 정의되고 조정됨 ③ 위계와 통제가 엄격하지 않으며, 규칙의 수가 적음 ④ 과업에 대한 지식과 통제권한이 조직의 모든 부분에 분산되어 있음. ⑤ 수평적인 의사소통

자료: Lunenburg & Ornstein(2012)과 Daft(2013)의 내용을 토대로 재구성함.

그렇다면, 조직이 관료적 관점이 강한지, 아니면 전문가적 관점이 그러한지를 구분하는 기준은 무엇일까? 여기서는 Daft(2013)의 조직 특성에 따른 분류 기준과 Perrow의 테크놀로지 유형에 따른 분류 기준을 제시해 보고자 한다.

(1) Daft(2013)의 조직특성에 따른 분류 기준

첫째, 공식화(formalization): 이것은 조직 내에서의 절차, 직무 내용, 기술, 제도, 정책 매뉴얼 등이 문서로 표현되어 있는 정도(조직 내 문서의 양과 정도로 측정)를 말한다. 공식화 정도가 높으면 관료적 관점이 강하고, 공식화 정도가 낮을수록 전문가적 관점이 강하다.

둘째, 전문화(specialization): 이것은 조직의 직무가 개별 업무로 세분화되어 있는 정도를 말한다. 전문화가 높으면 구성원은 매우 제한된 업무만을 수행하고, 낮으면 다양한 직무를 수행할 기회 가짐을 의미한다. 전문화 수준이 강하면 관료적 관점이 강하고, 낮을수록 전문가적 관점이 강하다.

셋째, 권한계층(hierarchy of authority): 이것은 조직에서의 보고체계와 관리의 단계를 말한다. 보고 체계와 관리 단계가 많으면 조직은 수직적이고 종적 관계가 강하고, 단계가 비교적 적으면 수평적이고 횡적 관계가 강하다. 조직이 수직적일수록 관료적 관점이,

수평적일수록 전문가적 관점이 강하다.

넷째, 집권화(centralization): 이것은 의사결정의 권한이 어느 계층에 있는가를 말한다. 의사결정 권한이 최고경영층에 제한되어 있다면 집권적이고, 그 권한이 중간 또는 하위 층에 위임되어 있으면 분권적이라고 한다. 집권적일수록 관료적 관점이 강하고, 분권적일수록 전문가적 관점이 강하다.

다섯째, 전문직화(professionalism): 이것은 종업원들이 공식적인 교육과 훈련을 필요로 하는 정도를 말한다. 종업원이 근무를 하기 위해서 장기간의 교육훈련이 필요한 경우 전문직화가 높음을 의미한다. 이것은 관료적 관점이나 전문가적 관점 모두 전문직화가 강한 경향을 보인다.

여섯째, 인원구성비: 이것은 다양한 기능과 부서의 배치된 인력의 비율(예: 교원 대 행정직 비율)을 의미한다. 교원의 비중이 클수록 전문가적 관점이 강한 경향을 보인다.

(2) 테크놀로지 유형에 따른 분류 기준

조직이 주로 사용하는 테크놀로지가 무엇인가에 따라서도 조직의 성격을 분류할 수 있다. 테크놀로지는 조직의 투입을 산출로 변환시키는 프로세스를 말한다. 이것은 조직의 투입물(원료, 정보, 아이디어)를 산출물(제품과 서비스)로 변화시키는데 사용되는 작업절차, 기법, 기계, 행동 등을 총괄한 개념이다. 즉, 조직의 생산 프로세스로서 기계나 장비나 도구 만이 아니라 작업 절차와 방법까지도 포함하는 개념이다(Daft, 2013). 테크놀로지는 핵심기술과 비핵심기술로 구분된다. 핵심기술(core technology)는 조직의 미션, 예를 들면 대학의 교육과 연구 등과 직접적으로 연결된 작업 프로세스이다. 반면, 비핵심기술(non-core technology)는 조직 내부에서는 중요한 기능을 담당하는 작업 프로세스이지만 직접 핵심미션에는 관련이 없는 작업 프로세스(기술)을 말하는 것이다. 예를들면, 교무부, 연구부, 학생부 등과 관련된 작업 프로세스를 말한다.

Perrow는 테크놀로지를 다양성과 분석가능성에 의해 테크놀로지를 분류하였다(Daft, 2013). 다양성은 변화과정에서 나타나는 예상하지 못한 새로운 일들을 빈도를 의미한다. 즉 사람들이 조직의 투입물을 산출물로 변환시킬 때 작업절차가 매번 같은 방식으로 수행되는지 아니면 다른 방식으로 수행되는지를 말한다. 한편, 분석가능성은 작업이 기계적 단계로 나누어질 수 있고 문제를 해결하는 절차가 객관적이고 계산이 가능하다는 의미이다. Perrow는 다양성과 분석가능성을 조합하여 일상적(routine) 기술, 장인(craft) 기술, 엔지니어링 기술, 비일상적(nonroutine) 기술 등 네 가지로 구분하였다.

첫째, 일상적 기술은 과업의 다양성이 거의 없고, 객관적이고 계산가능한 절차를 사용할 수 있는 경우이다. 과업은 공식화가 잘되어 있고 일상화된 교직 업무를 말한다. 이것이 강한 경우 교직은 관료적 성격이 높다고 할 수 있다.

둘째, 장인 기술은 매우 안정된 활동으로 되어있지만, 분석가능성은 낮아 잘 이해할 수 없는 경우를 말한다. 과업은 수업이나 지도 등 활동은 안정적이지만 폭넓은 훈련과 경험으로 숙달된 전문성을 요구하는 경우이다. 이것이 강한 경우 교직은 전문적 성격이 높다고 할 수 있다.

셋째, 엔지니어링 기술은 정해진 공식, 절차, 기법대로 업무를 수행하는 경우이다. 예를 들면 학교폭력발생 시 대처요령이나 시스템으로 구축되어 표준화된 절차를 따라야 하는 교육행정 정보시스템 등을 예로 들 수 있다. 교사들은 표준화된 방법과 절차를 익혀서 일을 해결해야 함으로 각종 연수를 통해 익히게 된다. 이것이 강한 경우 교직은 관료적 성격이 높다고 할 수 있다.

넷째, 비일상적 기술은 매우 높은 과업의 다양성을 갖고 있으며, 그 변환 절차는 분석가능하지도 않고 잘 이해되지 않는 경우이다. 즉 전문적 경험과 지식이 활용되어 실천적 과제와 문제를 해결하고 성과를 낼 수 있는 기초연구, 전략계획, 새로운 프로젝트와 예상치 않은 문제를 해결해야 하는 작업들이 여기에 포함된다. 교직에서는 학생상담 등과 같이 표준화되어 있지 않고 교사의 전문적 경험과 지식에 의해 상황에 맞게 적응한다는 점에서 비일상적 기술이 강한 측면이 많다. 이것이 강하면 전문적 성격이 높다고 할 수 있다.

이상에서 제시한 조직의 특성과 테크놀로지 유형에 따른 관료적 관점과 전문가적 관점의 경향성을 제시하면 [그림 1]과 같다.

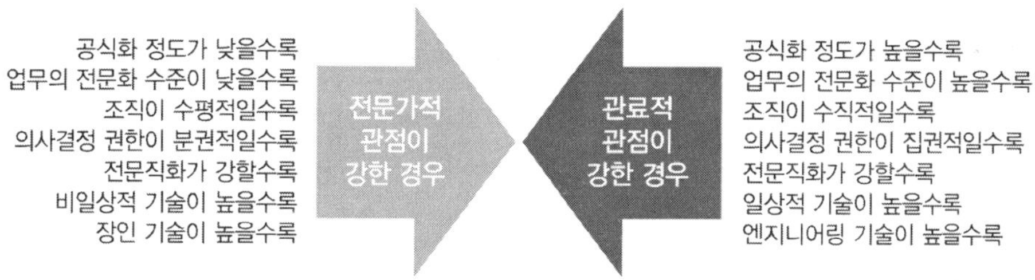

6. 학교운영구조

학교운영구조는 학교 운영을 위한 구조와 규칙이 교사들이 업무를 수행하는데 방해하고 통제하는지, 아니면 도움이나 지원을 주는지, 그리고 교직원 직무 수행에 대한 실수나 실패에 대해 처벌보다는 문제 해결을 이끌고 조언하게 되어 있는지를 확인하는 데 활용되는 개념이다(Hoy & Sweetland, 2000, 2001). Hoy(2003)는 조직의 운영과 과정에서 긍정적 결과를 촉진하고 저해하는 요인을 제시하였다. 그는 교직에서 교사의 직무를 촉진하는 요인으로 전문적 성찰 행위를 촉진하는 것, 신뢰, 실수에 대한 용인, 문제를 기회로 삼기, 협업 등으로 보았다. Sinden, Hoy와 Sweetland(2004)는 학교운영을 촉진하는 요인으로 신축적이고 비공식적 규칙과 규정, 수평적이고 개방적인 조직구조, 개방적이고 전문적이며 지원적인 교장, 비공식적이고 지원적이며 신뢰를 보이는 교사 등이라고 하였다. 반면, Dipaola와 Hoy(2001)는 학교 운영을 저해하는 요인으로 공식화, 중앙집권화, 새로운 정보 공유 미흡, 단순화, 표준화, 위계질서 등으로 제시했다. Spillane, Parise와 Sherer(2011)는 정부 규제와 행정에 의해서 학교 수업과 관리는 조직의 일상화, 공식화 및 표준화를 야기하고 있으며 이것들은 학생들의 학업성취를 저하시키는 요인이라고 주장했다.

셀프체크 Hoy와 Sweetland(2000, 2001)의 **학교운영구조 척도**

문항	전혀 그렇지 않다	그렇지 않다	보통 이다	그렇다	매우 그렇다
1. 우리 학교의 행정 규정(학칙이나 운영내규 등)은 교사와 교장 간의 진정한 의사소통을 촉진한다.					
2. 우리 학교는 관료적이어서 문제이다. (역채점)					
3. 우리 학교의 행정 위계는 교사들이 업무를 처리하는 데 효과적이다.					
4. 우리 학교의 행정 위계는 학생의 학업성취를 저해한다. (역채점)					
5. 우리 학교의 행정 규정은 업무를 방해하기보다 촉진한다.					
6. 우리 학교의 행정 위계는 학교의 사명과 목표 수행을 촉진한다.					
7. 우리 학교의 행정 규정은 교사를 보상하기보다는 처벌하는 데 활용된다. (역채점)					
8. 우리 학교 행정 위계는 혁신을 저해한다. (역채점)					
9. 우리 학교 행정 규정은 전문적 재량과 판단의 기준이 된다. (역채점)					
10. 우리 학교 행정 규정은 엄격한 절차이기 보다는 해결책을 안내한다.					
11. 우리 학교장의 권위는 교사들의 사기를 약화시키는데 활용된다. (역채점)					
12. 우리 학교장은 교사들에게 업무의 지시를 하는데 행정 권한을 주로 활용한다.					

7. 교직사회화

사회화란 개인이 소속된 사회집단의 습관이나 가치, 규범, 행동양식, 언어나 지식을 습득해 가며 한 사람의 성숙한 사회 구성원으로 형성되어 가는 과정을 말한다. 사회가 설정해 놓은 생활습성을 개인이 학습해 가는 과정이 곧 사회화이다. 환언하면, 개인이 타인과 사회적 관계를 맺으면서 사회적 역할을 수행해 가는 과정이라 할 수 있다. 특정 직업과 관련하여 이루어지는 사회화는 직업사회화라 하며, 이에 비추어 교사와 관련된 사회화는 교직사회화라고 할 수 있다(최상근, 1993). 교직사회화는 교사 개인이 교직생활에서 교육관, 교사관, 교육과정관, 수업지도관, 학생관 등을 형성하여 교직에 적응해 가는 과정을 말한다.

교사들은 교직생활에서 생기는 여러 가지 문제에 부딪치게 되며, 그 문제를 해결해 가는 노력을 통하여 사회나 학교가 기대하는 역할을 하게 된다. 이와 같이 교직생활에 적응하는 과정에서 교직사회화가 이루어지게 된다. 교직사회화 과정을 통해서 교사들은 교직문화에 적응하게 되고 교직에 대한 묵시적인 가정, 공유된 가치와 규범이 형성되게 된다. 이러한 적응과정에서 교사들은 학교를 있는 그대로 받아들이고 자신을 맞추기 위해 노력하기도 하지만 자신의 의지와 신념에 따라 학교 상황의 범주에서 허용될 수 있는 행동의 범위를 가능한 넓히기도 한다. 따라서 교사들의 교직 적응과정에서 나타나는 교직사회화는 교직에서의 전반적인 생활에 영향을 준다.

또한 교직사회화의 영향력은 다른 직업들에서보다 상대적으로 높을 수 있다. 우리나라의 교직은 1차적으로 임용시험이라는 선발장치를 통해 임용 후보자를 선발하면서 강력한 사회화 과정을 겪도록 만들고 있으며 이러한 입문과정을 거쳐 교직에 들어와서는 학교 조직의 특성으로 인해 교직문화에 강한 영향을 받게 되기 때문이다.

교사들은 생존기, 강화기, 갱신기, 성숙기의 단계적인 발달과정을 거쳐 교직사회화 되면서 충분한 자질을 갖춘 유능한 교사로 성장해 간다. 물론 교사 개인에 따라 성장해 나가는 속도와 발달단계를 거치는 데 걸리는 시간은 다르다.

교직사회화 단계와 특징

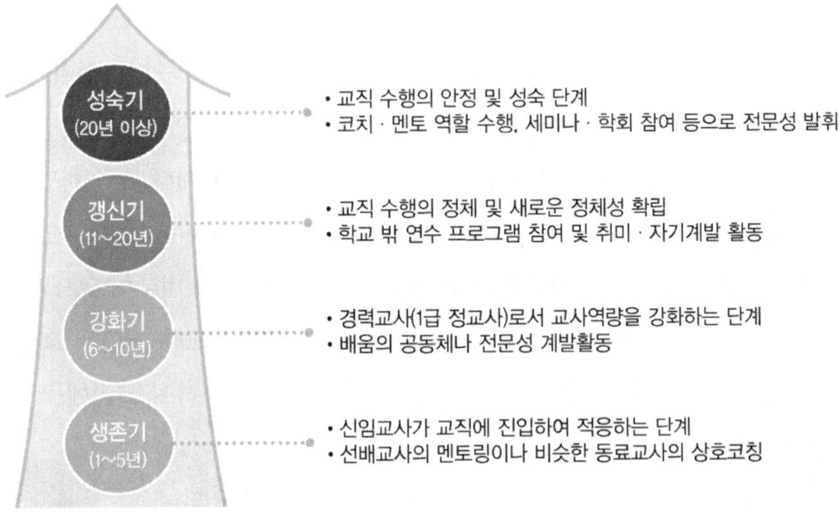

첫째, 생존기 단계는 신임교사가 교직세계라는 새로운 세계에 처음으로 발을 디디게 되면서 두려움과 걱정에 휩싸이게 된다. 이러한 경험은 신임교사라면 누구나 겪게 되는 것이다. 주위에 있는 선배교사의 지원, 이해, 격려, 위로, 지도 등은 신임교사들이 생존기 단계에서 겪는 어려움을 극복하는 데 큰 힘이 될 수 있다. 그러나 무엇보다 중요한 것은 교사 스스로 학생과 교육환경을 이해하려는 노력, 그리고 다양한 수업방식을 알아보고 적용하려는 노력이다.

둘째, 강화기 단계는 교사로서 내게 부족한 것은 무엇인지, 새로이 익혀야 할 것이 무엇인지를 찾게 된다. 교사들의 이러한 문제는 교사들 간의 상호 탐구를 통해서 가장 잘 해결될 수 있다. 예를 들면, 다른 교사가 비슷한 경우의 학생을 어떻게 다루고 있는지를 알아봄으로써 그리고 자신의 행동을 다른 교사에게 알림으로써 새로운 전략을 세울 수 있다. 특히 이 단계에서는 학생 일반이나 특별한 학생에 관한 정보를 수집하고 그러한 정보를 활용하는 훈련을 많이 해야 한다,

셋째, 갱신기 단계에서의 교사는 자신이 하는 똑같은 일에 대해서 회의와 싫증을 느끼기 시작한다. 그리하여 자신이 하고 있는 교수활동을 새롭게 갱신하려는 힘든 작

업을 고려하기 시작한다. 이 단계의 교사들에게는 학교 안에서의 도움보다는 학교 밖에서 다른 교육 프로그램을 운영하는 사람들의 도움이 필요하다. 예컨대, 청소년 교육 프로그램이나 박물관 견학 프로그램, 캠핑이나 여행 프로그램 등을 관찰함으로써 교육활동과 관련된 새로운 아이디어를 얻을 수 있다. 또 교육을 위한 연구모임에 참여함으로써, 그리고 독서나 영화감상 등의 폭넓은 취미활동을 통해서도 이러한 노력의 결실을 얻을 수 있다.

넷째, 성숙기 단계는 교사로서 어느 정도 안정을 찾고 나름대로 자신을 갱신하려는 노력의 결실을 얻은 후에 교사는 비로소 자신을 스스로 교사로 인정하는 성숙한 단계에 이르게 된다. 이 단계의 교사들은 교육개선을 위한 회의나 세미나에 참가할 수 있는 기회나 학위 취득을 위한 기회를 필요로 하게 된다.

학습 정리

1. 교사가 일하는 학교조직을 교직이라고 한다. 교직은 공식조직과 비공식조직을 지니고 있다. 공식조직은 공식적인 조직표상에 나타난 조직으로서 공식화된 분업의 계통과 인원의 배치, 공식적인 의사소통의 경로와 권한의 배분 등을 강조하는 조직이다. 공식조직으로서의 교직은 계선조직(line organization)와 참모조직(staff organization)의 특성을 지니고 있다. 한편, 비공식적 조직은 공식조직 내에 존재하면서 공식조직에 의해 충족되지 못하는 여러 가지 사회적 · 심리적 기능을 수행한다. 또한 그것은 공식조직 내부에서 자연발생적으로 생기는 조직이다. 그 예를 들면, 교과협의회, 교직원 상조회, 교사들 간의 각종 동호회 모임이 이에 속한다. 학교조직의 운영 원리는 계층의 원리, 명령통일의 원리, 기능적 분업의 원리, 조정의 원리, 적도집권의 원리 등이 있다.
2. 사회체제로서의 교직은 Getzels와 Guba에 의해 체계화되었다. Getzels와 Guba는 사회체제를 규범적 차원과 개인적 차원의 상호작용으로 보았다. 규범적 차원은 제도, 역할, 역할기대로 구성된다. 개인적 차원은 개인, 인성, 욕구성향을 포함한다.
3. 관료제로서의 교직을 이해하려면 관료제의 특성을 이해할 필요가 있다. 관료제의 특징은 분업과 전문화, 몰인정성, 규칙과 규정, 권위의 위계, 경력지향성 등에 해당된다. 관료제의 특징은 학교조직에서도 적용되고 있다. 우선, 학교는 전문화와 과업의 세분화가 분명하게 설정되어 있다. 둘째, 학교조직은 조직기구표 내지 직제표상 명확하고도 엄격하게 규정되어 있는 권위의 계층을 가지고 있다. 셋째, 학교조직은 조직 구성원들의 행동을 통제하고 과업수행의 통일성을 기하기 위하여 규칙사용에 크게 의존한다. 넷째, 학교조직은 인화단결을 자주 내세우지만 조직관계에서 보면 몰인정성의 원리가 폭넓게 적용되고 있다. 다섯째, 교사들의 채용은 전문적 능력에 기초해서 이루어지며, 대부분의 경우 전문적 경력으로 이어진다. 승진은 연공서열과 업적에 의해 결정되고 고정된 급여를 받는다.
4. 교직의 학교 목표와 과정 및 평가 등에 있어서 불확실성과 모호성 및 복잡성을 지니고 있어서 합리적이고 논리적으로 이해와 설명이 어렵다는 특수성을 지니고 있다. 교직의 특성을 제시한 학자들로 이완결합체제를 강조한 Weick과 신뢰의 논리를 강조한 Meyer와 Rowan이 대표적이다.
5. 교사들이 수행하는 교직은 관료적이면서도 전문적인 특성을 지니고 있다. 우선, 교직은 기계적이고 합리적 관리주의라는 이미지를 지니고 있다. 이는 공식화, 중앙집권화, 성문화된 규칙과 조정, 수직적 의사소통, 감독, 위계, 효율성 및 외재적 인센티브 등의 특징을 갖는다. 한편, 교직은 학교운영, 수업과 지도 등에 대해 전문적 지식과 기술을 요청하는 전문가 조직이다. 학교조직의 전문적 성격은 전문가로서의 교사와 그들의 교육활동의 수혜자인 학습자 간의 상호관계와 이를 위해 활용하는 전문적 지식과 경험을 강조한다. 전문가로서 교사는 자신의 전문지식을 통한 수업과 지도의 자율성을 바탕으로 학생과 학부모에 대한 봉사정신과 책임감을 지니고 전문적 성과를 낼 것을 기대받는다. 또한 교사의 직무는 지속적인 전문성 개발과 훈련, 동료 및 전문가 집단의 통제를 받는다. 교직이 관료적 관점과 전문가적 관점을 지니고 있는지를 파악할 수 있는 기준들은 다음과 같다.

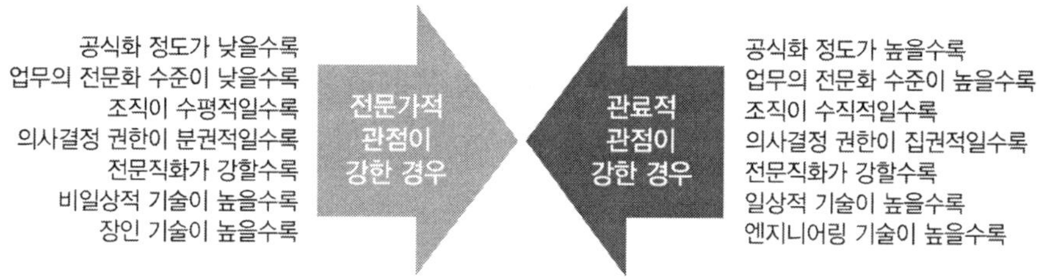

6. 학교운영구조는 학교 운영을 위한 구조와 규칙이 업무를 방해하고 통제하는 것보다는 도움이나 지원을 주는가, 그리고 교직원 직무 수행에 대한 실수나 실패에 대해 처벌보다는 문제 해결을 이끌고 조언하게 되어 있는가를 확인하는데 활용되는 개념이다.
7. 사회화란 개인이 소속된 사회집단의 습관이나 가치, 규범, 행동양식, 언어나 지식을 습득해 가며 한 사람의 성숙한 사회 구성원으로 형성되어 가는 과정이다. 교사들도 교직에 입문하여 사회화를 경험하는데 이를 교직사회화라고 한다. 교사들은 생존기, 강화기, 갱신기, 성숙기의 단계적인 발달과정을 거쳐 교직사회화되면서 충분한 자질을 갖춘 유능한 교사로 성장해 간다.

Chapter 09

조직수준의 조직행동

학습 목표

1. 직무만족의 개념과 요인을 설명할 수 있다.
2. 직무스트레스의 개념과 요인을 설명할 수 있다.
3. 조직시민행동의 개념과 요인을 설명할 수 있다.
4. 조직후원인식의 개념과 요인을 설명할 수 있다.
5. 조직몰입의 개념과 요인을 설명할 수 있다.
6. 조직효과성의 개념과 요인을 설명할 수 있다.
7. 교직문화의 개념과 요인을 설명할 수 있다.
8. 교직풍토의 개념과 요인을 설명할 수 있다.

1. 직무만족

직무만족(job satisfaction)은 사람들이 자신들의 직무 전반과 직무의 다양한 단면들에 대해 어떻게 느끼는지를 나타내는 태도 변인이다. 교직에서 직무만족은 교사가 교직생활을 통하여 직무와 직무환경에 대해 느끼는 긍정적 감정의 상태라고 할 수 있다. 손경애, 고종옥(2007)은 직무만족을 조직구성원이 느끼는 호의적이거나 긍정적인 감정의 정도라고 정의한다. 노종희(2001)는 직무만족을 개인이 지각하는 직무관련 욕구의 충족 정도에 의해서 생성되는 모든 감정을 포함하는 심적 상태로 규정하고 있다. 이러한 점에서 교사의 직무만족은 교육현장에서 교사로서 본연의 직무수행을 하는 과정에서 느끼는 교사 개인의 긍정적 정서라고 할 수 있다(옥장흠, 2009).

직무만족에 영향을 미치는 요인들로는 급여, 승진기회, 부가급부, 관리 감독, 동료, 직무조건, 작업의 본질, 의사소통, 안전 등이 있다. 직무만족에 기여하는 직무특성으로는 기술다양성(skill variety, 직무를 수행하기 위해 필요한 기술의 수), 과업정체성(task identity, 종업원이 직무의 전체에 관한 일을 하는지 혹은 일부에 관해 일을 하는지에 대한 것), 과업 중요성(task significance, 다른 사람에 대한 자기 직무의 영향력), 자율성(autonomy, 종업원 자신이 맞다고 생각하는 바대로 직무를 수행할 수 있는 자유), 과업 피드백(task feedback, 종업원이 자신의 일을 올바르게 하고 있음을 분명히 아는 정도)이다. 이러한 직무특성과 직무만족의 관계는 .20에서 .45에 이르고 있는 것으로 나타났다(Spector, 2009, pp. 335, 334-336)

직무만족 측정 요인은 학자마다 달리 제시되고 있다. 예를 들면, 옥장흠(2009)은 교직관, 인간관계, 인사 관계, 그리고 유인체계로 제시하였다. 대한교육연합회(1982)의 교사 직무 만족도 척도(KTO)를 개발하면서 그 구성요소로 인간관계, 담당직무, 근무환경, 보상체계, 전문성 신장, 행정체계, 지위인정 등 7가지를 제시하였다. 노종희(2001)는 교사 직무만족(TJSQ) 척도를 개발하면서, 구성요소로 동료애, 업무부담, 보상 등의 외재성과 혁신성, 교직의식, 발전성, 자율성 등의 내재성으로 구분하여 제시하였다. 채영병(2005)은 인간관계, 담당직무, 근무환경, 보상체계, 전문성 신장, 행정체계, 지위인정 등 7가지 하위요소로 구성된 척도를 제작하였다.

선행연구를 보면, 추승희, 고재천(2013)은 초등학교 교사들의 직무만족은 성별과 교직경력에 따라 의미있는 차이가 있음을 확인했고, 남자교사가 여자교사 더 높게 인식하였다. 또한 교직경력이 많은 교사가 적은 교사보다 높게 인식하였다. 감성적 리더십의 하위요인 중 사회적 인식능력, 관계 관리 능력, 자기관리 능력이 직무만족 하위요인인 동료애와 교직의식에 의미있는 영향을 미치는 것으로 나타났다. 이지혜, 이인회(2010)에 의하면 교사의 업무부담은 직무만족에 유의한 직접적인 영향을 미치며, 직무만족은 조직몰입 중 정서적 몰입에만 영향을 미친다고 하였다. 그리고 교사의 업무 부담과 학교 교육의 성과 간의 관계에서 직무만족은 간접적 효과를 지니는 매개변수임을 밝혔다. 옥장흠(2009)에 의하면 직무스트레스는 직무만족에 부정적인 영향을 미치고, 조직몰입은 직무만족에 매우 유의적인 정적 영향을 미치며, 직무만족이 낮을수록 이직의도가 강하다. 차성현, 정태욱(2008)은 내재적 직무만족도는 직업몰입을 매개로 하여 조직시민행동에 정적인 영향을 미치나 외재적 만족도는 직업몰입과 조직시민행동에 영향을 미치지 않는다고 하였다.

셀프체크 노종희(2001)의 직무만족 척도

– 보상(1-4), 발전성(5-8), 혁신성(9-12), 자율성(13-16), 업무부담(17-20), 동료(21-24), 교직의식(25-28)

번호	문항(나는....)	전혀 그렇지 않다	그렇지 않다	보통이다	그렇다	매우 그렇다
1	일한 만큼 보수를 받고 있다고 생각한다.					
2	사회적으로 적절한 대우를 받고 있다.					
3	후생 복지가 적정하게 주어지고 있다.					
4	자녀 교육비에 대해 걱정을 많이 한다. (R)					
5	시간만 나면 연수에 참여한다.					
6	교수 학습에 관한 토론을 많이 한다.					
7	최신 교육정보에 자주 접한다.					
8	교재연구를 충실히 한다.					
9	새로운 교수방법을 사용한다.					
10	담당업무를 창의적으로 처리한다.					
11	혁신적인 아이디어로 업무를 개선한다.					
12	새로운 방식으로 학급을 경영한다.					
13	업무수행에 있어 간섭을 받지 않는다.					
14	교수 학습에 관한 사항을 독자적으로 결정한다.					
15	교육문제에 대해 자유롭게 대처한다.					
16	학교 밖으로부터의 요구에 시달린다. (R)					
17	수업부담이 과중하다. (R)					
18	학생지도가 지겹다. (R)					
19	사무 처리에 시간을 많이 빼앗긴다. (R)					

번호	문항(나는....)	전혀 그렇지 않다	그렇지 않다	보통 이다	그렇다	매우 그렇다
20	잡무가 많다. (R)					
21	동료들과 친밀하게 지낸다.					
22	동료들을 좋아한다.					
23	동료들과 도움을 주고받는다.					
24	동료들과의 생활이 즐겁다.					
25	교직생활에 보람을 느낀다.					
26	가르치는 일이 재미있다.					
27	교사로서 자부심을 느낀다.					
28	교직을 전문직이라고 생각한다.					

2. 직무 스트레스

교사 스트레스(teacher stress)는 교직에서의 직무 스트레스(occupational stress in teaching)라고도 한다. 교사 직무스트레스에 대한 연구자들의 정의를 살펴보면, 김정휘(1991)는 교사로서 그의 직무수행 측면에서 사람, 사물, 사건과의 관련성 속에서 발생된 불유쾌한 정서적인 영향들(분노, 의기소침, 긴장, 욕구좌절, 불안, 갈등, 짜증)과 생리적 효과를 경험하게 되는 반응증후군을 직무 스트레스로 정의하였다. 이런 반응 증후군은 개인의 자존심, 안녕, 건강, 직무수행을 위협하고 정체성 상실 및 삶에 대한 정상적인 제어 능력 상실과 적응장애를 초래하는 상태라고 보았다. 이준효(2006)은 교사로서 그의 직무역할 수행국면에서 직무를 매개로 하여 사람, 사물, 사건, 근무환경, 조건과의 관련성 속에서 간헐적으로 반복하여 발생하는 불유쾌한 정서적 요인들(분노, 의기소침, 불안, 울화, 짜증, 욕구좌절, 갈등 등)에 의하여 무력함을 경험하게 되는 증후군으로 보았다.

선행연구를 보면, 김상효, 임준용(2014)는 내외 통제성, 사회적 지지의 조절효과 연구를 통해, 중등교사의 직무스트레스가 학교조직효과성에 영향을 미치는 데 있어 내외통제성의 조절효과가 있으며, 중등교사의 직무스트레스가 학교조직효과성에 영향을 미치는데 있어 교사가 인식하는 상급자 지지, 가족 지지의 조절효과가 있다고 하였다. 차선경, 권동택(2012)는 초등교사의 발달단계에 따라 직무스트레스의 하위영역을 살펴본 결과 각 하위영역별로 대부분의 직업적 좌절 단계의 평균이 가장 높았고, 각 단계에 따라서 평균값이 높은 영역 달랐으며, 직업적 좌절 단계에서는 전반적으로 직무 수행 시 좌절감으로 인한 스트레스 수준이 높다고 하였다. 구본용, 김영미(2014)는 중등교사들에게 스트레스를 유발하는 요인은 크게 '학생 · 학부모의 문제행동', '수업 중 학생 문제행동', '업무환경', 학생지도문제' 등이 있으며, 교사의 직무스트레스는 성차에 의한 차이가 없었고, 교직경력이 낮을수록, 기간제 교사일수록 낮다고 하였다. 주동범, 박성찬(2013)은 조직풍토는 교사의 직무스트레스와 유의미한 상관관계를 가지며, 학교 조직풍토가 긍정적일수록 교사의 직무스트레스가 낮다고 하였다. 특히 교사의 방관적 행동, 교장의 관료 지향적 행동, 인간 지향적 행동은 교사의 직무스트레스와 높은 상관관계가 있는 것으로 나타났다. 교사의 특성을 통제하였을 때, 학교 조직풍토 중 친교적 행동, 인간 지향적 행동, 방관적 행동, 관료 지향적 행동이 교사의 직무스트레스를 예측하는 유의미한 변인으로 나타났다. 임지윤, 도승이(2014)는 중등 교사의 정서조절은 교사 직무스트레스와 소진을 부적으로 유의하게 예측하였고, 교사 효능감을 유의하게 정적으로 예측한다고 하였다.

셀프체크 구본용, 김영미(2014)의 직무스트레스 척도

- 학생 학부모 문제 행동(1-7), 수업 중 학생문제 행동(8-13), 인사제도(14-15), 업무환경(16-21), 학생지도(22-24)

번호	문항	전혀 그렇지 않다	그렇지 않다	보통이다	그렇다	매우 그렇다
1	학부모들은 학생사안이 발생한 경우 자신들의 뜻대로만 해결해 줄 것을 강력히 요구한다.					
2	학생들의 핸드폰 사용으로 또래 간의 갈등을 호소하는 학생이 있다.					
3	내 학급에서 현금이나 고가의 학용품이 분실된 적이 있다					
4	남의 물건을 동의 없이 사용한 후 방치하는 학생이 있다					
5	자녀의 잘못을 인정하려하지 않는 학부모가 있다.					
6	급우의 문제행동을 목격하고도 증언을 회피하는 학생이 있다.					
7	무단지각, 무단조퇴, 무단결과 등을 서슴지 않는 학생이 있다.					
8	학생들이 수업시간에 잡담을 심하게 한다.					
9	학생들이 교구나 시설을 훼손하거나 아무데나 방치한다.					
10	수업시간에 엎드려 잠을 자는 학생이 있다.					
11	학생이 기본적인 수업준비물조차 가져오지 않는다.					
12	내 수업시간에 다른 과목 공부나 숙제를 하는 학생이 있다.					
13	수업시간에 적극적인 태도를 보이지 않는 학생이 있다					
14	승진가산점제도가 불합리하다.					
15	근무성적평정, 인사관리에 관한 통일된 업무기준이 없다.					
16	교육청이나 관계기관으로부터 유사한 내용의 공문을 반복적으로 받았다.					
17	관리자로부터 과도한 업무를 지시받았다					
18	에듀파인이나 나이스매뉴얼이 너무 복잡하다.					
19	필요할 때 동료교사의 도움을 받지 못했다.					

번호	문항	전혀 그렇지 않다	그렇지 않다	보통 이다	그렇다	매우 그렇다
20	관리자로부터 모욕적인 말을 들었다.					
21	교사들 간의 의견 불일치로 학생을 제대로 지도할 수 없었다.					
22	학생으로부터 폭행이나 욕설을 들은 적이 있다.					
23	학급에서 발생한 학생사안으로 인해 관리자의 질책부터 받은 적이 있다.					
24	자신의 권리만 주장하는 학생들을 적절히 통제할 수 없었다.					

3. 조직시민행동

조직시민행동은 Organ(1988)에 의해 체계적으로 정립되었다. Organ(1988)은 조직시민행동을 공식적 체제에 의해 직접적 또는 명시적으로 보상받지 않지만, 조직의 효과적인 기능을 증진시키는 개인의 자발적 행동으로 보았다. 조직시민행동의 요인들에 대해서 학자들의 견해가 다양하지만 대체적으로 Organ(1988)이 제시한 이타성, 양심성, 스포츠맨십, 예의성, 시민덕목 등이 일반적으로 수용되고 있다. 여기서 이타심은 타인을 돕기 위한 개인의 자발적인 행동이다. 양심성은 업무에서 최소한으로 요구되는 것 이상의 행동이다. 스포츠맨십은 업무에 있어 불가피한 불편함이나 부담을 인내하는 행동이다. 예의성은 문제를 예방하고 건설적으로 시간을 사용하는 행동이다. 시민덕목은 조직의 정치나 관리에 있어 책임감 있고 건설적인 태도를 말한다.

Hoy & Miskel(2013)은 조직시민행동을 보이는 교사들의 특징을 다음과 같이 제시했다. 첫째, 동료와 학생들을 돕는데 기꺼이 시간을 할애한다. 둘째, 양심적이어서 시간을 효율적으로 사용할 뿐만 아니라 공식적으로 규정된 업무 이상의 작업을 수행한다. 셋째, 주어진 상황에 대해 단지 불평하거나 투덜거리기 보다는 건설적인 노력을 하는

데 더 많은 시간을 투자하고, 학교 일정이나 업무의 변화가 있을 때 동료들에게 이를 미리 알려줌으로써 서로를 예의로 대한다. 넷째, 전반적인 학교의 질(質)에 관심을 가지고 있어, 자발적으로 학교 위원회 활동을 맡거나 혁신적인 제안을 한다.

교육조직에서 조직시민행동에 대한 연구를 살펴보면, 첫 번째 조직시민행동을 학교 풍토와 같은 조직적 특성으로 바라보면서(DiPaola, Tarter, & Hoy, 2005), 조직에게 의미 있고 조직을 앞으로 나아가게 하는 것은 교사집단 전체의 조직시민행동이라는 점을 강조하고 있다. 두 번째, 조직시민행동을 교사 개인의 특성으로 바라보면서(Oplatka, 2006), 교사 전문성, 학교숙려성(school mindfulness), 학생 성취와 긍정적인 연관이 있음을 강조하고 있다(DiPaola & Hoy, 2005a, 2005b; DiPaola & Tschannen-Moran, 2001). 이쌍철, 홍창남(2013)은 교사 간 신뢰는 조직시민행동을 촉진하며, 이런 효과는 배경 변인 및 사회 심리적 변인을 통제한 후에도 통계적 실제적으로도 의미 있다고 하였다. 윤현진, 장형심(2012)은 학교장의 변혁적 리더십은 동료교사에 대한 교사신뢰를 매개로 교사 조직시민행동을 예측하는 것으로 나타났다.

셀프체크 DiPaola, Tarter와 Hoy(2005)의 조직시민행동 척도

문항	전혀 동의하지 않는다	거의 동의하지 않는다	동의하지 않는다	동의한다.	거의 동의한다	매우 동의한다
1. 교사는 자신의 근무시간에 학생들을 돕는다.						
2. 교사는 많은 수업시간을 낭비한다. (R)						
3. 교사는 자발적으로 신임 교사를 돕는다.						
4. 교사는 새로운 위원회에 기꺼이 참여 봉사한다.						
5. 교사는 방과후 활동에 기꺼이 참여한다.						
6. 교사는 정시에 학교와 회의에 온다.						
7. 교사는 자신을 다른 교사에게 소개하고 돕는데 있어서 주도적이다.						

문항	전혀 동의 하지 않는다	거의 동의 하지 않는다	동의 하지 않는다	동의 한다.	거의 동의 한다	매우 동의 한다
8. 교사는 수업을 정시에 시작하고 수업시간을 효과적으로 활용한다.						
9. 교사는 동료들에게 일상 계획이나 방법 변화에 대한 높은 수준의 안내를 한다.						
10. 교사는 과도한 많은 일들과 잡무를 수행한다. (R)						
11. 학교 교사 모임(회의, 위원회 등)은 생산적이다.						
12. 교사들은 학교의 질을 개선하는데 혁신적인 제안을 한다.						

4. 조직후원인식

조직후원인식(perceived organizational support)은 교사들이 조직에서 그들의 공헌에 대한 가치를 부여하고 종업원 복지에 대한 관심을 갖고 있다고 믿는 정도이다. 육아나 가정 문제가 있을 경우 학교에서 편의를 제공하거나, 업무 상 실수에 대해서 교사 개인을 신뢰하고 그것을 감싸준다고 믿는 것을 말한다. 일반적으로 조직후원인식이 높을수록 조직시민행동은 높게, 근무태만은 낮게, 고객 서비스는 더 양호하게 나타나는 것으로 나타났다.

셀프체크 Eisenberger, Fasolo & Davis-LaMastro(1990)의 조직후원인식 척도

- 정서적 후원(1-10)과 수단적 후원(11-17)

번호	문항	전혀 그렇치 않다	그렇 치않다	보통 이다	그렇다	매우 그렇다
1	우리 학교는 학교를 위한 나의 공헌에 높은 가치를 둔다.					
2	우리 학교는 나의 일을 될 수 있는 한 재미있게 만들어 주려고 한다.					

번호	문항	전혀 그렇치 않다	그렇 치않다	보통 이다	그렇다	매우 그렇다
3	우리 학교는 나의 목표와 가치들을 사려 깊게 고려한다					
4	내가 곤경에 처했을 때 나는 우리 학교로부터 도움을 얻을 수 있다.					
5	우리 학교는 나의 복지에 진정으로 관심이 있다.					
6	우리 학교는 내가 능력을 최대한 발휘하여 직무를 수행할 수 있도록 기꺼이 도움을 베푼다.					
7	우리 학교는 내가 학교 근무를 통해 얻게 되는 일반적인 만족에 관심이 있다.					
8	우리 학교는 나의 의견을 중요하게 생각한다.					
9	우리 학교는 내가 일을 성공적으로 수행한 것에 대해 자랑스럽게 생각한다.					
10	내가 특별한 부탁을 했을 때 우리 학교는 기꺼이 나를 도와주려고 한다.					
11	우리 학교는 내 개인에 대한 관심이 있다.					
12	우리 학교는 나보다 유용한 선생님을 모셔 올 수 있더라도 그렇게 하지 않을 것이다.					
13	만일 기회가 주어지더라도 우리 학교는 나를 이용하지 않을 것이다.					
14	우리 학교는 내가 최선을 다했다는 것을 이해해 준다.					
15	우리 학교는 나에게 영향을 미치는 의사결정을 할 때 나의 이익을 고려한다.					
16	우리 학교는 나의 어떠한 불만도 무시하지 않는다.					
17	우리 학교는 나의 초과 근무나 노력에 대해 감사해 한다.					

출처: Eisenberger, R., Fasolo, P., & Davis-LaMastro, V. (1990). Perceived Organizational Support and Employee Diligence, Commitment, and Involvement. Journal of Applied Psychology, 75, 51-59.

5. 조직몰입

조직몰입(organizational commitment)은 조직의 목표 수용, 조직을 위해 기꺼이 열심히 일하고자 하는 마음가짐, 조직에 계속 있고자 하는 욕구 등을 말한다(Spector, 2008/2009, p. 362). 학교조직 관점에서 조직몰입은 교직몰입이나 교사의 조직몰입 등으로 불러진다. 교직몰입은 교사들이 학교조직이나 자신이 속한 조직의 목표와 직무를 자신과 동일시하여 조직의 구성원으로 남아 있으려는 의사를 말한다. 교직몰입은 조직성과와 정적 관계를, 조직에 대한 충성도나 이탈이나 이직과는 부적 관계를 일반적으로 보인다(김규태, 최경민, 2015).

교사에 대한 조직몰입은 정서적 몰입(affective commitment), 지속적 몰입(continuance commitment), 규범적 몰입(normative commitment) 등 유형으로 구분된다. 정서적 몰입은 교사가 자신이 속한 조직에 대한 정서적인 애착 때문에 교직에 계속 머물고자 할 때 발생한다. 지속적 몰입은 종업원이 혜택이나 임금이 필요하거나 혹은 다른 직무를 찾을 수 없어 어쩔 수 없이 남아야 할 때 나타난다. 규범적 몰입은 종업원의 가치에서 비롯되는 것으로, 종업원이 조직에 남아야 하는 이유가 남는 것이 옳기 때문이라고 믿는 것을 말한다(김규태, 최경민, 2015).

조직몰입과 함께 직무몰입(job involvement)과 직원성과몰입(employment engagement)도 고려해 볼 수 있다. 직무몰입은 개인이 자신과 직무를 동일시하여 적극적으로 직무를 수행하며, 직무성과가 자신의 가치매김에 있어서 중요하다고 여기는 수준이다. 직무몰입이 높은 사람은 자신의 직무를 자신과 상당히 동일시하며 담당 업무에 관해 높은 관심을 보인다. 또한 직원성과몰입은 자신이 수행하고 있는 직무에 대한 몰입도와 만족도 및 열정을 포함한 헌신을 의미한다. 성과몰입이 높은 종업원은 자신의 일에 대한 열정과 함께 회사와의 깊은 연대의식을 가지며, 반면 성과몰입이 낮은 종업원은 기본적으로 조직에 애착이 없으며, 자신의 일에 대한 시간은 투입하지만 노력이나 관심을 기울이지 않는다.

학교조직몰입에 대한 연구 결과를 살펴보면, 박소연, 윤선아(2012)는 초등학교 교사효능감이 직무만족과 조직몰입간의 부분매개효과로 작용한다고 하였다. 김종철, 이윤식(2013)는 초등학교장의 수업지도성의 하위변인 중 교육목표, 교육과정 관리, 동기부여, 수업개선, 교육지원이 교사의 학교조직 몰입에 유의한 영향을 미친다고 하였다. 학교장의 수업지도성이 학교조직몰입을 매개로 하여 학교 조직효과성에 미치는 총 효과, 직접효과, 간접효과 모두 유의하다고 하였다. 홍석(2012)은 학교장의 감성리더십은 교사의 학교조직몰입에 긍정적인 영향을 미치고 있으며, 직접적 영향보다는 직무만족의 매개변인을 통한 간접적 영향이 더 큰 것으로 확인하였다. 그리고 교사의 자기 주도적 학습능력은 학교조직몰입에 긍정적 영향을 미치고 있으며, 직무만족을 매개로 간접효과가 있다고 하였다.

셀프체크 옥장흠(2000)의 교사 조직몰입 척도

- 정서적 몰입(1-4), 규범적 몰입(5-8), 지속적 몰입(9-12)

문항	거의 그렇지 않다	그렇지 않다	보통 이다	그렇다	항상 그렇다
1) 나는 교직에 종사하는 것에 대해 자부심과 긍지를 느낀다.					
2) 나는 교직에 대한 강한 소속감을 느낀다.					
3) 나는 교사가 된 것을 만족스럽게 생각한다.					
4) 나는 우리학교에서 가족의 한 사람인 것 같은 감정을 느낀다.					
5) 나는 우리학교가 발전되기를 진심으로 바란다.					
6) 나는 우리학교의 문제가 실제로 나의 문제로 생각한다.					
7) 내가 교직을 떠난다면 동료교사들에게 도의적으로 미안한 생각이 들 것이다.					
8) 내가 지금 교직을 떠난다면 죄책감을 느낄 것 같다.					
9) 나는 개인적 이익을 위해서 교직을 떠나는 것은 옳지 않다고 생각한다.					
10) 내가 지금 교직을 떠나면 나에게 개인적으로 손해가 크다.					
11) 내가 지금 교직을 떠난다면 나의 생활이 혼란될 것이다.					
12) 내가 다른 직업을 선택한다면 그 직장은 지금과 같지 않다.					

6. 조직효과성

조직효과성은 조직이 목표를 달성하는 정도이다(Daft, 2013). 조직효과성은 여러 가지 목표, 구체적으로는 조직 전체의 공식목표와 운영목표에 대한 달성 정도를 통해서 평가한다. 조직 목표를 달성하는 과정에서 구성원들이 교육의 내적 · 외적 환경의 욕구에 반응하여 긍정적으로 나타나는 양식으로 구성원들의 직무에 대한 만족감과 교육의 내적 · 외적 환경의 변화에 효과적으로 적응하는 조직적응성 및 구성원들의 업무에 대한 직무성과를 말한다. 즉, 구성원들이 자신에게 주어진 직무수행 역할에 만족감을 표시하며, 직무수행의 환경적 변화와 조직의 요구에 적극적으로 적응하며, 조직이 추구하고자 하는 목표를 효과적으로 달성하고, 조직에 대한 강한 소속감과 헌신하는 조직몰입 정도를 의미한다. 이러한 개념에서는 조직효과성을 측정하는 요인을 직무만족, 조직몰입, 조직헌신, 조직시민행동, 조직적응성 등 주관적 지표로 삼는다. 그러나 일반적으로는 조직의 투입, 과정, 산출 등에 해당되는 정량적 지표로 접근하는 경향이 높다.

조직효과성은 조직이 목표를 달성하는 정도이다(Daft, 2009, p. 126). 조직은 목적을 달성하기 위해서 존재하다. 조직 리더는 조직이 달성해야 할 구체적인 사명이나 과업을 설정한다. 사명서 또는 공식목표는 조직의 목표와 조직이 나아갈 방향을 명확하게 보여준다. 운영목표는 실제 운영 절차를 통해 달성하고자 하는 구체적인 결과물을 나타낸다. 이렇듯 공식목표와 운영목표는 외부집단과의 관계에서 조직이 존재하는 정당성과 함께 구성원에게 성과평가의 기준과 동기부여, 방향감각을 제시해 주기 때문에 중요하다(Daft, 2009). 이러한 점에서 조직효과성은 조직의 목표 달성도를 말하며, 구체적으로 조직 전체의 공식목표와 운영목표에 대한 달성 정도로 판단된다.

조직 목표를 달성하는 과정에서 구성원들이 교육의 내적 · 외적 환경의 욕구에 반응하여 긍정적으로 나타나는 양식으로 구성원들의 직무에 대한 만족감과 교육의 내적 · 외적 환경의 변화에 효과적으로 적응하는 조직적응성 및 구성원들의 업무에 대한 직무성과를 말한다. 다시 말해, 조직의 투입, 과정, 산출 등에 해당되는 정량적 지표로 접근하는 경향이 높은 학교 조직효과성은 학교 내 · 외적 환경에 잘 적응하기 위해 조직을 신축적이고 응집력 있게 운영하는 측면을 말한다(Hoy & Miskel, 2013).

다차원적인 접근을 통해 학교조직 효과성에 대한 다양한 정의를 살펴보면 다음과 같다. 첫째 학교조직 효과성은 학교조직이 학교 교육목표를 달성하는 과정에서 학교 구성원들이 교육의 내적 · 외적 환경의 욕구에 반응하여 긍정적으로 나타나는 양식으로 구성원들의 직무에 대한 만족감과 교육의 내적 · 외적 환경의 변화에 효과적으로 적응하는 조직적응성 및 구성원들의 업무에 대한 직무성과라고 할 수 있다(신동한, 2008). 둘째, 학교조직 효과성은 교사들이 자신에게 주어진 직무수행 역할에 만족감을 표시하며, 직무수행의 환경적 변화와 조직의 요구에 적극적으로 적응하며, 조직이 추구하고자 하는 목표를 효과적으로 달성하고, 조직에 대한 강한 소속감과 헌신하는 조직몰입 정도로 정의할 수 있다(김상돈, 2008). 셋째, 학교조직 효과성은 학교조직이 외부환경으로부터 인적, 물적, 자원을 받아 학교가 의도한 교육적 목표를 달성할 뿐만 아니라 학교조직 집단들의 요구에 부응하고, 계속 변화하는 독특한 조직 환경 속에서 조직을 유지할 수 있는 생존능력까지 포함하는 것으로 정의할 수 있다. 넷째, 교사에게 초점을 두어 정의를 내리면 학교조직 효과성은 교직원들이 만족스런 상태에서 노력을 하며 조직이 환경에 적응해 가면서 교육적 성과를 확보하는 것으로 정의를 내릴 수도 있다(김창걸, 2003).

조직효과성이 높은 학교의 교사는 우선, 과업 지향석이년서 동시에 관계 지향직이며, 효과적인 리더십을 발휘한다. 둘째, 일반교사들에 대해 지원적이면서도 동시에 방향을 제시하고 높은 수행 수준을 유지한다. 셋째, 독자적으로 사고하고 행동하는 능력을 갖추고 있을 뿐만 아니라 상급자에게 영향력을 행사하기도 한다. 넷째, 교수-학습활동에 헌신적이고 학생들을 위해 높지만, 달성 가능한 목표를 설정하고, 높은 성취기준을 유지하며, 학습 분위기는 질서 있고 진지하다. 다섯째, 당해 학교 교사들이 서로 좋아하고 신뢰하며, 직무에 열성적이고, 자신들의 학교에 대해서 자긍심을 가지도록 한다(Lunenburg & Ornstein, 2012).

선행연구를 보면, 이진원(2008)은 학교에서의 조직공정성은 조직효과성과 긍정적 관계를 가진다고 하였다. 강경석, 황구현(2009)은 분배공정성과 상호작용 공정성, 사회 정서적 지원과 수단적 지원 등이 학교 효과성을 설명한다고 하였다. 강경석, 강경수(2007)는 학교장 신뢰, 동료교사 간의 신뢰가 학교조직 효과성에 영향을 준다고 하였고 이는 사립학교가 공립교사보다 높다고 보았다. 김희규, 전상훈(2011)도 교사의 전문적 개발과 지식공유 및 교사헌신을 매개로 하여 조직효과성이 설명된다고 하였다. 이지혜, 이인회(2010)도 교사의 전문성은 학교 교육의 효과성을 결정하는 요인으로 보았다. 박균열(2009)은 교사의 임파워먼트가 학교조직의 효과성에 영향을 미친다고 하였다. 배연미(2011)은 학교장의 리더십과 학교조직효과성은 인간지향적, 목표지향적에서 통계적으로 유의한 정적 상관관계를 보였고, 관료지향적에서는 통계적으로 유의미한 부적 상관관계를 갖는다고 하였다. 정연수, 최은수(2014)는 교감의 퍼실리테이션 역량은 학교조직효과성에 영향을 주는 변임을 확인하였다. 신재흡(2010, 2014)은 학교장의 서번트 리더십은 학교조직효과성에 긍정적인 영향을 준다는 것을 규명하였다. 김종철, 이윤식(2013)은 초등교사가 지각하는 수업전문성의 하위변인 중 수업내용, 수업전략, 수업관리는 학교조직효과성에 영향을 미치며, 학교조직효과성을 설명하는 중요한 매개변인으로 교사의 수업전문성과 학교조직몰입이 포함됨을 확인하였다. 류춘근(2013)은 학교장의 조직헌신도는 학교조직 효과성에 정적인 상관관계를 보이며 학교조직 효과성에 의미 있는 영향을 미친다고 하였다.

셀프체크 **Quinn(1988)의 학교조직효과성 척도**

– 안전성(1–5), 공동체성(6–9)

번호	문항	전혀 그렇지 않다	그렇지 않다	보통 이다	그렇다	매우 그렇다
1	교내의 업무 과정이 일관성 있게 돌아간다.					
2	교사의 헌신적인 노력과 학부모의 학교에 대한 믿음이 시너지 효과를 낸다.					
3	교사들을 위한 연수 등이 학교의 장기적인 변화를 기획하고 지침을 마련하는 데에 활용된다.					

번호	문항	전혀 그렇지 않다	그렇지 않다	보통 이다	그렇다	매우 그렇다
4	교내의 업무 환경이 안정적이며 예측이 가능하다.					
5	학교가 행정규제에서 벗어나 스스로 경쟁력을 갖추려고 노력한다.					
6	다른 학교에서는 우리 학교를 활발하고 잠재력이 높다고 생각한다.					
7	학교가 공공의 이해와 참여를 개척함으로써, 공교육 기관뿐만 아니라 지역사회 공동체와 깊이 있는 정보제공, 교류 등의 원할한 이웃관계를 맺고 있다.					
8	학교가 성장하는 역동적인 시스템의 이미지를 가지고 있다.					
9	학교 조직의 유지, 발전을 위해서 교사들이 지속적으로 교육받고 있다.					

7. 교직문화

교직문화는 행동적 일상 규칙, 규범, 지배적 가치, 철학, 규정, 감정 등의 특징을 지닌다(Lunenburg & Ornstein, 2012). 관찰되어진 일상 규칙은 조직구성원들이 상호작용할 때 언어, 용어, 의식과 행사 등을 사용한다는 것을 말한다. 규범은 사람들에게 전형적인 것으로 고려되어진 행동 규범을 말한다. 지배적 가치는 조직 내 사람들이 공유하고 있는 가치이다. 철학은 조직의 핵심 사명, 경영철학 등과 같은 조직의 신념이다. 규칙은 조직의 규정이나 신입직원이 학습해야 하는 조직의 불문율 같은 것이다. 감정은 조직에 지배하고 있는 분위기나 심리적 적응 방식 등이다.

교직문화는 교사문화와 학교조직문화로 구분할 수 있다. 우선, 교사문화는 교사가 생활하는 학교의 실제 모습은 어떠하고, 그 속에서 교사는 무슨 생각을 하고 어떤 행위를 하며, 어떻게 사회적 관계를 형성하는지에 관심을 가진다. Lortie(1975)는 교사에 대한 논의들이 학교 현실과 교사의 삶과 무관하게 실시됨으로써 그 실효성이 의심된다는 관점에서 연구를 실시하였다. 그는 이 연구에서 미국 교사들이 가지고 있는 문화를 크게 보수주의, 개인주의, 현재 지향성으로 규정하였다. 그리고 학교에서 교사들은 항상 이중적인 사고와 행동을 가지고 있는 것도 발견하였다. 즉, 교사들은 한편으로는 업무에 관한 많은 독립성과 강력한 통제력을 원하는 반면 또 한편으로는 자신이 속해 있는 학교체제의 기존 지배권을 인정하고 의존하려는 입장을 가지고 있었다.

다음으로 학교조직 문화를 살펴보면, 송병순 외(2002)는 상호 불간섭, 학년 통일의 원칙, 일정 거리 유지하기, 적당히 넘기기 등과 같이 눈에 보이지 않는 암묵적 규범을 통해서 학교문화가 형성되어 있다고 하였다. 이인효(1990)는 학력 신장식 수업, 학급 관리에서는 온정적 학급 관리, 교직문화의 핵심은 유능과 복종으로 분석하였다.

교직문화는 사회적 체제 요소들과 밀접한 상호관련성을 갖는다. Hoy와 Miskel(2013)은 조직들에서 공유하고 있는 7가지 공통요소를 다음과 같이 제시하였다.

① 혁신: 종업원에게 창조적이고 위험을 감수하도록 기대하는 정도
② 안정성: 활동들이 변화보다는 현상 유지에 초점을 두는 정도
③ 세부적인 것에 대한 주의: 정확함과 세밀함에 대한 관심의 정도
④ 결과지향성: 조직관리가 결과를 강조하는 정도
⑤ 인간지향성: 관리적 의사결정이 개인들에게 민감한 정도
⑥ 팀 지향성: 협동과 팀워크를 강조하는 정도
⑦ 공격성: 종업원들이 안일하게 지내기보다는 경쟁적이 되도록 기대하는 정도

교직문화의 유형은 여러 학자들에 의해 여러 측면에서 제시되고 있는데, 여기서는 Steinhoff와 Owens 및 Quinn(1988)이 제시한 학교문화유형론을 소개하고자 한다.

Steinhoff와 Owens(1989)는 학교문화를 가족문화, 기계문화, 공연문화, 공포문화로 구분하였다.

- 가족문화: 학교를 가정으로 간주. 구성원간 신뢰와 협력 및 조직결속력이 높다고 파악

- **기계문화**: 학교를 목표달성을 위해 조직구성원과는 기계로 간주. 학교내 상호작용을 기계적인 관계로 파악
- **공연문화**: 학교를 서커스, 쇼를 시연하는 공연장으로 간주. 학교리더를 단장 또는 공연의 지휘자로 파악
- **공포문화**: 학교를 공포로 가득찬 전쟁터로 비유. 학교는 교도소, 고립지역으로 파악.

Quinn(1988)은 리더의 권한과 책임의 분산과 조직운영의 가치 등을 기준으로 관계지향 문화, 혁신지향 문화, 위계지향 문화, 과업지향 문화로 구분하였다.

첫째, 관계지향 문화는 구성원 간의 상호신뢰, 참여, 인간관계 유지, 화목, 우호적 관계와 같은 인화적 단결을 중시한다. 이러한 문화에서 교사들은 성과 위주의 경쟁보다는 협동이 우선이 되며, 리더들의 배려심, 팀워크, 장기적 발전, 응집력, 참여의식을 중요시한다.

둘째, 혁신지향 문화는 조직의 변화에 대한 유연성과 적응성, 도전성 창의성, 진취성, 혁신성을 강조하며, 새로운 학습자료 개발을 높게 평가한다.

셋째, 위계 지향 문화는 명확한 공식 절차, 규정, 규제, 질서, 관습화된 업무처리 방법을 중요시하며, 안정 지향적인 관리자의 역할을 중요시한다.

넷째, 과업지향 문화는 조직 내 명확한 목표설정과 그에 따른 경쟁이 주요 자극제로 작용하며, 목표 지향적이고 성과독려적인 리더를 강조한다. 이상의 Quinn(1988)이 제시한 조직문화 유형 특징을 요약하면 〈표 9-1〉과 같다.

〈표 9-1〉 Quinn의 조직문화 유형 특징

문화	분류	특징
관계지향 문화	특성	가족과 같은 운명공동체
	조직풍토	참여, 안락, 충성심
	성공기준	팀워크, 구성원에 대한 배려
	관리스타일	협동과 합의

문화	분류	특징
혁신지향 문화	특성	곤란을 겁내지 않고 위험 감수
	조직풍토	동적이고 도전적
	성공기준	차별성과 신제품 개발
	관리스타일	개인주도성, 혁신, 자유와 독특성
위계지향 문화	특성	공식적이고 경직
	조직풍토	영속적으로 예측가능하고 기대치가 확실
	성공기준	효율성
	관리스타일	엄격한 절차나 규칙
과업지향 문화	특성	경쟁과 생산
	조직풍토	경쟁에서의 승리 강조
	성공기준	시장침투와 시장 점유율
	관리스타일	경쟁능력과 생산성 및 업적검토 강조

셀프체크 Cameron & Quinn(1999)의 학교조직문화 척도

– 관계지향(1–5), 혁신지향(6–10), 위계지향(11–15), 과업지향(16–20)

문항	내용	전혀 그렇지 않다	그렇지 않다	보통 이다	그렇다	매우 그렇다
1	우리 학교는 인간적 인정이 흐르는 곳이다					
2	우리 학교 조직을 결속시키는 힘은 충직과 상호신뢰이다.					
3	우리 학교는 팀 워크와 합의 그리고 참여를 중시한다.					
4	우리 학교는 인간개발을 강조한다.					
5	우리 학교에서의 성공기준은 인력개발과 팀워크 그리고 일체감 형성이다.					
6	우리 학교는 매우 역동적이며 진취적이다					
7	우리 학교 조직을 결속시키는 힘은 혁신과 발전에 대한 몰입이다.					
8	우리 학교는 개인적 모험과 혁신 그리고 개성을 중시한다.					

문항	내용	전혀 그렇지 않다	그렇지 않다	보통 이다	그렇다	매우 그렇다
9	우리 학교는 새로운 아이디어와 도전을 통한 성장을 강조한다.					
10	우리 학교에서 성공한 사람이라 함은 혁신자와 선도자를 지칭한다.					
11	우리학교는 매우 통제적이고 구조화된 곳이다.					
12	우리학교 조직을 결속시키는 힘은 공식적인 규정과 지침이다.					
13	우리학교는 교사로서의 신분유지 및 규칙준수, 예측가능성을 중시한다.					
14	우리학교는 지속성과 안정성을 강조한다.					
15	우리 학교에서의 성공기준은 원활한 업무 추진과 능률성 실현이다.					
16	우리학교는 결과와 업무 완수를 중시하고 경쟁적이다.					
17	우리학교 조직을 결속시키는 힘은 과업 성취와 목표 달성에 대한 강조이다.					
18	우리학교는 높은 경쟁력과 성취력을 중시한다.					
19	우리 학교는 경쟁적 행동과 업적을 강조한다.					
20	우리 학교에서의 성공기준은 경쟁에서의 승리이다.					

8. 교직풍토

조직풍토는 조직 구성원들이 그 조직의 업무와 관련된 환경에 대하여 공통적으로 갖고 있는 인식을 말한다(Hoy & Miskel, 2013). 조직풍토의 유형으로는 다음과 같다.

① **개방적 풍토**: 조직 목표를 향하여 움직이고 집단 구성원의 사회적 욕구를 충족시켜 주는 활기차고 생기 있는 조직으로 구성원의 행동에 대해 신뢰성을 갖음

② **자율적 풍토**: 리더가 구성원들 스스로 상호 활동 구조를 마련하도록 분위기를 조성하고, 구성원들이 사회적 욕구를 충족할 수 있는 방법을 모색하도록 하는 자율

성을 보장함

③ **통제적 풍토**: 과업 수행을 강조하고 구성원들의 사회적 욕구 충족을 소홀히 하는 풍토를 가지며 리더의 행동이 위압적 · 지배적이며, 융통성이 거의 없음

④ **친교적 풍토**: 리더와 구성원들 사이에 우정적인 태도가 형성되고, 사회적 욕구는 잘 충족되나 조직 목적 달성을 위한 집단 활동이 부족

⑤ **간섭적 풍토**: 과업 성취나 욕구 충족 면에서 부적당한 풍토로서 리더의 행정행위는 공정성이 결여되어 있고 구성원들에게 과업만 강조

⑥ **폐쇄적 풍토**: 이탈 요인이 가장 높고 추진성과 사기가 낮은 풍토로서 리더는 일상적인 사소한 일과 불필요한 일을 강조하고, 구성원들은 최소한으로 반응하며 거의 만족을 나타내지 않고 일하는 척함.

Hoy, Tarter와 Kottkamp(1991)는 Halpin과 Croft(1963) OCDQ에 근거하여 중등학교의 조직풍토 척도를 개발하였다. 이들은 중등학교의 조직풍토를 측정하는 요인들을 교장 행동 두 가지와 교사 행동 세 가지로 구분하였다. 교장 행동은 지원적(supportive) 행동과 지시적(directive) 행동으로 구분하고, 교사 행동은 참여적(engaged) 행동, 낙담적(frustrated) 행동, 친밀적(intimate) 행동으로 구분했다.

교장의 지원적 행동은 건설적인 비평을 하고 직무에 대한 본보기가 됨으로써 교사들을 동기유발하려는 노력을 보인다. 동시에 교사들을 돕고 그들의 개인적이고 전문적인 복지, 사회적 욕구와 과업 성취에 대해 관심을 갖는다. 교장의 지시적 행동은 엄격하고 지배적인 감독과 관리를 하면서 작은 일에 해당하는 교무와 학사에 까다롭게 지속적인 관여를 하려고 한다.

교사의 참여적 행동은 높은 사기를 지닌다. 교사들은 자신의 학교에 자부심을 느끼고 서로 함께 일하기를 즐기며 동료들에 지원적이다. 교사들은 서로에 대한 관심뿐만 아니라 학생들의 성공에 헌신하려고 한다. 그들은 학생들과 가깝고 그들의 학업적 성공을 낙관한다. 교사의 낙담적 행동은 일상적인 일, 공문서 처리, 잡무가 과다하고 교사 상호간 화를 내고 간섭한다. 교사의 친밀한 행동은 교사 상호간 강하고 응집력 있는

사회적 네트워크를 형성한다. 교사는 서로를 잘 알고 가까운 친구와 같으며 주기적인 사회적 모임을 가진다.

셀프체크 Hoy 등(1991)의 Organizational Health Inventory for Secondary Schools(OHI-S)

- 지원적 행동(5, 6, 23, 24, 25, 29, 30), 지시적 행동(7, 12, 13, 18, 19, 31), 참여적 행동(3, 4, 10, 11, 16, 17, 20, 28, 32, 33), 낙담적 행동(1, 2, 8, 9, 15, 22), 친교적 행동(14, 21, 26, 27)

문항	전혀 그렇지 않다	그렇지 않다	그렇다	매우 그렇다
1. 우리 학교 교사들은 형식주의와 매너리즘을 좋아하지 않는다.				
2. 교사들은 너무 많은 수행할 요구사항들을 가지고 있다.				
3. 교사들은 방과 후에 개인적 문제를 지닌 학생과 시간을 보낸다.				
4. 교사들은 우리 학교를 자랑스럽게 생각한다.				
5. 교장은 스스로 열심히 일함으로서 본이 되고 있다.				
6. 교장은 교사들을 칭찬한다.				
7. 교사-교장간의 협의는 교장이 주도한다.				
8. 일상 업무가 수업과 학생지도에 방해된다.				
9. 교사들은 교직원 회의에서 다른 교사의 발언 중간에 끼어든다.				
10. 학생회는 학교 방침이나 규칙에 영향을 미친다.				
11. 교사들은 학생과 우호적인 관계를 갖는다.				
12. 교장은 절대 권력을 가지고 학교를 관리한다.				
13. 교장은 교사들이 하는 모든 것을 모니터링하는 경향이 있다.				
14. 교사들의 가장 친한 친구는 교내 동료 교사이다.				
15. 공문서 작성(행정업무)은 가장 부담을 느끼게 하는 업무이다.				
16. 교사들을 서로를 돕고 지원한다.				
17. 학생들은 논리적 사고를 통해 자신의 문제를 해결한다.				
18. 교장은 교사들의 행동을 밀면하게 점검하는 경향이 있다.				
19. 교장은 독선적이다.				
20. 교사들의 사기는 높다.				

문항	전혀 그렇지 않다	그렇지 않다	그렇다	매우 그렇다
21. 교사들은 동료교사의 가족에 대해 알고 있다.				
22. 행정적인 업무분장이 과도하게 많다.				
23. 교장은 교사를 헌신적으로 돕는 편이다.				
24. 교장은 교사들을 비평할 때 그 이유를 구체적으로 말하는 편이다.				
25. 교장은 교사들을 지원하도록 일과 후에도 남아서 근무하는 편이다.				
26. 교사들은 동료 교사들을 자기 가정에 방문하도록 초대하는 편이다.				
27. 교사들은 정기적으로 사교활동을 하는 편이다.				
28. 교사들은 직장에서 일하기를 즐기는 편이다.				
29. 교장은 건설적인 비평을 하는 편이다.				
30. 교장은 교사들의 개인적 복지에 대해 존중하는 편이다.				
31. 교장은 다른 사람의 말을 경청하기보다는 말을 많이 하는 편이다.				
32. 학생은 관리와 감독 없이 서로 협업하는 것을 좋아하는 편이다.				
33. 교사들은 동료 교사들의 개인적 역량을 존중하는 편이다.				

학습 정리

1. 직무만족(job satisfaction)은 사람들이 자신들의 직무 전반과 직무의 다양한 단면들에 대해 어떻게 느끼는지를 나타내는 태도 변인이다. 교직에서 직무만족은 교사가 교직생활을 통하여 직무와 직무환경에 대해 느끼는 긍정적 감정의 상태라고 할 수 있다. 직무만족에 영향을 미치는 요인들로는 급여, 승진기회, 부가급부, 관리 감독, 동료, 직무조건, 작업의 본질, 의사소통, 안전 등이 있다. 직무만족에 기여하는 직무특성으로는 기술다양성(skill variety, 직무를 수행하기 위해 필요한 기술의 수), 과업정체성(task identity, 종업원이 직무의 전체에 관한 일을 하는지 혹은 일부에 관해 일을 하는지에 대한 것), 과업 중요성(task significance, 다른 사람에 대한 자기 직무의 영향력), 자율성(autonomy, 종업원 자신이 맞다고 생각하는 바대로 직무를 수행할 수 있는 자유), 과업 피드백(task feedback, 종업원이 자신의 일을 올바르게 하고 있음을 분명히 아는 정도)이다.
2. 교사 스트레스(teacher stress)는 교직에서의 직무스트레스(occupational stress in teaching)라고도 하며, 교사로서 그의 직무역할 수행국면에서 직무를 매개로 하여 사람, 사물, 사건, 근무환경, 조건과의 관련성 속에서 간헐적으로 반복하여 발생하는 불유쾌한 정서적 요인들(분노, 의기소침, 불안, 울화, 짜증, 욕구좌절, 갈등 등)에 의하여 무력함을 경험하게 되는 증후군으로 정의될 수 있다. 교사 직무스트레스는 학생 학부모 문제 행동, 수업 중 학생문제 행동, 인사제도, 업무환경, 학생지도 등 요인들로 측정되고 있다.
3. 조직시민행동은 공식적 체제에 의해 직접적 또는 명시적으로 보상받지 않지만, 조직의 효과적인 기능을 증진시키는 개인의 자발적 행동이다. 조직시민행동은 이타성, 양심성, 스포츠맨십, 예의성, 시민덕목 등으로 측정되고 있다. 이타심은 타인을 돕기 위한 개인의 자발적인 행동이다. 양심성은 업무에서 최소한으로 요구되는 것 이상의 행동이다. 스포츠맨십은 업무에 있어 불가피한 불편함이나 부담을 인내하는 행동이다. 예의성은 문제를 예방하고 건설적으로 시간을 사용하는 행동이다. 시민덕목은 조직의 정치나 관리에 있어 책임감 있고 건설적인 태도를 말한다.
4. 조직후원인식(perceived organizational support)은 교사들이 조직에서 그들의 공헌에 대한 가치를 부여하고 종업원 복지에 대한 관심을 갖고 있다고 믿는 정도로, 정서적 후원과 수단적 후원 등으로 측정된다.
5. 조직몰입은 교직몰입이나 교사의 조직몰입 등으로 불러진다. 교직몰입은 교사들이 학교조직이나 자신이 속한 조직의 목표와 직무를 자신과 동일시하여 조직의 구성원으로 남아 있으려는 의사를 말한다. 조직몰입은 정서적 몰입(affective commitment), 지속적 몰입(continuance commitment), 규범적 몰입(normative commitment) 등으로 구분된다. 정서적 몰입은 교사가 자신이 속한 조직에 대한 정서적인 애착 때문에 교직에 계속 머물고자 할 때 발생한다. 지속적 몰입은 종업원이 혜택이나 임금이 필요하거나 혹은 다른 직무를 찾을 수 없어 어쩔 수 없이 남아야 할 때 나타난다. 규범적 몰입은 종업원의 가치에서 비롯되는 것으로, 종업원이 조직에 남아야 하는 이유가 남는 것이 옳기 때문이라고 믿는 것을 말한다.
6. 조직효과성은 구성원들이 자신에게 주어진 직무수행 역할에 만족감을 표시하며, 직무수행의 환경적 변화와 조직의 요구에 적극적으로 적응하며, 조직이 추구하고자 하는 목표를 효과적으로

달성하고, 조직에 대한 강한 소속감과 헌신하는 조직몰입 정도를 의미한다. 조직효과성이 높은 학교의 교사는 우선, 과업 지향적이면서 동시에 관계 지향적이며, 효과적인 리더십을 발휘한다. 둘째, 일반교사들에 대해 지원적이면서도 동시에 방향을 제시하고 높은 수행 수준을 유지한다. 셋째, 독자적으로 사고하고 행동하는 능력을 갖추고 있을 뿐만 아니라 상급자에게 영향력을 행사하기도 한다. 넷째, 교수-학습활동에 헌신적이고 학생들을 위해 높지만, 달성 가능한 목표를 설정하고, 높은 성취기준을 유지하며, 학습 분위기는 질서 있고 진지하다. 다섯째, 당해 학교 교사들이 서로 좋아하고 신뢰하며, 직무에 열성적이고, 자신들의 학교에 대해서 자긍심을 가지도록 한다.

7. 교직문화는 행동적 일상 규칙, 규범, 지배적 가치, 철학, 규정, 감정 등의 특징을 지닌다. 관찰되어진 일상 규칙은 조직구성원들이 상호작용할 때 언어, 용어, 의식과 행사 등을 사용한다는 것을 말한다. 규범은 사람들에게 전형적인 것으로 고려되어진 행동 규범을 말한다. 지배적 가치는 조직 내 사람들이 공유하고 있는 가치이다. 철학은 조직의 핵심 사명, 경영철학 등과 같은 조직의 신념이다. 규칙은 조직의 규정이나 신입직원이 학습해야 하는 조직의 불문율 같은 것이다. 감정은 조직에 지배하고 있는 분위기나 심리적 적응 방식 등이다. 교직문화의 유형은 여러 학자들에 의해 여러 측면에서 제시되고 있지만, 교직은 관계지향 문화, 혁신지향 문화, 위계지향 문화, 과업지향 문화를 지니고 있다고 볼 수 있다.
8. 조직풍토는 조직 구성원들이 그 조직의 업무와 관련된 환경에 대하여 공통적으로 갖고 있는 인식을 말한다. 조직풍토는 일반적으로 개방적, 자율적, 통제적, 친교적, 간섭적, 폐쇄적 풍토로 구분된다.

PART 05

교사 리더십

Chapter 10

리더십의 이해

학습 목표

1. 리더십의 정의와 특성론에 대해 설명할 수 있다.
2. 리더십 행동론의 이론들에 대해 설명할 수 있다.
3. 리더십 상황이론의 이론들에 대해 설명할 수 있다.
4. 교환적 리더십과 변혁적 리더십에 대해 설명할 수 있다.
5. 감성리더십에 대해 설명할 수 있다.
6. 서번트 리더십에 대해 설명할 수 있다.
7. 셀프 리더십, 카리스마적 리더십, 문화적 리더십, 도덕적 리더십, 분산적 리더십의 특징을 설명할 수 있다.

1. 리더십의 정의

리더십의 개념에 대한 정의는 많은 학자가 다양하게 정의하고 있다. 일반적으로 리더십은 어떤 조직에서 공동의 목표를 달성해 나가는 과정에 영향력을 행사하는 과정으로 정의된다. 리더십에 관한 다양한 정의들을 살펴보면 다음과 같다(김규태 외 2017).

① 지도자는 과업 수행에 관련된 집단행동을 지시하고 조정하는 일을 부여받은 집단 내의 개인이다.

② 리더십은 조직의 목표와 목적을 성취하거나 변형하기 위한 새로운 구조나 절차를 창시하는 것이다.

③ 리더십은 목표를 설정하고 달성하기 위하여 조직된 집단행동에 영향을 주는 과정이다.

④ 리더십은 주어진 상황 속에서 목표를 달성하기 위하여 개인 또는 집단 활동에 영향을 미치는 과정이다.

이러한 정의 및 다른 정의들이 공유하고 있는 유일한 가정은 리더십이 사회적으로 영향을 미치는 과정을 수반한다는 점이다. 그 과정에서 집단이나 조직 속에서 활동이나 관계를 구조화하기 위해 한 개인이 다른 사람에게 의도적으로 영향력을 행사한다(Yukl, 1994). 리더십은 언어적 행동을 포함하는 것으로 개인들이나 집단의 의사결정 과정에 있어서 의사소통의 요소들이다. 리더십은 개인, 집단 또는 조직이 의도적으로 협동, 영향, 지도, 감독 또는 협의를 통하여 공동의 목적을 형성하거나 달성하는 데 타인들의 사고, 감정 또는 행위에 영향을 줄 때 발휘된다. 따라서 리더십이 효과적인 것이 되려면 과업에 변화가 있을 때나 집단 내의 구성원들 또는 그 집단이 기능하는 상황에 변화가 있을 때 리더십의 성격도 바뀌어져야 한다.

고전적 조직 이론에서는 리더십은 본래 가장 능력 있는 사람에 의한 집단 통솔 또는 지시라는 면에서 생각되었다. 조직이 능률적이려면 누군가가 다른 사람들에게 지시하고 통솔해야 하기 때문이었다. 그러나 가장 능력 있는 사람이 다른 사람에세 지시하고 통솔하는 지도성의 개념은 오늘날 행동과학의 발전에 따라 받아들여지고 있지 않다. 여러 행정가들은 그들이 실제로 지시를 하지 않고 그 대신에 개인들과 집단으로 하여금 자신들의 목적을 설정하도록 도와주며 자신들이 갖고 있는 문제들을 알아내도록 하며 목표 달성의 절차 및 문제 해결의 절차를 개발하도록 도와줄 때 지도성이 가장 효과적일 수 있다는 사실을 알아냈다.

2. 리더십의 특성

리더십은 수세기 동안 호기심을 돋우는 주제 중 하나였다. 많은 사람은 아직도 아리스토텔레스가 말한 "출생의 순간부터 사람들은 순종자와 지배자로 운명지어진다"는 것을 믿고 있다. 이와 같은 소위 지도성의 위인론 혹은 특성론이 1950년대까지 지도성 연구를 지배하였다.

리더십에 관한 초기의 연구인 특성이론은 리더는 태어나는 것이지 학습이나 경험에 의해 만들어지는 것이 아니라고 가정하여, 특성이론의 연구자들은 지도자가 아닌 사람들로부터 지도자를 구분하는 특성을 확인하는 데 초점을 두었다. 즉, 성공적인 리더의 지적 · 정서적 · 육체적 특성을 찾아내려는 연구이다.

Stogdill은 1904년부터 1947년까지 수행된 124개의 경험적 연구를 고찰하였다. 이 연구를 통해 리더는 리더가 아닌 사람으로부터 발견할 수 없는 많은 특성과 기술을 가지고 있다고 지적하였다(Bass, 1981). 그는 리더의 특성과 기술을 다음과 같이 다섯 가지로 분류하였다.

① **능력**: 지능, 기민성, 언어적 유창성, 독창성, 판단력
② **성취**: 학문, 지식, 운동경기
③ **책임**: 신뢰, 솔선수범, 인내, 적극성, 자신감, 성취욕
④ **참여**: 활동성, 사회성, 협동성, 적응성, 유머
⑤ **지위**: 사회경제적 지위, 인기

리더의 특성이나 자질은 학자들에 따라 다르나 일반적으로 신장, 지구력, 건강, 외모, 지능, 자신감, 우월감, 판단력 등으로 종합되고 이러한 자질을 소유한 자는 지도자가 될 수 있고, 그렇지 못한 자는 지도자가 될 수 없다는 것이다.

Hoy와 Miskel(2009)은 효과적인 리더십의 특성을 〈표 10-1〉과 같이 제시하였다.

〈표 10-1〉 효과적인 리더십의 특성들

인성(personality)	동기(motivation)	기술(skill)
자기 확신(self-confidence) 자신과 부하 직원들을 위해 높은 수준의 목표를 설정하고, 어려운 과제를 시도하고, 어려운 난관을 해쳐 나가려는 경향이 있다.	**과업과 대인적 욕구** (task and interpersonal needs) 효과적인 리더는 과업 지향적이면서도 대인지향적이다.	**기술적(technical)** 과업을 수행하기 위한 전문 지식, 절차와 기술들에 익숙하여 학교 교사들의 업무와 일상을 잘 관리한다.
스트레스 경감/완화 (stress tolerance) 곤란한 상황이나 어려운 일이 발생할 때 좋은 결정을 하고, 침착하고, 부하들에게 결정적인 방향을 제시한다.	**성취 지향(achievement orientation)** 성취 욕구, 뛰어나려고 하는 욕구, 성공하려는 욕구, 책임을 완수하려고자 하는 의지, 과업 목표에 대한 관심 등을 지닌다.	**인화 관계적(interpersonal)** 타인의 감정과 태도를 잘 이해하여 협업관계를 잘 유지한다.
정서적 성숙(emotional maturity) 조직의 강점과 단점을 정확하게 인식하고, 자기 개선을 위해 노력을 경주하며, 자신의 단점을 부인하거나 성공에 관하여도 공상적이 되지 않는다.	**권력 욕구(power needs)** 권위 있는 지위를 추구하고 다른 사람에게 영향을 미치려는 동기가 강하다.	**구상적(conceptual)** 복잡한 문제와 상황을 해결하기 위해 계획하고, 조직하고, 아이디어와 개념들을 개발 활용한다.
강직(integrity) 설정한 가치와 일관되고, 정직하고 윤리적이고, 책임감 있고, 신뢰롭다.	**기대(expectations)** 직무를 수행하여 가치 있는 결과를 얻을 수 있다는 신념을 지닌다.	**행정적(administrative)** 계획, 멘토링, 위임, 감독, 회의 진행 등과 같은 관리 활동에 대한 지식과 경험이 풍부하다.

사료: Hoy & Miskel(2009).

3. 리더십 행동론

리더십 행동이론은 지도자가 어떠한 행동을 하느냐에 초점을 둔다. 심리학적 요인, 사회학적 요인, 그리고 개인적 특성과 상황적 요인 모두 지도성을 결정하는 데 영향을 준다는 관점에서 지도자가 어떤 상황에서 어떤 행동을 나타내는가에 집중하고 있다.

행동이론 연구들의 공통점은 거의 모든 연구가 표현의 차이는 다소 있으나 지도자의 지도성 행위를 조직 목표 및 구조를 중시하는 '과업 중심'과 집단 구성원을 배려하는

'인화 중심'으로 나누고 있다는 점이다.

1) Michigan대학의 연구

Michigan대학의 연구 센터는 여러 회사의 관리자와 하급자들과의 인터뷰를 통하여 리더의 행동 유형을 생산 중심(production-centered)과 구성원 중심(employee-centered)으로 구분하였다. 연구 결과, 생산 중심적 리더는 리더가 수행해야 할 과업과 직무의 기술적인 측면이나 과업 성취를 위한 계획·절차를 중시하는 반면, 구성원 중심 리더는 조직 구성원들을 지원하고 그들의 욕구를 충족시키는 데 더 많은 관심이 있었다.

초기의 연구에서는 생산 중심 지도성 행동보다 구성원 중심 지도성 행동이 효과적이라고 보고하였다. 그러나 후속 연구에서는 생산 중심 지도성 행동과 구성원 중심 지도성 행동이 모두 최선인 지도자가 가장 효과적이라는 결론을 제시하였다. 전반적으로 일관성이 부족했다는 평가를 받고 있다(김규태 외, 2014).

2) Iowa대학의 리더십 연구

지도자에 관한 행동과학적 접근으로서 제일 먼저 시도된 실험적 연구는 미국의 Iowa대학에서 Lewin의 지도하에 Lippit와 White에 의해 이루어졌다. 이들은 지도자의 행위 유형과 각 유형이 집단의 태도와 생산성에 미치는 영향력을 분석하였다. 이 연구팀은 10대 소년들을 4개의 집단으로 나누어 한 집단은 통제 집단으로 하고, 나머지 3개 집단에 대해서는 교사들로 하여 각각 권위적 지도자, 민주적 지도자, 자유방임적 지도자로 연출하게 하여 그 영향을 실험하였다(김규태 외, 2014).

〈표 10-2〉 권위적 · 민주적 · 자유방임적 지도성의 행동 유형

행위	권위적 지도자	민주적 지도자	자유방임적 지도자
정책결정	지도자 단독 결정	집단의 결정	정책없음(집단이나 개인적 결정에 대하여 완전 자유)
과업 기술 활동의 설정	지도자 단독 결정	지도자 암시-집단 결정	개인에 일임
계획수립	지도자 단독 수행	계획 수립에 필요한 전망을 얻기 위하여 집단이 충분한 정보를 받음	체계적인 계획 수립이 없음
분업과 과업 할당	지도자가 명령	집단 결정에 일임	지도자 관여하지 않음.
평가	지도자 개인의 칭찬과 비판	객관적 기준에 의거 평가	평가 없음(다른 집단 구성 원에 의한 임의적 평가)

Iowa대학교의 리더십 연구들을 요약하면 다음과 같다(김규태 외, 2014).

첫째, 조직의 생산성은 민주적 리더십에서 가장 높았으며, 자유방임적 리더십에서 가장 낮았다.

둘째, 주어진 세 가지 리더십 스타일 중 구성원들이 가장 선호한 스타일은 민주형이었다. 그 다음으로 자유방임형, 권위형 스타일을 선호하였다.

셋째, 권위적 리더십은 권위에 의한 반발로 발생된 구성원의 공격형 행동이나 무관심한 행동을 유발하였다.

넷째, 자유방임적 리더십은 권위적 리더십보다 더 많은 공격형 행동이 발생하였다. 특히 권위적 리더십 아래서 무관심한 행동을 보이던 구성원들도 리더십 스타일이 자유방임으로 바뀌자 공격적 행동으로 변했다.

이 이론은 특히 학교에서 학교 행정가와 담임교사의 생산성을 측정하는 데 많이 적용되기도 하였다.

3) Ohio주립대학의 리더십 연구

Ohio주립대학의 연구는 집단과 조직의 목표를 달성하는 데 중요한 지도자 행위에 초점을 두었다. 즉, 지도자의 행위는 어떤 유형이며 이 지도자 행위는 작업집단의 성취와 만족에 어떤 영향을 주는가에 관심을 두었다(김규태 외, 2014).

여기에서 현재 널리 알려진 LBDQ(Leadership Behavior Description Questionnaire)가 개발되었는데 이 질문지를 바탕으로 군대 조직의 지휘관, 제조회사 간부, 대학 행정가, 학교 교사, 교장 등을 대상으로 한 연구가 실시되었다. 연구 결과 그들은 최종적으로 리더십의 차원을 과업 중심 차원(initiative structure, 또는 구조 창출 차원)과 인화 중심 차원(consideration)으로 나눌 수 있다고 보았다. LBDQ 점수로부터 인화 중심과 과업 중심 차원의 평균점을 도출하여 리더십 유형을 [그림 10-1]과 같이 네 가지로 분류할 수 있다.

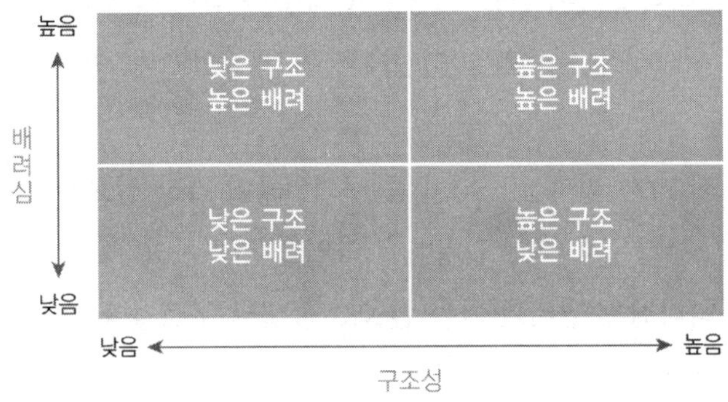

[그림 10-1] Ohio주립대학의 리더십 유형 사분도

출처: Lunenburg & Ornstein(2000), p. 128.

과업 중심 차원은 집단활동에 있어 자신과 조직 구성원이 명백한 조직의 관계를 형성하고 의사소통 경로를 만들며, 절차 · 방법을 마련하려고 노력하는 지도자의 행동을 말한다. 따라서 지도자는 구성원 각자에게 기대되는 역할을 분명히 해 주고 임무를 배정하고, 미리 계획을 세우며, 일을 처리하는 방법과 절차를 세우며, 결실을 보기 위해 일을 추진하는 것으로서 구조 창출 차원이라 부르기도 한다.

인화 중심 차원이란 지도자가 조직 구성원의 욕구에 깊은 관심을 가지며, 부하 직원으로 하여금 의사결정 과정에 적극 참여하게 하고 의사소통을 활발히 하도록 장려하는 행동을 포함하는데 배려성 차원이라 부르기도 한다.

Ohio주립대학 연구자들은 과업 중심 차원과 인화 중심 차원의 행동이 하나의 연속선상의 양극단이 아니라 각기 서로 구분되는 독립적인 요소임을 발견하였다. 즉, 한쪽 경향이 강하다고 해서 반드시 다른 차원의 경향이 낮게 나타나는 것은 아니다.

이러한 구조성과 배려성의 특징을 학교에 적용시켜 보면, 만약 학교장이 구조성의 행동을 소홀히 하면 학교 구성원들에게 미치는 영향력은 제한되고, 배려성의 행동을 무시하게 되면 학교 구성원들의 만족을 감소시킨다(Hoy & Miskel, 2009). 즉, 교육행정가들은 리더 행동의 두 차원 모두에서 높은 점수를 기록할 때 효과적이라고 할 수 있다.

4. 리더십 상황이론

상황론에 의하면 효과적인 지도성은 지도자의 개인 특성, 지도자의 행위, 지도성 상황의 요인들 간의 상호작용에 의하여 결정된다. 상황론은 효과적인 지도성이 어느 한 가지 요인으로만 설명될 수 없다는 전제에 근거를 두고 있다. 따라서 상황론은 지도자의 특성이나 행위는 지도자가 지도성을 발휘하는 상황적 맥락 속에서 고려되어야 한다는 것을 강조한다(이병환, 장기풍, 김규태, 2012).

1) Fiedler의 상황이론

Fiedler는 지도성에 관한 연구를 통하여 리더십의 효과성 모형을 개발하였는데, 그에 의하면 리더십의 효과성은 리더십의 유형이 상황에 얼마나 적합한지에 의해 결정된다고 보았다.

(1) 리더십 유형과 LPC 점수

Fiedler는 지도성 유형을 측정하기 위한 독특한 방법을 개발하였는데, 즉 지도자의 '가장 싫어하는 동료척도(LPC: Least-Preferred Co-worker scale)'를 개발하였다. 이 척도는 24개의 의미분석(semantic differential) 척도로서 각각 8단계 평정척도로 되어 있다.

안내 : 당신이 함께 일하기 가장 싫은 사람을 생각하시오. 그는 현제 같이 일하고 있는 사람일 수도 있고 과거에 알았던 사람일 수도 있습니다. 그는 당신이 가장 좋아하지 않는 사람이 아니라 일을 같이 잘해 나가는 데 당신이 가장 어려움을 겪었던 사람이어야 합니다. 그 사람의 여러 측면에 대해서 해당되는 곳에 V표를 하시오.

유쾌한(pleasant)	8	7	6	5	4	3	2	1	불쾌한(unpleasant)
거부적(rejecting)	8	7	6	5	4	3	2	1	수용적 (accepting)
협동적(cooperative)	8	7	6	5	4	3	2	1	비협동적(uncooperative)
먼(distant)	8	7	6	5	4	3	2	1	가까운(close)
능률적(efficient)	8	7	6	5	4	3	2	1	비능률적(inefficient)

[그림 10-2] LPC 예시 문항

출처: Hoy & Miskel(1987), p. 286.

LPC 점수는 리더로 하여금 현재나 과거의 경험에서 함께 일하기 가장 싫은 사람을 생각하게 한 후 그에 대한 반응을 보이도록 한 것이다. LPC 점수가 높은 사람은 가장 싫어하는 동료를 비교적 긍정적으로 봄으로써 그를 수용할 만한 사람으로 생각하는 관계지향형(relationship-motivated)리더이며, 반면에 LPC 점수가 낮은 사람은 싫어하는 동료에 대해 그가 자신에게 해를 주는 사람으로 보고 부정적인 반응을 보이는 과업지향형(task-motivated)리더라고 하였다.

(2) 상황의 호의성

Fiedler의 상황이론에 의하면 리더십의 효과성은 리더와 구성원 간의 관계, 과업의 구조화 정도, 리더의 지위 권력의 세 가지 요인에 따른 상황의 호의성(situational favorableness)

에 달려 있다고 보았다. Fiedler가 제시한 가장 유리한 상황은 이러한 세 가지의 상황 결정 요인에 따라 리더와 구성원 간의 관계가 원만하고, 과업과 절차가 분명하고 구체적으로 명료화되어 있고, 리더가 강력한 지위와 권한을 가진 경우이다. 세 가지 요인이 각각 유리하고 불리한 상황을 모두 가정하면 총 여덟 가지의 상황이 가능하다.

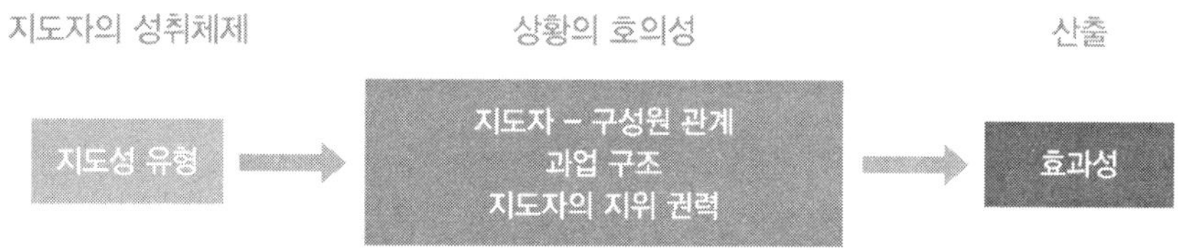

[그림 10-3] Fiedler의 상황이론의 주요 변인

출처: 이병환, 장기풍, 김규태(2012), p. 304.

(3) 리더십 스타일과 상황의 적합성

Fiedler 연구의 결론은 지도성이 효과적이기 위해서는 상황의 호의성 정도에 따라 지도성 유형이 달라져야 하는데, [그림 10-4]에서 보듯이 리더에게 매우 호의적이거나 비호의적인 상황에서는 과업지향형 스타일이 효과적이며, 약간 호의적이거나 비호의적인 상황에서는 관계지향형 리더가 더 효과적이다.

Fiedler의 연구 결과에 의하면 지도자는 상황에 따라 자신의 리더십 스타일을 다양하게 변화시키기보다는 상황을 조절해서 자신의 리더십 스타일에 맞도록 해야 한다고 보았다. 만약 상황 조절이 쉽지 않다면 그 상황에 적합한 리더십 스타일을 가진 리더를 영입하는 것이 바람직하다는 것이 Fiedler의 기본 가정이다.

Fiedler의 모형은 상황 변수를 도입한 최초의 이론이라는 점, 지도성 효과를 상황 변수와 지도성 유형에 의해 결정함으로써 효과성을 높이는 데 공헌했다는 점, 지도자에게 도움되는 이론이라는 점, 그리고 지도성에 대한 과학적 연구의 새로운 계기를 마련함으로써 이를 검증하기 위한 많은 연구가 이후에 수행되었다는 점 등에서 높이 평가받고 있다(이병환, 장기풍, 김규태, 2012).

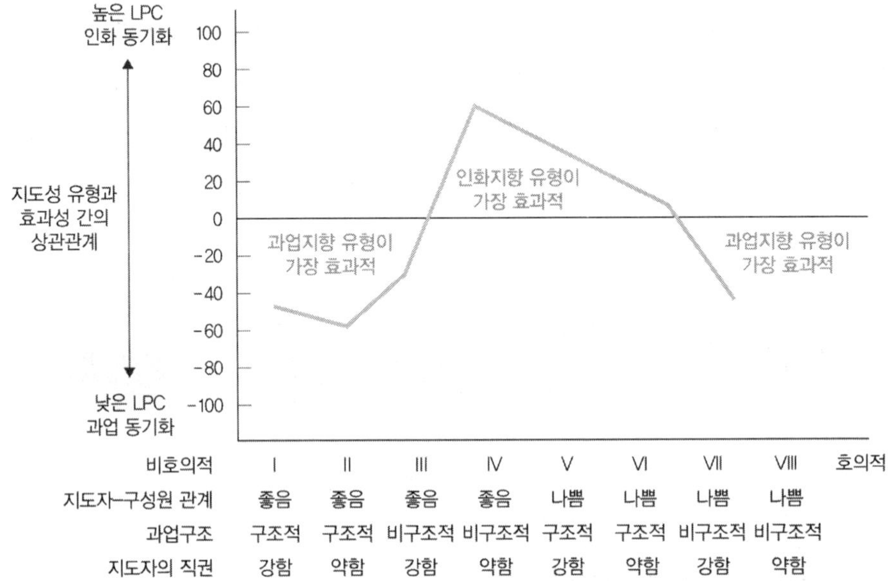

[그림 10-4] Fiedler의 리더십 상황 모형

그러나 Fiedler의 모형은 너무 이론적이라는 평과 함께 다음과 같은 비판을 받고 있다.

첫째, 상황변인(contingency variables)이 복잡하고 예측하기 곤란하다는 점이다. 즉, 리더와 구성원 관계가 어느 정도 좋으며, 과업이 어느 정도 구조화되어 있고, 리더가 어느 정도의 지위와 권력을 보유하고 있는가를 측정하기가 어렵다.

둘째, Fiedler의 상황이론 모형은 구성원들의 특성에 대해서는 거의 주의를 기울이지 않고 있다.

셋째, 리더나 구성원들의 기술적인 숙련도의 변화에 전혀 주목하지 않고 있다.

5. 교환적 리더십과 변혁적 리더십

변혁적 리더십을 연구한 학자들은 기존의 리더십의 특징을 하나의 교환적 리더십으로 범주화시켜 이를 변혁적 리더십과 비교하면서 전개시켰다. Burns(1978)는 정치적 리더십의 과정을 교환적 형태와 변혁적 형태로 구별하였다. 교환적 리더십은 교환관계에 기초를 둔 것으로 지도자는 구성원이 바라는 것을 제공해 줌으로써 구성원의 행동을 유도하는 것으로 구성원의 상호욕구가 교환관계를 통해 만족되는 한 지속 된다.

Bass(1985, 1990)는 교환적 리더십을 지도자의 뜻에 따라 따르는 조건으로 구성원들에게 보상을 제공하는 교환으로 보고, 교환적 지도자에 대한 개념 정의를 다음과 같이 하였다.

① 교환적 리더는 구성원들이 그들의 업무를 통하여 얻고자 하는 것이 무엇인가를 인식하고, 소기의 업무성과가 있을 때 그들이 원하는 것을 얻을 수 있도록 힘 쓴다.
② 교환적 리더는 구성원들의 노력과 보상 및 보상약속(promise of reward)을 교환한다.
③ 교환적 리더는 구성원들이 업무수행을 통하여 달성할 수 있는 그들의 직접적인 이익에 반응한다.

반면에 변혁적 리더십은 구성원의 현재 욕구수준을 중심으로 한 교환관계에 의한 것이 아니고 구성원의 욕구수준을 높여 더 높은 수준의 욕구, 즉 두려움, 욕심, 질투, 또는 방종이 아닌 자유, 평등, 평화 또는 인도주의에 호소하는 것이다.

변혁적 리더십은 구성원을 단순히 기본적인 욕구만을 가진 사람으로서가 아니라 전인으로 취급하며, 상위수준의 욕구를 충족시키는 데까지 배려한다. 결국 변혁적 리더십은 도덕적 리더십이 된다고 할 수 있는데, 그것은 지도자와 구성원의 인간적 행위와 도덕적 열망을 고양시키게 된다는 것이다.

1970년대 후반부터 리더 행동의 바람직한 측면을 추구하는 새로운 리더십 이론이 추구되었다. 이 새로운 접근은 변혁적(transformational), 카리스마적(charismatic), 비전지향적(visionary), 또는 영감적(inspirational)인 리더십이라고 부르는 새로운 유형의 리더십 이론으로서 학자와 실천가 사이에 크게 관심을 불러일으키고 있다. 이 리더십 이론들은 이름은 다양하지만 비슷한 생각에 근거하고 있다.

변혁적 리더십 이론은 1978년 Burns에 의해 처음 제시되었고, Bass에 의해 가장 명료하게 주장되었다. Bass(1981)에 의하면 변혁적 리더십을 다음과 같이 제시하였다.

① 리더가 다른 사람들이 새로운 관점으로 그들의 일을 보도록 자극한다.

② 조직의 사명이나 비전을 인식하도록 한다.

③ 동료와 구성원들의 능력과 잠재력을 더 높은 수준으로 개발한다.

④ 그들 자신의 이익을 초월하여 집단에 이익이 되는 것을 지향하도록 동기 유발한다.

또한 변혁적 리더는 더욱 도전적인 목표를 설정하고 거래적 지도자보다 더 높은 성과를 성취한다. 변혁적 리더십은 이상적인 영향력(idealized influence), 영감적 동기 유발(inspirational motivation), 지적 자극(intellectual stimulation), 개별적 관심(individualized consideration) 등을 모두 사용하나, 거래적 리더십은 이 중 한두 가지만을 사용하여 구성원과 단순히 교환하고 합의한다. 변혁적 리더십의 주요 특징에 대해 살펴보면 다음과 같다(김규태 외, 2017).

① **이상적인 영향력**: 변혁적 리더는 중요한 사안에 대한 입장을 분명히 밝히면서 높은 윤리적 · 도덕적 기준을 설정하고, 목표 설정과 달성에 있어서 조직의 구성원과 위험을 공유하며, 자신의 욕구보다 타인의 욕구를 더 고려하고, 필요할 때만 권력을 사용하며 개인적 이익을 위해서는 결코 사용하지 않는다. 리더가 이와 같은 행동을 하면 구성원들로부터 존경과 신뢰, 그리고 찬사를 받게 되고, 구성원들은 리더를 추종하게 된다. 이상적 영향력은 구성원들로부터 신뢰와 존경을 받고 개인 및 조직 전체가 업무를 수행하는 과정에서 급격하면서도 근본적인 변화를 수용할 수 있는 토대를 마련해 준다.

② **영감적 동기 유발**: 조직 문제가 해결될 수 있다고 믿도록 집단 구성원의 기대를 변화시키는 것이다. 그것은 조직 목표의 지침이 되고 조직의 운영 방식에 관한 비전을 개발하는 데 있어서 핵심적 역할을 한다. 그것은 주로 구성원들의 일에 대하여 의미와 도전을 제공하는 지도자의 행동으로부터 나온다. 변혁적 지도자는

조직에 대한 비전과 매력적인 미래를 창조하는 일에 구성원들을 참여시키고 그들이 충족하기를 원하고 있다는 기대를 분명하게 전달한다.

③ **지적 자극**: 변혁적 리더는 문제가 가지는 근본적인 가정에 의문을 제기한다. 이를 바탕으로 문제를 재구조화하며, 종래의 상황을 새로운 방식으로 접근함으로써 구성원들도 혁신적이면서 창의적인 접근을 할 수 있도록 자극한다. 변혁적 리더는 새로운 절차, 프로그램, 문제 해결에서 창의성을 격려하고, 시행착오를 통한 학습을 강조하고, 고착화된 일 처리 방식을 제거하면서도 구성원 개개인의 잘못을 공개적으로 비난하지는 않는다. 지적 자극은 창의적으로 문제를 해결하는 데 도움이 된다.

④ **개별적 관심**: 변혁적 리더가 각 개인의 성취 및 성장 욕구에 특별히 관심을 기울이는 것을 말한다. 변혁적 리더는 타인의 욕구나 장점을 활용하며 그들의 멘토가 되기도 하고, 구성원들을 도와 잠재력을 더 높은 수준으로 발전시켜 자신의 발전에 책임을 지도록 한다. 이것은 지원적 풍토 속에서 새로운 학습 기회를 조성하고, 욕구와 가치에 있어서 개인차를 인정하고 수용하며, 쌍방적인 의사소통, 그리고 인격화된 방식으로 상호작용함으로써 성취된다.

학교에서의 변혁적 리더십은 다음과 같은 네 가지 핵심 활동이 나타난다고 볼 수 있다.

① **방향 설정**(setting directions): 학교의 비전을 만들고, 학교 구성원들의 목적을 일치시키며, 학교 구성원들에게 높은 수행 기대를 갖도록 한다.

② **인적 개발**(developing people): 학교 구성원들에게 개별적인 지원을 제공해 주고, 지적인 자극을 갖도록 하여 학교의 목적에 중요한 가치와 실제의 모델을 정하도록 한다.

③ **조직화**(organizing): 교직원들이 도덕적 책임에 의해 동기를 부여받도록 하는 학교문화를 만들며, 학교의 의사결정 과정이 공유되도록 구조화하는 학교문화를 만들며, 문제 해결 능력을 신장하도록 하는 학교문화를 만든다.

④ **학교 공동체**(school community): 학교 공동체의 관계를 건설한다.

이러한 변혁적 리더십이 존재하는 학교에서는 교사들의 협동이 높아지고, 교사들이 교직에 대한 동기 부여를 받으며, 교사들의 자기효능감(self-efficacy)이 높아진다. 그리고 변혁적 리더십이 학교의 문화를 개선시키는 데 직접적으로 공헌한다는 점을 보여주는 것이다(Leithwood et al., 1999). 변혁적 리더가 학교의 문화를 개선한다는 것은 구체적으로 학교의 규범, 가치, 신념, 그리고 지속적인 전문성 개발의 개선과 변화를 통해서 이룩하는 것이다(Harris et al., 2003).

셀프체크 김창걸(2003)의 변혁적 리더십 측정 척도

– 비전제시(1,2,15,16,23,24), 선도적 추진성(3,4,5,17,18,25,26), 개인적 배려(6,7,8,9,10,19,27,28), 성과기대(11,12,13,14,29,21,22)

번호	문항 내용	전혀 그렇지 않다	그렇지 않다	보통이다	그렇다	매우 그렇다
1	새로운 비전을 설정하여 제시하고 실천한다.					
2	설정된 비전을 학교 내·외에 널리 알리고 구체적으로 반영한다.					
3	변화 지향적, 미래지향적 교사들의 의견을 청취하려고 한다.					
4	교사들과 개별적으로 만나서 고충을 들어주며 개인적 조언을 한다.					
5	교사들 상호간의 긴장과 갈등을 해소시키는데 노력한다.					
6	교사들과 동등한 입장에서 이해하려고 노력한다.					
7	새로운 문제를 솔선하여 해결하려고 노력하지는 않는다. (R)					
8	교사들에게 과업을 배정하고 지도해 나가는데 중심적 위치에 있다.					
9	긴급사항이나 혼란에 처해 있을때도 어려움 없이 잎을 잘 수행해나간다.					
10	의사결정과정에 교사들을 참여시키고 집단과정을 통하여 문제를 합리적·민주적으로 해결한다.					

번호	문항 내용	전혀 그렇지 않다	그렇지 않다	보통 이다	그렇다	매우 그렇다
11	교사들의 자아실현욕구를 발휘할 수 있도록 여건을 조성한다.					
12	모든 방면에서 최고이기보다는 최선을 다하기를 기대한다.					
13	교사들에게 개인목표를 설정하게 하고 그 평가과정에 교사들을 참여시킨다.					
14	교사들에게 새로운 교육지도와 방법을 사용하여 성과를 올리도록 기대한다.					
15	항상 새로운 교육이론이나 교육방법, 기술 등을 교육현장에 적용하려 노력한다.					
16	교사들로 하여금 연수회 참여나 자율연수를 통하여 새로운 정보를 얻도록 요구한다.					
17	나는 교사들이 쉽게 접근할 수 있는 사람은 아니다. (R)					
18	교사들 각 개인의 능력을 인정하고 발휘할 수 있는 기회를 최대한 제공한다.					
19	창의성과 독창성을 가지고 문제해결에 앞장선다.					
20	교사들이 평균 이상의 성취를 할 수 있도록 동기화시킨다.					
21	교사들이 학생의 발전과 복리증진에 최선을 다할 것을 기대한다.					
22	학교목표를 미래지향적인 차원에서 설정하려고 한다.					
23	새로운 사고와 변화를 수용하기를 꺼린다. (R)					
24	교사들 간의 정보교환의 기회를 제공하고 지원해 준다.					
25	교사들의 개인적인 잘못에 대해 관대하게 처리하지 않고 반드시 책임을 묻는다. (R)					
26	교사들이 집단 활동이나 취미활동을 통해 상호이해와 응집성을 높여준다					
27	스스로 열심히 과업을 추진함으로써 교직원들에게 모범을 보인다.					
28	책임감과 강한 동기를 가지고 과업을 추진한다.					

6. 감성리더십

감성리더십이란 리더가 가지고 있는 감성적이고 사회적인 스킬을 개발하고 응용하여 다른 사람에게 건설적인 노력을 발휘하도록 영향력을 행사하는 것이다. Goleman 등(2002)은 감성 역량을 기초로 해서 감성리더십을 "리더 스스로 자신의 내면을 이해하고, 구성원의 감성 및 필요를 배려함과 동시에 조직 구성원들과의 관계를 자연스럽게 형성하여 조직의 감성 역량을 높이는 능력"이라고 하였다. Goleman은 감성리더십의 기본 요인을 네 가지로 제시했다. 그 구성 요인들은 자신(개인적)과 타인(사회적), 그리고 이해관리를 중심축으로 하는 자기의식 능력self-awareness, 사회적 인식 능력social-awareness, 자아관리 능력self-management, 관계관리 능력relationship management이다.

	이해	관리
자기	자기이해 능력	자기관리 능력
타인	타인이해 능력 (사회적 인식 능력)	타인관리 능력 (관계관리 능력)

자기인식 능력은 자신의 감성을 명확하게 이해하는 능력으로서 감성이헤력, 정확한 자기평가, 자신감을 특징으로 한다. 사회적 인식 능력은 다른 사람의 감성을 명확하게 이해하는 능력이며 감정이입, 조직 파악력, 고객 서비스 정신을 특징으로 한다. 자기관리 능력은 자기 자신의 감성을 효과적으로 관리하는 능력으로 자기 통제력, 신뢰성, 자기관리, 책임 의식, 적응력, 성과달성지향, 주도성 등을 특징으로 한다. 관계관리 능력은 다른 사람의 감성을 효과적으로 관리하는 능력으로 영감을 불러일으키는 능력, 영향력, 타인 지원성, 연대감 형성, 커뮤니케이션, 변화 촉진력, 갈등관리 능력 등을 특징으로 한다.

선행연구를 보면, 이미라(2007)는 학교장의 감성리더십이 학교조직의 감성능력을 결정하는데 필요하며 조직 감성을 통해 학교 조직학습에 영향을 준다고 하였다. 신동한(2008)은 학교장의 감성리더십이 교사의 교직헌신도와 학교의 조직문화에 영향을 주고 학교조직 효과성과의 구조 분석을 통해 직·간접 효과를 나타낸다고 하였다. 이윤식과 이상미(2009)는 학교장의 수업리더십, 감성리더십, 교사 효능감, 교사 헌신간의 구조 관계를 분석한 결과 수업리더십은 교사 효능감을 통해서 교사 헌신 간에 간인 효과를 나타내었으나 감성리더십은 직·간 효과 모두에 유의미한 결과를 나타내었다고 하였다. 김명희와 양성관(2011)은 학교장의 감성리더십이 교사 직무만족에 미치는 직접적인 영향력은 통계적으로 유의하지 않았으나 LMX를 통한 간접효과에는 통계적으로 유의한 결과가 있다고 하였다. 김희규, 류춘근, 최상영(2014)는 학교장의 감성적 리더십은 학교풍토 및 학교효과성과 정적인 상관을 보였으며, 유의미한 영향을 미치는 것으로 나타났다. 추승희, 고재천(2013)은 동 학년 초등교사의 직무만족에 미치는 영향에 대한 연구를 통해 동 학년 교사들이 인식하는 부장교사의 감성적 리더십은 의미 있는 차이가 없었지만, 일부 하위요인(사회적 인식능력, 관계관리능력, 자기관리 능력이)에서는 동료애와 교직의식에 의미 있는 영향을 미치는 것으로 나타났다.

셀프체크 이석열(2006)의 감성리더십 척도

– 감성 인식능력(1–7), 감정 관리 능력(8–19), 사회적 인식능력(20–26), 관계 관리능력(27–48)

번호	문항 내용(우리 학교 교장선생님은...)	전혀 그렇지 않다	그렇지 않다	보통이다	그렇다	매우 그렇다
1	추구하려는 가치나 목표가 분명하다.					
2	평소에 밝게 행동하려고 한다.					
3	자신의 장점과 약점을 잘 알고 있다.					
4	새로운 접근을 위한 계속적인 학습과 자기개발에 관심을 갖는다.					
5	바람직한 의사결정을 내릴 수 있다는 자신이 있다.					
6	자신의 가치나 능력에 대해 긍정적으로 생각한다.					

번호	문항 내용(우리 학교 교장선생님은...)	전혀 그렇지 않다	그렇지 않다	보통 이다	그렇다	매우 그렇다
7	다른 사람에게 확신에 찬 인상을 심어주는 편이다.					
8	여러 사람으로부터 참신한 아이디어를 찾아낸다.					
9	문제의 본질적인 해결책을 찾으려고 노력한다.					
10	문제해결을 위해 먼저 새로운 해결방법을 찾으려고 한다.					
11	자신의 목표를 성취하기 위해 노력하는 결과 지향적이다.					
12	일에 추진력이 있다					
13	자신의 성과를 개선하기 위한 방법을 학습한다.					
14	더 큰 학교 목표를 충족하기 위해 개인적인 희생을 감수한다.					
15	학교조직의 사명을 달성하기 위해서 여러 가지 기회를 적극적으로 모색한다.					
16	학교조직의 구체적인 목표를 달성하기 위해 헌신한다.					
17	요구되거나 기대되는 일 이상의 목표를 추구한다.					
18	색다르고 모험적인 노력으로 다른 사람들을 움직인다.					
19	항상 새로운 일에 도전한다.					
20	다른 사람의 요구와 감정에 맞게 도와주려고 한다.					
21	다른 사람의 입장을 내 자신의 입장처럼 공감하는 편이다.					
22	다른 사람의 어려운 처지를 도와주려고 노력한다.					
23	다른 사람의 말에 귀 기울이고, 상대방의 요구를 충족시켜주기 위해 노력한다.					
24	다른 사람의 장점이나 성취 그리고 발전 등을 인정해주고 그것에 대한 보상 해준다.					
25	학교에서 편견이나 편협함을 해결하기 위해 노력한다.					
26	학교에서 구성원의 다양성을 존중하고 가치 있게 여긴다.					
27	무언인가를 발표할 때 청중에게 잘 어필하는 편이다					
28	자신의 메시지를 전달할 때에는 감정적인 단서를 효과적으로 사용한다.					
29	잘 듣고, 상호이해를 추구하며, 충분하게 정보를 공유하					

번호	문항 내용(우리 학교 교장선생님은...)	전혀 그렇지 않다	그렇지 않다	보통 이다	그렇다	매우 그렇다
	는 것을 좋아한다.					
30	학교의 비전과 사명을 교직원, 학부모, 학생, 그리고 지역사회에 효과적으로 알린다.					
31	조직 내의 공유하는 비전이나 임무를 성취하기 위한 열정을 자극하고 분명히 전달한다.					
32	다른 사람이 책임감을 가지고 성취를 이룰 수 있도록 안내해준다.					
33	다른 사람으로 하여금 더 높은 수준의 직무수행을 하도록 격려하는 가치나 신념 그리고 태도를 보여준다.					
34	학교 변화를 위해서 불필요한 장애 요인을 없앤다.					
35	변화를 옹호하고, 다른 사람이 변화를 추구하는데 참여한다.					
36	다른 사람이 기대하고 있는 변화의 모델이 된다.					
37	조직 갈등들을 찾아내고 서로의 입장을 이해할 수 있도록 도와준다.					
38	상호간에 이익을 얻을 수 있는 관계를 찾아낸다.					
39	조직 구성원들 간의 토론이나 토의를 장려한다.					
40	다른 사람과의 친근한 래포를 형성하고 있다					
41	동료와 개인적인 친교를 만들고 유지하고 있다					
42	교사들과 대화를 하는 것을 즐겁게 생각한다.					
43	계획, 정보, 자원을 공유하는데 협력한다.					
44	친밀하고 협력적인 풍토를 만들기 위해 노력한다.					
45	동료 교사를 믿고 편하게 상의하고 함께 일을 한다.					
46	모든 구성원이 적극적이고 활동적으로 참여하도록 유도한다.					
47	팀의 정체성, 가치, 헌신 등을 강조하여 동료의식을 형성한다.					
48	학생과 교직원을 가치 있게 생각하고, 함께 하는 것을 보람 있게 여긴다.					

7. 서번트 리더십

서번트 리더십(servant leadership)은 리더와 구성원 간의 관계를 상하 관계라기보다는 수평적인 동료관계로 본다. 서번트 리더는 구성원들이 자율적으로 업무를 수행하도록 권한과 책임을 위임하고, 그들을 지원한다. 구성원들과 대안에 대해 토의하고 결정을 내린다. 결정된 사안에 대해서는 구성원들이 협력하여 일을 추진해 나가며, 서번트 리더는 결정된 일이 잘 진행될 수 있도록 지원하고 환경을 조성해 주는 일을 한다. 또한 서번트 리더는 질책보다는 격려를 통해 구성원들이 업무를 잘 수행할 수 있도록 동기를 부여한다. 이러한 과정들을 통해 구성원들은 자신의 다양성과 창의성을 자유롭게 발휘할 수 있게 되며, 업무에 대해 주인의식과 책임감을 가지고 환경의 변화에 능동적으로 대처하게 된다.

서번트 리더십은 Greenleaf(1977)에 의해 처음으로 제시되었다. 그는 서번트 리더십 5원칙을 제시했는데, 그것들은 존중, 봉사, 정의, 정직, 공동체 윤리를 제시했다. 그가 제시한 이러한 5원칙에 근거하여 Spears(1995)는 서번트 리더십의 특징을 경청, 공감, 치유, 설득, 인지, 통찰, 비전제시, 청지기의식, 구성원의 성장, 공동체 형성으로 제시했다. 이러한 점에서 서번트 리더십은 섬김과 리드가 부단하게 이어지는 리더십을 의미한다고 할 수 있다. 다시 말해 서번트 리더십은 인간존중을 바탕으로 구성원들에 대한 지원을 통해 그들의 잠재적 능력을 발현시키며 이를 통해 최대의 성과를 얻는 리더십이라고 할 수 있다. 서번트 리더의 특성은 첫째, 리더로서 자신을 서번트 또는 지원자로 인식, 둘째, 조직에서 가장 가치 있는 자원은 사람이라는 인식, 셋째, 늘 학습하는 태도, 넷째, 경청, 다섯째, 설득과 대화로 업무 추진, 여섯째, 조직의 커뮤니티 형성, 일곱째, 권한 위임을 통한 리더십 공유 등 7가지이다.

선행연구를 보면, 신재흡(2010)는 학교장의 서번트 리더십은 학교조직효과성에 긍정적인 영향을 준다는 것을 규명하였으며, 서번트 리더십은 학교 조직문화보다 학교조직효과성에 더 큰 영향을 미친다고 하였다. 이용호, 김상돈, 김현진(2012)는 교장의 서번트 리더십, 교사의 교직헌신, 교사의 직무만족의 하위 요인 간에 모두 유의한 상관이 있는 것으로 나타났으며, 학교장의 서번트 리더십이 교사의 직무만족에 미치는 매개효과가 있으며, 서번트 리더십이 교사의 교직헌신과 교사의 직무만족에 미치는 직접효과가 있으며, 학교장의 서번트 리더십은 교사의 교직헌신을 매개로 교사의 직무만족에 유의한 영향을 미친다고 하였다.

셀프체크 Laub(1999)의 SOLA 척도

– 경청 및 공감설득 치유(1–14), 인지 및 통찰 비전제시(15–21), 구성원 성장 유도(22–27), 공동체 형성(28–33)

번호	문항(우리학교 교장선생님은...)	전혀 그렇지 않다	그렇지 않다	보통 이다	그렇다	매우 그렇다
1	자신의 견해와 다른 의견이나 비판을 잘 받아들인다.					
2	교사들의 의견을 진지하게 듣는다.					
3	부서의 문제에 대해 교사들의 의견을 듣는다.					
4	교사들을 인격적으로 대한다.					
5	교사들의 다양성을 포용한다.					
6	교사들의 입장에서 교사들을 이해해 준다.					
7	지시나 명령보다는 설득을 통해 교사들을 움직이게 한다.					
8	부서의 목표에 대해 교사들에 대한 설득을 통하여 동의를 이끌어 낸다.					
9	설득을 통해 교사에게 업무의 필요성을 납득시킨다.					
10	교사들에게 관심을 갖고 돌보아준다.					
11	업무 스트레스를 효과적으로 달래준다.					
12	교사들의 업무관련 스트레스 요인들을 없애려고 노력한다.					
13	업무를 자율적으로 할 수 있도록 책임과 권한을 준다.					
14	의사결정을 할 때 교사에게 미칠 영향을 먼저 생각한다.					
15	교사들이 잘하는 일과 못 하는 일이 무엇인지 알고 있다.					
16	교사에게 영향을 미치는 최근의 변화를 인지하고 있다.					
17	상황에 맞는 적절한 행동을 취한다.					

번호	문항(우리학교 교장선생님은...)	전혀 그렇지 않다	그렇지 않다	보통 이다	그렇다	매우 그렇다
18	직관과 통찰력이 있다					
19	변화되는 업무환경에 대하여 정확하게 파악한다.					
20	교사의 의견이나 감정 상태를 잘 파악한다.					
21	조직의 비전을 분명하게 제시한다.					
22	부서의 목표를 밝히고 이를 교사에게 전달한다.					
23	부서의 방향과 목표를 명확하게 제시한다.					
24	교사들이 목표를 달성하는데 필요한 자원과 지원을 제공한다.					
25	교사들이 자기개발을 하도록 격려한다.					
26	교사들이 전문가가 되도록 후원한다.					
27	교사에게 요구하는 행동을 먼저 실천한다.					
28	의사결정을 할 때 교사의 참여를 허용한다.					
29	교사들 간의 팀웍과 협력을 강조한다.					
30	결속력이 강한 공동체를 만들기 위하여 노력한다.					
31	업무 외 부서활동에 적극적으로 참여한다.					
32	교사들간의 정보공유와 활발한 의사소통을 장려한다.					
33	교사들이 서로 경쟁하기 보다는 함께 일하도록 강조한다.					

8. 셀프 리더십

셀프 리더십은 Manz와 Sims에 의해 제안된 리더십이론으로 구성원 각자가 스스로를 지도할 수 있도록 만드는 리더십이다. 셀프 리더십은 구성원 각자가 스스로를 지도할 수 있는 능력을 강조한다. 이는 구성원들이 외적 통제에 의해서보다는 자기를 스스로 이끄는 내적 통제에 의해 보다 생산적이고 성공적인 직무수행이 가능하다고 본다. 이러한 점에서 셀프 리더십은 추종자들이 자신들의 직무수행과 생산성을 수용하는 책임 있는 팔워십(followship)을 강조하는 것이다. 이를 위한 리더들의 과업은 직원들에게 자율적 리더십을 가르치고 그들이 조직 내에서 스스로 이끌 수 있는 실천 기회를 제공해야 한다(이병환, 장기풍, 김규태, 2012).

9. 카리스마적 리더십

카리스마적 리더십은 Weber가 사람들로 하여금 자발적으로 복종하게 하는데 있어서 카리스마적 권위를 전제로 하는 것이다. 카리스마적 리더십은 개인적인 능력과 특별한 매력이 추종자들을 움직이게 만든다는 점을 강조한다. House(1977)는 카리스마적 지도자의 인성으로서 높은 수준의 자신감, 다른 사람을 지배하려는 경향과 영향력을 발휘하려는 의욕, 자기 신념의 완전성에 대한 확신 등을 제시했다. 그는 또한 지도자의 리더십 행동은 다음과 같은 특징을 보인다고 하였다. 첫째, 역할 모델을 통하여 부하에게 자신의 가치와 신념을 표현하고 바람직한 경쟁을 유도한다. 둘째, 이미 조성을 통해 업적 달성을 강조하는 부하의 행동을 이용한다. 셋째, 목적 명세화를 통해 초월적인 목표를 제시한다. 넷째, 부하들의 성취에 대한 자신감과 높은 기대를 보여주는 행동을 한다. 다섯째, 자신의 행동을 통해 부하의 목적에 영향을 준다. 여섯째, 비전 성취와 관련된 행동을 나타낸다(주삼환 외, 2009, pp. 129–130 재인용).

10. 문화적 리더십

Sergiovanni(1990)는 "교사와 학생들은 관료제적 규칙, 관리지침, 상황의존적 교환, 합리적 실체의 이미지보다는 규범, 집단의 관습, 신념의 유형, 가치와 사회화 과정, 사회적으로 구조화된 실체의 이미지에 의해 더 잘 움직여진다"(p.10)고 보았다. 이는 학교에서의 문화성을 강조한 것이다. Cunningham과 Gresso(1993)는 리더십에 대한 구조적 접근의 대안으로 문화적 접근을 제시하였다. 문화는 교직원 개개인에게 수용될 수 있는 방법을 규정하며 그들이 생활하는 기초가 되어, 사람들의 마음에 영향을 주고, 그들의 관리, 업무 그리고 자기 자신을 지각하고 결부시키며, 해석하는 모형이 되기 때문에 학교 교육을 개선하기 위해서 반드시 고려되어야 한다. 이렇듯 조직문화는 모든 행정적 노력의 구심점이 되어 조직구조, 조직행동 그리고 조직의 직무수행에 영향을 주고 직무수행을 개선하기 위한 기제가 된다. 그래서 조지행동과 조직구조는 직무수행 개선을 위한 교정적 행위를 통해 적절한 조직문화를 발전시키고 지원한다.

11. 도덕적 리더십

Burns(1978)는 도덕적 리더십을 일상의 결핍과 필요와 기대에 대한 다양성의 요구를 초월하고, 도덕적 발달의 더 높은 차원에 부응하며, 리더십 행동을 이성적이고, 비교적 명백하며, 의식적인 가치에 관련되는 리더십으로 제시하였다. 도덕적 리더십이 고려되는 이유는 리더십을 발휘하는 성원이 가지고 있는 도덕적 · 정신적 비전, 목표관, 가치의식, 문화, 행동이 교육실천 행위에 대한 의사결정과 성과에 영향을 미치기 때문이다. Segiovanni(1992)는 학교가 도덕적인 측면을 지닌 조직임을 강조하기 위해서 도덕적 측면에서의 선의와 관리적 측면에서의 성공이라는 두 차원을 조합하여 다음 네 가지 유형을 제시했다.

Sergiovanni(1992)는 [그림 10-5]와 같이 학교는 도덕적이고 효과적인 학교, 도덕적인 학교, 비도덕적이고 비효과적인 학교, 그리고 정략적인 학교로 분류하였다. 도덕적인 학교는 교직원들은 선의에 의해 동기가 유발되지만 목적의 성취에 있어서는 성공적이지 못하다. 반면에 정약적인 학교는 교직원들은 선의에 의해 동기가 유발되지 않았지만 목적 성취에 있어서는 성공적이다. 도덕적인 학교는 교직원들이 선의에 기초한 교장의 리더십을 이해하게 되면서 성공할 가능성이 증대되는 것이다. 그러나 단기적인 성공을 지향하는 정략적인 학교보다는 선의를 강조하는 도덕적인 학교가 장기적으로 정략적인 학교가 될 가능성이 더 높게 된다. 따라서 도덕적 리더십은 성공보다 선의를 중시하는 도덕적인 학교와 도덕적이고 효과적인 학교를 만드는 리더십이라 할 수 있다.

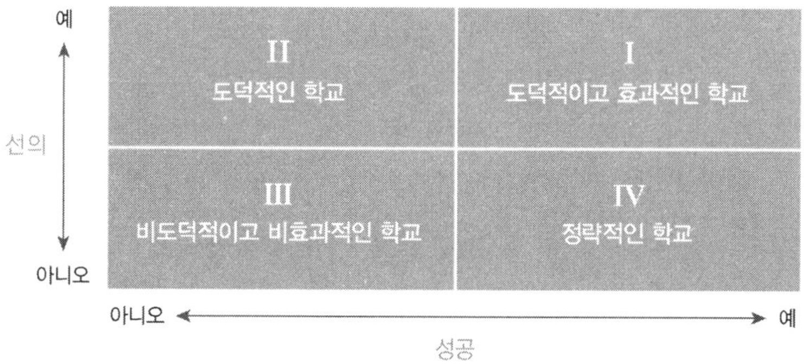

[그림 10-5] 학교의 네 가지 유형

이러한 도덕적인 학교를 만들기 위해서 리더는 학교 목표에 부합한 분명한 교육비전과 철학을 가지고, 교직원들에게 다양한 영역의 권한부여를 통해 학교 조직에 보다 더 적극적으로 헌신하고 참여하고, 협력하도록 유도하는 변화지향적인 행위를 해야 할 것이다. 이를 위하여 도덕적 리더들은 Segiovanni(1992)가 제안한 것처럼 전문직업적 사회화, 목적설정과 공유가치, 동료의식과 상호의존성을 제시하고, 이러한 전략을 통해서 추종자들로 하여금 일에 헌신하도록 하는데 필요한 규범적 권력을 제공함으로서 학교에서 통제문제를 해결할 수 있고, 이러한 전략들이 성공할 경우 그것들은 교사들을 추종자에서 자기관리자로 변혁시킬 수 있을 것이다. 뿐만 아니라 전문 직업적 사회화, 목적설정과 공유가치, 동료의식과 상호의존성이 강조될 경우 이것드은 리더십을 대신할 수 있으며, 지도자의 지도력은 그만큼 필요가 없게 된다. 수업이 교사들 자신의 지혜와 동료들에 의존하여 자율적으로 해결되고 그에 따라 행정가들에 대한 업무 부담은 완화될 것이다.

12. 분산적 리더십

분산적 리더십이란 지도자와 구성원들이 조직의 상황에서 상호협력하면서 나타나는 지식의 공동생산과 같은 리더십 실행이라고 정의할 수 있다(Spillane, 2012). 그리고 Gronn(2003)은 공유적 · 협동적 · 참여적 리더십의 개념이 투영된 것으로, 리더십 실행에서 개인들의 상호작용에 의해 의사결정이 이루어지는 측면이 강한 리더십이 바로 변혁적 리더십이라고 강조하였다. 이처럼 분산적 리더십은 기존의 연구와 달리 다수의 지도자들이 조직의 상황에서 어떤 '과정'을 통해 리더십을 발휘하는가에 관심을 둔다. Harris(2004)는 빠르게 변화하는 세계에서 학교개선을 위한 새로운 리더십 유형으로 분산적 리더십(Distributed Leadership)이 각광을 받고 있다고 하였다.

분산적 리더십의 구성요소에는 첫 번째 비전 · 목표를 독립된 구성요소로 보고, 비전으로 용어를 통일하여 사용하기도 한다(주영효, 김규태, 2009). 다음의 구성요소로는 지도자의 확대를 들 수 있다. 주영효, 김규태(2009)는 다양한 리더십의 원천을 강조함을 생각할 때 지도자 확대는 분산적 리더십의 필수적인 구성요소라고 하였다. 그리고 세 번째 구성요소는 인공물, 상황, 수업프로그램, 제도적 형태는 리더십 실행이 일어나는 상황을 구성하는 요소이기에 실행상황(Spillane, 2004)으로 용어를 통일하고자 한다. 마지막 구성요소는 학교문화, 학습조직, 탐구, 책임공유는 학교 조직 내 전반의 학습조직, 문제해결의 방식, 조직문화를 아우르는 요소(주영효, 김규태, 2009)로 학습조직문화를 들 수 있다.

김희규(2013)은 교장의 분산적 리더십과 교사의 헌신은 높은 상관을 보였으며, 분산적 리더십은 교사의 헌신에 의미 있게 설명하는 변수임을 확인하였다. 박희경(2014)는 초등학교의 남교사, 고경력 교사, 규모가 큰 학교의 교사일수록 분산적 리더십을 높게 인식하고 있었으며, 학교조직 효과성에는 분산적 리더십의 학습조직문화, 지도자 확대, 비전, 실행상황 순으로 영향을 주며, 분산적 리더십은 학교조직 효과성에 직접적으로 영향을 미치기도 하지만, 교사 임파워먼트를 매개로 하여 더 크게 영향을 미치고 있다고 하였다. 조성구, 한유경, 민윤정, 김애신, 주철안(2011)은 분산적 리더십은 교육경력과 직위에 따라 유의한 차이를 보이며, 분산적 리더십과 학교조직효과성은 정적 상관을 보이며, 분산적 리더십의 모든 하위변인은 학교조직 효과성에 유의한 정적 영향을 미친다고 하였다.

셀프체크 문성윤(2013)의 분산적 리더십 진단 척도

– 학교상황(1-6), 학교장 리더십(7-18), 교사리더십(14-19), 교사의 상호작용(20-25)

번호	문항 내용	전혀 그렇지 않다	그렇지 않다	보통이다	그렇다	매우 그렇다
1	우리 학교는 공유되는 학교비전과 목표가 있다.					
2	우리 학교는 학기 초부터 각 부서(학년) 간 협력하여 교육목표를 설정하여 제시한다.					
3	우리 학교는 교사 상호 존중을 바탕으로 자유롭게 의견교환이 이루어진다.					
4	우리 학교는 교사들 간 의견 및 비판을 수용하는 편이다					
5	우리 학교는 교사들이 학교에 대한 소속감과 자부심을 가진다.					
6	우리 학교는 업무분장을 중심으로 학교가 운영된다.					
7	학교장은 교사들에게 책임 있는 업무 수행을 요구한다.					
8	학교장은 교사들에게 자율적인 교육과정 운영권을 부여한다.					
9	학교장은 교사들의 능동적 참여와 의견 제시를 인정하고 지원한다.					
10	학교장은 교무행정 조직의 지도자(부장교사)들을 신뢰한다.					
11	학교장은 교무행정 조직이외의 지도자(연구회, 동문회, 동호회 등)들을 신뢰한다.					
12	학교장은 업무(학년) 부장들과 공동업무를 수행한다.					
13	학교장은 각 부서(학년) 간에 긴밀한 협력을 취할 수 있도록 수시로 기획위원회(교육과정협의회)를 개최한다.					
14	나는 내 자신이 학교의 공동 지도자란 인식을 가진다.					
15	나는 학교에 창의적인 교육 프로그램 아이디어를 제시한다.					

번호	문항 내용	전혀 그렇지 않다	그렇지 않다	보통 이다	그렇다	매우 그렇다
16	나는 업무에 관한 결과물에 대해 분명한 책임을 진다.					
17	나는 업무 결과를 피드백한 후 다음 업무에 반영한다.					
18	나는 동료 교사들에게 영향을 준다.					
19	나는 학교의 조직에서 권한이 있다.					
20	우리 학교의 교사들은 업무에 관련된 자료를 상호 공유한다.					
21	우리 학교의 교사들은 동료 교사와 협력을 잘한다.					
22	우리 학교의 교사들은 수업평가를 자기개발 기회로 활용하고 있다.					
23	우리 학교의 교사들은 교과연구회 및 교내·외 연수를 통해 자기 발전에 노력한다.					
24	우리 학교의 교사들은 다른 부서나 동료교사의 업무에 관심이 많다.					
25	우리 학교의 교사들은 교사들의 개인 비전과 목표를 공유한다.					

학습 정리

1. 리더십은 어떤 조직에서 공동의 목표를 달성해 나가는 과정에 영향력을 행사하는 과정으로 정의된다. 리더십 특성론은 리더는 태어나는 것이지 학습이나 경험에 의해 만들어지는 것이 아니라고 보는 입장으로 성공적인 리더의 지적 · 정서적 · 육체적 특성을 찾아내려는 접근이다.
2. 리더십 행동이론은 지도자가 어떠한 행동을 하느냐에 초점을 둔다. 심리학적 요인, 사회학적 요인, 그리고 개인적 특성과 상황적 요인 모두 지도성을 결정하는 데 영향을 준다는 관점에서 지도자가 어떤 상황에서 어떤 행동을 나타내는가에 집중하고 있다. 대부분의 리더십 행동론은 지도자의 지도성 행위를 조직 목표 및 구조를 중시하는 '과업 중심'과 집단 구성원을 배려하는 '인화 중심'으로 나누고 있다.
3. 상황론에 의하면 효과적인 지도성은 지도자의 개인 특성, 지도자의 행위, 지도성 상황의 요인들 간의 상호작용에 의하여 결정된다. 상황론은 효과적인 지도성이 어느 한 가지 요인으로만 설명될 수 없다는 전제에 근거를 두고 있다. 따라서 상황론은 지도자의 특성이나 행위는 지도자가 지도성을 발휘하는 상황적 맥락 속에서 고려되어야 한다는 것을 강조한다.
4. 교환적 리더십은 교환관계에 기초를 둔 것으로 지도자는 구성원이 바라는 것을 제공해 줌으로써 구성원의 행동을 유도하는 것으로 구성원의 상호욕구가 교환관계를 통해 만족되는 한 지속된다. Bass(1981)는 변혁적 리더십을 주창했는데, ① 리더가 다른 사람들이 새로운 관점으로 그들의 일을 보도록 자극한다, ② 조직의 사명이나 비전을 인식하도록 한다, ③ 동료와 구성원들의 능력과 잠재력을 더 높은 수준으로 개발한다, ④ 그들 자신의 이익을 초월하여 집단에 이익이 되는 것을 지향하도록 동기 유발한다 등을 강조한다.
5. 감성리더십이란 리더가 가지고 있는 감성적이고 사회적인 스킬을 개발하고 응용하여 다른 사람에게 건설적인 노력을 발휘하도록 영향력을 행사하는 것이다. Goleman 등(2002)은 감성 역량을 기초로 해서 감성리더십을 "리더 스스로 자신의 내면을 이해하고, 구성원의 감성 및 필요를 배려함과 동시에 조직 구성원들과의 관계를 자연스럽게 형성하여 조직의 감성 역량을 높이는 능력"이라고 하였다. Goleman은 감성리더십의 기본 요인을 네 가지로 제시했다. 그 구성 요인들은 자신(개인적)과 타인(사회적), 그리고 이해관리를 중심축으로 하는 자기의식 능력self-awareness, 사회적 인식 능력social-awareness, 자아관리 능력self-management, 관계관리 능력relationship management이다.
6. 서번트 리더십(servant leadership)은 리더와 구성원 간의 관계를 상하 관계라기보다는 수평적인 동료관계로 본다. 서번트 리더는 구성원들이 자율적으로 업무를 수행하도록 권한과 책임을 위임하고, 그들을 지원하게 된다. 구성원들과 대안에 대해 토의하고 결정을 내린다. 결정된 사안에 대해서는 구성원들이 협력하여 일을 추진해 나가며, 서번트 리더는 결정된 일이 잘 진행될 수 있도록 지원하고 환경을 조성해 주는 일을 한다. 또한 서번트 리더는 질책보다는 격려를 통해 구성원들이 업무를 잘 수행할 수 있도록 동기를 부여한다. 이러한 과정들을 통해 구성원들은 자신의 다양성과 창의성을 자유롭게 발휘할 수 있게 되며, 업무에 대해 주인의식과 책임감을 가지고 환경의 변화에 능동적으로 대처하게 된다. 서번트 리더십은 Greenleaf(1970)에 의해 처음으로 제시되었다. 그는 서번트 리더십 5원칙을 제시했는데, 그것들은 존중, 봉사, 정의, 정

직, 공동체 윤리를 제시했다.

7. 셀프 리더십은 Manz와 Sims에 의해 제안된 리더십이론으로 구성원 각자가 스스로를 지도할 수 있도록 만드는 리더십이다. 카리스마적 리더십은 Weber가 사람들로 하여금 자발적으로 복종하게 하는데 있어서 카리스마적 권위를 전제로 하는 것이다. 카리스마적 리더십은 개인적인 인력과 특별한 매력이 추종자들을 움직이게 만든다는 점을 강조한다. 문화적 리더십은 Sergiovanni에 의해 주창되었는데, 그는 "교사와 학생들은 관료제적 규칙, 관리지침, 상황의존적 교환, 합리적 실체의 이미지보다는 규범, 집단의 관습, 신념의 유형, 가치와 사회화 과정, 사회적으로 구조화된 실체의 이미지에 의해 더 잘 움직여진다"고 하였다. 도덕적 리더십은 일상의 결핍과 필요와 기대에 대한 다양성의 요구를 초월하고, 도덕적 발달의 더 높은 차원에 부응하며, 리더십 행동을 이성적이고, 비교적 명백하며, 의식적인 가치에 관련되는 리더십이다. 분산적 리더십이란 지도자와 구성원들이 조직의 상황에서 상호협력하면서 나타나는 지식의 공동생산과 같은 리더십 실행이다.

Chapter 11

교사리더십

학습 목표

1. 훌륭한(효과적인) 교사의 특성에 대해 설명할 수 있다.
2. 성공하는 교사의 9가지 습관에 대해 설명할 수 있다.
3. 교사리더십의 개념과 특성에 대해 설명할 수 있다.
4. 리더로서의 교사 역할에 대해 설명할 수 있다.
5. 교사리더십의 촉진 및 장애 요인에 대해 설명할 수 있다.
6. 팔로워로서의 교사에 대해 설명할 수 있다.
7. 팀장으로서의 교사에 대해 설명할 수 있다.

1. 훌륭한(효과적인) 교사의 특성

교사는 교육에 관한 전문적 지식과 방법을 주어진 교육할 권한의 범위 안에서 학생을 효과적으로 지도하는 사람이다. 그러면 어떠한 교사가 능력 있고 훌륭한(효과적인) 교사인가? 여기서는 Whitaker(2003)가 쓴 What Great Teachers Do Differently(훌륭한 교사는 무엇이 다른가)에서 제시된 훌륭한 교사의 특성을 요약 제시해 보고자 한다. Whitaker(2003)는 오랜 동안 교직에서 훌륭한 교사들을 관찰한 결과 다음과 같은 14가지 특성을 제시하였다.

① 훌륭한 교사는 학교의 질을 결정하는 것은 프로그램이 아니라 사람이라고 믿는다.
② 훌륭한 교사는 학년 초에 희망찬 목표를 세우고 1년 내내 일관되게 추진한다.
③ 훌륭한 교사는 학생이 잘못된 행동을 할 때 처벌이 아닌 예방에 집중한다.
④ 훌륭한 교사는 학생에게 높은 기대치를 가지며, 스스로에게는 훨씬 더 높은 기대치를 갖는다.
⑤ 훌륭한 교사는 교실의 변수가 학생이 아니라 바로 교사 자신임을 안다. 외부의 환경보다 자신이 제어할 수 있는 요소에 초점을 맞추고 끊임없이 점검한다.
⑥ 훌륭한 교사는 교실과 학교에서 긍정적인 분위기를 만들려고 애쓴다. 존경심을 갖고 모든 구성원을 대하여 칭찬의 중요성을 이해한다.
⑦ 훌륭한 교사는 주변의 부정적인 요소들을 걸러내고 긍정적인 태도를 공유한다.
⑧ 훌륭한 교사는 관계 개선에 늘 힘쓴다. 상대에게 상처를 주지 않도록 애쓰며 혹 실수가 있었더라도 '미안하다'고 먼저 말할 줄 안다.
⑨ 훌륭한 교사는 사소한 소란은 무시하면서, 부적절한 행동에 대응하고 그 상황을 악화시키지 않는 능력이 있다.
⑩ 훌륭한 교사는 매사에 계획과 목적을 갖는다. 일이 잘 수행되지 않을 때는 다르게 했더라면 어떻게 되었을까 생각하고 계획을 조절한다.
⑪ 훌륭한 교사는 어떤 결정을 내리기 전에 중간층 학생보다 우수한 학생들을 염두에 둔다. 또한 이들에 대한 고려가 편애로 비치지 않도록 신경 쓴다.
⑫ 훌륭한 교사는 어떤 결정을 내릴 때 누가 가장 편해지고 누가 가장 불편해질지를 먼저 고려한다. 노력하는 사람을 불편하게 만들 결정은 반드시 피한다.
⑬ 훌륭한 교사는 학력평가를 '학생의 학습'이라는 총체적 관점에서 바라보며, 학교 교육 전체가 학력평가에 휘둘리는 것을 경계한다.
⑭ 훌륭한 교사는 학생을 배려한다. 훌륭한 교사는 행동과 믿음이 감정과 연계되어 있으며, 감정에는 변화에 불을 지피는 힘이 있음을 이해한다.

① 문제의 해법은 프로그램에 있는 것이 아니라 사람에게서 찾는다

훌륭한 교사의 특성은 학생들의 성적과 수업의 질이 떨어질 때 그 문제의 해법을 프로그램이 아니라 사람에게서 찾는다는 것이다. 우리는 당면한 문제를 해결할 프로그램을 찾느라 많은 시간과 노력을 들이지만 찾아낸 프로그램이 원하는 개선이나 성장을 유도하지는 않는 경우를 직면하곤 한다. 우리는 정말 중요한 것에 초점을 맞추어야 한다. 그것은 결코 프로그램이 아니라 사람과 관련된다. 훌륭한 교사는 분야가 수업운영이든 교수방법이든 프로그램이 아니라 사람에게 초점을 맞춘다. 훌륭한 교사는 학생을 칭찬하고 보상하기도 하며 칭찬이나 보상 둘 중에 하나만 제공하기도 한다. 물론 그것은 무능한 교사들도 하는 일이다. 중요한 것은 교사가 칭찬과 보상을 한다는 사실이 아니라 얼마나 적절하고 효과적으로 하는가에 있다.

② 학급 운영을 희망에 초점을 둔다

훌륭한 교사의 특성은 학급 운영을 '희망'에 초점을 맞춘다는 것이다. 반면 보통의 교사들은 규칙에 초점을 맞추고, 가장 무능한 교사들은 규칙을 어긴 결과, 즉 벌칙에 집착한다. 훌륭한 교사는 학년 초에 학생에 대한 학업과 생활의 기대치를 수립해야 한다. 만약 학기가 시작된 둘째 주까지 기다린다면, 그것은 지난 잘못에 대한 규칙을 뒤늦게 세우는 것이나 마찬가지다. 학생들이 미리 준비하고 책임감을 가지고 시간을 지키기를 기대한다는 점을 사전에 명확하게 해둔다. 중요한 것은 기대치가 얼마인가에 있지 않고 얼마나 명확하고 미래지향적으로 지속될 수 있는가에 있다. 교사가 희망을 갖는 것은 학생을 위한, 그리고 교사 자신을 위한 가장 훌륭한 투자이다.

③ 잘못된 행동에 대해 되풀이하지 않도록 하는 목표를 갖는다

훌륭한 교사의 특성은 학생이 잘못된 행동을 할 때, 훌륭한 교사는 그 행동이 되풀이 되지 않도록 해야 한다는 목표를 갖지만, 무능한 교사는 처벌하겠다는 목표를 갖는다. 훌륭한 교사는 잘못된 행동을 예방하려 노력하지만 그렇지 못한 교사는 학생이 잘못을 한 후에야 뒤늦게 그 학생에게 벌을 주려 애쓴다. 예를 들어 유능하지 못한 교사는 수업시간에 필기구를 준비하지 못한 아이가 있다면 그 아이가 잘못했다고 느끼고 그 결과 더 나은 행동을 하게 이끌어내야 하는데, 벌칙과 처벌, 즉 지나간 잘못에 초점을 맞추려고 한다.

④ 학생들에 대한 낙관적 기대를 품는다

훌륭한 교사의 특성은 가르치는 능력에 상관없이 많은 교사들이 학생들에게 큰 기대를 품는다는 것이다. 정말로 중요한 변수는 교사가 자기 스스로에게 무엇을 기대하는가이다. 훌륭한 교사는 학생들에게 뿐 아니라 스스로에게도 높은 기대를 갖고 있다. 무능한 교사는 학생들에 대한 기대치는 높은 반면 스스로에게는 별반 기대를 갖고 있지 않다. 게다가 무능한 교사는 주변 사람 모두에게 비현실적으로 높은 기대를 갖는다.

그들은 완벽한 교장과 결점 없는 학부모, 자신을 존경하는 동료 교사들을 만나기를 기대한다.

⑤ 교실에서 자신의 행동을 통제할 수 있다

훌륭한 교사의 특성은 교실에서 자신의 행동을 통제할 수 있다는 것이다. 훌륭한 교사는 학생의 교실 수업 및 생활 개선을 위해 지속적으로 노력하며 자신이 통제할 수 있는 것에 초점을 맞춘다. 그렇지 않은 교사들은 무언가 다른 것이 변화되기를 기다린다. 훌륭한 교사는 대답을 자신에게서 구한다. 하지만 그렇지 못한 교사들은 대답을 얻어 내기 위해 다른 곳을 바라본다. 우리가 알다시피, 이런 교사들은 무엇인가 다른 것들이 변해줄 때만을 오래도록 그저 기다릴 뿐이다. 다른 직업과 달리 교사들은 지역사회에서 관심의 표적이 되기 쉽다. 많은 교사가 이러한 관심(대부분의 경우 비난)을 불편하게 여기지만 훌륭한 교사는 자신을 기꺼이 표적의 위치에 놓는다. 훌륭한 교사는 그 비판에서 살아남기 위해서 그 비판을 표면 그대로 받아들이기보다 전후 맥락을 먼저 파악한다. 또한 훌륭한 교사는 훌륭한 성과 역시 타인의 기준이 아니라 그들 자신이 정해 놓은 기대치에 따라 평가한다.

⑥ 긍정적인 학급 분위기를 조성한다

훌륭한 교사의 특성은 교실과 학교에 긍정적인 분위기를 창출한다는 것이다. 일반적으로 교사는 화가 난 학부모, 문제를 가진 학생, 부족한 수업 자료 등으로 지치기 쉽지만 훌륭한 교사는 긍정적인 자세를 가지면서 모든 학생을 존중하며 칭찬한다. 최고의 교사라고 모든 학생을 좋아하지는 않겠지만 적어도 그런 것처럼 행동하려 애씀으로 학생들의 귀감이 되려고 노력한다.

⑦ 학교 현장에서 필터 역할을 한다

훌륭한 교사의 특성은 학교 현장에서 필터의 역할을 한다는 것이다. 교사의 평소 행동은 교실 전체의 분위기에 영향을 끼친다. 아무리 사소한 내용이라도 교사가 긍정적인 자세로 어떤 일을 대한다면, 그것이 그대로 학생들에게 투영된다. 훌륭한 교사는 개인의 삶과 교실의 삶 사이에 효율적인 필터를 설치해 학생들에게 행동 모델로 삼도록 한다.

⑧ 학생들의 마음을 읽고 존중한다

훌륭한 교사의 특성은 학생들의 마음을 읽고 존중하며 상처가 되는 일에 미안하다고 말하는 센스가 있다는 것이다. 교육자들이 부적절한 행동을 하면 학생들이 어떤 상처를 받게 된다. 교사가 인내심을 잃고 전문가답지 않게 행동하는 것은 아이들에게 활을 쏘는 것이나 다름없다. 활이야 뽑을 수 있겠지만, 과녁의 상처는 어찌할 것인가? 학생들은 겉으로는 여전히 예의를 갖출지 모른다. 결국 그들은 어떤 선택을 하게 될까? 특히 다시 상처받게 될까 두려워하면서 학생들은 교사를 거리에 두게 될 것이다. 훌륭한 교사는 매일 존중하는 마음으로 학생들을 대하려 애쓰며 말 한 마디, 행동 하나 하나에 세심한 주의를 기울인다. 특히 그들은 학생의 감정에 상처를 내지 않으려고 애쓴다. 최고의 교사는 좀처럼 학생에게 상처가 되는 행동을 하지 않는다. 그들은 날카로운 지적을 하거나, 꼼짝 못할 반박을 하지 않는다. 친구들 앞에서 학생을 몰아세우거나 당혹스럽게 하지 않는다. 오히려 훌륭한 교사는 학생을 끊임없이 칭찬한다. 반면에 훌륭한 교사는 "일이 그렇게 되어서 죄송합니다."라고 학생과 부모에게 말할 수 있어야 한다. '미안하다고 말하는 센스'는 단순하지만 아주 강력하게 듣는 사람을 진정시키는 기술이다. 학생부장이나 상담교사 혹은 교사가 상황을 악화시키지 않고 학생에게 사과하는 기술을 가르칠 수 있다면 모든 일은 한결 쉬워지고 학생의 생활은 개선된다.

⑨ 모른 척하는 기술을 지닌다

훌륭한 교사의 특성은 솜씨 있게 모른 척할 줄 안다는 것이다. 이것은 교실에서 일어나는 일들을 알아차리지 못하는 것이 아니라, 일어나는 모든 일을 거의 인지한다는 의미다. 도움이나 개입이 필요한데도 끝까지 지켜보기만 한다는 의미도 아니다. 이것은 오히려 학교 일상에서 일어나는 상황에 숙달되어 있음을 의미한다. 한두 학생이 어떤 식으로 수업을 방해하는지, 학습의 흐름을 어떤 식으로 언제까지 이어 가야 하는지, 학습을 방해하는 요소를 어떤 순간에 단호하게 저지해야 하는지, 그리고 벌어진 소동을 다른 학생이 알아채지 못하게 조용히 가라앉히는 방법 등을 알고 있다는 의미다. 훌륭한 교사의 모른 척하는 기술은 학생을 무시하라는 것은 아니다. 역설적으로 잘못된 행동을 하는 학생 중에는 종종 관심을 끌기 위해 그런 행동을 하는 학생이 있다. 그 관심이 부정적인지 긍정적인지 중요하지 않기 때문에 교사는 쉽사리 이에 말려들지 말아야 한다. 훌륭한 교사는 문제가 되는 행동을 보는 즉시 그 학생에게 필요한 조치를 취하는 방법을 알고 있다. 훌륭한 교사는 정리되지 않은 주방에서도 제대로 된 요리를 할 수 있는 주방장과 같다. 사소한 소동은 모른 척할 줄 알고, 상황을 악화시키지 않으면서 이를 제압할 줄 아는 능력을 가진다. 훌륭한 교사는 학생 개개인에게 관심을 가지고, 그들의 업적을 알아채고 칭찬할 줄 알며, 때론 작은 실수는 솜씨 있게 모른척할 줄 안다. 학생을 다루는 부지런하면서도 섬세한 행동, 이것이야말로 훌륭한 교사가 오랫동안 훈련해 온 중요한 기술이다.

⑩ 모든 일에 계획과 목적을 세워 행한다

훌륭한 교사의 특성은 교실에서 즉흥적으로 행동하는 일이 거의 없고 모든 일에 계획과 목적이 있다는 것이다. 훌륭한 교사는 상황이 계획대로 되지 않으면, 미진한 점을 반성하고 그에 맞춰 계획을 조정한다. 훌륭한 교사는 학생을 행사장에 데리고 가서 어떻게 할까? 그들은 학생 옆에 앉는다. 그냥 아무 학생 옆이 아니라, 가장 문제가 될 것 같은 학생 옆에 앉는다. 훌륭한 교사는 이 학생들을 위압적으로 대하지 않지만 그들 사이에는 이미 보이지 않는 광선이 형성된다. 교사가 학생에게 보내는 광선은 명확하면서도 단호한 메시지를 담고 있어, 학생 스스로도 놀랄 만큼 훌륭한 행동을 하게 한다. 훌륭한 교사는 수업이 진행되는 과정을 조정하고, 재조정하고, 변경하여 자기 계획에 맞춘다. 교실 배치, 교수 접근 방법, 시간 배당 등을 모두 세심하게 계획해 효율적인 학습 환경을 만든다.

⑪ 우수한 학생을 염두에 둔다

훌륭한 교사의 특성은 우수한 학생을 항상 염두에 둔다는 것이다. 재능을 가진 교사들은 스스로 잘해 내기 마련이다. 그들은 늘 교실 분위기를 긍정적으로 이끌고, 학생들을 품위 있게 대하고, 동료도 존경심을 갖고 대한다. 그러나 교장의 관심이 훌륭한 교사들이 원하는 바로부터 멀어지면 위축되기 시작한다. 그렇게 되면 학교로 향한 마음의 문이 닫히는 것과 같은 결과가 야기된다. 교장에게는 학업성취도, 특정 학년이나 부서 나아가 학교 전반에 영향을 주는 훌륭한 교사들이 필요하다. 훌륭하지 않은 교사들에게 초점을 맞춤으로써 가장 소중한 교사들의 헌신을 수포로 돌아가게 해서는 안된다. 이 원칙은 우수한 학생들에게도 적용된다. 중간 수준에 맞춰 가르친다는 것은 우수한 학생들을 무시하는 것이나 다름없다. 잘 운영되는 학급은 모든 학생이 참여해 긍정적인 에너지를 가득 뿜어낸다. 최고의 학생들이 애쓰지 않고 그저 중간 정도만 하려든다면 교실 전체가 추진력을 잃고 만다. 훌륭한 교사는 모든 학생이 하나의 톱니바퀴를 이루어 다함께 전진하는 방법을 찾는다.

⑫ 모든 사람이 편안한 것이 무엇일지 고려한다

훌륭한 교사의 특성은 누가 가장 편하고 누가 가장 불편한가라는 질문을 함으로서 '바른 행동을 하는 사람이 편안하게 느끼도록 배려하라'는 기본 원칙이 스스로에게도 이롭다는 것을 알고 있다는 것이다. 즉 훌륭한 교사는 옳은 사람을 위한 결정을 내릴 때면 그들도 이내 편안함을 느끼는 사람이다. 다수의 의견을 모으는 것은 항상 괜찮은 방법이다. 그러나 더 중요한 것은 열심히 하는 사람들의 견해가 무엇인지를 알아내는 일이다. 어른처럼 학생도 자신에게 최상인 것을 바탕으로 결정한다. 가장 뛰어난 어른처럼 가장 뛰어난 학생은 모든 사람에게 최선인 것에 기초하여 결정을 내리게 된다.

⑬ 중요한 문제에 집중한다

훌륭한 교사의 특성은 눈앞에 닥친 문제 때문에 정말로 중요한 문제를 소홀히 하지 않는다는 것이다. 가장 뛰어난 교육자는 수없이 하달되는 상부의 지시사항 때문에 인적 자원을 낭비하지 않는다.

⑭ 행동과 신념을 좌우하는 감정의 영향을 알고 있다

훌륭한 교사의 특성은 자신의 결정을 이끄는 원리, 좋고 나쁨을 구별하는 시금석, 비전을 정의해 주는 학년 목표 등에 대한 강한 신념이 있다는 것이다. 훌륭한 교사는 학생들과 감정적으로 통해야 그들의 마음을 얻을 수 있다. 훌륭한 교사는 행동과 신념을 좌우하는 감정의 영향과 변화를 가능케 하는 힘을 잘 알고 있다.

2. 성공하는 교사의 9가지 습관

Turnbull(2013)은 자신의 저서인 '성공하는 교사의 9가지 습관(9 Habits of Highly Effective Teachers)'에서 교사들이 교직에서 직업적 전문성을 실현하기 위해서는 개인적 발달과 대인관계 기술에 대한 반성적 실천이 필요하며, 이를 위해서는 9가지 효과적인 습관을 계발할 필요가 있다고 하였다. 9가지 습관은 자기관리, 타인과의 교류, 영향력의 확산 등 3가지 차원으로 구분된다.

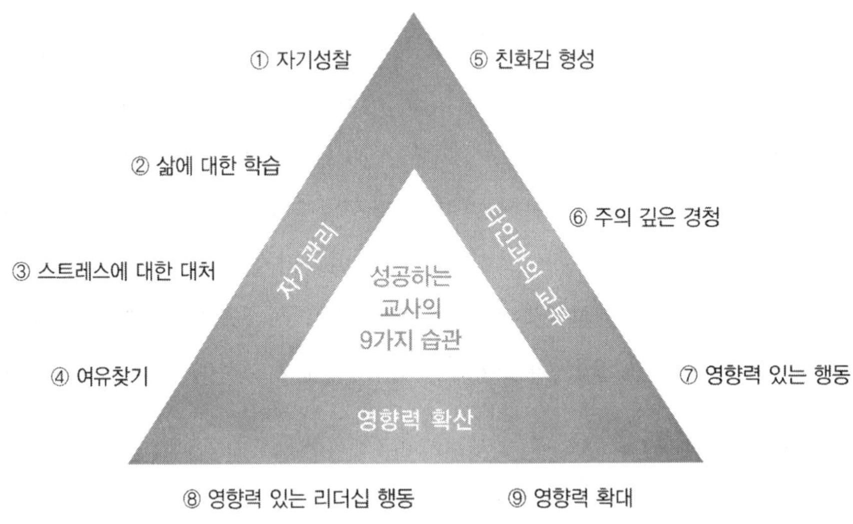

[그림 11-1] 성공하는 교사의 9가지 습관

첫 번째 차원인 자기관리 차원은 자기성찰, 삶에 대한 학습, 스트레스에 대한 대처, 여유 갖기 등 4가지 습관으로 구성된다. 1) 자기성찰은 교직이 교사들에게 어떤 의미를 가지는지를 생각해 보고, 교사로서 자신에 대해 어떻게 생각하는지를 성찰해 보는 습관이다. 2) 삶에 대한 학습은 교사인 자신에 대해 알기 위해서 열린 자세로 세상과 다른 사람에 대해 공부함으로 빠르게 변화하는 세상에 보조를 맞출 뿐만 아니라 학생들의 학습 촉진을 위한 능력을 배양하는 습관이다. 3) 스트레스에 대한 대처는 스트레스나 내면의 상처와 긴장을 건설적으로 다루는 습관이다. 4) 여유갖기는 시간적으로 과다한 업무를 효과적으로 관리하고 건강과 행복과 일의 균형을 도모하는 습관이다.

두 번째 차원인 타인과의 교류는 친화감 형성, 주의 깊은 경청과 영향력 있는 행동으로 구성된다. 5) 친화감 형성은 다른 사람들과 좋은 대인관계를 형성 및 유지하는 습관이다. 6) 주의 깊은 경청은 타인의 의견을 듣는 단순 기술이기 보다는 다른 사람과의 적극적 소통과 이해 및 질 높은 질문을 하는 습관이다. 7) 영향력 있는 행동은 자신의 감정이나 태도를 솔직하게 표현하고 다른 사람들을 존중하고 따뜻하게 수용하는 태도를 갖는 습관이다.

세 번째 차원인 영향력 확산은 영향력 있는 리더십 행동과 영향력의 확대로 구성된다. 8) 영향력 있는 리더십 행동은 사람들이 집단 내에서 어떻게 행동하는가에 대한 집단역동에 대한 지식과 효과적인 팀을 만들며 영향력을 확대하는 습관이다. 9) 영향력의 확대는 교사로서 자신이 살고 있는 지역 및 국가 정책을 입안하는 커뮤니티와 자신이 속해 있는 교원단체의 맥락에서 직업적 역할에 대한 이해를 갖고 지역의 일원으로서 책임을 다하는 습관이다.

3. 교사리더십의 개념과 특성

교사리더십은 학생들의 학습이나 생활을 돕거나 동료 교사들에게 미치는 영향이라고 할 수 있다. Danielson(2006)은 교사리더십을 교사의 전문성 활용, 재량권 부여, 권한위임과 확산을 통한 학생의 학업 향상과 학교 개선을 도모하는 활동으로 보았다. Wynne(2002)은 교사리더십은 교사의 역할과 기능 수행에 대한 하향식 위계적 방식에서 탈피하여 공유적이고 참여적인 의사결정, 팀워크 강조, 전문 공동체 형성을 통해 교사 동료들과 전문성 개발, 수업 개선, 학생의 성공 등에 대한 최적의 아이디어와 실행을 공유하고 상호 조언 및 코칭하는 일로 보았다.

Danielson(2006)은 교사리더십의 특징을 다음과 같이 제시했다.

첫째, 다양한 조직리더십의 개념과 원리를 통해 설명되고 이해되어야 한다.

둘째, 학교 성과의 지속적인 유지를 위한 동료 교사들의 자발적인 협업 행위이다.

셋째, 교직의 거대한 변화보다는 일상에 대한 완만하고 지속적인 변화에 초점을 둔다.

넷째, 교사 개인의 전문성을 신뢰하고 존중하며 자율적 판단과 재량을 부여하는 권한 위임 과정에서 일어나는 리더십 확대 과정이다.

Phelps(2008)에 따르면 리더로서의 교사는 자신감이 있고 열린 마음을 가졌으며 열정적이고 긍정적이며 유동적인 정신의 소유자이다. 그들은 포기할 줄 모르고, 성실하고 현명하게 일한다. 이러한 특성들은 리더로서의 교사가 다른 교사들과 아이디어를 공유하여 더 나은 새로운 대안과 실행 방법을 도출하도록 영향력을 행사한다. 리더로서의 교사가 리더십을 발휘하는 데 필요한 핵심 지식, 기술과 성향은 다음과 같다.

〈표 11-1〉 교사리더십의 핵심 지식, 기술, 성향

구분	지식	기술	성향
특징	• 변화(과정과 실행) • 학교문화 • 교육 개혁 • 리더십(섬기는 리더십)	• 옹호 • 공감과 소통 • 전문적 탐구 • 비전 창출 • 협업과 네트워크	• 위험 감수와 지속성 • 도전 의식 • 봉사 의식 • 효능감 • 회복력(resiliency)

셀프체크 한국교육개발원(정광희외 2008)의 교사리더십 척도

– 목표지향성(3,7,11,15,19), 공동체성(4,8,12,16,20), 과업주도성(1,5,9,13,17,21), 전문성(2,6,10,14,18,22)

번호	문항	전혀 그렇지 않다	그렇지 않다	보통이다	그렇다	매우 그렇다
1	나는 학생들이 수업에 적극적으로 참여하게 하는 노하우가 있다					
2	나는 학생의 학업성취를 정확하게 평가할 수 있다					
3	나는 학생 스스로 좋은 습관과 바른 생활태도를 갖기 위한 실행목표를 갖도록 지도한다.					

번호	문항	전혀 그렇지 않다	그렇지 않다	보통 이다	그렇다	매우 그렇다
4	나는 학교생활에서 소외되고 있는 학생들에게 더 많은 관심을 기울이면서 모두가 함께 어울릴 수 있도록 지도한다.					
5	나는 학생들이 학교생활에서 겪는 어려움이나 고민이 무엇인지를 찾아서 적극적으로 해결해 준다.					
6	나는 생활지도와 관련하여 학생이 가지고 있는 문제를 비교적 정확하게 파악하고 있다					
7	나는 학급 운영 시 학생들이 학교생활에서 목표의식을 갖도록 격려한다.					
8	나는 학급 운영 시 학생들이 내린 의사결정과 판단을 존중하여 학급을 운영한다.					
9	나는 창의적이고 적극적인 자세로 학급을 활력 있게 운영해 간다.					
10	나는 새로운 학급 운영의 이론이나 기법을 배우기 위해 노력하고 이를 현장에 적절하게 적용한다.					
11	나는 동료교사들이 교육활동의 목표와 비전을 가지도록 격려한다.					
12	나는 동료교사들과 수업이나 생활지도 상의 문제를 공유하고 함께 풀어 나간다.					
13	나는 동료교사들과 수업이나 학생지도에 관한 문제에 관심을 갖고 토론을 이끌어 낸다.					
14	내가 동료 교사의 교육활동 문제를 돕고 지원해서 그 문제가 해결되는 경우가 많다					
15	나는 학교교육의 목표와 행정업무의 연관성을 동료교사에게 분명하게 이야기한다.					
16	나는 행정업무 수행에 어려움이 생기면 동료교사에게 도움을 구하고 동료교사가 도움을 청하면 기꺼이 도와준다.					
17	나는 학교 행정절차나 운영에 문제가 있다고 판단되면 적극적으로 대안을 제시한다.					
18	행정업무 수행과 관련하여 동료교사들은 나에게 자주문의를 해 온다.					

번호	문항	전혀 그렇지 않다	그렇지 않다	보통 이다	그렇다	매우 그렇다
19	나는 학부모가 가지고 있는 자녀에 대한 기대와 목표를 교육활동에 반영한다.					
20	나는 학생이나 학급 일에 대해 학부모에게 전달하고 협의한다.					
21	나는 학부모가 자녀의 적성이나 학업능력에 대해 잘못 이해하고 있는 경우, 제대로 인식할 수 있도록 적극적으로 안내한다.					
22	나는 학부모들이 가지고 있는 자녀 교육문제에 대해 교사로서 조언이나 도움을 줄 수 있다					

4. 리더로서의 교사 역할

Lieberman과 Miller(2004)는 교사리더십은 교직의 현실적 특성을 극복하고 변화하고 세계적 도전에 대응하기 위한 새로운 출구를 모색하는 노력의 일환으로 탐색하였다. 이들은 교사의 현실적 특성을 다음과 같이 제시했다.

첫째, 교사의 고립적인 생활은 규범이다. 자신만의 교수설계와 방법에 대한 공유나 공개를 꺼린다.

둘째, 교사의 보상 체계는 수업과 학생지도를 강조할 뿐 수업 발표나 공개 토론 등 동료 교사를 위한 책임을 강조하는 것은 미흡하다.

셋째, 교사의 수업과 지도는 학생들의 변화를 일으킬 것이라는 맹목적 신념이 팽배하다.

넷째, 교사들은 학교 개선과 학생의 학습 향상 등에 대한 공동 목표 공유보다는 개인주의 문화를 형성한다.

다섯째, 학생의 행동을 통제하는 방법으로 학습에 대한 책임을 적절하게 면할 수 있었다.

여섯째, 신임교사와 경력교사 간의 평등한 관계를 요구하는 수평적 구조로 되어 있고, 전문적 성장과 경력 변화에 따른 보상이 거의 없다.

일곱째, 가르치는 일은 감독을 받는 기술자의 일로 취급되고 이에 따라 교직은 평가받아야 하는 기능 행동 기술의 처방으로 생각되었다.

하지만 리더로서의 교사는 발생하는 문제에 대해 그때그때 피동적으로 대응하기보다는 미리 앞을 내다보는 미래지향적이며 창조적인 사고를 통해 혁신적인 아이디어를 창안해내야 한다. "지금도 괜찮은데, 뭣 하러 일을 만들어."라는 조직문화로는 변화나 혁신을 기대할 수 없다. 교사는 현실에 도전하고 변화를 선도하며, 혁신을 추구해야 하며 변화 촉진자로서의 역할을 수행하여야 한다.

리더로서의 교사는 학교의 특성에 맞추어 교육과정을 창의적으로 운영하고 새로운 교수방법을 고안 · 시행하도록 스스로 또는 서로 격려해야 한다. 또한 교사는 교육과정 운영, 교수방법, 학생지도, 학부모 관계 등 학교경영의 전 영역에 걸쳐서 다양성과 자율성을 허용해 줌으로써 고객만족을 높여 줄 수 있다. 교사는 동료교사, 학생, 학부모 등과 평등성을 기초로 한 동반자적 관계를 형성할 수 있다.

리더로서의 교사는 학급에서 학생들에게 지시적이고 통제적으로 상호작용해서는 안 되고, 중요한 학급 일에 적극적으로 참여시키고 학생들의 의견을 적극적으로 경청하고 반영하여야 하며, 무엇보다 학생들이 자율적으로 행동하고 책임질 수 있도록 하는 학급 분위기를 만들어야 한다. 교사는 자신이 교육행위가 구성원들에게 도덕적이고 윤리적으로 영향을 미침을 인식해야 한다.

Harrison과 Killion(2007)은 리더로서의 교사 역할에 대해 다음의 열 가지를 제시하였다.

① **자원 공유자**(resource provider): 수업 자료, 수업 계획서, 평가 문항, 유용한 웹사이트 및 읽기 자료 등을 공유한다.

② **수업 전문가**(instructional specialist): 동료 교사에 대한 효과적인 수업 전략과 방법에 대한 조언과 코칭을 한다.

③ **교육과정 전문가**(curriculum specialist): 학교 교육과정 편성 운영, 성취 기준 및 평가 등

에 대해 동료 교사들을 지원한다.

④ 학급경영 지원자(classroom supporter): 생활지도 및 학급관리 등에 대한 피드백과 컨설팅을 제공한다.

⑤ 학습 촉진자(learning facilitator): 교사의 전문성을 신장하도록 돕고 학습 조직의 활성화를 도모한다.

⑥ 멘토(mentor): 초임교사에 대한 역할 모델과 수업, 교육과정, 학교 규칙 등에 대한 안내자 역할을 한다.

⑦ 학교 리더(school leader): 학년, 부서 및 위원회 등에서 책임을 수행하면서 학교 구성원과 함께 일하며 학교 비전을 공유하고 목표 수립 및 실천에 전력투구한다.

⑧ 데이터 코치(data coach): 수업, 학생지도, 학교운영 관련 데이터 수집 및 활용을 통한 데이터 기반 의사결정을 장려한다.

⑨ 변화 촉진자(catalyst for change): 현상 유지에 만족하지 않고 새로운 실천 전략에 헌신적으로 도전하고 위험을 감수한다.

⑩ 학습자(learner): 지속적인 자기계발을 위한 학습을 통해 실천적 성찰을 수행한다.

■ 리더로서의 교사: 카운슬러, 컨설턴트, 멘토, 코치

카운슬링(counselling)은 학생 개인의 개별적 · 상황적 정서 및 문제 행동을 인식하고 해결해 주는 데 초점을 둔다. 카운슬러는 학생들이 우울증, 불안, 내적 혼란, 타인과의 갈등과 같은 문제들에 대처하도록 돕는다. 즉, 학생들의 생활에서 무엇인가가 잘못되었고 결핍되어 바로잡아야 한다는 것을 의미한다.

컨설팅(consulting)은 조직이나 개인이 당면한 문제나 과업에 대한 상황을 분석하고 전문적인 안내와 조언을 해 주고 보수를 받는 것을 말한다. 일반적으로 컨설턴트는 분야별 내용 전문가가 프로세스와 결과에 대해 분석하여 고객에게 주로 가르쳐 주고 지시하는 것이고, 현존하는 문제들과 관행들을 분석하고, 학교의 효과성 개선을 위한 발전 전략과 계획을 제안하는 전문가이다. 그러나 전문가는 자신의 전문적 기술이나 경험을 고객에게 전수하지는 않으며 프로세스와 결과를 소유하고 관리하는 경향이 높다.

멘토링(mentoring)은 호머의 『오디세이』라는 책에서 유래하였다. 여기서 오디세우스 왕은 가정과 어린 아들 텔레마쿠스를 멘토르라는 지혜롭고 분별력 있는 교사에게 돌보도록 부탁하고 전쟁에 나갔다. 왕이 21년간 전쟁터에 나가 있었지만 그는 분명히 집으로 돌아오는 것을 서두르지 않았다.

그가 돌아왔을 때, 어린 왕자는 멘토르를 모범으로 삼고 그의 지도로 지혜를 배워 유능한 리더이자 고결한 인격을 갖춘 사람이 되어 있었다. 여러 세기에 걸쳐 도제 개념은 이와 유사하게 나이와 경험이 더 많은 사람이 대개 미숙하고 어린 사람에게 지식을 전수하고 기술을 가르치며 지도하는 것을 말한다.
멘토링은 지도적 역할이 가능한 위치에 있는 사람이 어떤 한 사람을 키워 주거나 전문가로 발전시키고자 할 때 이루어진다. 멘토링은 특정 분야에서 상당한 경험을 가진 사람(멘토)과 특정 분야에서 전문적으로 발전하길 바라는 사람(멘티) 간의 관계를 말한다. 멘토링은 특정 영역에서 숙련된 학식과 경험을 지니고 후배의 성장과 발전을 돕기 위해서 시간과 정력을 투자할 용의가 있는 멘토가 후배나 멘티에게 전문 지식을 나누고, 역할 모델을 제시하고, 특정한 전문적인 활동이나 직업에 대해서 도움을 주는 것이다.
코칭(coaching)은 개인이나 집단을 현재 있는 시점에서 그들이 원하는 지점으로 갈 수 있도록 인도하는 기술이자 행위다. 코칭의 본질적 특성은 파트너십 개발, 결과 도출과 비전 실현을 위한 헌신, 공감과 수용력, 실천으로 이어지는 의사소통, 개성 존중, 적극적인 상호관계, 민감성 등이다. 코치는 다른 사람을 안내하여 역량을 증대시키고, 더 깊이 헌신하게 하며, 자신을 키우도록 훈련받고 헌신한 사람이다. 코치는 사람들이 자신의 비전을 확장하고, 자신감을 갖고, 잠재력과 기술을 개발하고, 목표를 향해 실천할 수 있도록 돕는다. 코치는 타인을 도울 수 있는 기술과 경험과 관점을 지닌 파트너이다. 코치는 긍정적 정서와 행동, 사람이 갖고 있는 강점, 미래의 가능성에 초점을 맞추고 개인 또는 집단이 스스로 판단하고 결정하라고 자극한다. 코치는 진단과 충고보다는 경청하고, 이해하고, 통찰력 있는 질문을 하고, 들은 것을 요약하고, 코칭받는 이들이 자신의 상황을 둘러보고 무엇을 할지 결론 내리고 행동하려 할 때 가능한 한 비지시적으로 안내한다.
요약하면 카운슬러는 주로 과거와 정신적 충격을 다루어 치유하며, 컨설턴트는 주로 현재 당면한 문제를 다루고 정보, 전문 지식, 조언, 전략, 문제 해결 방법을 제공하며 보수를 받고, 멘토는 주로 전임자의 일을 계승하는 훈련을 다루고 멘토와 같은 일을 하는 사람을 도우며, 코치는 주로 현재를 다루고 더 바람직한 미래를 안내한다.

출처: 게리 콜린스(2011)의 '코칭바이블'의 1장과 게리 매클린(2011)의 '조직 개발의 이해'의 6장 내용을 요약 재구성한 것임.

5. 교사리더십의 촉진 및 장애 요인

Danielson(2006)은 교사들이 리더십을 발휘함에 있어서 촉진 요인과 장애 요인을 문화적 수준과 구조적 수준으로 구분하여 제시하였다. 문화적 수준에서 촉진 요인은 위험 감수, 새로운 방법에 대한 도전과 수용, 상호 존경과 신뢰 문화, 전문적 공동체 형성 등이다. 장애 요인은 교장의 권위와 통제, 소극·보수적·냉소적 교사 등으로 구분하였다. 반면 구조적 수준의 촉진 요인은 참여적 의사결정과 권한 위임, 개방적이고 자유로운 토의와 학습 조직 등이며, 저해 요인은 수업과 관리 중심의 조직 구조, 협업 및 문제 해결 시간 부족 등으로 보았다.

〈표 11-2〉 교사 리더십의 촉진 및 장애 요인

구분	문화적 수준	구조적 수준
촉진 요인	• 위험을 감수하려는 문화 • 새로운 방법 및 제도에 대한 수용 및 도전의식 • 상호 존경과 신뢰 및 지지하는 민주적 풍토 • 전문적 공동체 형성	• 참여적 의사결정과 권한 위임 • 개방적이고 자유로운 토의 절차 • 협업 및 학습 조직 시간 제공
장애 요인	• 교장의 권위와 통제권 강조 • 주저하는 교사(새로운 프로그램이나 아이디어에 대해 주저하고 자신감 없음)	• 수업과 학생지도 중심 학교 운영과 구조 • 잡무와 업무가 많아 전문적 공동체에 참여하여 협업 및 공동 문제 해결 시간 부족

6. 팔로워로서의 교사

교사는 학생이나 동료교사에게 영향을 미치는 리더임과 동시에 팔로워이다. 팔로워십은 리더십의 질과 방향을 결정하는 요인이기도 하다. Robert Kelley는 조직을 효과적으로 운영하는데 결정적 요인은 리더가 아니라 팔로워십이라고 하면서, 조직이 성공하는데 리더가 기여하는 것은 많아야 20% 정도이고, 그 나머지 80%는 팔로워들이 기여하는 것에 의한 것이라고 주장한다. 즉 조직에서의 2 : 8 파레트법칙일 수 있다. Kelley가 제시한 다음의 다섯 가지 팔로워 유형을 적용하여 팔로워로서 교사 유형을 제시하면 다음과 같다(김규태 외, 2017).

첫째, 소외형 팔로워는 독립적 비판적 사고는 견지하고 있지만 역할수행에는 그다지 적극적이지 않은 특징을 가지고 있다. 이 유형은 리더의 노력을 빈정거리며 비난하면서도 스스로는 노력하지 않거나 서서히 불만스러운 침묵 속으로 빠져드는 것이 보통이다.

둘째, 순응형 팔로워는 적극적 참여라는 면에서는 높이 살만하지만 독립적인 사고에서는 그렇지 못하다. 즉 팔로워가 리더의 판단에 지나치게 의존하는 경향을 보인다.

셋째, 실무형 팔로워는 위험보다는 안전을 우선적으로 생각하며, 훌륭한 일을 하고 싶어 하기는 하지만 위험을 무릅쓰면서까지 하지 않는 유형이다.

넷째, 수동형 팔로워는 모범형과 정반대의 유형으로 일을 리더에게 떠넘기고 임무를 열성적으로 수행하지 않는다. 책임감이 결여되어 있고 솔선수범하지 않는다. 다시말해 맡겨진 일 이상은 절대하지 않는 타입니다.

다섯째, 모범형 팔로워(스타 팔로워)는 조직에서 활동적 역할을 하지만 예스맨은 아니며, 조직의 목표와 정책에 영향을 미치고 또한 리더의 관심을 불러일으키는데 주저하지 않는다.

셀프체크 신보현(2016)의 교사 팔로워십 척도

- 업무전문성(1-4), 열정(5-10), 품행(11-15), 자기관리(16-18), 협력(19-23), 책임감(24-28), 의사소통(29-33), 대인관계(34-36)

번호	문항	전혀 그렇치 않다	그렇치 않다	보통 이다	그렇다	매우 그렇다
1	나는 교사로서 수행해야 할 교무행정업무에 대한 전문적 지식을 가지고 있다.					
2	나는 교사로서 수행해야 할 학교교육활동에 대한 전문적 지식을 가지고 있다.					
3	나는 교사로서 학생을 지도하기 위한 수업 전문성을 가지고 있다.					
4	나는 직무를 수행할 때 합리적으로 판단하려고 노력한다.					
5	나는 학교 행사 참여 및 업무 처리에 있어 긍정적인 자세로 임하려고 노력한다.					

번호	문항	전혀 그렇치 않다	그렇치 않다	보통 이다	그렇다	매우 그렇다
6	나는 학교 행사 및 업무 등에 적극적으로 참여하려고 노력하낟.					
7	나는 우리 학교가 성공적인 학교가 되도록 기꺼이 노력한다.					
8	나는 관리자(또는 부장교사)의 지시에 의해서가 아니라 스스로 업무를 찾아서 수행하려고 노력한다.					
9	관리자(또는 부장교사)의 지시에 의해서가 아니라 스스로 업무를 찾아서 수행하려고 노력한다.					
10	나는 관리자의 경영방침을 이해하고 직무에 몰입하기 위해 노력한다.					
11	나는 학생을 존중하고 배려하려고 노력한다.					
12	나는 스스로 올바른 인격과 품성을 가지려고 노력한다.					
13	나는 교사로서의 품위를 유지하는 바른 몸가짐, 옷차림 등을 신경쓰고 있다.					
14	나는 교사로서 학생을 대할 때, 언어와 표정 등을 신경쓰고 있다.					
15	나는 관리자와 동료교사를 대할 때 기본적인 예절을 지키려고 노력한다.					
16	나는 교무행정업무에 필요한 전문성을 얻기 위해 연수, 연구회 등에 참여하여 자기계발에 힘쓰고 있다.					
17	나는 학교교육활동에 필요한 전문성을 얻기 위해 연수, 연구회, 대학원 등에 참여하여 자기계발에 함쓰고 있다.					
18	나는 전문적 학습공동체 등을 통해 동료교사들과 공동연구를 하기 위해 노력한다.					
19	나는 관리자(또는 부장교사)가 부족한 점이 있거나 어려움을 겪을 대 도와주기 위해 노력한다.					
20	나는 동료교사의 성장과 발전을 도와주려고 노력한다.					
21	나는 직무수행에 필요한 지식 및 정보를 동료교사에게 제공하며 공유하려고 노력한다.					
22	나는 동료교사의 학교교육활동 및 교무행정업무 수행을 도와주려고 노력한다.					

번호	문항	전혀 그렇치 않다	그렇치 않다	보통 이다	그렇다	매우 그렇다
23	나는 학교생활에서 어려움을 겪는 동료교사를 위로하고 격려하기 위해 노력한다.					
24	나는 분장 받은 교무행정업무를 남에게 전가하기 않고 책임을 다해 처리하려고 노력한다.					
25	나는 교사로서 수행해야 할 학교교육활동 및 교무행정업무에 대해 책임을 다하려고 노력한다.					
26	나는 학교교육활동 및 교무행정업무를 성실히 수행한다.					
27	나는 잘 모르거나 처음 접하는 업무라도 알아보고 배워서 처리하려고 노력한다.					
28	나는 교사로서의 교육적 신념과 책임감, 자부심을 가지고 생활하려고 노력한다.					
29	나는 교사로서의 교육적 신념과 책임감, 자부심을 가지고 생활하려고 노력한다.					
30	나는 기존에 했던 방식보다 합리적인 방법이 실행될 수 있도록 동료교사나 관리자를 설득하기 위해 노력한다.					
31	나는 학교의 주요 의사결정 과정에 활발하게 참여하려고 노력한다.					
32	나는 의사소통의 원리와 방법을 알고 상대방을 고려하여 대화하려고 노력한다.					
33	나는 학교교육활동 및 교무행정업무 수행에 있어 새로운 아이디어를 제시하고 활용하고자 노력한다.					
34	나는 관리자나 동료교사의 개인적인 일에도 관심을 가지려고 노력한다.					
35	나는 온화한 분위기 조성과 대인관계를 좋게 하려고유머를 사용한다.					
36	나는 관리자나 동료교사에게 친밀감을 가지고 잘 지내기 위해 노력한다.					

출처: 신보현(2016). 교사의 팔로워십 측정도구 개발 및 타당화. 박사학위논문, 인천대학교. pp. 84-85.

7. 팀장으로서의 교사

팀은 집단 내 구성원들이 공동의 목표를 달성하기 위해 높은 수준의 상호작용을 하고 긴밀하게 협동하는 조직을 말한다. 팀은 개인이 독립적으로 일하거나 다른 작업집단이 해결할 수 없는 직무를 수행할 수 있다. 그러나 팀은 단순히 여러 사람들이 함께 집단으로 일하는 것이라고 할 수는 없다. 왜냐하면 팀이란 구성원들의 긴밀한 상호작용과 공동의 목표에 대한 강력한 팀웍과 몰입 및 헌신을 요구하기 때문이다(George & Jones, 2015).

팀웍은 Team과 Work의 합성어이다. Brannick(1997)은 정보와 자원을 공유하고 활동을 조정하는 구성원들의 행동을 집합적으로 팀웍이라고 정의하고 있다. 윤정현(2001)은 팀웍은 조직구성원이 조직공동의 목표를 달성하기 위하여 각각의 역할에 따라 책임을 다하고 협력적으로 행동하는 것이라고 정의하였다. 윤우제(2007)는 팀웍을 팀의 목표를 달성하기 위하여 팀 구성원 간에 정보를 교환하고, 의사소통 형태를 개발하고 유지하며 행동들을 조정하고 사회적 지위를 유지하기 위해 필요한 구성원간의 상호작용이라고 정의하였다. 이를 종합하면, 팀웍은 팀 구성원이 공동의 목적을 달성하기 위하여 상호 관계성을 가지고 협력하여 일을 해 나가는 것이라 할 수 있다.

따라서 팀장으로서의 교사는 효과적인 팀웍, 응집성 높은 팀웍을 갖게 하는 교사라고 할 수 있다. George & Jones(2015)은 효과적이며 응집성 높은 팀웍의 특징으로 다음과 같이 제시하였다. 첫째, 팀원들은 조직의 목표에 필요한 행동을 하며, 팀원들 간 정보가 빠르게 공유되며, 직무 및 의사결정 과정에 적극 참여한다. 둘째, 팀원 간 목표 달성을 위한 행동 규제에 순응하며, 팀원 간 상호 통제와 조정을 한다. 셋째, 상호 의존과 협력 및 도움을 빈번하게 이루어짐으로 팀 목표 수행의 효율성 및 효과성을 높인다. 이러한 점에서 팀장으로서의 교사는 학교조직에서 구성된 팀(부서)의 목표를 팀원 교사들과 협업하여 공동의 목표를 달성하는 역할을 담당하며, 또한 팀원 교사들로 하여금 집단에 머물도록 느끼게끔 만들고, 그 집단의 멤버로서 계속 남아 있기를 원하게 만드는 힘을 보여주는 교사라 할 수 있다.

■ **효과적인 팀장으로서의 교사가 지녀야 할 특성**

효과적인 팀장으로서 교사는 팀원인 교사들의 강점을 잘 인식하고 이들 강점을 잘 활용하여 팀 목표를 달성하는 효능감이 높고, 업무 지원과 피드백, 그리고 동기부여를 잘 하는 사람으로 다음과 같은 특성을 지닌 사람이라 할 수 있다(이애화, 2016).

① 명확하게 기술된 사명과 목표
② 창조적인 운영(행동)
③ 결과에 초점을 맞추기
④ 역할과 책임의 명료화
⑤ 조직화
⑥ 개인의 강점 활용
⑦ 리더십 역량 공유
⑧ 팀풍토 발전
⑨ 의견의 불일치를 건설적으로 해결
⑩ 개방적인 의사소통
⑪ 객관적인 의사결정
⑫ 팀 자체의 효과성 평가

셀프체크 Park, Henkin, & Egley(2005)의 교사 팀워크 척도

– 의사소통(1, 2, 3), 조정(4, 5, 6), 지원행동(7, 8, 9), 피드백(10, 11, 12), 팀지향(13, 14, 15), 팀리더십(16, 17, 18), 신뢰(19, 20, 21)

번호	문항	전혀 그렇치 않다	그렇치 않다	보통 이다	그렇다	매우 그렇다
1	교사들은 정기적으로 학년 운영에 대한 협의를 한다.					
2	교사들은 학년 교육목표 달성을 위해 각자 맡은 일을 효과적으로 수행한다.					
3	교사들은 과업 수행에 어려움이 있는 구성원들을 도와준다.					
4	교사들은 서로 간에 요청한 자료를 제공해 준다.					
5	교사들은 동학년의 제반 업무 수행에 참여한다.					
6	교사들은 학년 업무와 관련된 문제에 관해 자주 의견을 나눈다.					
7	교사들은 서로 긍정적인 협력 관계에 있다.					
8	교사들은 다른 구성원들의 요구를 존중한다.					
9	교사들은 전달, 협의 사안에 대해 모두가 정확하게 이해했는지 확인한다.					
10	교사들은 업무를 수행하는 과정에서 서로를 격려한다.					

번호	문항	전혀 그렇치 않다	그렇치 않다	보통 이다	그렇다	매우 그렇다
11	교사들은 서로 간에 도움을 줄 수 있는 일과 방법에 대해 생각한다.					
12	교사들은 서로 간에 제공된 아이디어, 정보를 적절히 활용한다.					
13	교사들은 동학년에 소속되어 있다는 것을 좋아한다.					
14	교사들은 다른 구성원들이 새로운 일을 시도할 때 격려한다.					
15	교사들은 전문성과 열의를 가지고 직무에 임한다.					
16	교사들은 학년 업무와 관련된 문제에 관해 자주 의견을 나눈다.					
17	교사들은 학년 교육목표 달성을 위해 함께 일한다.					
18	교사들은 도움을 필요로 하는 구성원을 지원한다.					
19	교사들은 서로 간에 유익한 아이디어, 정보를 제공한다.					
20	교사들은 학년 교육목표 달성을 중요하게 생각한다.					
21	교사들은 업무 수행을 위한 능력과 준비가 되어 있다.					

출처: Park, S., Henkin, A. B., & Egley, R. (2005). Teacher team commitment, teamwork and trust: Exploring associations. Journal of Educational Administration, 43(5), 462-479.

학습 정리

1. 훌륭한(효과적인) 교사는 ① 학교의 질을 결정하는 것은 프로그램이 아니라 사람이라고 믿는다. ② 훌륭한 교사는 학년 초에 희망찬 목표를 세우고 1년 내내 일관되게 추진한다. ③ 훌륭한 교사는 학생이 잘못된 행동을 할 때 처벌이 아닌 예방에 집중한다. ④ 훌륭한 교사는 학생에게 높은 기대치를 가지며, 스스로에게는 훨씬 더 높은 기대치를 갖는다. ⑤ 훌륭한 교사는 교실의 변수가 학생이 아니라 바로 교사 자신임을 안다. 외부의 환경보다 자신이 제어할 수 있는 요소에 초점을 맞추고 끊임없이 점검한다. ⑥ 훌륭한 교사는 교실과 학교에서 긍정적인 분위기를 만들려고 애쓴다. 존경심을 갖고 모든 구성원을 대하여 칭찬의 중요성을 이해한다. ⑦ 훌륭한 교사는 주변의 부정적인 요소들을 걸러내고 긍정적인 태도를 공유한다. ⑧ 훌륭한 교사는 관계 개선에 늘 힘쓴다. 상대에게 상처를 주지 않도록 애쓰며 혹 실수가 있었더라도 '미안하다'고 먼저 말할 줄 안다. ⑨ 훌륭한 교사는 사소한 소란은 무시하면서, 부적절한 행동에 대응하고 그 상황을 악화시키지 않는 능력이 있다. ⑩ 훌륭한 교사는 매사에 계획과 목적을 갖는다. 일이 잘 수행되지 않을 때는 다르게 했더라면 어떻게 되었을까 생각하고 계획을 조절한다. ⑪ 훌륭한 교사는 어떤 결정을 내리기 전에 중간층 학생보다 우수한 학생들을 염두에 둔다. 또한 이들에 대한 고려가 편애로 비치지 않도록 신경 쓴다. ⑫ 훌륭한 교사는 어떤 결정을 내릴 때 누가 가장 편해지고 누가 가장 불편해질지를 먼저 고려한다. 노력하는 사람을 불편하게 만들 결정은 반드시 피한다. ⑬ 훌륭한 교사는 학력평가를 '학생의 학습'이라는 총체적 관점에서 바라보며, 학교교육 전체가 학력평가에 휘둘리는 것을 경계한다. ⑭ 훌륭한 교사는 학생을 배려한다. 훌륭한 교사는 행동과 믿음이 감정과 연계되어 있으며, 감정에는 변화에 불을 지피는 힘이 있음을 이해한다.
2. Turnbull(2013)은 자신의 저서인 '성공하는 교사의 9가지 습관(9 Habits of Highly Effective Teachers)'에서 교사들이 교직에서 직업적 전문성을 실현하기 위해서는 개인적 발달과 대인관계 기술에 대한 반성적 실천이 필요하며, 이를 위해서는 9가지 효과적인 습관을 계발할 필요가 있다고 하였다. 1) 자기성찰은 교직이 교사들에게 어떤 의미를 가지는지를 생각해 보고, 교사로서 자신에 대해 어떻게 생각하는지를 성찰해 보는 습관이다. 2) 삶에 대한 학습은 교사인 자신에 대해 알기 위해서 열린 자세로 세상과 다른 사람에 대해 공부함으로 빠르게 변화하는 세상에 보조를 맞출 뿐만 아니라 학생들의 학습 촉진을 위한 능력을 배양하는 습관이다. 3) 스트레스에 대한 대처는 스트레스나 내면의 상처와 긴장을 건설적으로 다루는 습관이다. 4) 여유갖기는 시간적으로 과다한 업무를 효과적으로 관리하고 건강과 행복과 일의 균형을 도모하는 습관이다. 5) 친화감 형성은 다른 사람들과 좋은 대인관계를 형성 및 유지하는 습관이다. 6) 주의 깊은 경청은 타인의 의견을 듣는 단순 기술이기 보다는 다른 사람과의 적극적 소통과 이해 및 질 높은 질문을 하는 습관이다. 7) 영향력 있는 행동은 자신의 감정이나 태도를 솔직하게 표현하고 다른 사람들을 존중하고 따뜻하게 수용하는 태도를 갖는 습관이다. 8) 영향력 있는 리더십 행동은 사람들이 집단 내에서 어떻게 행동하는가에 대한 집단역동에 대한 지식과 효과적인 팀을 만들며 영향력을 확대하는 습관이다. 9) 영향력의 확대는 교사로서 자신이 살고 있는 지역 및 국가 정책을 입안하는 커뮤니티와 자신이 속해 있는 교원단체의 맥락에서 직업적 역할에 대

한 이해를 갖고 지역의 일원으로서 책임을 다하는 습관이다.

3. 교사리더십은 학생들의 학습이나 생활을 돕거나 동료 교사들에게 미치는 영향이다. 리더로서의 교사는 공유적이고 참여적인 의사결정, 팀워크 강조, 전문 공동체 형성을 통해 교사 동료들과 전문성 개발, 수업 개선, 학생의 성공 등에 대한 최적의 아이디어와 실행을 공유하고 상호 조언 및 코칭하는 특성을 보인다.
5. 교사들이 리더십을 발휘함에 있어서 촉진 요인과 장애 요인은 문화적 수준과 구조적 수준으로 구분하여 제시될 수 있다. 문화적 수준에서 촉진 요인은 위험 감수, 새로운 방법에 대한 도전과 수용, 상호 존경과 신뢰 문화, 전문적 공동체 형성 등이다. 장애 요인은 교장의 권위와 통제, 소극 · 보수적 · 냉소적 교사 등이다. 반면 구조적 수준의 촉진 요인은 참여적 의사결정과 권한 위임, 개방적이고 자유로운 토의와 학습 조직 등이며, 저해 요인은 수업과 관리 중심의 조직 구조, 협업 및 문제 해결 시간 부족 등이다.
6. 조직이 성공하는데 리더가 기여하는 것은 많아야 20% 정도이고, 그 나머지 80%는 팔로워들이 기여한다. 따라서 교사들의 팔로워십은 조직 효과를 극대화하는데 필요한 조건이다. 팔로워로서의 교사는 소외형, 순응형, 실무형, 수동형, 모범형으로 구분된다.
7. 팀장으로서의 교사는 효과적인 팀워, 응집성 높은 팀웍을 갖게 하는 교사라고 할 수 있다. 효과적이며 응집성 높은 팀웍을 형성하는 팀의 특징은 같다. 1) 팀원들은 조직의 목표에 필요한 행동을 하며, 팀원들 간 정보가 빠르게 공유되며, 직무 및 의사결정 과정에 적극 참여한다. 2) 팀원 간 목표달성을 위한 행동 규제에 순응하며, 팀원 간 상호 통제와 조정을 한다. 3) 상호 의존과 협력 및 도움을 빈번하게 이루어짐으로 팀 목표 수행의 효율성 및 효과성을 높인다.

PART 06

학급경영의 이해와 실제

Chapter 12

학급과 학급경영의 이해

학습 목표

1. 학급의 의미, 유형, 특성 등에 대해 설명할 수 있다.
2. 학급의 적정규모에 대해 설명할 수 있다.
3. 학급의 교육적 효과에 대해 설명할 수 있다.
4. 학급경영의 특성과 원리 및 영역을 설명할 수 있다.
5. 학급경영자로서의 학급담임의 업무와 일과를 대해 설명할 수 있다.

1. 학급의 이해

1) 학급의 의미와 유형

학급(class)은 사전적 의미로 한 교실에서 함께 배우는 학생 집단, 즉, 동일한 교과를 공부하기 위해 규칙적으로 모이는 학생 모임 단위를 말한다. 학급은 학교경영의 최하위의 단위이며, 교수-학습활동의 단위조직이 된다.

학급은 대개 동일 학년생으로 편성되는 독립학급(self-contained classroom)으로 운영된다. 교사 한두 명이 일정한 학생집단의 교육에 직접적인 책임을 지고 있는 학급이다. 각국의 초등학교가 이런 조직을 많이 취하고 있다. 교과 또는 과목담당제와는 달리 학급을 담당하고 있는 교사는 그 학급에 소속해 있는 학습자들의 교과교육 · 특활지도 · 일반생활지도 및 학급의 학사처리 등에 주된 책임을 진다.

반면, 벽지(僻地)의 소규모 학교에서는 서로 다른 학년생을 함께 수용하는 복식(複式)학급이나 전 학년의 학생을 함께 수용하는 단급(單級) 학급을 운영하기도 한다(교육학용어사전, 1995). 복식학급(multiple class)은 교실부족, 학생부족 또는 교사부족으로 2개 이상의 학년을 한 교실 또는 한 교사(敎師)에 의해 운영하는 학급이다. 주로 도서(島嶼) · 벽지(僻地) 학교에 이런 형태가 많다. 우리나라는 학생 수가 적어 복식학급을 운영하는 경우가 대부분이며, 담임은 교과배합의 운영, 학생의 자습능력 신장 등에 관한 특수훈련을 받은 교사가 담당한다(교육학용어사전, 1995).

중학교와 고등학교에서는 교과담임제 · 선택과목제를 채택하고 있기 때문에 교과에 따라 학급의 구성원을 바꾸는 경우가 있다. 이때는 홈룸활동을 할 때의 학급이 학교생활의 단위집단이 된다. 최근에는 학급이라는 용어 대신에 반(班)이라는 용어를 많이 쓰고 있다.

학급은 학급 규모, 교사 대 학생수의 비(比)에 따라 분류되기도 한다. 교사 대 학생의 비가 아주 작은 때는 개별교수 학급이라 하며, 10명 전후의 학급은 소인수 학급이라 하며, 40명 이상 되는 학급은 다인수 학급이라 한다.

학급은 학급 편성 방식에 따라 동질학급(homogeneous class grouping)과 이질학급(heterogeneous class grouping)으로 분류되기도 한다. 동질학급은 학습능력 · 적성 · 선행학습(先行學習) · 성격 · 동기 · 장래 희망 · 지역 · 성별 등의 학습관련 변인 중 어느 하나 또는 다수의 기준에서 비교적 비슷한 성질의 학생으로 학급 집단을 편성하는 것을 말한다. 동질학급의 반대는 이질학급(異質學級)으로서 학급구성원간의 성질차가 심한 집단을 말한다. 학교교육의 사태에서 흔히 사용하는 동질학급 집단은 교과별 선행학습 수준이 비슷한 학생끼리 편성하는 것이다(교육학용어사전, 1995).

2) 학급 현황

우리나라 초중등학교에서의 2018년 기준 학급 현황을 보면 다음과 같다. 학교당 평균 학급 수는 초등학교 20.1학급, 중학교 16.1학급, 고등학교 24.9학급이며, 학생 규모별 학급수에 있어 초등학교는 21~25명 규모의 학급이 45,847개로, 중학교는 26~30명 규모의 학급이 20,655개로, 고등학교는 26~30명 규모의 학급이 19,151개로 가장 많은 것으로 나타났다.

〈표 12-1〉 학생 규모별 학급수(2018년)

학교급별	학교당 평균 학급수	학교당 평균 학생수	학생수				
			20명 이하	21~25명	26~30명	31~35명	36명 이상
초등학교	20.1	447.1	31,168	45,847	39,567	4,908	328
중학교	16.1	415.1	7,390	11,531	20,655	11,517	739
고등학교	24.9	652.5	8,163	16,449	19,151	10,700	4,164

출처: 한국교육개발원(2018). 교육통계분석자료집: 유초중등분야

학급 규모별 학교 현황을 보면, 초등학교는 6~10학급이 1,859개교로 가장 많았고, 중학교는 5학급 이하가 679개교로 가장 많았고, 고등학교는 26~30학급이 514개교로 가장 많았다.

〈표 12-2〉 학급 규모별 학교수(2018년)

학교급별	5학급 이하	6~10 학급	11~15 학급	16~20 학급	21~25 학급	26~30 학급	31~35 학급	36학급 이상
초등학교	297	1,859	587	647	654	599	510	911
중학교	679	399	450	592	521	313	187	73
고등학교	80	219	222	214	374	514	377	358

출처: 한국교육개발원(2018). 교육통계분석자료집: 유초중등분야

3) 학급과 교실

학급은 일반적으로 교실(classroom)을 단위로 편성되지만, 학급 자체가 교실이라고 볼 수는 없다. 교실은 학생으로 편제된 학급을 수용하여 학습 및 강의가 이루어지는 공간을 말한다. 학교시설 중에서 학습 및 생활을 위하여 가장 중심적인 역할을 하는 교육활

동의 장(場)이기도 하다. 교실의 유형을 분류하면 보통교실과 교과교실로 구분된다. 보통교실은 일반적인 교실로, 특정 학급만이 사용하며, 특별한 실험장치나 설비를 요하지 않는 일반 교과수업의 대부분이 이루어지고, 일상적 생활거점이 되기도 한다. 반면, 교과교실은 학생중심이 아닌 교과중심으로 교실을 편성하는 방법으로 학습내용에 맞는 실험용 장치나 설비를 마련한 과학실이나 악기를 준비하고 음악효과가 좋도록 설비한 음악실 등의 특별교실이 속한다. 또한 영어나 국어 등 일반 교과에서도 전용교실을 마련하면 교과교실이 되는데, 이는 중학교 이상의 학교에 설치되는 경우가 많다. 최근에는 학생들이 교과별로 특성화된 전용교실로 이동해 수업 받는 방식인 교과교실제가 운영되고 있다. 학생은 개인별 라커에 짐을 놓아두고 시간표에 따라 이동하며 수업을 받는다.

4) 학급의 특성[1)]

조직은 공동의 목적을 가지고 수행해야 할 일정한 과업을 가지며, 구성원이 일정한 지위와 역할을 바탕으로 상호작용하고, 집단적으로 함께 한다는 집합 의식과 응집력을 지닌 모임이다. 이처럼 학급도 특정한 지위와 역할로 구조된 구성원이 상호작용하면서, 공동의 목적 달성을 위해 노력하는 독특한 특성을 가지고 있다. 학급은 교육목표 달성을 위해 특정 연령층의 학생들로 구성되며, 수업과 생활지도를 제공하기 위한 모임이고, 다른 학생들과 상호작용하면서 협력하는 공간이며, 교사와 상호작용을 통해 배움을 받는 곳이다. 조동섭 등(2014)은 학급을 목적, 참가자, 리더십, 관계 등의 측면에서 사회적 체제로 보았던 특징들을 다음의 〈표 12-3〉과 같이 제시했다.

1) 조동섭 등(2014), pp. 12-14의 내용을 요약 재구성한 것임

〈표 12-3〉 사회체제로서의 학급 특성

구분	특성
목적	• 학습하는 것이 일차적 목적이다. • 학습의 목표와 성취 과정은 학급이 구성되기 전에 이미 정해져 있다. • 평가와 목표의 설정, 그리고 교수학습 방법의 결정 단계에서 구성원의 참여는 거의 이루어지지 않는다.
참여자	• 학생은 규범에 따라 의무적으로 참여하기로 되어 있다. • 출생연도와 거주 지역이 학교와 학급 배치를 결정짓는다. • 학급의 구성원은 그룹의 구성에 어떤 결정권을 갖지 못한다.
리더십	• 리더는 구성원의 동의 또는 참여 없이 선택된다. • 집단의 합의보다는 법과 관습이 리더의 권한을 결정한다. • 표현과 이동의 자유는 리더에 의해 통제된다.
관계	• 타인에 의해 학급에서 허용되는 것과 금지되는 것이 대부분 결정된다. • 다른 집단에서의 멤버십이 학교 규범의 수용과 거부에 강력한 영향을 발휘하기도 한다. • 다른 집단이 종종 학생과 교사의 일을 주의 깊게 면밀히 살펴본다.

박병량, 주철안(2001)은 학급의 특성으로 구성원 간 상호작용과 의존성, 급우 간 친밀성, 공동 목표 추구, 사회적 구조 형성이라는 특성을 가진다고 하였다. 이에 대해 살펴보면 다음과 같다.

① **구성원 간 상호작용과 의존성**: 학급집단은 상호작용과 구성원 간의 의존성을 특징으로 한다. 학급에서 교사와 학생, 학생과 학생 간의 상호작용은 학생의 지적·정의적 행동에 큰 영향을 미친다.

② **급우 간 친밀성**: 학급집단에서는 급우 간의 상호작용이 매우 중요한 특징을 가진다. 좋은 급우 관계는 학생에게 긍정적인 피드백을 주고 좋은 학급 분위기를 형성한다.

③ **공동 목표 추구**: 학급집단은 공동 목표를 수행하는 집단으로 학급에서는 학급 공동의 학습 목표가 추구되고 또 소집단이나 학생 각자의 목표가 추구된다.

④ **사회적 구조 형성**: 학급집단은 사회적 구조를 통해 상호작용한다. 학급에서 반복되는 상호작용의 형태는 규범, 역할, 지위 등과 같은 사회적 구조를 형성한다.

2. 학급규모의 적정 수준

학급규모는 몇 명이 적정한지에 대한 통일된 의견은 없으나 민부자, 홍후조(2011)는 초중등학교 교과 및 비교과 교육과정 운영 시 적정한 학생 수에 대해 제시했다. 〈표 12-4〉는 초중등학교 교과 교육과정 운영에 따른 적정 학생수의 예시이다. 초·중등학교의 학급에서 교사가 강의식 수업을 운영하는 경우 학급당 적정 학생 수는 교과 특성에 따라 다르지만 15~25명 정도로 예시할 수 있다. 이에 비해 학생 참여 활동의 수업인 경우 교과 및 활동 내용에 따라 적정 학생 수가 다르게 나타난다. 예를 들면, 국어 교과의 토의·토론 학습인 경우 논제에 대해 찬성하는 입장과 반대하는 입장의 대표들이 최소한 2명씩은 있어야 하고, 음악 교과에서 중창이나 합주를 할 경우 파트별, 악기별로 최소 인원이 배치되어야 한다. 체육 교과에서는 짝 활동이나 모둠활동의 경우 최소 2~4명이 참여하지만, 구기활동으로 축구를 하는 경우 각 팀별 11명, 최소 22명의 학생이 배치되어야 한다. 한편, 비교과 교육과정인 창의적 체험활동은 자율활동, 동아리활동, 봉사활동, 진로활동 관련 프로그램의 내용과 방법에 따라 그 적정 수가 결정될 필요가 있으며, 그 예시를 제시하면 〈표 12-4〉와 같다.

〈표 12-4〉 초·중등학교 교과 교육과정 운영시 적정한 학생수(예시)

교과(군)	교사의 강의식 수업	학생 참여 활동 수업
국어	15~25명	• 토의·토론: 4~8명, 2~3개 모둠/ 최소 8명 • 역할극 발표: 4~8명, 2~3개 모둠/최소 8명
사회/도덕		• 조사활동: 4~6명, 2~3개 모둠/ 최소 8명 • 모의 의회 활동: 최소 10명 이상

교과(군)	교사의 강의식 수업	학생 참여 활동 수업
		• 역할극 발표: 4~8명, 2~3개 모둠/최소 8명
수학		• 짝활동, 모둠활동: 2~4명, 2~3개 모둠/ 최소 4명
과학/ 실과(기 · 가)		• 실험활동: 4~6명, 2~3개 모둠/ 최소 8명 • 실습, 실기: 4~6명, 2~3개 모둠/ 최소 8명
음악/미술		• 중창: 파트별 1명 이상, 최소 6~10명 • 합주: 악기별 1명 이상, 최소 6~10명 • 모둠활동: 4명 이상, 2~3개 모둠/ 최소 8명
체육		• 짝활동, 모둠활동: 2~4명, 2~3개 모둠/ 최소 4명 • 구기활동: 각 활동별 소요 인원/ 축구 11명, 2개 팀-최소 22명
영어		• 짝활동, 모둠활동: 최소 2~4명, 2~3개 모둠/ 최소 4명

자료: 민부자, 홍후조(2011). 교육과정의 효과적인 운영을 위한 학급학교 규모에 관한 시론적 연구. 아시아교육연구, 12(2), 1-24.

〈표 12-5〉 초 · 중등학교 교과외 교육과정 운영시 적정한 학생수(예시)

구분	주요 활동 및 행사
창의적 체험활동	• 자율활동: 학급, 학년, 학교, 여러 학교 간 경진대회 등을 고려하면 다양한 하위 영역이 존재하여 적정한 학생 수를 예시하기 어려움 • 동아리 활동: 4~5명, 2~3개 동아리/ 최소 8명 • 봉사활동: 1인 이상 가능 • 진로활동: 진로체험 등은 1인 이상 가능, 진로교육 등은 적정규모 이상가능
학년 · 학교 행사	• 연극 경영 대회: 학급당 10명, 3~4개 학급/ 최소 30명 • 토의 · 토론 대회: 학급당 4~6명, 3~4개 학급/ 최소 12명 • 시화전 · 문예백일장: 학급당 3~4명, 3~4개 학급/ 최소 참여 인원 10명 • 민족정체성확립 관련 대회(글짓기, 주장발표, 그리기 등) 학급당 2~3명, 3~4개 학급 • 각종 학력평가대회: 학급당 5~6명, 최소 2~3개 학급 이상/ 최소 참여 인원 10명 • 모의 선거 · 유엔 총회 활동: 최소 참여 인원 30명 • 과학 발명품 경진대회: 학급당 3~4명, 최소 2개 학급 이상/ 최소 참여인원 6명 • 중창 · 합창 · 합주 대회: 합창, 합주 대회일 경우 최소 20명 이상, 2~3개 학급 이상/ 최소 참여 인원 40명 • 각종 그리기 대회: 학급당 1~2명, 최소 2~3개 학급 이상 • 운동회: 프로그램별 10~100명/ 청 · 백 구분하면 학년당 최소 2개 반 이상

구분	주요 활동 및 행사
	• 육상대회: 경기 종류별 최소 3~4명 이상, 10개 종목 이상/ 최소 참여 인원 30명 • 골든벨 대회 · 영어 듣기 대회: 학급 대표 1~2명, 최소 2~3개 반 이상 • 정보올림피아드: 학급당 1~2명, 최소 2~3개 반 이상 • 현장학습 · 수학여행 · 수련활동 등: 한 학급 30명 이상(차량 대절시 적정 인원이 요구됨) • 작품전시회: 작품의 종류에 따라 최소 4~5명 이상 • 학예발표회: 프로그램별 5~10명, 최소 5~6개 프로그램/ 최소 참여 인원 25명 등

3. 학급규모의 교육적 효과

Mitchell과 Beach(1990)는 학급규모에 따른 교육효과에 대한 접근 이론으로 교사 업무 부담 가중 이론, 학생 가용 시간 제한 이론, 학업 능력 조정 이론, 교사능력제한 이론 등을 아래와 같이 제시했다(백성준, 황준성, 1997, 29-30에서 재인용).

① **교사 업무 부담 가중**: 학급규모가 커짐에 따라 학생들의 학업성적이 떨어지는 이유는 학생수가 많아짐에 따라 교수학습활동 이외의 여러 활동에 투입되는 시간이 많아지는데서 비롯된다. 학급규모가 작아지면 학생들의 출석상황 점검, 학습자료의 분배 및 회수, 학생들의 이해도 측정, 학생지도에 보다 적은 시간을 활용하여 교수학습활동에 많은 시간을 활용할 수 있다.

② **학생 가용 시간 제한**: 학급당 학생이 1명씩 증가됨에 따라 추가된 학생이 교사 및 동료 학생들과 접촉하는데 필요한 추가 시간이 전체 학습량을 축소시키게 된다는 것이다. 이러한 추가 접촉시간은 결과적으로 학급토의의 결론을 도출한다든가 중요한 이슈에 대하여 학생들 간 합의를 구하는 것을 어렵게 만들게 된다. 이 이론은 학급당 학생이 추가됨에 따라 교사와 학생 간 그리고 학생과 학생 간의 상호접촉 시간은 늘어나게 되고 학습의 효과도 높아질 수 있다.

③ **학업 능력 조정**: 규모가 큰 학급의 학업성적이 소규모 학급에 비하여 떨어지는

것은 교사가 가장 학업능력이 모자란 학생을 기준으로 가르치기 때문으로 보고 있다. 만약 학생들을 무작위로 규모가 큰 학급과 작은 학급으로 배치할 경우, 규모가 큰 학급에 능력이 모자라는 학생이 보다 많이 배치하게 된다. 왜냐하면, 학습 능력 분포별로 학생을 배치할 때 큰 학급에 학습능력이 모자라는 학생의 수가 그만큼 많게 되기 때문이다. 이에 반해 소규모 학급의 경우 학생들의 능력분포의 폭이 규모가 큰 학급에 비하여 작게된다. 따라서 능력이 모자란 학생이 상대적으로 많은 큰 학습의 교사는 모든 학생을 위하여 학습진도를 늦추게 된다는 것이다.

④ 교사 능력 제한: 교사의 능력은 제한되어 있으며 이러한 능력은 주어진 학급의 학생 수에 따라 나뉘어지게 된다는데 있다. 교사의 능력이 제한되어 있다는 것을 전제로 할 때, 학생수가 증가함에 따라 학생 각자에게 할당되는 교사의 관심과 시간은 작아지기 마련이다. 예를 들면, 학생수가 10명인 학급의 경우, 학생들은 담당교사 총능력의 1/10을 분배받게 되고, 학생수가 25명인 경우는 1/25을 분배받게 된다. 따라서 학생수가 10명인 학급에 학생 1명이 추가될 경우의 학습손실은 25명 학급에 학생 1명이 추가되는 경우에 비하여 훨씬 크다는 것을 알 수 있다. 학급규모가 커짐에 따라 학생 개인의 학습손실은 점차 적어지게 된다.

학급은 교사와 학생이 상호작용하며 교수학습과 생활지도가 이루어지는 공간이다. 학급 규모가 적정할 때 교사와 학생 간의 상호작용 촉진, 학생의 학습활동에 대한 관심 제고, 교사의 교과 및 생활지도에 대한 많은 시간 할애, 교수 활동의 질적 향상, 교육과정 편성 운영의 다양화, 학교생활에 대한 학생 및 교사의 만족도 제고 등의 효과가 나타날 수 있다(백성준, 황준성, 1997). 학급규모는 교사와 학생의 상호작용과 교육 효과를 결정하는 조건이다. 학급규모에 따라 교육적 효과는 달리 나타날 수 있는데, 여기서는 정일환 등(2010)의 연구 결과와 이승미(2003)의 연구결과를 살펴본다.

정일환 등(2010)은 학교의 학급규모에 따라 야기될 수 있는 문제점을 제시하였다. 먼저, 학교규모가 적정 기준에 미달하는 경우, 공동체 생활의 문제로 학생들이 졸업할 때까지 한 학급만으로 운영되므로 학생들의 사회성을 기르기 어렵고, 교육활동 및 학습지도상의 문제로 체육대회, 동아리 활동 등 단체활동 등에서 다양한 편성이 어렵다. 둘째, 중등학교의 경우는 교원 수가 학급 수에 의해 결정되기 때문에 한 사람의 교원이 다른 과목을 담당하거나 한 사람의 교과담임이 전 학년을 지도하는 문제가 생길 수 있다

반면, 학교규모가 지나치게 큰 경우, 집단생활상의 문제로 동급생간 또는 다른 학년의 학생 간, 교원과 보호자 간의 교류와 서로의 이해가 희박하게 되고, 교육활동 및 학습지도상의 문제점으로 체육대회, 동아리활동 등 단체 활동에서의 학습계획 수립, 장소확보 등이 어려우며, 학교운영상의 문제로 여유교실을 확보하기 어려운 학교에서는 학생들이 특별활동 등을 위하여 사용할 공간이 부족하게 되어 교육활동이 제한을 받게 된다. 그리고 교원 수가 많기 때문에 교원 상호간의 조정과 연계협력이 충분하지 않고, 학교 교육목표와 교육활동의 일관성을 확보하기가 어려울 수 있다.

이승미(2003)은 2002학년도에 49명의 과밀학급을 담임하였고 2003학년도에 35명의 적정학급을 담임하고 있는 경험에 의존하여 과밀학급에서의 교육의 질의 문제를 교실공간에서 교사와 학생의 구체적인 사례분석을 통해 다음과 같은 결과를 제시하였다.

① 과밀학급에서의 교사와 학생의 만남은 개인과 개인의 만남이 아닌 개인과 집단의 만남으로 특징지워지며, 개별화된 지도가 어렵고, 상호 의사소통이 쉽지 않으며, 학생평가 결과를 내실있게 처리하기 어렵다.

② 과밀학급에서의 교사는 학생들 각자에게 일어나는 일을 제대로 관찰하기 어렵기 때문에 안전사고의 위험이 높다.

③ 교사 업무가운데 학급업무는 학생수에 비례하기 때문에, 과밀학급에서의 교사의 업무는 과중하다.

따라서 적정한 학급 규모는 [그림 12-1]과 같이 교사와 학생 간의 상호작용을 촉진할 뿐만 아니라 교수학습 방법 및 태도에 영향을 미침으로 결과적으로 학생의 학업성취와 정서적 성장에 영향을 미친다(장수명, 최형주, 2004).

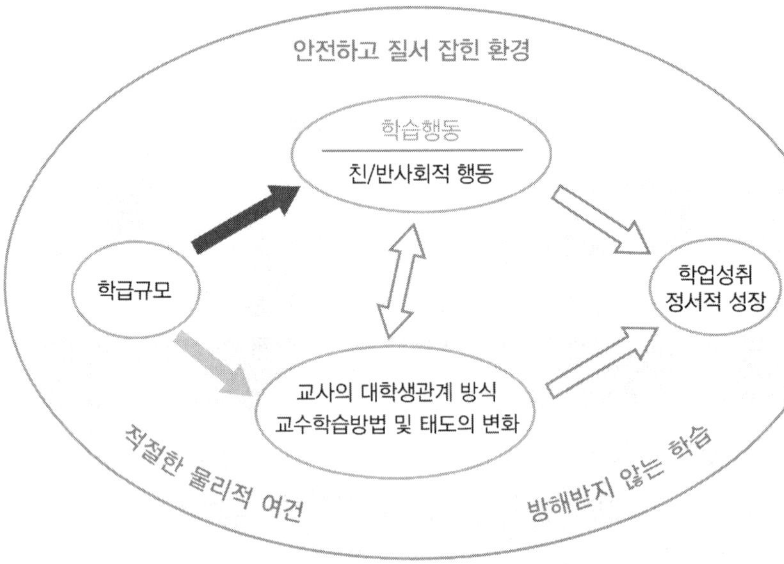

[그림 12-1] 학급규모가 학업성취 및 정서적 성장에 미치는 경로

출처: 장수명, 최형주(2004). 학급규모가 교사의 수업태도와 교수학습방법의 활용에 미친 영향. 한국교육, 31(4), 123-145.

■ 학급규모에 따른 교육효과에 대한 경험적 증거들

① 교사들은 능률적이고 효과적인 학급관리 및 생활지도, 수업지도를 가능하게 하는 물리적인 조건이라고 인식하고 있는 경향이 많은 반면, 학생들은 친구들과의 더 친밀하게 지낼 수 있으며, 선생님과의 유대감 증가, 그리고 수업, 학급운영에의 참여 증가가 될 수 있다(장수명, 2003).

② 교사와 학생 간 상호작용의 양과 질에 영향을 주며, 특히 학생들은 교사에 대해 높은 신뢰감을 갖는다(이숙정, 2006).

③ 학생수가 너무 많은 경우 교사들이 사기와 열의가 낮으며, 생활지도와 관련한 교사효능감이 낮아진다(우명숙, 2017)

④ 소규모 학급일수록 읽기나 수학 같은 교과의 학업성취의 효과는 높다(Finn, 1998).

⑤ 소규모 학급의 학생들은 대규모 학급의 학생들보다 불만이 적고, 더 긍정적인 감정을 가지고 있으며, 수업참여에 더 적극적이다(Finn, Pannozzo, & Archilles, 2003).

⑥ 학급규모는 학습 집단의 다양화, 학생 개개인의 교우관계나 가정환경의 파악, 학생 개개인의 수업 이해도의 파악, 학급에서의 수업 도입의 이야기나 활동의 시작에 걸리는 시간 등에 영향을 미칠 수 있다(신나민, 류호섭, 박종향, 2013)

4. 학급경영의 이해

1) 학급경영의 의미와 목적

학급경영이란 학급의 목적을 달성하기 위하여 인적 자원과 비인적 자원을 활용하여 계획하고 조직하며 지도하고 통제하는 일련의 활동이다(배장오, 2012). 학급경영에서는 이를 교수-학습과 생활지도에 직접 연결될 수 있도록 조정하는 관리기능이 그 주가 되며, 최하위의 경영체제이다. 학급경영에서 일어나는 일련의 행위들에는 교수 · 학습활동, 생활지도활동, 시설과 공간의 활용, 각종 사무관리 등 다양한 활동들이 포함된다. 특히 학급경영에서는, ① 효율적인 수업이 이루어질 수 있도록 물적 조건을 정비하고, ② 학급 내에 일정한 질서를 유지하도록 학생을 훈련시키고, ③ 수업에 학생들의 주의를 집중토록 하는 것 등을 주로 하고 있다(교육학용어사전, 1995).

2) 학급경영의 특성

학급경영이란 학급의 교육자원을 능률적으로 사용하여 학급 목표를 효과적으로 달성하기 위해서 학습활동을 계획, 조직, 지도, 평가하는 활동이라고 할 수 있다. 학급경영은 학급의 목적 추구 활동, 교원 자원 획득 및 분배, 교육 계획 집행 활동이라는 특성을 지닌다(배장오, 2012). 이에 대해 살펴보면 다음과 같다[2].

(1) 학급 목적 추구 활동

학급의 목적 또는 목표는 학급활동의 지향점으로서 무엇을 위하여 학급경영이 필요한가라는 질문에 대한 답변이 될 수 있다. 학급의 목표를 편의상 크게 두 가지로 나누어 볼 수 있다. 첫째는 학교의 공식적인 교육목표를 바탕으로 세워진 학급조직의 목표이며, 둘째는 학급 구성원의 개인적 또는 집단적 욕구와 필요에 의한 학급 구성원의 개인적인 목표이다. 학급경영은 학급 구성원이 개별적으로 추구하는 개인적인 목표를

2) 배장오(2012), pp. 28-30를 요약 재구성함.

달성한다. 학생의 개별적 또는 집단적 욕구, 흥미, 적성 및 필요를 교육적으로 발전시키는 일은 학급에서 추구해야 할 주요 목표이다.

(2) 교육 자원 획득 및 분배

학급경영이란 교육자원을 획득하여 최적으로 분배하는 활동이다. 교육자원은 교육목적을 달성하기 위한 활동에 투입되어 공헌할 수 있는 힘을 지닌 모든 것을 말한다. 이러한 교육자원에는 ㉠ 교직원, 학생 및 학부모와 같은 인적 자원, ㉡ 건물, 시설, 설비와 같은 물적 자원, ㉢ 운영비와 같은 금전적 자원, ㉣ 지식, 정보, 시간, 노력 등의 자원이 포함된다. 이러한 교육자원은 학급경영에 있어서 직접적으로 활용되는 것임으로 학급을 위해 많은 자원을 획득하고 사용하는 여부는 학급담임의 노력과 역량에 달려 있다. 따라서 물적 자원을 확보하고 활용하는 일과 학부모와 교직원의 인적자원을 확보 활용하거나, 시간과 노력과 지식 등 자원을 확보하여 양질의 교수학습 및 생활지도를 제공하는 것은 학급경영의 주요 사항이라고 할 수 있다.

(3) 학급경영 과정

학급경영은 계획, 조직, 지도 및 평가 등 일련 과정을 통해 집행된다. 계획은 목표를 세우고 이를 성취할 수 있는 미래의 행동을 예정하고 준비하는 과정이다. 이 단계에서는 관련 자료를 바탕으로 하여 학급경영의 목표가 설정되고 학급경영의 각 영역별 실천계획과 평가계획이 학급경영안으로 작성된다.

조직은 공동목표를 달성하기 위한 분업적인 협동체제를 구성함을 말한다. 협동체제는 공동의 목표, 책임과 임무의 분담 및 지도체제를 포함한 협동적인 관계수립을 요건으로 한다. 학급에서는 학습을 위한 분단조직, 학생 자치활동 조직, 창의적 체험활동 조직, 생활지도 조직 및 봉사활동 조직 등이 조직요건으로 맞추어 만들어진다.

지도는 계획에 따라서 여러 가지 활동을 운영하고 실천하는 과정이다. 이 단계에서는 교과활동, 창의적 체험활동, 생활지도 활동 등 학급경영의 전반에 걸친 활동들이 전개된다. 이 단계에서는 학급집단 구성원의 활동을 촉진시키고 유지하며 조정하는 교사의 지도력이 크게 요청된다.

평가는 모든 활동이 계획된 때로 목표를 향하여 진행되도록 규제하는 활동이다. 즉, 학급의 모든 활동이 계획된 목표를 지향하고 있는가, 또는 계획된 대로 실천되고 있는가를 모니터링하여 그 집행 목표와 과정을 피드백 및 개선하는 활동이다.

3) 학급경영의 원리

학급은 교사와 학생의 상호작용이 일어나는 조직이며, 교사와 학생의 역할과 책임이 공존하는 곳임으로 학급경영의 원리 설정에 있어서도 학생과 교사의 관점이 반영될 필요가 있다. 아래에서는 학생 관점과 교사 관점에서의 학급경영 원리를 살펴본다.

(1) 학생 관점에서의 원리

① **학습자 자유 및 개별성 보장의 원리**: 학급경영은 학습자의 인격을 존중하고 그들의 개성을 발전시킬 수 있도록 생활조건을 확보해 주어야 할 뿐만 아니라 개인의 개성과 능력과 적성 및 요구에 대한 개별성을 존중해 주어야 한다.

② **사회성 및 접근의 원리**: 학급 내 급우들과 어울리며 협동함으로서 학급 집단의 안전과 상호 성장을 도모해야 한다. 또한, 교사와 학생, 학생과 학생 간 거리감 없이 서로 존중하고 신뢰하며 배려하는 학급 분위기를 조성해야 한다.

③ **창의적 사고 촉진 원리**: 학생들이 창의적으로 사고하고 탐구할 수 있는 학습 활동과 경험을 제공해야 한다.

④ **학습 참여 및 흥미 제고 원리**: 학습자들이 학습에 적극적으로 참여하고 흥미를 갖고 학습에 도전할 수 있는 학급 풍토를 조성해야 한다.

⑤ **성장의 원리**: 학교 및 개인 생활에 대한 지속적인 성찰과 피드백을 통해 자기 성장을 촉진할 수 있는 훈육 및 지도를 해야 한다.

(2) 교사 관점에서의 원리

① 민주성 및 타당성의 원리: 학급경영은 학생의 필요와 요구, 학부모 및 지역사회의 요구를 수렴하고 그에 알맞은 학급을 운영해야 한다. 또한, 교육의 원리에 비추어 타당해야 하며, 상위 교육체제의 목표 및 교육운영의 방향과도 부합되어야 한다.

② 자주성의 원리: 학급경영은 학급담임이 주체임으로 교사의 전문적 지식과 경험을 토대로 학급경영에 대한 독립성과 창의성을 발휘해야 한다.

③ 합리성의 원리: 학급경영은 학급에 대한 기초조사를 하고 목표를 효과적으로 달성할 수 있는 계획을 수립하여 가장 적절한 방법을 통해 그것을 실행하고 평가해야 한다.

④ 효율성의 원리: 학급 내 교육자원 및 시설 관리에서도 효율적인 방법을 강구 적용해야 한다.

⑤ 통합성의 원리: 학급경영은 학급 운영과 관련된 여러 요소(예: 교수학습, 생활지도 등)을 전체적으로 고려하면서 전체적으로 조화를 이룰 수 있도록 운영해야 한다.

4) 학급경영의 영역[3)]

학급경영의 영역은 학급경영 목표 및 계획, 교수학습지도, 창의적 체험활동 지도, 학생의 이해 및 생활지도, 학급조직과 규칙 구성, 학급 환경 및 풍토 조성, 가정 및 지역사회 관리, 사무관리 등이며, 구체적인 내용은 아래와 같다.

(1) 학급경영의 목표 및 계획

일반적으로 교육철학으로 표현되는 학급경영의 목표는 학년 및 학교 목표와 상위목표는 물론, 교사의 교육관이나 경영관을 반영해야 한다. 또한, 학급의 실태나 학생의 실태, 기본적인 사항 및 학급경영의 계획, 조직 및 평가에 관련된 내용 등 종합적인 자료와 기반 위에서 이루어져야 한다. 효율적인 학급 경영을 위해서는 학교와 학년의

3) 권이종, 김용구, 김혜자(2011), pp. 45-52, 배장오(2012), pp. 38-41의 내용을 요약 재구성한 것임.

목표에 따라 학급의 학생 개개인의 개성, 능력, 적성, 진로 등을 분석한 후 학급 목표를 설정하여 학교와 학년 목표와 조화시키며 활동해야 한다.

학급경영 목표는 담임교사의 교육철학이나 학년의 특성, 학부모, 가정, 사회의 요구를 충분히 반영하고 학급 구성원 모두가 공감할 수 있도록 설정해야 한다. 또한 학급경영의 목표는 모든 학생들이 실천이 가능한 내용으로 구성되어야 한다. 학급경영 목표를 설정하는 방법으로는 먼저 목표 설정에 미치는 요소들, 즉 학생의 성장 발달 단계, 학교 교육목표, 지역 사회의 여건, 시대적 흐름 등을 구체적으로 분석해야 한다. 그래야 학생 수준과 학교 여건에 맞는 현실적이고 실현가능한 학급목표를 설정할 수 있다.

(2) 교수학습지도

교사의 활동 중에서 가장 핵심적인 활동은 학습지도이다. 교수학습지도는 학습의 목표와 내용을 선정하고 학습조건을 갖추어 수업을 전개하는 학습의 목표와 내용을 선정하고 학습조건을 갖추어 수업을 전개하는 일련의 교수학습활동을 일컫는다. 학급의 교수학습지도는 수업목표를 효율적으로 달성하도록 최선을 다해야 한다. 교수학습지도 영역에는 교과목표, 교수행동 및 유형, 교수학습환경, 교수학습활동의 집단조직, 교수학습자료, 특별지도, 가정학습 지도 등이 포함된다.

(3) 창의적 체험활동 지도

창의적 체험활동은 교과활동과 더불어 학생의 전인적인 성장을 돕기 위해서 설정된 영역으로서 학생들의 자주적, 협동적, 민주적인 활동을 돕는 교육과정의 한 영역이다. 이 지도영역에는 자율활동, 동아리활동, 봉사활동 그리고 진로활동이 포함된다. 창의적 체험활동의 지도계획은 전 영역에 대하여 계획을 수립하고 조직을 구성함으로써 계획적, 효율적으로 운영되도록 해야 한다.

(4) 학생의 이해와 생활지도

학급담임은 학생의 가정 배경, 학교 경험, 지적 능력이나 학업 적성, 학업에 관련된 성취도, 건강, 과외활동, 직업적 흥미와 적성, 성격, 장래희망, 현재 심리 상태 등을 파악하여 학생의 학습 및 생활을 관심해야 한다. 학생을 이해하는 방법으로는 전 학년 담임이나 교과 담당 교사들의 평가나 조언을 듣는 방법, 학생생활기록부나 학생 관련 기록물을 통해 학생을 이해하는 방법, 학생과의 면담이나 상담을 통한 직접적인 이해, 급우들을 통한 학생에 대한 이해 등이 있을 수 있다.

생활지도는 학생들이 당면한 여러 가지 문제를 학생 스스로의 힘으로 해결할 수 있도록 조직적으로 도와주는 활동이다. 생활지도는 생활지도 계획, 생활지도 활동 및 방법, 기본 생활습관의 지도, 인성지도, 학업관련 문제지도, 진학, 진로 건강 및 여가생활 지도 등이 포함된다.

(5) 학급 조직과 규칙 구성

학급에는 여러 학생들이 함께 생활하면서 학업을 수행하거나 자기계발을 하는 곳임으로 학급 안에서 학생들이 지킬 수 있는 규칙을 설정하여 지도할 수 있다. 학급규칙을 만드는 과정은 다양한 학급 상황을 파악하고, 학습 상황을 고려하되, 교사와 학생이 함께 참여하여 학급 규칙안을 설정하고, 학급회의에서 최종적으로 결정하며, 학급 규칙을 공포하고 학생과 학부모에게 알리는 절차로 진행될 수 있다. 학급 규칙은 벌을 주기 위하여 설정하기 보다는 학생들이 자신과 타인에 미칠 수 있는 영향을 생각하면서 자신의 행동을 성찰하고 피드백할 수 있도록, 그리고 학생 개인의 인격적, 학업적 요구가 충족될 수 있도록 설정되어야 한다. 학급규칙을 운영하는데 있어서 교사는 제정된 학급 규칙을 학생과 학부모에게 알리고 교실에도 게시해야 하며, 모든 학생과 학습활동에 학급 규칙을 일관성 있게 적용하며, 교사가 학급 규칙을 지키는 모범을 보이며, 지속적인 모니터링을 실시하여 보완해야 한다.

(6) 학급 환경 및 풍토 조성

학급의 환경 및 시설설비는 교육적 관점에서 구성하고, 다각적으로 교실환경을 검토함으로써 학생의 필요와 요구에 부응한 학습환경을 구성해야 한다. 환경 및 시설관리 영역에는 게시물, 시설, 비품, 청소, 사회심리적 환경, 물리적 환경정비 등이 포함된다. 환경관리나 시설관리 또한 계획적으로 이루어져야 하고, 물리적 환경뿐만 아니라 사회심리적 환경의 정비 및 관리도 충실하게 이루어져야 한다. 또한, 학급 안에서 교사와 학생 간에 좋은 관계를 형성하도록 상호 존중과 배려를 하며, 상호 의견과 요구에 대해 개방적이고 소통할 수 있는 풍토를 조성해야 한다.

(7) 가정 및 지역사회 관리

교육은 학교와 가정 그리고 지역사회의 유기적인 관계 속에서 이루어진다. 교사와 학부모가 직접 만나서 학생에 대해 협의하는 것은 학생의 요구와 문제를 이해하고 적절한 학습 및 생활지도를 하는데 효과적이다. 이를 위해서 학급담임은 학부모와 협력하고 필요에 따라 의사소통할 줄 알아야 한다. 교사가 학생을 지도하는 데 있어서 학부모의 협력을 받기 위해서는 학부모와의 긍정적이고 원만한 인간관계가 형성되어야 할 것이다.

(8) 사무관리

학급경영은 그 실천결과가 반드시 서류로 남아 있어서 그것이 다음의 학급경영이나 개인의 성장에 참고가 될 수 있도록 기록되고 정리 및 보관되어야 한다. 사무관리에는 학사물 관리, 학생기록물 관리, 가정연락물 관리, 각종 잡무처리 등이 포함된다. 사무관리는 신속하고 정확하게 처리되어야 하며, 누가적으로 기록, 관리함으로서 학습 및 개인지도의 자료로 활용되어야 한다.

5. 학급경영자로서의 학급담임

1) 학급담임의 유형

학급경영자는 학급을 담당하는 교사, 즉 학급담임이다. 담임은 학급담임과 교과담임으로 구분된다. 학급담임(self-contained classroom teacher system)은 한 사람의 교사가 한 학급을 담당하여 그 학급의 전 교과(全敎科) 또는 대부분의 교과를 가르치는 조직형태이다. 이것은 일반적으로 초등학교에서 채택되고 있으며, 중 · 고등학교에서 활용되고 있는 교과담임제(departmentalized instructional system)와는 다르다. 이 제도를 학습이지도 면에서 보면 1인의 교사가 많은 교과를 담당함으로써 충분한 교과연구가 어려워 학습지도의 철저를 기하기 어려운 반면, 각 교과 간에 연관이 쉬워 학습내용이 통합되는 이점도 있다(교육학용어사전, 1995).

2) 학급담임 업무와 일과

학급담임은 교실에서 직접 학생들을 매일 접하면서 교육활동을 전개하는 학급경영자로서 역할을 수행한다. 학급담임의 업무는 수업의 효율화를 위해 교육과정과 수업을 계획하고, 학급의 자원을 조직하고, 학급의 행동규칙과 절차를 정비하고, 학급환경을 정비 조성하고, 학생의 학습 진도를 점검한다. 또한, 학급에서 발생 가능한 문제를 예측하고 해결하는 활동을 통해 학급을 안정적으로 이끈다(조동섭 외, 2014). 이러한 학급담임의 구체적인 업무와 하루 일과를 제시하면 아래의 표들과 같다.

〈표 12-6〉 학급담임의 주요 업무

구분	특성
학급운영	• 급훈의 선정과 실천지도 • 학급경영안 작성 및 활용 • 매일 조례, 종례지도 • 학급 모둠(분단) 조직 및 관리 • 학급특색 프로그램 개발 및 운영
교육과정	• 교과지도, 특수아지도 등 • 학습태도 분석 및 학습방법 지도 • 학생생활기록부 전산처리 • 교육평가의 집계, 통계, 통지표 작성
학급관리	• 환경미화 및 청소 지도 • 교실비품 관리 지도 • 통상적인 하루 일과 • 시설 및 비품관리 • 학급환경 관리
학생의 이해 및 생활지도	• 규범지도 • 학급규칙 제정 • 가정환경, 교우관계 등 학생실태조사 분석 및 기록유지 • 진로진학 지도 • 상담을 통한 인성 및 진로지도 • 보건위생, 안전생활 지도 • 복장, 소지품 지도
창의적 체험활동	• 학생자치활동지도 • 진로활동 지도 • 동아리활동 지도 • 행사활동 지도 • 봉사활동 지도
문서관리	• 학급생활기록부 및 보조부 • 학급경영안 • 건강기록부 • 출석부 • 환경조사서 • 제 학생 통계표

구분	특성
가정 및 지역사회 관계 관리	• 학부모와의 관계 유지 • 지역사회와의 유대관계 유지 • 지역 봉사 및 행사 참여 등

출처: 권이종, 김용구, 김혜자(2011), p. 42와 조동섭 외(2012), p. 16를 토대로 재구성

〈표 12-7〉 학급담임의 일과

구분	특성
조회 전후	• 교실 및 복도정리 정돈 • 지각생 지도 • 자학 자습여건 조성지도 • 학생건강 관찰 • 당일 결보강 교과 주지 • 당번활동 지도 • 조례
일과 중	• 외출, 결과, 조퇴 학생지도 • 학생 안전지도 • 생활지도 • 사고 학생 조치 • 제반 전달사항 지도 확인
종례 시	• 청소지도 • 훈화 및 귀가시 안전지도 • 잔류학생 지도 • 교실 정리 및 문단속 지도 • 출석부 정리 • 다음 날 결보강 교과 주지

출처: 권이종, 김용구, 김혜자(2011), p. 43

학습 정리

1. 학급(class)은 한 교실에서 함께 배우는 학생 집단, 즉, 동일한 교과를 공부하기 위해 규칙적으로 모이는 학생 모임 단위를 말한다. 학급은 교육목표 달성을 위해 특정 연령층의 학생들로 구성되며, 수업과 생활지도를 제공하기 위한 모임이고, 다른 학생들과 상호작용하면서 협력하는 공간이며, 교사와 상호작용을 통해 배움을 받는 곳이다. 학급은 학교경영의 최하위의 단위이며, 교수-학습활동의 단위조직이 된다. 학급은 동일 학년생으로 편성되는 독립학급, 다른 학년생을 수용하는 복식학급, 10명 전후의 소인수 학급, 40명 이상의 다인수학급, 학습능력 및 적성이 비슷한 특성을 지닌 동질학급, 개인차가 심한 이질집단 등으로 구분된다.
2. 학급규모는 몇 명이 적정한지에 대한 통일된 의견은 없으나, 학자들은 초중등학교 교과 및 비교과 교육과정 운영 시 적정한 학생 수를 설정한다. 예를 들어 초·중등학교의 학급에서 교사가 강의식 수업을 운영하는 경우 학급당 적정 학생 수는 교과 특성에 따라 다르지만 15~25명 정도로 설정하고 있다.
3. 학급의 교육적 효과에 대해서는 교사 업무 부담 가중 이론, 학생 가용 시간 제한 이론, 학업 능력 조정 이론, 교사능력제한 이론 등으로 설명될 수 있다. *교사 업무 부담 가중 이론*은 학급규모가 커짐에 따라 학생들의 학업성적이 떨어지는 이유는 학생수가 많아짐에 따라 교수학습활동 이외의 여러 활동에 투입되는 시간이 많아지기 때문으로 본다. *학생 가용 시간 제한*은 학급당 학생이 1명씩 증가됨에 따라 추가된 학생이 교사 및 동료 학생들과 접촉하는데 필요한 추가 시간이 전체 학습량을 축소시키게 된다는 것이다. *학업 능력 조정*은 규모가 큰 학급의 학업성적이 소규모 학급에 비하여 떨어지는 것은 교사가 가장 학업능력이 모자란 학생을 기준으로 가르치기 때문으로 보고 있다. *교사 능력 제한*은 교사의 능력은 제한되어 있으며 이러한 능력은 주어진 학급의 학생 수에 따라 나뉘어지게 된다는데 있다.
4. 학급경영이란 학급의 목적을 달성하기 위하여 인적 자원과 비인적 자원을 활용하여 계획하고 조직하며 지도하고 통제하는 일련의 활동이다. 학급경영에서 일어나는 일련의 행위들에는 교수·학습활동, 생활지도활동, 시설과 공간의 활용, 각종 사무관리 등 다양한 활동들이 포함된다. 학급경영은 학급의 목적 추구 활동, 교원 자원 획득 및 분배, 교육 계획 집행 활동이라는 특성을 지닌다.
5. 학급경영자는 학급을 담당하는 교사, 즉 학급담임이다. 담임은 학급담임과 교과담임으로 구분된다. 학급담임(self-contained classroom teacher system)은 한 사람의 교사가 한 학급을 담당하여 그 학급의 전 교과(全教科) 또는 대부분의 교과를 가르치는 조직형태이다. 이것은 일반적으로 초등학교에서 채택되고 있으며, 중·고등학교에서 활용되고 있는 교과담임제(departmentalized instructional system)와는 다르다. 이 제도를 학습이지도 면에서 보면 1인의 교사가 많은 교과를 담당함으로써 충분한 교과연구가 어려워 학습지도의 철저를 기하기 어려운 반면, 각 교과 간에 연관이 쉬워 학습내용이 통합되는 이점도 있다.
6. 학급담임은 교실에서 직접 학생들을 매일 접하면서 교육활동을 전개하는 학급경영자로서 역할을 수행한다. 학급담임의 업무는 수업의 효율화를 위해 교육과정과 수업을 계획하고, 학급의 자원을 조직하고, 학급의 행동규칙과 절차를 정비하고, 학급환경을 정비 조성하고, 학생의 학습 진도를 점검한다. 또한, 학급에서 발생 가능한 문제를 예측하고 해결하는 활동을 통해 학급을 안정적으로 이끈다.

Chapter 13

학급경영의 실제

학습 목표

1. 학급경영 환경과 동향을 이해하여 제시할 수 있다.
2. 학생 핵심역량 관리에 대해 설명할 수 있다.
3. 교육과정 운영 관리에 대해 설명할 수 있다.
4. 학습자 중심 수업 관리에 대해 설명할 수 있다.
5. 과정 중심 평가 관리에 대해 설명할 수 있다.
6. 학습자 특성 이해하고 그 지도원리와 방법을 설명할 수 있다.
7. 생활지도, 상담 및 진로지도의 원리와 방법을 설명할 수 있다.

1. 학급경영 환경과 동향

최근 교육 현장에는 2015 개정 교육과정의 현장 착근과 함께 4차 산업혁명 시대를 대응할 수 있는 창의융합인재 육성을 위한 여러 정책과 프로그램들이 추진되고 있다. 그 주요 양상은 1) 현장 중심 교원양성과정 개편, 2) 2015 개정 교육과정, 3) 학생 참여 수업 및 과정 중심 평가, 4) 소프트웨어 교육, 5) 생활지도 및 상담, 6) 교사 리더십 및 배움의 공동체 등으로 제시할 수 있다. 아래에서는 이들 여섯 방면에 대해 구체적으로 살펴볼 것이다.

1) 현장 중심 교원양성과정 개편

교육부는 2015개정 교육과정 등 교육정책의 현장 정착을 위해 이에 적합한 예비교원을 양성하기 위한 교원양성과정 개선 계획을 수립 · 발표하였다(교육부, 2016. 8. 17., 보도자료 참조). 그 주요 내용은 다음과 같다.

① 자유학기제 전면 실시, 2015개정 교육과정, 인성교육진흥법 시행, 진로교육 강화, 소프트웨어 교육, 안전 및 정서행동 대처 등과 같은 교육 정책을 교원양성과정에 반영하고, 이를 실현할 수 있는 예비교사의 현장 중심 역량을 강화한다.

② 예비교사가 교실수업에서 학생참여 중심 수업과 과정중심 평가를 실현할 수 있는 역량을 향상시키고, 입직 단계에서 학교 현장에 대한 적응력을 제고한다.

▪ 교원양성과정 주요 개선 사항

- (교육과정) 창의적 체험활동 및 진로와 직업 교육과정 단원 개설 포함
- (교육평가) 평가문항 개발의 실제와 환류방법 반영
  - 과정중심 평가 내용 확대
- (교직실무) 교직윤리, 사회변화와 교육, 진로교육, 학교 · 학급경영, 학사 · 인사 · 행정실무
  - 진로교육 등을 강화위해 교과영역 재구성
- 학교폭력예방 및 학생의 이해(과목명 변경)
  - 학교폭력예방 외에 학생생활문화, 학생정서행동발달 등 내용 포함
- (교과교육론) 수업의 실제와 과정중심 평가 내용 반영
  - 실제수업과 과정중심 평가 확대
- (교과교재연구 및 지도방법)교육 실습과의 연계 강화 및 교과 통합 교육과정 운영 반영
  - 실제수업과 융합교육 확대

③ 교직과목(교육과정, 교육평가 등)과 교과교육과목(교과교육론, 교과교재연구 및 지도법 등)에 다양한 수업 실현, 과정중심 평가방법, 진로교육, 융합교육, 창의적 체험활동 등을 확대 또는 신설한다.

④ 예비 교원들이 자유학기제를 접할 수 있는 기회를 확대하기 위하여 '자유학기제 수업지원단'을 구성 · 운영하고, 자유학기제 연구 · 시범학교와 연계하여 교육봉

사활동을 강화한다.

⑤ 예비교원들이 학생의 정서행동상의 특성을 이해하고 발생할 수 있는 교육활동 상황들에 대한 대처능력을 기르기 위한 상담역량을 강화한다.

2) 2015 개정 교육과정

교육부는 2015년 9월 23일에 창의융합형 인재 양성을 목표로 하는 「2015 개정 교육과정」을 확정 · 발표하였다(교육부, 2015. 9. 23., 보도자료 참조). 2015 개정 교육과정은 모든 학생들이 인문 · 사회 · 과학기술에 대한 기초 소양을 함양하여 인문학적 상상력과 과학기술 창조력을 갖춘 창의융합형 인재로의 성장을 목표로 하고 있다.

- **창의융합형 인재:** 인문학적 상상력, 과학기술 창조력을 갖추고 바른 인성을 겸비하여 새로운 지식을 창조하고 다양한 지식을 융합하여 새로운 가치를 창출할 수 있는 사람

이 교육과정을 통해 육성하고자 하는 인간상은 '자주적인 사람', '창의적인 사람', '교양 있는 사람', '더불어 사는 사람'이다.

- **자주적인 사람:** 전인적 성장을 바탕으로 자아정체성을 확립하고 자신의 진로와 삶을 개척하는 사람
- **창의적인 사람:** 기초 능력의 바탕 위에 다양한 발상과 도전으로 새로운 것을 창출하는 사람
- **교양 있는 사람:** 문화적 소양과 다원적 가치에 대한 이해를 바탕으로 인류 문화를 향유하고 발전시키는 사람
- **더불어 사는 사람:** 공동체 의식을 가지고 세계와 소통하는 민주 시민으로서 배려와 나눔을 실천하는 사람

2015 개정 교육과정은 교과와 창의적 체험활동, 그리고 학교생활 전반에 걸쳐 학생의 실제적 삶 속에서 무언가를 할 줄 아는 실질적인 능력을 함양하도록 핵심역량을 강조한다. 총론에는 '자기관리 역량', '지식정보처리 역량', '창의적 사고 역량', '심미적

감성 역량', '의사소통 역량', '공동체 역량' 등 6가지를 제시하였고, 교과 각론에는 총론의 역량과 연계하여 교과에 맞는 역량을 제시하고, 교과의 특성에 맞는 교육과정을 운영하도록 하고 있다.

- **자기관리 역량**: 자아정체성과 자신감을 가지고 자신의 삶과 진로에 필요한 기초 능력과 자질을 갖추어 자기주도적으로 살아갈 수 있는 능력
- **지식정보처리 역량**: 문제를 합리적으로 해결하기 위하여 다양한 영역의 지식과 정보를 처리하고 활용할 수 있는 능력
- **창의적 사고 역량**: 폭넓은 기초 지식을 바탕으로 다양한 전문 분야의 지식, 기술, 경험을 융합적으로 활용하여 새로운 것을 창출하는 능력
- **심미적 감성 역량**: 인간에 대한 공감적 이해와 문화적 감수성을 바탕으로 삶의 의미와 가치를 발견하고 향유할 수 있는 능력
- **의사소통 역량**: 다양한 상황에서 자신의 생각과 감정을 효과적으로 표현하고 다른 사람의 의견을 경청하며 존중하는 능력
- **공동체 역량**: 지역 · 국가 · 세계 공동체의 구성원에게 요구되는 가치와 태도를 가지고 공동체 발전에 적극적으로 참여하는 능력

2015 개정 교육과정은 핵심역량 계발을 강조하고 있으며, 이를 위해 토론학습, 협력학습, 탐구활동, 프로젝트학습 등 교과 특성에 따라 다양한 교수 · 학습이 이루어지면서 학생들의 활발한 수업 참여와 과정 중심의 수행평가를 강조하고 있다.

2015 개정 교육과정은 인문 · 사회 · 과학기술에 관한 기초 소양 교육을 강화한다. 이를 위해 초 · 중등 교과 교육과정을 개편하여 인문학적 소양을 비롯한 기초 소양 함양 교육을 전반적으로 강화하고, 특히 고등학교에 기초 소양 함양을 위해 문 · 이과 구분 없이 모든 학생이 배우는 공통 과목을 도입하고, 통합적 사고력을 키우는 '통합사회' 및 '통합과학' 과목을 신설 운영하도록 하고 있다. 또한 학생의 진로와 적성에 따른 맞춤형 교육과정 운영이 가능하도록 선택과목을 『일반선택』과 『진로선택』으로 구분하였다.

- 『통합사회』는 초 · 중학교 사회의 기본 개념과 탐구방법을 바탕으로 지리, 일반사회(정치, 경제, 법 등), 윤리, 역사의 기본적 내용을 대주제 중심의 통합적 접근을 통해 사회 현상을 종합적으로 이해할 수 있도록 구성되는 과목이다. 이것은 복잡하고 급변하는 사회 현상에 대한 종합적 이해와 사회적 갈등 해결 능력 등을 함양하기 위해 토의 · 토론학습, 프로젝트 학습, 탐구 학습 등 다양한 활동 중심의 수업이 이루어질 수 있도록 구성된다.
- 『통합과학』은 중학교까지 학습한 자연과학의 핵심 개념을 적용하여 자연 현상을 통합적으로 이해하여, 미래 사회에 필요한 과학적 기초 소양을 함양할 수 있도록 학습 내용과 난이도를 재구조화하여 모든 학생들을 대상으로 한 필수과목이다. 이것은 여러 분야의 기초 개념의 융합과 동료간 탐구 협업을 통해 새로운 가치 창출 및 역량 습득이 가능한 대주제 학습*, 학교 밖 현장 체험을 통한 실생활 연계, 전통적인 과학-기술-사회 연계 STS 학습 등으로 구성된다.
- 『일반선택』: 고등학교 단계에서 필요한 각 교과별 학문의 기본적 이해를 바탕으로 한 과목으로, 기본 이수단위는 5단위이며 2단위 범위 내에서 증감 운영이 가능하다.
- 『진로선택』은 교과 융합학습, 진로 안내학습, 교과별 심화학습 및 실생활 체험학습 등이 가능한 과목으로, 학생들은 진로선택 과목을 통해 보다 심화된 학습이나 자신의 진로에 도움이 되는 과목을 배울 수 있으며, 기본이수단위는 5단위이고, 3단위 범위 내에서 증감 운영을 허용한다.

2015개정 교육과정은 한 학기를 '자유학기'로 운영할 수 있는 근거를 마련함으로써, 학생들이 중간 · 기말고사에 대한 부담에서 벗어나 체험 중심의 교과 활동과 함께 장래 진로에 대해 마음껏 탐색할 수 있도록 하고 있다. 또한, 학생들이 소프트웨어에 대한 기초 소양을 충실히 갖추어 나갈 수 있도록, 소프트웨어 교육 중심의 정보 교과를 필수 과목으로 지정 운영하도록 하고 있다. 그리고, 창의적 체험활동 교육과정으로 자율활동, 동아리활동, 봉사활동, 진로활동 등 4개 영역 체제로 현행 유지하고 있다.

- **자율활동**: 자치 · 활동, 창의주제활동 등
- **동아리활동**: 예술 · 체육활동, 학술문화활동, 실습노작활동, 청소년단체활동 등
- **봉사활동**: 이웃돕기활동, 환경보호활동, 캠페인활동 등
- **진로활동**: 자기이해활동, 진로탐색활동, 진로설계활동 등

이상에서 제시한 2015개정 교육과정의 특징에 따른 주요 개정 사항을 제시하면 다음과 같다.

〈표 13-1〉 2015개정 교육과정의 주요 내용

구분			주요 내용
교육과정 개정 방향			• 창의융합형 인재 양성 • 모든 학생이 인문 · 사회 · 과학기술에 대한 기초 소양 함양 • 학습량 적정화, 교수 · 학습 및 평가 방법 개선을 통한 핵심역량 함양 교육 • 교육과정과 수능 · 대입제도 연계, 교원 연수 등 교육 전반 개선
총론	공통 사항	핵심역량 반영	• 총론 '추구하는 인간상' 부문에 6개 핵심역량 제시 • 교과별 교과 역량을 제시하고 역량 함양을 위한 성취기준 개발
		인문학적 소양 함양	• 연극교육 활성화 – (초 · 중) 국어 연극 단원 신설 – (고) '연극'과목 일반선택으로 개설 • 독서교육 활성화
		소프트웨어 교육 강화	• (초) 교과(실과) 내용을 SW 기초 소양교육으로 개편 • (중) 과학/기술 · 가정/정보 교과 신설 • (고) '정보' 과목을 심화선택에서 일반선택 전환, SW 중심 개편
		안전교육 강화	• 안전 교과 또는 단원 신설 – (초 1~2) 「안전한 생활」 신설(64시간) – (초 3~고3) 관련 교과에 단원 신설
		범교과학습 주제 개선	• 10개 내외 범교과학습 주제로 재구조화
		NCS 직업 교육과정 연계	• 교육과정 구성의 중점 등에 반영
총론	고등학교	공통과목 신설 및 이수단위	• 공통과목 및 선택과목으로 구성 • 선택과목은 일반선택과 진로선택으로 구분 – 진로선택 및 전문교과를 통한 맞춤형 교육, 수월성 교육 실시
		특목고 과목	• 보통교과에서 분리하여 전문교과로 제시
		국 · 수 · 영 비중 적정화	• 기초 교과(국 · 수 · 영 · 한국사) • 이수단위 제한 규정(50%) 유지(국 · 수 · 영90단위→84단위)
		특성화고 교육과정	• 총론(보통교과)과 NCS 교과의 연계
	중학교	자유학기제 편제 방안	• 중학교 '교육과정 편성 · 운영의 중점'에 자유학기제 교육과정 운영 지침 제시

구분			주요 내용
	초등 학교	초1,2 수업시수 증배	• 주당 1시간 증배, '안전한 생활' 신설 – 창의적 체험활동에서 체험중심 교육으로 실시
		누리과정 연계 강화	• 초등학교 교육과정과 누리과정의 연계 강화(한글교육 강화)
교과교육과정 개정 방향			• 총론과 교과교육과정의 유기적 연계 강화
			• 교과교육과정 개정 기본방향 제시 – 핵심개념 중심의 학습량 적정화 – 핵심역량을 반영 – 학생참여중심 교수 · 학습방법 개선 – 과정중심 평가 확대
지원 체제		교과서	• 흥미롭고 재미있는 질 높은 교과서 개발
		대입 제도 및 교원	• 교육과정에 부합하는 수능 및 대입 제도 도입 검토 – 수능 3년 예고제에 따라 '17년까지 '21학년도 수능 제도 확정 • 교원양성기관 질 제고, 연수 확대

3) 학생 참여수업 및 과정 중심 평가

최근 학교 현장에는 모든 교과 및 창의적 체험활동 교육과정 속에서 인성 중심 융합 교육과정을 구성 운영할 수 있고, 프로젝트, 주제, 참여 중심 인성교육 중심 수업을 구성 실시하며, 활동 및 과정 중심으로 학생의 성장을 파악할 수 있는 평가 방법을 개발, 적용하는 것을 강조하고 있다. 또한, 실생활 사례 등을 중심으로 쉽고 재미있는 교과서를 분석, 구성할 수 있는 예비교사의 교수 · 학습과 평가 역량을 강화하여 질 높은 수업을 운영하도록 지도할 것을 강조하고 있다. 아울러, 학습설계 단계에서부터 학습결과 단계까지 학생이 주도적으로 참여하고, 수업활동과 연계되거나, 교과 학습발달 상황이나 독서 · 자유학기 등 비교과활동을 구체적으로 기록할 수 있는 과정평가를 강조하고 있다(2016년 교육부 업무보고 참조).

4) 소프트웨어 교육

교육부는 학생 수업 선택권 확대, 교사의 수업 및 평가 자율성 대폭 강화, 첨단 미래학교 육성 프로젝트 추진, 지능정보기술 분야 핵심인력 양성 등을 골자로 하는 '지능정보사회에 대응한 중장기 교육정책의 방향과 전략(시안)'을 2016년 12월 22일에 발표했다(교육부, 2016. 12. 23., 보도자료 참조). 교육부가 미래 전망과 한국 교육 현실을 토대로 제시한 다섯 가지 중장기 교육방향과 핵심 키워드는 다음과 같다.

- **(유연화) 학생들의 흥미와 적성을 최대한 발휘할 수 있는 교육:** 학생의 흥미와 적성을 최대한 발휘할 수 있는 교육이 실현될 수 있도록 수업 선택권을 확대하고, 학교 뿐 아니라 지역사회 · 온라인을 통한 다양한 학습활동이 이루어질 수 있도록 학사제도를 유연화
- **(자율화) 사고력, 문제해결력, 창의력을 키우는 교육:** 학교 현장에서 다양한 수업혁신이 일어날 수 있도록 교육과정 운영 및 평가에 대한 교사의 자율성을 충분히 보장하고, 총괄평가, 상대평가 등 경쟁 중심의 평가체제를 더욱 완화하여 현재의 강의식, 암기식 수업을 토론, 실습, 협력학습, 프로젝트 수업 등 학생 참여형 수업과 과정 중심 평가 실시
- **(개별화) 개인의 학습능력을 고려한 맞춤형 교육:** 빅데이터, 인공지능 등 지능정보기술을 활용한 에듀테크 산업의 발달로 기존 학급단위의 집합식 교육에서 개개인의 특성과 역량에 최적화된 맞춤형 교육 제공하며, 이를 위해 지능형 학습 플랫폼은 수행결과물, 학습시간, 참여횟수 등 학생의 모든 학습 빅데이터를 체계적으로 분석하여 학생의 강 · 약점, 수준, 흥미 등을 고려한 적절한 학습경로를 안내해주는 시스템 구축
- **(전문화) 지능정보기술 분야 핵심인재를 기르는 교육:** 초, 중학교 SW 교육을 단계적으로 필수화하고, 2020년에는 모든 초 · 중 · 고에 학생 SW 동아리가 최소 1개씩 운영될 수 있도록 지원하고, 지능정보 핵심 우수인재 양성을 위해 어려서부터 재능을 발굴하여 꾸준히 지원할 수 있도록 초 · 중등 영재교육을 강화
- **(인간화) 사람을 중시하고 사회통합을 이루는 교육:** 인간만이 가질 수 있는 감성 · 사회성 · 윤리성 등을 키우는 교육을 강화하고 변화에 뒤처지기 쉬운 소외계층에 대한 교육적 지원을 확대하는 등 4차 산업혁명이 초래할 부작용에 대비한 준비

이와 함께 2015 개정 교육과정에는 중학생들에게 논리적 사고력과 창의력 증진을 위해 컴퓨터를 이용한 문제해결 능력을 함양하는 소프트웨어(SW) 교육 실시를 의무화하고 있다. 소프트웨어 교육은 다양한 문제를 창의적이고 효율적으로 해결하는 컴퓨팅

사고력을 함양하고 협업적 문제해결 과정을 통해 의사소통능력, 공동체 의식을 함양하는 교육과정으로 운영될 것이다. 구체적으로 살펴보면, 초등학교는 실과교과의 ICT 활용 중심의 정보 관련 단원을 소프트웨어 기초소양 내용 중심으로 확대 개편된다. 중학교는 선택교과의 『정보』를 소프트웨어 내용 중심으로 개편하고, 『과학/기술 · 가정/정보』 교과군에 필수과목으로 포함된다. 고등학교는 심화선택 『정보』 과목을 소프트웨어 중심으로 내용을 개편하고, 일반선택 과목으로 전환될 것이다.

5) 생활지도 및 상담

「인성교육진흥법」('15.1.20 제정)과 「인성교육진흥법 시행령」('15.7.21 제정) 등에 따른 "인성교육 5개년 종합계획"에 부응할 수 있도록 체험 · 실천적인 인성교육을 강화하고 예비교원의 인성역량 함양을 지원하고 있다(교육부, 2015. 7. 14., 보도자료 참조). 또한, 학생들이 범람하는 매체정보를 정확하게 이해하고 분석 · 활용할 수 있는 능력인 '미디어 리터러시' 향상을 도모하고, 언어문화 개선, 교육 주체 간 상호 관계 개선을 위한 관계 증진 능력을 배양이 필요하다. 그리고, 장기결석, 학교부적응, 학교폭력 및 정서문제행동 치유 등을 위한 학생 상담 및 예방 역량을 갖출 것을 요청하고 있다. 아울러, 학생들이 과도한 입시경쟁에서 벗어나 꿈과 끼를 키워나갈 수 있도록 하기 위해 도입된 자유학기제의 효과적 운영을 위해 진로탐색활동, 주제선택활동, 동아리활동, 예술체육활동 등 교육과정 지원, 명사 · 전문가 특강, 독서 등의 간접 체험학습을 직접적인 체험 학습과 연계하여 폭넓은 진로 탐색의 기회 제공과 함께 토론, 실험 · 실습, 프로젝트학습 등 학생 참여형 수업 지원을 위한 '사범대생 수업지원단' 운영을 권장하고 있다.

6) 교사 리더십 및 배움의 공동체

전문가로서의 교사는 교수 · 학습에 관한 이론적 이해를 바탕으로 교수방법 및 수업기술 등과 관련된 전문 지식을 체계적으로 습득함은 물론, 학생들의 효과적인 학습동기 및 생활지도를 위한 리더십 역량을 계발해야 한다. 또한 교사는 공식적인 위계와 구조 속에서 주어진 과업과 역할만을 수행하는 수동적 실천가가 아닌 능동적인 리더로서 역할을 수행해야 할 것이다. 전문가들은 멘토, 교육과정 개발자, 의사결정자, 문제해결자, 변화촉진자, 그리고 현장연구자로서 그 역할을 수행해야 한다. 이를 위하여 교육 현장에서는 교사 개인뿐 아니라 동료들의 공동 성장을 위해 효과적인 수업과 평가 실시를 위해 함께 연구하고 성찰할 수 있도록 학년 협의회 및 교과 협의회, 동료장학, 수업 동아리 등 다양한 배움의 공동체를 구성 운영을 지원하고 있다.

이상의 내용을 종합해 보면, 최근 학교교육의 동향은 2015 개정 교육과정과 지능정보사회를 위한 창의융합인재 육성을 기축으로 역량중심교육, 융합교육, 소프트웨어 교육, 학습자 중심 수업, 과정중심평가, 학생이해 및 상담, 진로지도 및 자유학기제와 교사리더십 및 배움의 공동체 등으로 정리해 볼 수 있으며, 그 주요 특징을 제시하면 〈표 13-2〉와 같다.

〈표 13-2〉 최근 교육동향의 특징

교육 동향	특징
핵심역량 계발을 위한 교육과정	핵심역량을 계발하기 위한 교과활동 및 창의적 재량활동 제공
창의융합인재 육성을 위한 통합 및 융합교육	문이과 통합을 위한 공통과목(공통사회, 공통과학) 운영과 교과간 통합/융합 수업을 통한 창의융합인재 육성
지능정보사회 대응을 위한 소프트웨어 교육	지능정보사회에 필요한 논리적 사고력과 창의력 증진을 위한 소프트웨어(SW) 교육 실시
학습자 참여를 강조하는 수업 제공	수업의 주체가 학습자가 되며, 학생의 참여를 강조하는 토의 · 토론, 액션러닝, 문제기반학습, 팀기반학습, 프로젝트수업, 플립러닝 등 구성주의 수업 방법의 활용
과정을 중시하는 수행평가	학생의 학습 수행에 대한 성취기준을 설정하고, 학습결과뿐 아니라 학습과정을 중시하는 수행평가 실시
학생의 이해 및 돌봄을 위한 상담	장기결석, 학교부적응, 학교폭력 및 정서문제행동 치유 등을 위한 학생 상담 및 예방 프로그램 개발 운영 역량 개발
자유학기제 및 진로지도	학생들이 중간 · 기말고사에 대한 부담에서 벗어나 체험 중심의 교과 활동과 함께 장래 진로 탐색과 선택 지원

교육 동향	특징
교사리더십과 전문적 학습공동체	현장 교육에 대한 현장 중심 전문가로서 갖추어야 할 리더십 함양과 함께 교직 현장에서 전문가들이 실천적 과정에 대해 함께 연구하고 성찰하는 전문적 학습공동체 운영

2. 학생 핵심역량 관리

핵심역량은 구체적인 맥락(교육, 일, 개인/전문성 개발)에서 적절하게 학습결과들을 응용하는 데 필요한 기본적이고 보편적이며 공통적인 능력으로 정의될 수 있다(김규태, 최경민, 2015). 핵심역량은 OECD가 1997년부터 7년간 DeSeCo프로젝트를 진행하면서 제시한 개념이라고 알려져 있다. 이 프로젝트는 핵심역량을 미래의 성공적인 삶과 지속적인 사회발전을 위해 모든 인간은 지식을 창조하고 활용하는 고차원적인 능력을 갖춰야 하며, 이러한 성공적인 삶을 살아가기 위해 필요한 능력으로 정의하였다. 그리고 핵심역량을 세 가지로 범주화하였다. 첫째, 사회적으로 이질적인 집단에서의 상호작용 역량(인간관계 역량, 협업역량, 갈등관리 및 해결 역량), 둘째, 자율적인 행동 역량(전체 조직 내에서 협력적 자율적으로 행동할 수 있는 역량, 자신의 인생계획 프로젝트를 구상 실행하는 역량, 자신의 권리, 필요 등을 옹호 주장하는 역량), 셋째, 여러 도구를 상호작용적으로 활용하는 역량(언어 상징 텍스트 등 다양한 소통 도구 활용 역량, 지식과 정보를 상호작용적으로 활용하는 역량, 새로운 기술 활용 역량)이다. 국내에서도 핵심역량에 대하여 여러 연구자들에 의해 다양한 하위범주로 제시되고 있다. 그 예로 한국교육과정평가원이 창의력, 문제해결능력, 의사소통능력, 정보처리능력, 대인관계능력, 자기관리능력, 기초학습능력, 시민의식, 국제사회 문화이해, 진로개발능력 등으로 제시한 핵심역량을 들 수 있다(김규태, 최경민, 2015).

핵심역량은 교과전공지식, 읽고 쓰기, 수학 등과 관련된 기본적 스킬과 구별되는 비인지적 스킬들(문제해결력, 책임감, 리더십, 창의력 등)을 말한다. 또한 핵심역량은 특정 영역의 능력과 영역-특수(domain-specific) 스킬보다는 다양한 영역의 능력과 스킬에 적용할 수 있는 영역-일반(domain-generic) 스킬과 관련 있다(Schunk, 2006). 일반적으로 3R's와 같은 기본 지식이나 교과전공지식 등 하드스킬(hard skills)은 문제해결력, 책임감, 창의성 같은 소프트스킬(soft skills)과 연계될 때 학습전이를 갖는다고 알려져 있다(Adams, 2013). Billing(2007)은 학습맥락과 과정에서 핵심역량 강화를 위한 전이가능성 조건으로 하드스킬과 소프트스킬 관계를 다음과 같이 제시하였다.

① 원리 및 개념 학습은 유사하지 않은 문제들에 대한 전이를 촉진한다. 그러나 반복/암기/주입 학습은 전이를 방해할 수 있다.
② 추론/추리/논리적 사고의 일반적 원리는 자기점검(모니터링, 성찰) 실행과 함께 가르쳐질 때 촉진된다.
③ 비판적 사고는 추상적 원리와 규칙들이 예시(examples)와 결합될 때 효과적으로 전이된다.
④ 성과에 대한 피드백이 있을 경우 전이는 촉진된다.
⑤ 학습자가 문제들이 서로 유사하거나(공통점 파악), 다른 상황에 적용해보거나, 서로 다른 맥락 속에서 심층논리와 구조를 찾아낼 수 있을 때 전이가 일어난다.
⑥ 메타 인지 전략에 대한 학습은 전이에 있어서 특히 중요하다.

1) 메타인지

메타인지는 일반적으로 사고에 대한 사고(thinking about thinking), 인지에 대한 인지(cognition about cognition)를 말하며, 자신의 사고에 대한 사고 또는 인지에 대한 지식, 인지에 대한 조절이며 문제 해결 과정에서 계획, 점검, 조절의 주요 기능을 하는 것으로 알려져 있다. 또한 메타인지는 계획, 점검, 조절 등으로 이루어진다. 계획(planning)은 어떤 전략과 정보처리를 사용할 것인지에 대한 생각을 말하는데, 시작 전에 목차부터 살펴보기, 무슨 내용에 대한 것인지를 대강 훑어보기, 문제를 풀기 전에 무엇을 묻고자 하는지를 추측하기, 문제에 대한 작업이 이루어지기 전 목표 설정하기 등을 예로 들 수 있다. 점검(monitoring)은 자신의 주의집중을 추적하면서 이해 정도를 확인하는 것으로, 그 예는 학습내용에 집중하기, 자신의 이해정도를 스스로 평가해 보기, 시험치는 동안 문제 푸는 속도 체크하기, 자신이 얼마나 이해했는지를 검증해보기 등이 해당된다. 조절(regulation)은 점검과 밀접한 관계가 있다. 자신의 인지활동을 점검하다가 문제가 생기게 되면 앞으로 되돌아가고, 이해하기 어려운 부분이 있으면 속도를 줄이는 것이 이에 해당한다. 조절은 과제 완성 후 일어나는 것으로 선택된 활동이 효과적이고 효율적이었는지를 계속적으로 체크하고 필요할 때 활동을 조정하도록 한다. 이러한 메타인지는 학습상황에서 학습자 스스로 개인의 인지 과정을 이해하고 사고와 문제해결 과정을 계획, 수행, 평가, 수정하는 기능을 갖는 것으로, 학습자의 몰입이나 자기주도적 학습 능력과 밀접한 관련이 있다(이재신, 2009).

2) 멀티(다중)리터러시

지식정보사회에서는 단순히 읽고 쓰기 등 문해력을 의미하는 전통적 리터러시(old literacy)를 넘어서는 새로운 리터러시(new literacy)를 필요로 한다. 즉, 사회적, 경제적, 문화적, 기술적 변화 추세에 따라 단순한 읽고 쓰기 등 위주 전통적 리터러시를 넘어서 다양한 커뮤니케이션 채널과 미디어, 그리고 텍스트 등 복합적으로 융합됨에 따라 복합적인 리터러시가 요구되고 있다. 이를 멀티 리터러시(multiliteracies: New London Group, 1996) 또는 다중 리터러시(multiple literacies: Kellner, 2004)라고 그 하위 리터러시를 제시하면 다음과 같다.

〈표 13-3〉 리터러시의 유형

유형	특징
미디어 리터러시	미디어에 접근하는 능력, 미디어와 미디어 콘텐츠를 이해하고 비판적으로 평가하는 능력, 다양한 맥락에서 커뮤니케이션을 생산하는 능력을 말한다.
디지털 리터러시	디저털 미디어를 통해 생산된 광범위한 정보원에서 나온 다양한 유형의 정보를 이해하고 사용하는 능력
스마트 리터러시	다양한 스마트 디바이스를 활용하는 기술적 능력뿐 아니라, 스마트 환경에 대한 이해를 토대로 일상에서 필요한 정보를 찾아 읽고 쓰고 사용하여 효과적으로 의사소통할 수 있는 능력

유형	특징
비주얼 리터러시	시각적 이미지의 활용 능력으로서 시각적으로 생각하기, 시각적으로 읽기, 시각적으로 쓰기를 포함해 궁극적으로 시각적으로 의사소통하기 등을 포함(김정선, 2004). 다양한 시각적 미디어를 통한 그림이나 영상 또는 시각적인 진술들을 올바로 인지하고, 비평적으로 수용하며, 적절하게 활용하고 또 능동적이고 창의적으로 제작할 수 있는 능력들과 숙련된 기술들을 의미
멀티 리터러시	이미지와 영상, 청각 정보 등 다양한 양식을 통한 복합적인 의미 생성 방식에 주목하며, 거기에 함께 작용하는 소통 채널과 미디어의 복합성, 문화와 언어의 다양성, 사회적 담론에 대한 이해를 통해 일상생활 속에서 일어나는 다양한 의미 작용에 능동적이고 비판적으로 참여할 수 있는 능력
비판적 리터러시	세상에 대해 객관적이고 중립적인 정보를 제공하는 것이 아니라 특정한 관점과 이해관계에 따라 구성된 정보를 제공하며 이를 통해 우리의 의식과 사고에 영향을 준다는 점을 인식하고 분석하도록 함으로써, 비판적 안목과 커뮤니케이션 능력을 갖춘 사회적인 힘을 지닌 시민을 길러 내려 하는 것
문화적 리터러시	학습자가 과거와 현대의 수직적, 수평적 문화를 이해하고 그를 바탕으로 새로운 문화를 창조할 수 있는 능력이며, 나아가 사회문화적 소통에 기본적으로 필요한 문화적 지식
인터넷 리터러시	특정한 정보기술을 활용하는 일차적인 능력에 그치는 것이 아니라 비판적으로 정보에 접근하고 활용할 수 있는 능력과 함께 타인과 연대하는 능력
정보 리터러시	정보의 필요성을 인식하고, 유용한 정보원을 탐색하고, 정보에 접근하고, 비판적으로 판단하며, 필요한 정보를 이용해 문제해결을 수행할 수 있는 광범위한 능력
소셜 미디어 리터러시	소셜 미디어는 사람들의 관계망을 구축하는 것을 넘어 사회적, 경제적, 정치적으로 큰 영향력을 행사하는 미디어로 부상하고 있음. 소셜 미디어 리터러시는 인터넷 리터러시와 밀접한 관련성을 가지나 소셜 미디어를 통한 인간과 인간의 교류 및 소통, 그리고 그것을 가능하게 하는 참여의 문제를 중요하게 다룸
소프트웨어 리터러시	소프트웨어의 구조와 원리를 이해하고 프로그램을 통해 관련 지식을 활용하며, 인간에 대한 이해에 기반을 두고 창의적인 문제해결을 지향. 소프트웨어 리터러시는 모든 사람이 갖추어야 할 핵심역량으로 컴퓨팅적 사고를 강조함
ICT 리터러시	지식정보사회의 일원으로서 학습자들이 직무를 수행하고 일상적인 삶을 영위해 가기 위해 ICT 기반의 커뮤니케이션 도구를 활용하고, 관련 기술과 네트워크에 접근, 관리, 활용, 평가 및 정보를 창출해 낼 수 있는 능력
트랜스 리터러시	신호 보내기와 구술성에서 문자, 인쇄, 텔레비전, 영화, 인터넷 그리고 모바일을 비롯한 스마트 미디어에 이르기까지 플랫폼, 도구, 미디어 등을 넘나들며 읽고 쓰고 상호작용하는 능력

출처: 김규태(2018). 교육학 논리와 논술. 양성원.

■ 디지털 역량

유럽위원회(European Commission, 2014)는 21세기 역량으로 디지털 역량을 주창했다. 이 역량은 일, 여가, 참여, 학습, 사회활동, 소비활동 등에서 과업을 수행하고, 문제를 해결하고, 의사소통하고, 정보를 관리하고, 협업하고, 콘텐츠를 창조하고 공유하며, 지식을 효과적으로, 효율적으로, 적절하게, 비판적으로, 창조적으로, 자율적으로, 신축적으로, 윤리적으로, 반성적으로 구축하기 위해 ICT와 디지털 미디어를 활용할 때 요구되는 일련의 지식, 기술 및 태도를 말한다(Ferrari, 2012).

- **지식(knowledge)**: 주요 컴퓨터 어플리케이션의 기능에 대한 이해, 인터넷 및 온라인 커뮤니케이션의 위험에 대한 이해, 창조성과 혁신을 지원함에 있어서의 테크놀로지 역할에 대한 이해, 온라인 정보의 타당성과 신뢰성에 대한 이해, 협업적 도구의 활용에 따른 법적·윤리적 원리에 대한 이해
- **기술(skill)**: 정보관리능력, 현실세계와 가상세계를 분간하고 그 영역 간의 관계를 파악할 수 있는 능력, 인터넷 기반 서비스를 사용하는 능력, 비판적 사고, 창조성 및 혁신을 위해 테크놀로지를 활용하는 능력
- **태도(attitude)**: 정보에 대한 비판적이고 성찰적인 시민윤리, 온라인 코뮤니티와 네트워크에 대한 관심과 책임 있는 사용

3. 교육과정 운영 관리

1) 포워드 vs. 백워드 교육과정

교육과정 모형은 여러 학자들에 다양하게 제시되고 있다. 여기서는 포워드 교육과정 모형의 고전적 모형이라고 할 수 있는 타일러 모형과 최근 주목받고 있는 백워드 교육과정 모형을 개괄적으로 제시해 보고자 한다(권낙원, 김민환, 한승록, 추광재, 2011).

타일러 모형은 '교육과정과 수업을 계획할 때 고려해야 할 네 가지 질문들, 첫째, 학교가 달성해야 할 교육목표가 무엇인가(교육목표)? 둘째, 목표를 달성하기 위하여 어떤 학습경험을 제공해야 하는가(학습경험의 선정)? 셋째, 학습경험을 효과적으로 조직하는 방법은 무엇인가(학습경험의 조직)? 넷째, 목표가 달성되었는지 어떻게 알 수 있는가(학습 성과의 평가)

를 특징으로 한다. 이것은 교육과정의 포워드 모형의 전형이라고도 할 수 있는데, 교육목표가 설정되면 이를 토대로 학습경험의 선정과 조직이 이루어지고, 다음에 학습 성과에 대한 평가를 실시하며, 평가결과는 다시 교육목표설정에 송환되어 교육과정을 수정, 보완하는 과정으로 진행되어야 한다는 점을 강조한다.

백워드(Backward) 모형은 Tyler의 모형과 같이 교육목적설정 → 학습경험의 선정과 조직 → 교육평가 로 이어지는 것과 달리, 교육목적설정 → 교육평가계획 → 학습경험 및 수업계획의 순서로 진행된다. 즉, 백워드 모형은 수업이 이루어지는 난 뒤에 평가를 하는 것이 아니라 학습경험 및 수업계획보다 평가계획을 먼저 세운다는 점을 강조한다. 쉽게 말해, 시험문제를 먼저 내놓고 수업하는 것이다. 또한 이 모형은 현재 실시되고 있는 교육목표 설정 이후 그 성취기준을 설정하고 그에 따라 수업과 평가를 진행한다는 취지를 지닌 성취기준평가제와도 부합되는 모형이라고도 볼 수 있다.

2) 교육과정 유형[1]

(1) 교과중심 교육과정

교과중심 교육과정은 교과를 중심으로 교육과정을 조직하고자 하는 것이다. 이 입장은 교육을 문화로부터 다음 세대에 전달할 가치가 있는 것을 추출하고, 논리적으로 조직하여, 학습자들에게 전달하는 것을 강조한다. 따라서 교과란 인류의 문화유산을 논리적으로 조직한 것이며, 학생들의 중요한 학습자원이다. 이러한 점에서 교육의 주체는 교사가 되며, 학습자들은 수동적 존재가 되며, 강의나 설명 및 암송 등이 주요 교수방법으로 활용된다. 교과중심 교육과정은 새로운 지식이나 사실을 설명하고 조직하는데 논리적이고 효과적이며, 학생들의 지적 능력을 발전시키는데 적합하며, 교과조직이 단순하고 명료하며 학습결과에 대한 평가가 객관적 기준에 따라 분명하게 이루어질 수 있는 장점이 있다. 반면, 교과조직이 학생들의 흥미나 필요 및 능력을 고려하는 심리적 조직에 적합하지 않고, 활동보다 교과체계에 더 관심을 갖고, 교과조직이 단편

1) 권낙원, 김민환, 한승록, 추광재(2011). 교사를 위한 교육과정론, pp. 142-171의 내용을 요약, 재구성한 것임

적이고 분과적인 관계로 지식을 통합하는 구조가 약한 단점을 지닌다.

교과중심 교육과정에서 교과를 구성하는 방식은 분과형, 상관형, 융합형과 광역형으로 구분하고 있으며 그 개념과 주요 특징은 다음과 같다.

① **분과형**: 국어, 영어, 수학, 음악, 체육처럼 각 교과나 과목 간의 경계가 확고하여 다른 과목의 연계를 갖지 않는 구성방식이다.

② **상관형**: 두 개 이상의 교과나 과목이 각각의 교과형태를 유지하면서 서로 관련된 내용들을 공유하도록 하는 구성방식으로, 수학과 물리 교과의 경우 수학공식을 물리교과에서 활용하거나 가르치며, 동시에 수학교과에서 물리현상을 예제로 제시하는 경우를 예로 들 수 있다.

③ **융합형**: 각 교과목의 성질을 유지하면서 그 사이에 존재하는 다소 간의 공통적 내용이나 특성을 추출하여 교과를 재조직하는 구성방식으로 식물학, 동물학, 생물학의 과목들 간에 관계되는 요소를 추출하여 생물학을 만들고, 지리, 역사, 사회 등의 관계요소를 추출하여 공통사회를 만드는 것을 예로 들 수 있다.

④ **광역형**: 동일 학문영역에 속하는 몇몇 과목들 간의 경계를 허물고 이들을 포괄하는 하나의 교과로 조직하는 일종의 통합적 교육과정이라 할 수 있다. 이것은 물리, 화학, 생물 및 지학을 공통과학으로 만드는 경우나 초1, 2학년의 교과 등을 그 예로 들 수 있다.

(2) 경험중심 교육과정

경험중심 교육과정은 학생들이 앞으로 사회생활을 하는 과정에서 당면할 문제를 해결하는 문제해결능력이나 사고력 향상을 중시하며, 학생들의 사회적응능력을 신장하기 위해서 아동의 흥미와 필요에 맞는 교육을 강조한다. 그래서 실천을 통한 학습(learning by doing)과 반성적 사고(reflective thinking)를 강조하는 학습과정의 설계를 중시하며, 또한 강의보다는 관찰, 견학, 조사 및 토론 등 참여 중심 방법을 강조한다. 이는 최근 학습자 중심 수업의 이론적 근거이기도 하다. 경험중심 교육과정은 학생의 흥미나 필요를 바탕으로 함으로 자기주도적 학습, 실생활에서 경험할 문제에 대한 반성적 사고와 문제해결력 증진에 효과적이지만, 일반적인 법칙이나 원리 학습 부족, 기초학력의 저하 등의 문제를 지니고 있다.

(3) 학문중심 교육과정

학문중심 교육과정은 단순한 교과내용이나 아동의 생활경험보다는 학문에 내재해 있는 기본적인 아이디어, 개념, 원리를 중시하며, 사고방식이나, 사물을 보는 안목인 지식의 구조를 가르쳐야 한다는 점을 강조한다. 지식의 구조를 가르쳐야 할 이유는 학습자들이 기본 개념을 이해하면 교과를 쉽게 이해할 수 있고, 개별적 사실이나 지식들을 전체 구조 속에서 파악하지 않으면 쉽게 잊으며, 기본적 개념이나 원리를 학습하는 것이 전이효과가 크기 때문이다. 그래서 교과목의 지식의 구조를 학습하기 위해서 동일한 교과(구조, 개념, 원리)가 학년이 올라감에 따라 점차로 확대되어 가도록 조직하는 나선형 교육과정을 강조한다. 또한 교사의 주된 역할은 학생들이 교과의 기본 아이디어나 지식의 구조를 발견하도록 하여 탐구활동 과정에서 지적 희열과 같은 내적 동기를 유발하도록 올바른 탐구과정으로 안내하고 조언하는 것으로 본다. 그래서 학문중심 교육과정의 교수학습방법은 탐구활동, 실험, 토론 및 설명법 등이 주로 제공된다. 이러한 교육과정은 학문의 체계나 논리적 구조를 통해 지식의 체계적 습득과 이해, 탐구능력 배양과 고등정신 신장 등에 효과적이나, 모든 학생에게 지식의 구조를 발견, 탐구하기가 어려우며, 사회생활에 유용한 지식과 경험을 제공하지 못한다는 한계를 지니고 있다.

(4) 인간중심 교육과정

인간중심 교육과정은 학생 개인의 전인적 성장과 통합 및 자율성, 즉 자아실현을 증진하도록 학생 개인의 능력을 최대한 발휘하며, 훌륭한 품성을 갖추며, 타인들과 바람직한 인간관계를 유지하여, 성공적인 사회생활을 영위할 수 있도록 돕는 교육활동을 강조한다. 이를 위해 교사는 학생들 스스로 자신을 발견하고 자율성을 실현하도록 개방적이고 독립적인 사고를 하며, 자기주도성을 실현할 수 있도록 돕는 역할을 수행해야 한다. 또한 평가에 있어서도 학습수행 결과보다는 학습이 이루어지는 과정에서 이루어진 수행에 대한 평가를 강조한다. 인간중심 교육과정은 자아실현을 위한 전인교육, 학습의 과정과 수행평가를 통한 학생의 자기주도성 신장 등에 효과적이지만, 인간중심 교육과정에서 무엇을, 왜, 어떻게 가르쳐야 하는가에 대한 구체적인 이론이나 방법을 제시하지 못한 한계를 지니고 있다.

(5) 잠재적 교육과정과 영 교육과정

잠재적 교육과정은 공식적 교육과정에서 의도하거나 계획하지 않았음에도 불구하고 수업시간 또는 학교생활동안 학생들이 은연중에 배우게 되는 가치, 태도, 행동양식으로 경험되는 교육과정을 말한다. 따라서 긍정적 영향을 주는 의도를 지닌 공식적 교육과정과 달리 부정적, 긍정적 의도 모두 발생할 수 있다. 예를 들면, 과학시간에 실험도구가 부족하여 개인실험 대신 조별실험을 시켰더니 학생들이 협동심이 길러진 경우에 해당된다. 반면, 영 교육과정은 공식적 교육과정(공적인 문서에 담긴 교육계획)에 속하지 않아서 학교에서 학생들이 배울 기회가 없는 교육내용을 말한다. 다시 말해서, 교육적으로 학습할만한 가치가 있는 내용, 학습자의 발달수준에 적합한 내용, 학교가 설정한 교육목적에 부합된 내용인데도 교육과정의 편성되어 있지 못해 학생들이 배울 기회가 없는 상태를 말한다.

(6) 통합적 교육과정 구성

융합교육을 위한 교과 구성 및 운영은 분리, 독립되어 있는 과목들을 상호 관련짓고 통합함으로서 새로운 의미 있는 교과로 재구성하는 것을 필요로 한다. 통합적 교육과정은 교육내용의 통합을 의미하며, 나아가 학습자들의 학습 통합을 지향하고, 궁극적으로는 학습자들의 인격통합을 목적으로 한다. 통합적 교육과정은 여러 교과들을 새롭게 조직한다는 뜻이며, 분과된 상태로서의 교과 내의 통합이 아니라 여러 독립 교과가 서로 관련된 상태로서의 제3의 교육과정을 의미한다. 또한 그것은 실생활 문제를 중시하며, 이를 위해 학습과제, 프로젝트 주제, 토픽 등을 선정 개발하는데 학생들이 직접 참여하며 그 평가도 단편적 지식이나 기능 습득을 파악하기 보다는 아동의 성장과정 그 자체에 둔다.

교과 간 통합이 이루어지면, 무엇보다도 교과에 포함된 지식의 변화를 반영한 새로운 지식과 정보를 교과 내용으로 활용하는데 유용하다. 또한, 학생들의 실제 생활과 관련된 경험을 제공하거나 학생들의 발견 및 탐구학습, 문제해결학습, 프로젝트학습 등 학습과정을 진행하는데 유용하다. 그리고, 교과 내용 선정이나 교과 활동에 있어서 팀별 자료조사와 분석 및 토론 등 교사 간, 교사와 학생, 학생 간 협동 학습을 촉진할 수 있다. 아울러, 간학문적 접근을 통해 현대 사회의 문제를 다루고 해결방안을 모색하는 창의적, 협력적 문제해결도 가능할 뿐 아니라 그 문제 해결을 위해 학교와 지역사회의 연계도 강화하는 측면이 있다.

교육과정 통합의 유형은 여러 학자들에 의해 제시되고 있다. 여기서는 Forgaty의 분류와 Drake와 Burns의 분류를 살펴볼 것이다. Forgaty는 교과 내의 통합방식으로 분절형, 연결형 및 동심원형을, 교과 간 통합 방식으로 계열형, 공유형, 거미줄형, 실로 꿰맨형 및 통합형을, 학습자 내부 및 학습자 연계를 통한 통합방식으로 몰입형과 네트워크형을 제시했으며, 그 내용은 다음의 〈표 13-4〉와 같다.

〈표 13-4〉 Fogarty의 교육과정 통합 유형

통합차원	유형	통합방식	특징 및 사례
교과 내 통합	분절형	전통형 분과형 교육과정으로 하나의 교과에 초점을 두는 구성방식이다.	교과 그 자체가 통합된 것으로 본다.
	연결형	각 교과를 분리 조직해 가르치나 특정 주제나 개념 및 아이디어들을 서로 연결하는 구성방식이다.	분수 개념을 십진법이나 화폐 등에 연관
	동심원형	동심원 중앙에 가르칠 내용을 위치시키고, 관련 내용을 점차 확대하면서 통합하는 구성방식이다.	
교과 간 통합	계열형	서로 쉽게 묶여질 수 있는 두 교과나 학문영역의 통합에 적합한 것으로 통합 초기 단계에서 고려될 수 있는 방식이다. 개별 교과영역이 유지된 채 가르칠 주제를 계열화하거나 교과들을 병렬로 배열함으로써 학생들의 학습을 도와주는 구성방식이다.	주제 중심 통합
	공유형	독립적으로 존재하는 두 교과가 공유하고 있거나 중복되고 있는 개념, 기능, 태도 등을 각 교과 담당교사가 공동으로 수업계획을 세우고 가르치는 구성방식이다.	개념중심 통합, 특정 교과 내에서만 공유 수학과 과학교과에서 각 교사들은 두 교과가 공유하고 있는 자료수집 방법이나 도표 및 그래프 그리기 등을 함께 가르치는 경우
	거미줄형	특정 주제를 중심으로 다양한 교과에서 관련 있는 내용을 추출해 통합하는 구성방식이다.	과학이나 기술 교과의 기계 연구 등 주제 중심 통합
	실로 꿰맨 형	특정 사고기능을 목표로 설정하고, 이를 위해 모든 교과내용을 통합, 메타적 접근	예측이란 개념을 위해, 수학, 일기예보, 과학, 소설 등에서 사용하는 기술
	통합형	주요 교과에서 모두 중복되는 개념이나 기능 및 태도 등을 찾아내어 그것들을 혼합시키는 구성방식이다.	언어, 사회, 수학, 과학, 미술, 실과 등에서 각각 중요한 개념이나 기능 및 태도를 찾아내고, 이들 중에서 핵심적인 사항을 추출한 다음, 교과간 중복되는 내용 중심으로 통합

통합차원	유형	통합방식	특징 및 사례
학습자 내부 통합	몰입형	모든 교과내용을 학습자의 관심과 전문지식에서만 보는 것	학습자 개인관점의 교과통합으로 극히 개인적임
	네트워크형	학습자가 전문적 안목을 갖고 다양한 학습을 여과하며, 외부 전문가들과 연계해 학습하는 것	건축가가 컴퓨터를 활용해 디자인하며, 실내 디자이너와 연계활동

한편, Drake와 Burns는 교육과정 통합 유형으로 다학문적 통합, 간 학문적 통합, 범(탈)학문적 통합으로 구분하였다. 우선, 다학문적 통합은 하나의 주제를 중심으로 다양한 학문으로부터 내용을 선정하고 조직하는 방식이다. 예컨대, 하나의 주제를 중심으로 관련 학문들, 즉 역사, 수학, 과학, 지리, 영어, 음악, 체육, 기술 및 드라마 등으로부터 내용을 선정해 조직하는 것이다. 이는 다시 학문 내적 접근방식, 융합방식, 주제중심 단원 등 방식으로 구성된다.

① **학문 내적 접근 방식**: 한 교과 영역 내의 학위 학문분야를 통합하는 것으로, 사회과에 역사, 지리, 경제 및 정치 등으로, 과학에 물리, 화학, 생물, 지구과학 및 천문학 등으로 통합하는 것이다.

② **융합방식**: 특정 지식이나 태도 및 기능 등을 여러 교과영역에서 각각 가르칠 수 있도록 교육과정을 개발하는 것이다. 예컨대, 환경이나 평화 등의 특정 주제를 여러 교과, 즉, 국어, 사회 및 과학 교과 등에서 가르칠 수 있도록 구성하여 가르치는 것이다.

③ **주제중심단원**: 특정 주제를 집중적으로 다루기 위하여 개발하는 것으로, 대개 세 개 이상의 교과내용들이 혼합되어 구성되는 것이다.

다음으로, 간 학문적 통합은 몇 가지 학문분야에 걸친 공통학습 주에나 개념을 중심으로 교육과정을 조직하는 것이다. 교육과정 조직의 중점이 각 학문분야의 공통된 학습요소이다. 예컨대 간 학문적 기능으로 볼 수 있는 독해력, 계산능력, 사고능력 등을 향상하기 위해 영어, 과학, 역사 및 지리 등의 교과에서 관련 요소를 추출해 교육과정을 조직하는 것이다. 또한, 학생들이 노래하며 춤을 추고 조작하면서 동시에 수학과 과학의 개념과 기능을 가르치고자 할 때 음악, 미술, 무용, 수학 및 과학에서 공통요소를 추출해 조직된 것이다.

마지막으로, 범(탈) 학문적 통합은 교사들이 학생들의 질문이나 관심사를 중심으로 조직하는 방식을 말한다. 이는 궁극적으로 학생들의 생활능력을 길러주기 위한 것으로, 학생들의 실생활에 관련된 문제나 특정 주제, 개념 및 생활기능 등을 중심으로 범교과적으로 조직하는 것이며, 프로젝트 학습법이 대표적이다.

참고자료

1. 교과활동에서의 창의성과 인성 교육을 위한 방안

가. 교과별 창의 · 인성교육을 위한 교수 · 학습 방법 개선
- 창의 · 인성 함양을 위한 교과별 교수 · 학습 프로그램 개발 · 적용
- 교과 특성을 살린 학생 중심의 수업방법 활성화
  (사례 중심 학습, 팀 프로젝트 학습, 협동 학습, 토론 · 실습 · 탐구 학습 등)
- 창의 · 인성 함양을 위한 독서 · 디베이트 · 논술교육 강화

나. 창의 · 인성 함양을 위하여 평가 방법의 개선
- 단순 암기가 아닌 학생의 사고력, 문제해결력, 창의력을 신장시킬 수 있는 서술형 평가를 확대하고, 신뢰도 제고를 위한 공동 출제 및 공동 채점 확대
- 교과의 특성에 적합한 창의력 · 문제 해결력 위주의 다양한 수행 평가 확대

다. 방과후학교를 통한 창의 · 인성교육 강화

라. 창의 · 인성 함양 교육 전문성 신장을 위한 교내 수업 장학 및 교과별 창의 · 인성교육 연구회 참여

마. 유연하고 창의적인 학교 교육과정 편성 · 운영을 통한 창의 · 인성교육 내실화
- 집중이수제를 통한 학기당 과목 수 축소(8과목 이내) 편성 및 학교 교육과정 컨설팅 지원단 운영을 통한 교원 역량 강화

바. 교과교실제 확대 운영
- 수준별 이동수업, 집중이수제, 블록타임제 운영 등을 통한 학생 맞춤식 교수 · 학습 전개,
- 창의 · 인성교육 적용을 위한 교과 특성에 적합한 교실 배치, 교수 · 학습 기자재 및 학습 자료 구비

2. 프로젝트형 인성수업 실시

- 국어 · 도덕 · 사회 · 체육 · 예술 등 인성교육 관련 교과간 연계를 통해 다양한 프로젝트형 인성교육 실시

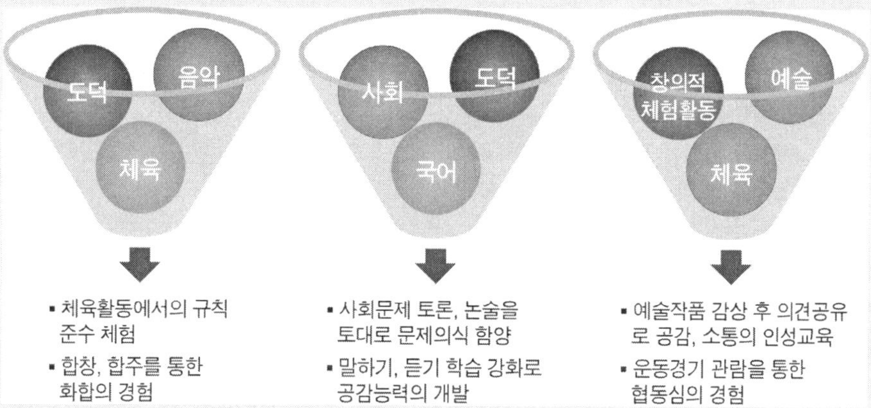

- 스토리텔링 방식, 융합형 프로젝트 수업이 가능한 '사례 · 활동 중심 인성 교과서' 개발
  ※ 크리스틴 볼머의 인성 교과서 'We are a Team'(두 학생이 성장하면서 실제로 겪었던 다양한 사례를 제시하고 관련된 활동을 통해 인성교육 실시)

【예시 : 프로젝트형 인성 교과 구성 (체육+도덕+사회)】
- 팀별 운동경기를 통해 규칙의 필요성, 규칙 준수의 중요성, 페어플레이 등 올바른 경기 지세를 학습
- 일상생활과 연계하여 팀의 개념을 가정, 학교, 사회 공동체로 확대
- 공동체 속에서 지켜야할 준법, 정직, 배려, 권리, 의무 등 학습하고 실천

3. 학교에서 실천할 수 있는 인성교육 실천 프로그램

- 생명존중과 자살예방 캠페인
- 청소년의 자기자존감 키우기
- 청소년의 정체성 찾기와 꿈 설계를 통한 자기 비젼 만들기
- 바른 말, 고운 말, 쉬운 말 등 언어순화를 통한 인성교육
- 자원봉사 캠페인 실천
- 감사인사를 통한 소통
- 학교급식 종사원에게 감사하기 인사

- 밥상머리 교육을 통한 식사예절 교육과 연계한 인성교육
- 학교별 영양·식생활 교육 및 영양주간 운영
- 봉사 및 나눔교육 실천
- 독서토론을 통한 경청, 기다림, 생각 등 새로운 문화의 청소년 인성 함양
- 1인1악기지도, 합주 및 학생 개개인에 적합한 맞춤형 예술 프로그램 지원
- 학교 폭력, 성폭력예방과 올바른 인성 함양 교육
- 흡연·비만 예방교육
- 학교체육을 통한 스포츠맨십 실천과 우정의 공동체 만들기
- 신체활동을 통한 심신 수련
- 자기이해와 집단 상담을 통한 자아성장
- 인성교육 수업 모형 및 교재 개발의 현장 적용을 통한 인성 함양
- 교수·학습 방법 및 평가 방법 개선 모형 확산
- 충효교육을 통한 인성교육 강화
- 학부모와 학생이 함께하는 감사일기 쓰기 운동 전개
- 마음(심성)계발 교육 과정
- 숲 속 체험활동 프로그램
- 창의적 체험활동을 통한 스토리텔링 중심 인성교육 프로그램 등

4. 학습자 중심 수업 관리[2)]

1) 학습자 중심 수업의 의미와 유형

학습자 중심 수업은 단순한 활동형 중심 수업을 실행하는 것이 아닌, 학생들에게 의미 있는 학습 경험을 제공하여 진정으로 배움을 성취할 수 있도록 해야 한다는 것을 뜻한다. 학생활동 중심 교수·학습 방법으로는 기존의 교수·학습 모형을 활용한 문제중심학습, 프로젝트학습, 토의·토론학습, STEAM 교육 등이 있으며 새로운 교수·학습 방법으로 액션러닝, 하브루타, 소셜러닝 등이 있다.

2) 김규태(2018), 교육학논리와 논술에서의 내용을 재구성한 것임.

학습자 중심 수업의 실제는 어떨까? 첫째, 질문과 토론을 통해 새로운 지식을 만들어 가는 수업일 것이다. 이것은 학생들이 현존하는 지식을 암기하는 것이 아닌 새로운 지식을 생성할 수 있는 창의력을 키워야 하며, 이러한 창의력은 끊임없이 질문하고 토론하며, 함께 문제를 해결하는 과정에서 길러지기 때문이다.

둘째, 학습의 결과로서 지식을 이해하고 획득하는 것뿐 아니라 학습의 과정에 수반되는 다양한 기능 활동을 충분히 경험하는 수업이다. 이를테면, 탐구학습의 경우, 가설 검증의 '결과'가 무엇인가를 아는 것도 중요하지만, 가설을 검증하기 위해 자료를 수집하고, 수집한 자료를 다각도로 분석하고, 의미 있는 결과를 도출해내는 과정 자체를 충분히 경험할 수 있는 수업이어야 할 것이다. 이를 위해 수업은 '지식을 실제의 삶에 적용할 수 있는 능력을 키우는 것'이라고 할 때는 다양한 기능적 차원의 활동, 이를테면, 분석하기, 추론하기, 분류하기, 예측하기, 성찰하기 등 기능 차원의 활동을 충분히 경험할 수 있도록 구성되어야 할 것이다. 또한 결과를 도출하기까지의 과정을 충분히 경험하여 알게 된 지식이나 개념, 원리는 피상적 수준이 아닌 심층적으로 이해하게 되어, 다른 상황이나 맥락에 전이가 가능해지도록 구성되어야 할 것이다.

▪ 학습자 중심 교육

학습자 중심 교육이 강조되고 있는 이유는 지식이 어떻게 형성되고 습득되는가를 다루는 인식론으로 설명할 수 있다. 학습자 중심 교육을 설명하는 가장 대표적인 이론은 구성주의이다. 구성주의의 인식론에 따르면, 지식이란 외부에서 주어진 정보나 상황 등을 개인 학습자의 선지식, 선경험에 근거하여 선택적으로 그리고 자신에게 의미 있는 모습으로 받아들여 재구성한 개별적 이해나 해석이라 보고 있다. 아무리 교사가 체계적으로 구성, 전달하는 지식이라고 해도 그것은 개인 학습자들이 지닌 스키마(이해틀)를 통과하는 과정 중에 개별적 의미와 해석으로 재구성된다. 다만 개별적 의미구성과 이해로서의 지식이 사회 안에서 좀 더 생존력 있게(viable) 통용되고 소통되기 위해서는 또 다른 한 과정을 거치게 되는데, 그것이 바로 다른 사람들과의 상호작용이라는 과정이다. 이런 과정을 통해 최종적으로 도달하는 개별적 의미구성과 해석이라는 지식은 이미 그 안에 반은 개별성, 반은 사회성을 담은 생존력 있는 지식이 된다. 이러한 구성주의 인식론에 근거해볼 때, 모든 학습의 시작은 당연히 개개인 학습자들 의 경험, 관심, 이해로부터 이루어져야 하며, 이로 인해 학습자를 중심으로 하는 교육은 실천적 타당성을 얻을 수밖에 없다.

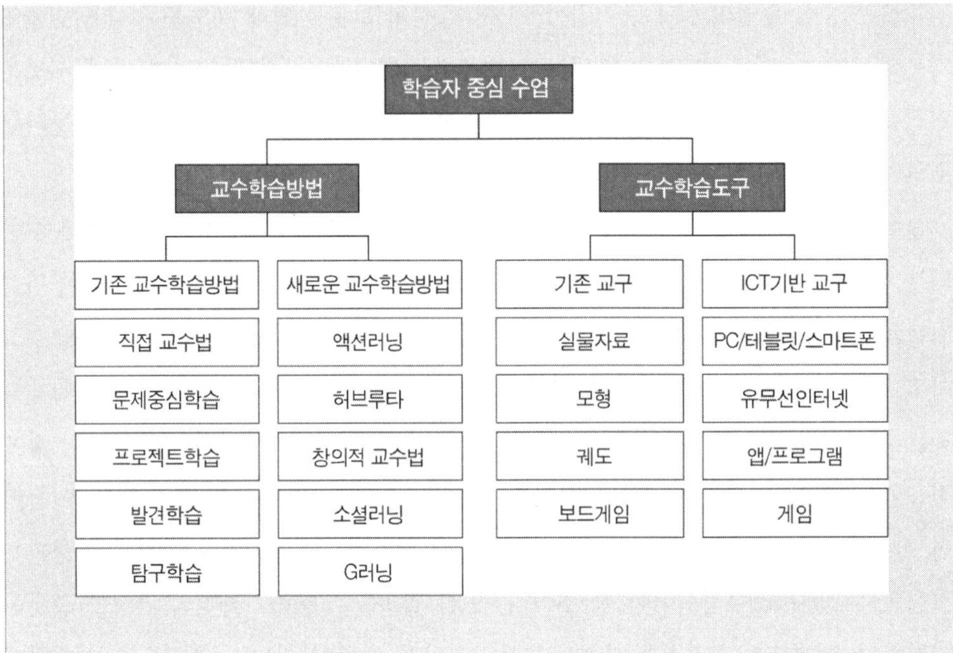

2) 학습자 중심 수업 유형

(1) 프로젝트 기반학습(Project-Based Learning)

프로젝트 기반학습이란 프로젝트에 의한, 프로젝트를 통한 학습을 의미한다. 이것은 학습자가 학습의 전 과정에 주도적으로 참여를 하며, 다양한 탐구활동의 결과에 대해 표현하는 활동을 포함한다. 즉, 학습자 스스로 생각하고 있는 것을 구체적으로 실현하기 위하여 계획을 세우고, 일정한 프로젝트를 수행하고 연구하는 방식의 교수-학습 방법을 말한다.

(2) 사례기반학습(Case-Based Learning)

사례기반학습은 과거의 사건이나 사례의 내용을 학습내용이나 주제에 적합하도록 가공하여 학습을 가능하게 하는 체계적인 방법이다. 이것은 실생활의 상황과 사건에 의존하여 문제를 해결하는 과정을 거친다. 학생들은 사례를 활용하기 위한 분석 과정에서 의사결정과 문제해결을 위한 교육적 경험을 갖게 하는 교수학습방법이다.

(3) 문제중심학습(Problem-based learning, PBL)

문제중심학습은 실제적인 문제를 학습자들이 해결하는 과정에서 학습이 이루어지는 학습자 중심의 학습환경이자 모형이다. 학습자들은 사고 전략과 영역 지식을 함께 배우게 된다. 문제중심학습은 유연한 지식, 효과적인 문제 해결 능력, 자기 주도 학습, 효과적인 협업 능력, 내재적 동기를 학습자들이 계발하도록 돕는 데에 있다. 문제중심학습은 능동적 학습의 한 가지 양식이라고 할 수 있다. 학습자들은 집단 협업을 통해서 이미 알고 있는 것과 알아야 할 것, 문제 해결에 도움이 될 정보가 어디에 있으며 어떻게 접근해야 하는지를 찾아내게 된다. 교수자(문제중심학습에서는 튜터tutor라고 한다)의 역할은 학습 과정을 관찰하고 안내하고 보조함으로써 학습을 촉진하며, 학생들에게 문제에 도전할 수 있는 자신감을 형성하고 격려해 주는 역할을 담당한다.

(4) 액션러닝(Action Learning)

액션러닝은 조직구성원이 팀을 구성하여 동료와 촉진자(facilitator)의 도움을 받아 실제 업무의 문제를 해결함으로써 학습을 하는 훈련방법이다. '행함으로써 배운다'(Learning by Doing)라는 학습원리를 근간으로 4~6명을 한 팀으로 구성, 실천현장에서 발생하는 문제(Real Problems)를 팀 학습(Team Learning)을 통해서 다양한 아이디어를 도출, 실제 적용하는 과정에서 발생하는 교수학습방법이다.

■ 문제중심학습과 액션러닝의 공통점과 차이점

문제 중심학습과 액션러닝은 다음과 같은 측면에서 유사하다. 우선, 두 개의 학습법 모두 학습자들의 직접적인 경험을 통한 의미 있는 학습을 강조하며, 실제적 과제해결을 통해 학습이 이루어진다. 둘째, 학생들은 자기 주도적으로 과제를 해결하기 위해 필요한 자료를 수집, 분석, 종합, 적용하게 되며, 이때의 교사는 내용 전달자가 아니라 학습의 조력자 역할을 하게 된다. 셋째, 둘 모두 팀원의 협동을 중요하게 여기며, 협동하는 과정에서 과제해결능력이 향상되며, 과제 활동 후 이루어지는 성찰 시간을 통해 진정한 의미에서의 학습이 이루어진다.

하지만 액션러닝과 문제중심학습은 차이가 있다. 그 차이점은 과제의 실제성, 과제해결 프로세스, 조력자의 역할을 들 수 있다. 과제의 실제성의 경우 액션러닝은 학생들의 삶과 직접적인 관련이 있는 실제적인 과제인 반면, 문제 중심 학습은 학생들의 삶과 간접적으로 연관이 있는 문제를 학습상황에 적용시킨 실제적 과제이다. 교실에서는 학생들에게 실제 과제를 제공하고자 학생들 스스로 학습 문제(학습 과제)를 결정하고, 그 문제(과제)를 해결하기 위하여 개발된 다양한 교수학습활동을 선정하여 운영할 수 있다.

(5) 상황학습(Situated Learning)

상황학습은 학습자가 실제적인 생활 맥락에 참여함으로써 '비활성 지식(inert knowledge)'이 아닌 산지식의 체험을 통해 문제를 해결하기 위한 목적으로 개발된 교수학습방법이다. 상황학습은 지식이 활용되는 상황 맥락을 제시하고 그 맥락 속에서 정보를 찾고 문제를 해결해가면서 지식을 형성해가도록 함으로써 실제적 지식의 습득 및 적용 능력을 향상시키는데 유용한 교수학습방법이다.

(6) 팀 기반 학습(Team-based Learning)

팀 기반 학습은 공동의 목표를 달성하기 위해 팀원이 서로 비전을 공유하고, 효율적인 의사소통 체계를 갖추고, 팀원 간의 활발한 상호작용을 통하여 성과를 달성하는 팀 체계에 바탕을 둔 교수학습방법이다. 이것은 최상의 성과를 산출하는 학습 팀이 되도록 지원하고, 그러한 팀들이 유의미한 학습 과업에 임할 수 있는 기회를 제공한다.

(7) 협동학습(cooperative learning)

협동학습은 구성원이 4~6명인 소집단을 형성하여 구성원 사이에 사회적 상호작용을 하며 학습하게 하는 교수학습방법이다. 학생들의 긍정적 상호의존 관계를 중시하고 집단 구성원 개개인의 책임을 강조하며 동시에 지식과 기술을 습득할 수 있다는 장점이 있다. 협동학습의 유형으로는 능력별 팀학습(STAD), 토너먼트식 학습(TGT), 과제분담학습(Jigsaw), 자율적 협동학습(Co-op Co-op) 등이 있다. 이들 유형의 공통적 특성은 이질집단으로 구성한 팀활동이며, 보상체제도 집단 중심으로 주어진다는 것이다.

(8) 플립드 러닝(flipped learning)

플립드 러닝은 온라인을 통한 선행학습 뒤 오프라인 강의를 통해 교수와 토론식 강의를 진행하는 「역진행 수업 방식」을 말한다. 기존 전통적인 수업 방식과는 정반대로, 수업에 앞서 학생들이 교수가 제공한 강연 영상이나 인쇄자료 등을 집에서 미리 학습하고, 강의실에서는 토론이나 과제 풀이를 진행하는 교수학습방법이다.

(9) 토의 · 토론학습

토의를 통하여 학생들의 창의력을, 토론을 통해 학생들의 논리력을 키우기 위해 사용되어지는 교수학습방법이다. 다시 말해, 토의 · 토론 학습은 토의의 특성을 통해 다양한 아이디어를 얻고, 토론의 특성을 통해 다양한 아이디어 중 가장 효과적이며 효율적인 생각을 논리적으로 판단하도록 도와주는 교수학습방법이라고 할 수 있다. 이것은 다양한 토의 · 토론 학습을 통하여 학생들에게 의사결정능력을 길러줄 수 있다.

(10) 성찰일지

성찰활동은 자신의 학습에 대하여 스스로 반성을 하는 활동이기도 하며, 또래 친구들과 함께 팀 학습에 대해 반성도 하고 앞으로 더 발전하기 위한 활동이다. 성찰일지 작성은 학습 내용을 스스로 유의미화하는 과정인 동시에 개별화 학습이 가능한 교수학습방법이라고 볼 수 있다.

(11) 인지적 도제학습

초보자가 실제 장면에서 전문가의 과제수행을 직접 관찰, 모방해 지식과 기능을 연마해 가는 것을 강조하는 교수학습방법이다. 인지적 도제학습은 실제 과제의 문제해결 전 과정을 전문가가 시범해 보이는 시연단계(Modeling), 학습자가 과제를 수행하면 교사는 학습자에 피드백을 해 주는 코칭(Coaching), 교수적 도움의 단계(Scaffolding) 및 점진적 제거(Fading, 용암법) 단계, 학습자 스스로 구성한 지식, 기능 실행해 습득한 지식, 기능 등을 종합적 연계하는 명료화(Articulation) 단계, 학습자 자신이 수행하는 문제해결과정을 전문가와 비교해 반성적으로 검토하는 반성적 사고(Reflection) 단계, 학습자는 자신의 지식, 기능, 태도를 자유롭게 사용할 수 있는 전략을 탐색하는 탐구(Exploration) 단계로 이루어진다.

3) 구성주의 학습환경[3)]

구성주의 학습환경은 기본적으로 학습자 중심의 학습환경을 의미한다. 학습자가 학습활동에 자발적이고 주도적으로 참여하여 의미 있는 학습환경을 경험하여 지식을 능동적이며 자발적으로 구성할 수 있도록 조성된 학습환경을 의미한다. 구성주의에서 지식은 학습자의 경험 또는 이전 지식과 환경과의 상호작용을 통하여 새롭게 의미를 구성해가는 과정이기 때문에 교수설계는 지식 구성을 촉진시킬 수 있는 풍부한 학습환경을 설계하는 것이 된다. Jonassen는 구성주의 학습환경을 설계하는데 고려해야 할 문제/프로젝트, 관련 사례, 정보지원, 인지도구, 대화/협력도구, 사회적/맥락적 지원 등 6개의 요소들과 모학습자의 학습활동을 지원하는 모델링, 코칭, 스캐폴딩 등 3개의 교수활동으로 구성될 것을 제안하였다.

3) 이일주(2010)의 교육공학 관련 이론(제11장, pp. 160-161)의 내용을 제시한 것이다.

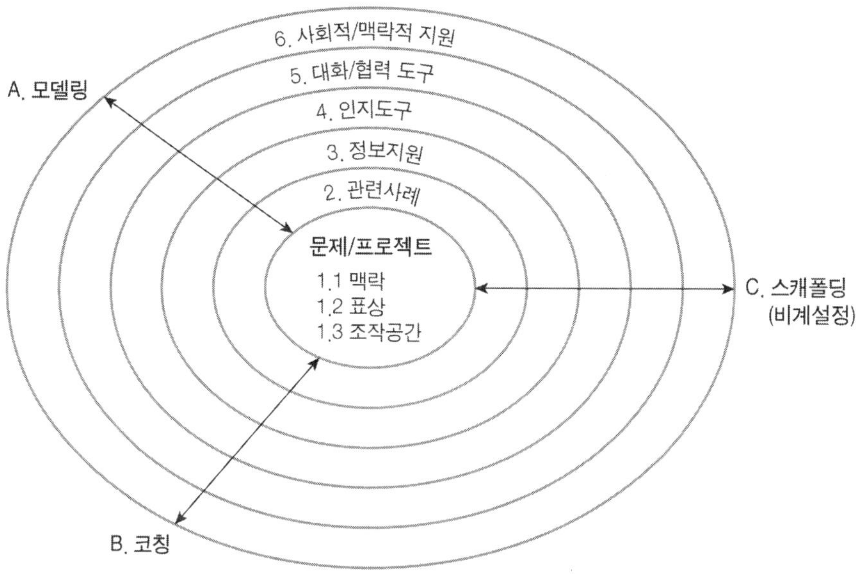

[그림 13-1] 구성주의 학습환경

구성주의 학습환경 설계 모형은 학습자들이 수행하게 되는 학습활동과 이들을 지원하기 위한 지원체제 및 교수자의 교수활동으로 구성되어 있다. 우선, 학습자들이 수행하게 되는 학습활동과 이들을 지원하는 지원체제를 살펴보면, 이 모형은 문제중심학습 또는 프로젝트중심학습 등의 학습환경을 지원하도록 구성하고 있다. 그 주변에는 다양한 해석적 및 지원 지원체제를 가지고 있으며, 학습자의 목표는 문제를 해석하거나 해결, 또는 프로젝트를 완성하는 것이다. 관련된 사례나 정보자원은 문제에 대한 이해를 돕거나 학습자들의 기억을 향상시키기 위한 비계를 설정하여 해결 가능한 방안을 제안한다. 인지도구는 학습자로 하여금 문제의 제 측면에 대한 해석과 조직을 돕고, 대화/협력도구는 학습자 공동체를 중심으로 문제에 대한 의미에 대해 협상, 구성하게 하다. 사회적/맥락적 지원 체제는 학습자가 구성주의적 학습환경을 실행하도록 돕는다.

다음, 구성주의 학습환경에서 교수지원 활동으로 모델링, 코칭, 비계설정을 제시하고 있다. 이 모형에서 모델링은 가장 쉬운 교수전략으로 전문가의 수행 행동에 초점을 맞춘다. 모델링은 외현적 행동에 대한 행동모델링이고 다른 하나는 내재적 인지과정에 대한 인지모델링이다. 행동모델링은 활동구조에서 확인된 활동을 어떻게 수행할지 시연해 주며, 인지모델링은 학습활동을 하는 학습자들이 상요해야 하는 사고(활동 중의 반성적 사고)와 명료화를 유발한다. 마지막으로 비계설정(스캐폴딩)은 학습자가 수행하는 과제에 초점을 두고 학습자의 수행을 체계적으로 지원하는 것이다. 비계설정은 학습과 학습자의 능력을 넘어서는 학습자들의 수행을 지원하기 위한 것이다.

4) 교수학습 설계

(1) ADDIE 모형

ADDIE 모형은 분석(Analysis), 설계(Design), 개발(Development), 실행(Implementation), 평가(Evaluation) 등 5단계로 이루어진 교수설계 모형이다. 분석(Analysis)은 학습관련 요인을 분석하는 단계를 말하며, 학습자의 수준, 특성, 요구 등을 분석하며, 교육환경, 학습과제 분석 등을 실시한다. 설계(Design)는 학습목표(행동적 목표)를 설정하고 평가도구를 선정한다. 또한 프로그램의 계열화(내용의 어떤 부분을 선택하고, 묶고, 전할지 순서를 정하는 것)와 학습 촉진을 위한 효과적인 교수전략과 매체를 정한다. 개발(Development)은 교육 프로그램이나 자료를 실제로 개발하여 형성평가를 통해 수정 보완하는 단계이다. 실행(Implementation)은 개발된 프로그램을 현장에 사용, 설치, 유지, 관리하는 단계이다. 평가(Evaluation)는 프로그램과 매체 등이 적합한지, 효율적인지, 지속해도 되는지, 수정사항은 무엇인지 등 총괄적 평가를 수행하는 단계이다.

(2) ASSURE 모형

교수학습과정에서 교수매체를 선정하고 활용하기 위해 고려할 수 있는 모형이라고 할 수 있다. ASSURE 모형은 학습자 분석(Analyze learners), 목표진술(State Objective), 교육방법, 미디어, 교수자료 선택(Select method, media & materials), 미디어와 교수자료 활용(Utilize a method & materials), 학습자의 참여요구(Require learners participation), 평가와 수정(Evaluate & revise) 단계로

이루어지며, 그 특징은 다음과 같다.

① **학습자 분석**(Analyze learners): 학습자의 나이와 서전지식, 태도, 학습양식 등 교육프로그램을 참가하는 자로서의 학습자의 특성을 분석하게 된다.

② **목표진술**(State Objective): 학습자가 프로그램 이수 후에 무엇을 성취 할 수 있는지를 결정하는 단계이다.

③ **교육방법, 미디어, 교수자료 선택**(Select method, media & materials): 주어진 과제를 적절히 수행하는데 효과적인 방법, 미디어, 자료를 선택하거나, 수정, 보완 하여 새로 개발한다.

④ **미디어와 교수자료 활용**(Utilize a method & materials): 교육프로그램을 효과적으로 운영하기 위해 필요한 미디어와 교수자료를 준비하고 활용하게 된다.

⑤ **학습자의 참여요구**(Require learners participation): 학습자들이 적극적으로 수업에 참여하도록 다양한 교수기법을 활용하고, 피드백을 제공한다.

⑥ **평가와 수정**(Evaluate & revise): 학습자의 학습목표 달성정도를 평가하고, 교육방법과 교육프로그램을 수정함으로써 개선을 도모한다.

〈표 13-5〉 교수학습방법의 선정기준

교수-학습 상황	교수 방법
• 학습집단 50명 이상 • 교실이 전통적 • 교육내용의 개념과 원리 학습 • 새로운 지식 습득에 초점	설명적 접근, 강의법, 팀티칭
• 학습집단이 30~40명 • 학습공간이 융통성 있음 • 교육내용의 운동기능, 심체적 영역 • 새로운 지식 습득 및 숙달에 초점	시범, 실습, 동료교수
• 학습집단이 30~40명, 소집단 구성가능 • 학습공간이 융통성 있음 • 교육내용의 인지적 영역 • 새로운 지식의 창출, 탐구, 문제해결	소집단학습, 협동학습, 문제중심학습, 사례연구, 프로젝트기반학습

교수-학습 상황	교수 방법
• 학습집단이 20명 이하 • 학습공간이 전통적임 • 교육내용의 태도, 정의적 영역 • 기존 지식의 이해/적용 강화	모의실험, 게임, 역할극, 토론
• 학습집단이 20명 이하 • 학습공간이 융통성 있음 • 교육내용의 개념 및 원리 학습 • 새로운 지식의 습득, 문제해결	발견적 접근, 탐구학습
• 개별화학습이 가능 • 학습공간이 융통성 있음 • 교육내용이 개념, 원리, 철차학습 • 새로운 지식습득에 초점	개인 교수, 컴퓨터 보조수업, 웹기반 수업

(3) 학습동기모형

Keller가 교수-학습상황에서 학습동기를 유발하고, 유지하기 위해 제시한 동기설계 모형이다. 이 모형은 ARCS 모형이라고도 하는데, 이는 주의력(Attention), 관련성(Relevance), 자신감(Confidence), 만족감(Satisfaction)의 첫 글자를 딴 것이며, 그 특징과 전략은 다음과 같다.

① Attention(주의력): 학습동기를 유발시켜주기 위해 우선적으로 학습자 주의력이 유발, 유지되어야 한다. 이를 위해서는 교수자료의 제시기법을 다양하게 하고, 구체적 예를 사용, 특이 상황이나 문제 사태를 제시하거나, 익숙한 경험과 생소한 경험들을 동시에 제공하며, 경험요소들을 비유적 방법으로 제시하는 전략을 사용할 수 있다.

② Relevance(관련성): 학습과제와 학습활동이 학습자의 다양한 흥미에 부합될 때 동기가 유발된다는 것이다. 이를 위해서는 새로운 학습과제를 친숙하게 하거나, 학습자 흥미와 관심사에 기초한 실제 경험 자료를 활용하거나, 학습내용의 미래지향적 가치를 인식하도록 하는 전략을 사용할 수 있다.

③ Confidence(자신감): 학습목표를 분명히 제시하고, 난이도 수준에 따라 학습과제를 계열화하여 학습자에게 맞는 학습전략를 사용하는 것이다.

④ Satisfaction(만족감): 유발된 동기를 계속 유지하도록 긍정적 피드백을 제공하는 것이며, 수행결과에 대해 다양한 피드백을 제공, 학습한 내용을 일반화해 적용해 보도록 하거나 외재적 보상 보다 내재적 보상을 제공하는 전략을 사용할 수 있다.

5) 학습 테크놀로지 관리

21세기 디지털 학습 환경에서는 학습자 개인에게 필요한 정보와 지식을 탐색하고 분석하여 활용할 수 있도록 하는 디지털 정보나 테크놀로지의 활용을 강조하는 디지털 리터러시가 요청된다. 디지털 리터러시는 디지털 정보와 자료를 활용하여 문제와 과제를 비판적으로 분석하여 다른 사람과의 협업과 소통을 통해 문제를 해결하고, 효과적인 프레젠테이션으로 사회적 영향력을 갖는 능력을 말한다. 또한, 디지털 기기나 소프트웨어 및 어플리케이션에 대한 이해와 활용을 넘어서 그것에 필요한 의사소통, 의미 있는 참여, 비판적 사고, 창의성, 문제해결력, 정보윤리의식 등에 대한 능력을 말한다. 특히 다양한 디지털 테크놀로지, 어플리케이션, 플랫폼 등이 자주 변화하는 상황에서 학습자는 적극적으로 자신의 삶, 지역사회 및 환경에 영향을 미치는 테크놀로지를 채택, 적용, 고안 및 평가할 수 있는 테크놀로지 리터러시를 갖추는 것이 중요하다.

디지털 학습 테크놀로지 리터러시는 학생들이 구체적인 학습목표를 성취하도록 돕기 위해 사용할 수 있는 어떤 유형의 기기, 장치 및 도구 등(예: 교과서, 교구, OHP, 궤도, 칠판, 컴퓨터, 전자교과서, 스마트폰, 파워포인트)에 대한 활용 능력을 말한다. David(2011, p. 45)는 "학습자들이 높은 수준의 테크놀로지 리터리시에 도달하고자 한다면 활용할 수 있는 테크놀로지에 대한 기능과 목적을 알아야 하며, 그런 다음 실제적인 상황에서 그것을 활용하고 실행할 수 있어야 한다"고 하였다. 또한, David(2011)은 "테크놀로지를 이해하는 사람들은 테크놀로지로 무엇을 할 수 있는지를 알고, 그것을 능숙하게 활용할 수 있으며, 어떤 테크놀로지를 언제 어떻게 활용할 것인가를 지능적으로 판단할 수 있다"고 하였다.

그렇다면 디지털 학습 테크놀로지를 활용하면 얻을 수 있는 효과는 무엇인가? 그것은 ① 학습내용을 효율적으로 정확하게 전달할 수 있다, ② 학습자의 주의집중을 도와준다, ③ 교수학습과정을 표준화 할 수 있다, ④ 수업에서 활용하는 매체가 다양해져 여러 교수학습방법을 사용할 수 있다 등으로 열거할 수 있다. 또한 교수학습 상황에서는 교사가 언어로 표현된 것을 사용하는 것보다 사진이나 그림, 동영상 등으로 표현할 때 학습자에게 구체적인 경험을 제공하여 보다 쉽게 학습할 수 있도록 할 수 있다. 이것은 고전적 이론인 Edgar Dale의 '경험의 원추'를 통해서도 알 수 있다.

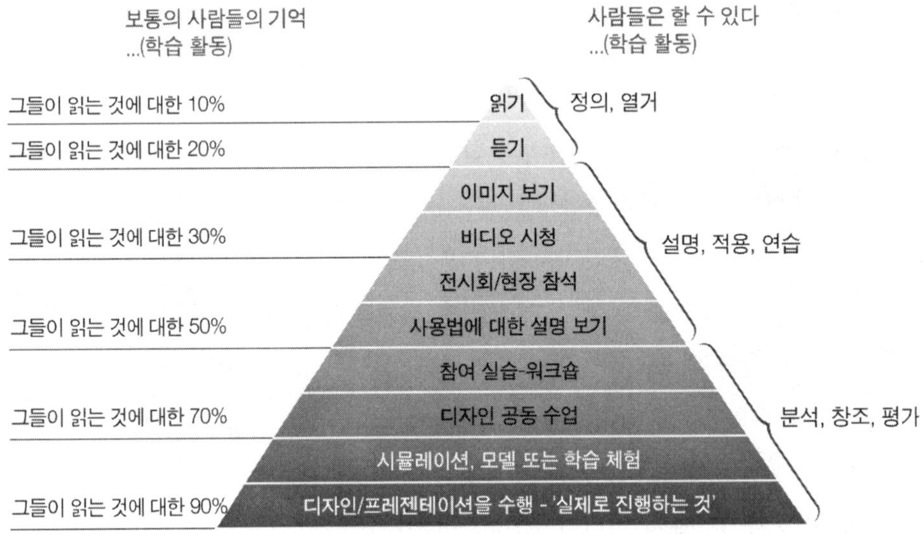

[그림 13-2] 경험의 원추

이렇게 교수학습 과정에서 수업목표를 달성하기 위하여 학습자와 교수자 간에 사용되는 모든 수단을 수업매체라고 할 수 있다. 즉, 시청각기자재와 교재뿐만 아니라 인적자원, 전달하는 메시지 내용, 학습환경, 시설 등을 포함한다. 어떤 유형의 수업매체이든 관계없이 수업매체는 매개적 보조기능, 정보전달 기능, 학습경험 구성기능, 교수기능을 지닌다(강이철, 2011).

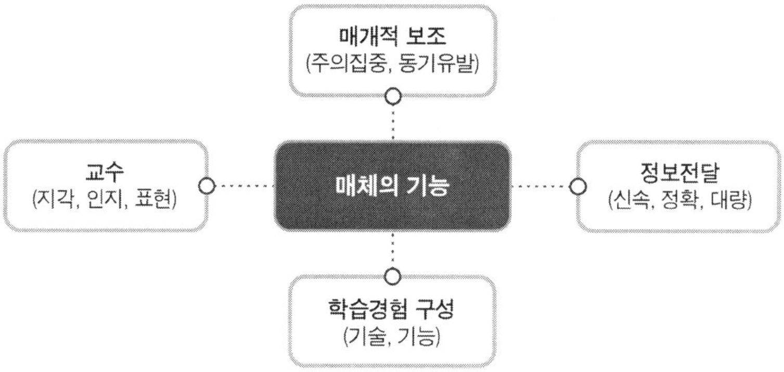

[그림 13-3] 수업매체의 4가지 기능

어떤 수업매체를 활용하느냐에 따라 교사는 다양한 교수학습방법을 활용할 수 있으며, 그 관계를 제시하면 아래와 같다.

〈표 13-6〉 교수학습방법과 수업매체의 관계

	컴퓨터 SW	비디오	그래픽			오디오	인쇄자료	실물/모형
			시각자료	슬라이드/OHP	게시판			
내용제시		O	O	O	O	O	O	
시범	O	O	O		O			O
토론					O			
협동학습	O		O					O
발견학습	O		O				O	O
문제해결	O	O	O		O		O	
교수게임	O		O				O	
모의	O		O				O	O
반복연습	O						O	
개인교수	O						O	

마지막으로, 학습자들이 디지털원주민(Digital Native)이라는 점에서 이들에게 알맞은 새로운 디지털 학습 지원 도구를 고려해 볼 필요가 있다. 이것들은 하드웨어와 소프트웨어 분야로 나눌 수 있다. 하드웨어는 태블릿, 전자칠판, 강의녹화시스템, 3D프린터 등이 있으며, 모든 것을 다 갖추지 않더라도 교수·학습 방법 및 학교 여건에 따라 적합한 기기를 선택하여 활용하면 된다. 일반적인 수업의 경우 컴퓨터실에 설치된 PC를 활용하는 것으로 충분하다. 소프트웨어는 디지털교과서, 애플리케이션, 웹 도구 등이 있는데 현재 학교마다 컴퓨터가 설치되어 있으므로 가장 손쉽게 활용할 수 있는 도구는 온라인으로 접속하여 활용할 수 있는 웹 도구로서 협업도구, 공유도구, SNS, 클라우드 서비스 등이 있다.

교수·학습 활용 웹·앱 도구

- **아이디어 발상**: 브레인스토밍 Padlet, BeeCanvas, Linoit
  마인드맵 OKmindmap
  브레인라이팅 외 복합 활동 Wowideas
- **자료수집**: 검색엔진 Google, 네이버 등
  설문 구글설문, Survey monkey 등
  사진/동영상 구글포토, Flickr, YouTube 등
  사이트 공유 Margarin, Pearltree, Delicous 등
- **토론활동**: SNS Edmodo, Classting, 위두랑 등
- **가상 체험**: 구글어스, 지도(구글, 네이버, 다음), 온라인갤러리
- **창작활동**: Glogster(멀티미디어 포스터제작), QR코드, YouTube, 협업보고서(구글문서도구)
- **자료공유**: 클라우드 서비스(구글, 드롭박스, 네이버 칼라우드 등)
- **메모/노트**: Evemote

〈표 13-7〉 교육 테크놀로지의 변천 과정

구분	1세대 전통 매체	2세대 인쇄매체	3세대 대량 전달매체	4세대 정보통신 기술 및 교육자동화	차세대 첨단 IT기술의 융복합화
시각매체	칠판, 융판, 모형, 차트, 그림, 도표	교과서, 인쇄물 등	슬라이드 OHP	실물화상기, 파워포인트, LCD, 프로젝트	전자칠판, 디지털 카메라
청각매체			녹음기 및 카세트 테이프, 라디오	CD플레이어, 및 CD, AOD	mp3
시청각 매체			TV, 영화, VCR 및 비디오 자료, 케이블 TV	DVD, CD-ROM, 위성 방송	VOD, 인터넷 TV, PMP, PDA
다감각 매체/ 새로운 교육환경				상호작용 비디오디스크, CAI, 양방향 TV	인터넷을 통한 e-learning, 모바일을 통한 m-learning, 블루투스를 통한 u-learning, 인터넷 TV

Q1 좋은 학습 지도안이 갖추어야 할 필수적인 조건은 무엇인가?

교수·학습 과정안은 학습 내용이나 교재의 유형, 학습자의 요구 수준, 학습 환경 등 따라서 각각 그 특성을 고려하고 필요에 따라서는 계획을 변경할 수 있게 작성되어야 합니다. 다시 말해서 형식적이 아닌 실질적인 것이 되어야 한다는 것이다. 좋은 학습 지도안이 갖추어야 할 조건에 대해 제시하면 다음과 같다.

① 수업 결과 도달 목표의 기준이 마련되어야 한다.

② 교재의 핵심이 분명하게 파악되어야 한다.

③ 전시 및 차시 학습과의 관계를 맺어야 한다.

④ 학습 요소의 시간적 배려가 적절하여야 한다.

⑤ 알맞은 학습 과정이 선택되고, 바르게 적용되어야 한다.

⑥ 학생의 활동이 활발히 될 수 있는 형태가 적용되어야 한다.

⑦ 학생의 개인차와 흥미, 선수학습 능력이 고려되어야 한다.

⑧ 적절한 자료가 적절한 시기에, 적절한 방법으로 활용되게 계획되어야 한다.

⑨ 판서 계획이 분절마다 고려되어야 한다.

⑩ 학생의 실태가 제시되어야 한다.

⑪ 단원 전체의 구조와 전개 계획이 명료하게 나타나야 한다.

⑫ 수업을 보지 않고도 수업의 흐름을 파악할 수 있게 짜여져야 한다.

⑬ 목표 달성의 성취도에 대하여 적절한 평가 방법이 준비되어야 한다.

⑭ 본시 수업을 통하여 해결하고자 하는 연구 과제가 제시되어야 한다.

Q2 수업을 계획 할 때 학습과제 분석은 왜 필요한가?

학습과제 분석은 최종 수업 목표를 달성하기 위해 단계별로 여러 개의 작은 능력이나 기능·태도 등을 분석하는 것이다. 학습과제 분석의 이유는 다음과 같다.

① 수업에서 학생들에게 어떠한 행동을 길러야 하는지가 분명해 진다.

② 학생들에게 어떠한 활동이나 연습을 시켜야 하는지가 분명하게 나타난다.

③ 학습 과제를 어떠한 순서로 학습시킬 것인지가 거의 분명하게 나타난다.

④ 무엇을 학습시켜야 하고, 무엇을 생략해야 되는지가 어느 정도 분명해진다.

⑤ 무엇을 언제 평가해야 하는지가 분명해진다.

⑥ 선수 학습 능력이 무엇인가가 밝혀지게 된다.

Q3 수업목표는 어떤 형식으로 진술하는가?

학습목표를 진술할 때는 다음과 같이 하는 것이 일반적이다.

① 구체적이고 행동적인 용어로 진술해야 한다.

② 학생이 학습 후에 나타나는 학습결과로 진술해야 한다.

③ 관찰될 수 있는 행동으로 표현해야 한다.

④ 명시적 동사로 표현되어야 한다. (~을 비교 · 설명 찾아낼 수 있다 등)

- 현미경으로 양파껍질을 관찰한 후 그 생김새를 그림으로 나타낼 수 있다.
- 우리 고장에 있는 공공시설물을 예를 들어 말할 수 있다.

⑤ 두 사람 이상이 보아서 동일한 해석을 내릴 수 있어야 한다.

Q4 수업 중 좋은 발문의 일반적인 방법은 무엇인가?

① 발문은 논리적 계열에 따라 쉬운 것에서 어려운 순으로 발문을 한다.

② 대답을 기다리는 시간은 질문 내용, 과제 수준에 따라 달리한다.

③ 질문하기–기다리기–학생 지명의 순으로 발문한다.

④ 발문은 편중되지 않게 골고루 하며 반복하여 발문하지 않는다.

⑤ 발문은 학급 전체에 대하여 명료하게 하며 사고활동을 요하는 발문을 한다.

⑥ 발문은 학생의 경험과 지식의 범위 안에서 하며 교과서 내용을 그대로 답하는 내용을 피하고 창의성을 자극할 수 있는 발문을 한다.

Q5 학생의 사고를 유발하는 발문의 구체적인 방법은 무엇인가요?

① 근거나 이유를 묻는 '왜'라는 질문과 사고의 과정에 대해서 묻는 "어떻게"라는 것이 잘 조화된 질문이다.

② 학생들이 비교를 하도록 하는 질문이다.

③ 일부러 정답을 구할 수 없는 질문을 하고 학생들로 하여금 왜 그 질문이 성립되지 않는 가를 찾도록 하는 질문이다.

④ 학생들이 가능한 모든 경우를 다 따져봐야만 답을 발견하게 되는 질문이다.

⑤ 학생들이 종합을 하도록 하거나 결론을 내리도록 요구하는 질문이다.

⑥ 한꺼번에 2~3명의 학생에게 답 또는 문제풀이를 시키고 다른 학생들로 하여금 그것의 답이 왜 맞는지 찾도록 하는 질문이다.

⑦ 학생들 각자에게 문제해결 또는 표현 방법을 여러 가지씩 찾도록 하는 질문이다.

Q6 창의적인 사고를 유발하는 발문의 방법은 무엇인가?

창의적인 사고를 유발하는 발문은 근거나 이유를 묻는 '왜'라는 질문과 사고의 과정에 대해서 묻는 "어떻게"질문이 조화된 발문, 학생들이 비교를 하도록 하는 발문, 일부러 정답을 구할 수 없는 질문을 하고 학생들로 하여금 왜 그 질문이 성립되지 않는가를 찾도록 하는 발문, 학생들의 자신감을 부여하는 발문, 확산적 사고를 유발하는 발문, 끝이 열린 개방적 발문, 사고와 활동을 유발할 수 있는 발문, 학생들이 가능한 모든 경우를 다 따져봐야만 답을 발견하게 되는 발문, 학생들이 종합을 하도록 하거나 결론을 내리도록 요구하는 발문 등이다.

Q7 수업 시 모둠학습의 장점은 무엇인가?

수업 시 모둠학습을 활용하면 모든 학생이 학습에 참여하게 되고, 문제해결의 시간과 노력을 줄일 수 있고, 사고의 깊이와 폭을 넓힐 수 있고, 개인차를 정확히 파악하여 능력에 맞는 지도를 할 수 있고, 문제를 해결하거나 의사 결정하는 능력을 길러주며, 학급내의 인간관계를 개선하고 소통과 나눔을 통한 공동체의식을 형성할 수 있고, 긍정적 자아개념과 함께 타인에게 배려하는 태도를 형성할 수 있고, 학생들의 숨어있는 다양한 재능을 개발하고 격려해 줄 수 있으며, 교사에게 다양한 수업전략을 제공해 준다.

Q8 판서의 기능은 무엇이가요?

판서는 학습의 내용을 구조화하여 학습효과를 높이고자하는 것이며, 그 기능은 다음과 같다.

① 판서는 학습 내용을 요점 정리한다.

② 판서는 학습 내용을 구조화하여 제시할 수 있다.

③ 추상적인 내용을 도식화하여 이해하기 쉽다.

④ 학습의 순서와 방법을 이해하며 수업의 진행 과정을 알 수 있다.

⑤ 오랜 시간 동안 제시되어 학습내용의 핵심을 기억하는데 도움을 준다.

이것을 다시 정리하면 정착의 기능, 공통화의 기능, 추상화의 기능이 있다고 할 수 있다.

5. 과정 중심 평가 관리[4)]

학습자 중심, 참여 중심 수업의 성패는 어떻게 평가하는가에 달려있다. 왜냐하면 교육과정을 교육평기기 이끌어간다는 말 때문에 그렇다. 학교 현장에는 학생의 학습 수행에 대한 성취기준을 설정하고, 학습결과뿐 아니라 학습 과정을 중시하는 수행평가 실시 강조하고 있다. 아래에서는 현장 평가 동향을 이해하기 위한 교육평가의 개념과 목적, 유형, 수행평가, 성취평가제, 평가의 타당도와 신뢰도 등을 제시하고자 한다.

1) 교육평가의 개념과 목적

교육평가란 교육목표의 달성 정도나 교육과정의 효율성을 판단하기 위하여 학습자의 행동 변화 및 학습과정에 관한 제반 정보를 수집하고 이용함으로써 교육적 의사결정을 내리는데 도움을 주거나 더 나아가 의사결정을 내리는 과정을 의미하는데, 이

4) 김규태(2018), 교육학논리와 논술의 내용을 재구성한 것임.

같은 의사결정의 제 과정은 교육적인 가치를 판단하는 일이다.

교육평가의 목적은 다음과 같다. ① 학습자의 학업 성취도를 평가한다. ② 학습의 진전 상황을 점검하고 개선한다. ③ 개별 학습자의 진로 지도를 위한 자료를 수집한다. ④ 후속학습에 대한 동기를 부여한다. ⑤교수학습 과정 및 방법에 양적 · 질적 보완과 개선한다.

2) 교육평가의 유형

교육평가의 유형은 검사점수에 가치를 부여하기 위해 어떤 평가 기준을 사용하는가에 따라 준거지향평가, 규준지향평가, 성장참조평가, 능력참조평가로 구분되고, 교수학습과정의 단계중 어느 시점에서 어떤 목적으로 시행하느냐에 따라 진단평가, 형성평가, 총괄평가로 구분된다.

(1) 평가 기준에 따른 유형

① 준거지향평가

준거지향평가란 절대평가로 학습자가 무엇을 얼마만큼 알고 있는지를 재는 평가 또는 학습자가 정해진 준거나 목표에 도달하였는지를 판단하는 평가이다. 이것은 발달적 교육관에 바탕을 두고 있는데, 학습자의 선발이나 개인차에 관심을 가지는 것이 아니라 가능한 한 모든 학습자가 의도하는 바의 수업목표를 달성할 수 있도록 적절한 학습방법을 제공하고, 배치를 위한 평가를 하는 것이다.

② 규준지향평가

규준지향평가는 상대평가로 학습자의 평가 결과를 그가 속해 있는 집단에 비추어 상대적인 위치를 밝혀 보는 평가방법이다. 이것은 선발적 교육관에 바탕을 두고 있는데, 어떤 학습자가 상위에 있는지 또는 하위에 있는지 우열을 가리거나 선발기능으로 활용하는 방법이다. 예를 들면, 교수자가 상위 30%에게는 A학점을, 다음 30%에게는 B학점을, 하위 10%에게는 F를 주기로 결정하는 것이다.

구분	상대평가(규준지향평가)	절대평가(준거지향평가)
교육관	선발적 교육관	발달적 교육관
평가목적	개인차 변별, 상대적 우열 확인	학습목표 달성, 자격유무 확인
핵심질문	누가 더 잘하는가?	무엇을 얼마나 아는가?
평가기준	비교집단 내 구성원 득점 분포 상대적 기준	사전에 설정한 준거와 수행 절대적 기준
결과 활용	분류, 배치, 선발시험	진단, 점검, 자격시험
장점	개인차 변별 교사의 편견 배제(객관적 입장) 학습자들의 경쟁을 통한 동기유발	교육목표, 교육과정, 교수방법 개선에 용이, 고등정신능력 배양
단점	교육목표 달성 확인 어려움 상대적 열등감, 패배감 조성	개인차의 변별 어려움 준거 설정기준의 난해(주관적 경향 우려) 성적 부풀리기 가능성

③ 성장참조평가와 노력참조평가[5)]

성장참조평가는 교육과정을 통해서 얼마나 성장하였느냐에 관심을 두는 평가방법으로, 개인의 초기 능력수준에 비추어 얼마만큼 능력의 향상을 보였는가를 평가한다. 한편, 노력참조평가는 학생이 지니고 있는 능력에 비추어 얼마나 최선을 다하였느냐에 초점을 두는 평가방법으로, 개인의 능력 정도와 수행결과를 비교하여 그 학생이 지니고 있는 능력이 최대한 발휘된 것인가를 살펴본다.

능력참조평가와 성장참조평가를 실시하기 위해서는 학생이 지니고 있는 능력에 대한 정확한 정보가 제공되어야 하고, 학생이 소유한 능력의 정도와 능력의 변화를 측정하는 도구의 타당도와 신뢰도가 고려되어야 하며, 또한 교사들이 학생 개개인에 관심을 갖고 능력을 파악할 수 있도록 교사당 학생 수를 줄이는 것도 필요하다.

능력참조평가와 성장참조평가는 개별학습과 교수적 기능을 강조하고 개인 간 비교를 고려하지 않는 공통점이 있다. 하지만, 능력참조평가는 학생의 최대 능력 발휘에 초점을 두고 학생이 소유한 능력과 수행의 정도를 비교하는 것인 반면, 성장참조평가

5) 정종진(2010). 교육평가 이론과 실제. 파주: 양서원, 60-62쪽을 참고 요약

는 학생의 능력 변화 혹은 학습향상에 초점을 두고 성장과 변화의 정도를 비교한다는 점에서 차이가 있다.

(2) 평가 목적에 따른 유형

① 진단평가

교수학습이 시작되기 전에 학습자의 특성을 체계적으로 측정하는 행위로서 학습자들의 능력과 특성을 사전에 파악하여 교육목표 및 계획을 수립하는데 목적을 둔다. 진단평가의 예로는 수업 시간 전에 쪽지검사 또는 퀴즈를 실시한다든지, 수업을 실시하기 전에 복습 여부를 묻는 질문 등을 들 수 있다.

② 형성평가

형성평가는 교수학습 과정 중에 가르치고 배우는 내용을 학습자들이 얼마나 잘 이해하고 있는지를 수시로 점검하고 학습자들의 수업능력, 태도, 학습방법 등을 확인함으로써 교육과정을 개선하고 교재의 적절성을 확인할 수 있다.

③ 총괄평가

총괄평가는 교수학습이 끝난 다음 교육목표의 달성, 성취여부를 종합적으로 판정하는 평가 형태로 보통 한 단원, 한 코스 혹은 한 프로그램이 종결되었을 때에 실시된다. 총결평가의 결과에 의해서 학업성적을 판정하거나 학생들의 석차를 매기는 등 이미 완결된 수업활동의 효과성 여부를 결정하는데 활용된다.

진단평가의 기능	형성평가의 기능	총괄평가의 기능
• 출발점 행동의 진단 • 학습결손의 진단 • 선수학습 정도의 확인 • 학습부진의 교육외적 원인 파악	• 학습행동의 강화 • 학습곤란의 진단과 교정 • 학습속도의 조절 • 학습지도방법의 개선 • 학생들에 대한 피드백 • 수업의 질적 관리	• 학업성적의 평정 • 후속 학습과정에서의 성공 예측 • 기능 또는 자격의 인정 • 학생들에 대한 피드백 • 수업의 질적 관리

3) 수행평가

수행평가는 학생 스스로가 자신의 지식이나 기능을 나타낼 수 있도록 답을 작성(구성)하거나, 발표하거나, 산출물을 만들거나, 행동으로 나타내도록 요구하는 방식이다. 수행평가는 여러 측면의 지식이나 능력을 지속적으로 평가함과 교수 학습활동을 개선하기 위해서, 학생이 인지적으로 아는 것뿐 아니라 아는 것을 실제로 적용할 수 있는지 파악하기 위해서, 학습자 개인에게 의미 있는 학습활동이 이루어지도록하기 위해서 실시된다. 이러한 수행평가의 유형을 제시하면 다음과 같다.

구분	평가유형	평가방법
시험과 검사형태	서술형 검사	문제의 답을 학생이 직접 서술(구성)
	논술형 검사	개인의 생각이나 주장을 창의적이고 논리적으로 작성
	구술시험	특정 내용이나 주제에 대해 의견이나 생각을 발표해 준비도, 이해력, 판단력, 의사소통 능력 등을 직접 평가
	실기시험	예 · 체능 분야에서 주로 사용되어 오던 방법으로 최근 예 · 체능 이외의 분야에서도 많이 사용하는 평가
	면접시험	평가자와 학생이 서로 대화를 통하여 얻고자 하는 자료나 정보를 수집하는 평가
학습이 진행되는 과정과 학습 활동을 강조하는 형태	토론법	특정 주제에 대해 학생들이 서로 토론하는 것을 보고 평가하는 방법으로 토론 진행 방법 등 총체적으로 평가
	발표법	특정한 주제에 대해서 자료를 수집하고 재구성한 결과를 유인물이나 다양한 매체를 통해 발표하도록 하여 학생의 준비도, 발표내용, 발표능력, 발표태도를 평가
	관찰법	학생들의 행동을 방해하지 않으면서 평가 상황을 강요하지 않도록 주로 교사의 자연스런 관찰을 통한 평가
	실험 · 실습법	어떤 과제에 대하여 학생들로 하여금 직접 실험 · 실습을 하게 한 후 실험 실습과정을 직접 관찰함과 아울러 제출된 결과 보고서를 동시에 평가
평가 자료를 수집 하는 전반적인	자기평가 보고서	특정 주제나 수업 영역에 대해 스스로 학습과정이나 학습결과에 대한 평가보고서를 작성 · 제출토록 하여 평가
	동료평가	자기평가 보고서와 마찬가지로 학습과정이나 학습결과에 대하여 동

구분	평가유형	평가방법
과정을 고려한 형태	보고서	료 학생들이 상대방을 서로 평가
	연구 보고서법	각 교과별이나 통합교과적인 여러 가지 연구 주제 중에서 학생의 능력이나 흥미에 적합한 주제를 선정하여 그 주제에 대하여 자기 나름대로 자료를 수집하고 분석 종합하여 연구 보고서를 작성 · 제출하도록 하여 평가

상황 적용 문제 수행평가 시행 시 문제점과 해결책은?

중학교 2학년 담임교사인 A선생님은 교수 · 학습의 결과뿐만 아니라, 교수 · 학습의 과정도 함께 중시하는 평가를 시행하기 위하여 수준별 수업을 실시하면서 수행평가 문항 출제 및 채점 등에 항상 바쁘다. 그런데 그것을 지켜본 동료교사가 "A선생님! 수업 시간 중에 수행평가를 한다는 것은 현실적으로 불가능해요. 그리 애쓰지 마시고, 다른 선생님들처럼 중간, 기말 시험 칠 때 시험지 한 장 만들어서 주면 되지, 왜 그렇게 요령 없게 합니까? 그렇게 하지 마세요."라고 이야기하였다. 그 이야기를 듣고 A선생님은 평가방법의 개선을 위해 노력하고 있는 교사를 찾아가서 고민을 상담하기로 하였다.

수행평가 시행상의 문제점이 무엇인지? 그 해결 방안을 제시하여 설득하고, 수준별 수업에 따른 평가 내실화 방안을 생각해 보자.

■ **수행평가 시행상의 문제점**

• 대규모 실시 및 평가방법의 어려움
• 시간 부족: 수업량과 평가 영역에 비해서 수행평가에 필요한 시간이 부족함
• 평가도구 및 채점의 신뢰성 문제: 평정자의 주관이 개입될 수도 있고, 평가도구의 타당성 및 채점의 신뢰성에 의문을 제기할 가능성도 있음

■ **해결 방안**

• 평가방법에 관한 교사의 전문성 신장

※ 교사의 학생평가 전문성의 5가지 요소
① 평가 방법의 선정 능력, ② 평가 도구의 개발 능력, ③ 평가의 실시, 채점, 성적 부여 능력, ④ 평가의 윤리성 인식 능력, ⑤ 평가 결과의 분석, 해석 활용, 의사소통능력

• 평가도구의 객관화: 평가내용 및 방법, 채점기준 및 결과를 공개하여 평가의 투명성 확보, 동료평가 및 포트폴리오 등 다양한 방법 활용
• 평가목표를 주제간, 단원간 등으로 통합하여 총체적으로 평가함으로써 1회의 평가로 여러 가지 평가 목표에 대한 평가를 병행하는 방법
• 정부의 재정적 지원을 확대하는 방안: 교원 업무 경감 및 교사 1인당 학생 수와 수업시수 경감으로 수업 연구 및 평가에 전념할 수 있는 여건 조성

■ **수준별 수업에 따른 평가의 내실화 방안**

• 학생들이 평가를 통해 성취경험을 가질 수 있도록 수준별 수업에 맞춘 합리적인 평가 방법을 선택하도록 함
  − 다양한 형태의 지필평가, 과정중심 평가, 성취평가제 활용
• 학생, 학부모가 수준별 평가 방식에 대해 충분히 이해할 수 있도록 교육 및 연수 실시
• 학생들이 수준에 따라 선택할 수 있는 수준별 세트 문항을 개발하여 학생들이 도전감을 가지고 학습에 참여하도록 함
  − 난이도에 따라 배점을 달리함 등

4) 성취평가제

성취평가제는 국가 수준의 교육과정에 근거하여 개발된 교과목별 성취기준에 대한 학생의 도달 정도에 비추어 학생의 성취 수준을 평가하는 것이다. 성취평가제는 학생들 간 상대적 서열 중심의 규준참조평가에서 학생들이 성취해야 할 목표 중심의 준거참조평가로의 전환을 한다는 점에서 의의가 있다.

5) 평가의 타당도와 신뢰도

참여중심수업을 실시하고 그 수행과정을 평가하기 위해 고려해야 할 사항은 평가의 타당도와 신뢰도 및 객관도를 확보하는 것이다.

타당도는 측정하고자 하는 것을 얼마만큼 정확하게 측정하느냐? 즉, 측정하고자 하는 개념이나 속성을 얼마나 실제에 가깝게 정확히 측정하고 있는가의 정도를 말한다. 타당도의 유형은 내용타당도, 기준타당도, 구인타당도 등으로 구분된다. 우선, 내용타당성(content validity)은 검사내용 전문가에 의하여 검사가 측정하고자 하는 속성 제대로 측정하였는지 주관적으로 판단하는 것으로 평가 제작 전 작성한 이원분류표에 의하여 제작되었는지를 전문가들의 판단에 의하여 검증하는 것을 말한다. 다음으로, 기준타당성(criterion-related validity)은 어떤 측정도구와 측정결과인 점수간의 관계를 비교하여 타당도를 파악하는 방법이다. 기준타당성의 대표적인 예는 예측타당성인데, 이것은 하나의 속성이나 개념의 상태에 대한 측정이 미래 시점에 있어서의 다른 속성이나 개념의 상태변화를 예측할 수 있는 정도이다. 그리고, 구성개념 타당성(construct validity)는 구인타당도라고 하며, 평가가 실제로 무엇을 측정했는가와 관련된다.

신뢰도는 얼마나 정확하게, 얼마나 오차 없이 측정하고 있느냐의 정도를 말한다. 신뢰도는 아래와 같이 재검사 신뢰도, 동형검사 신뢰도, 반분 신뢰도 등으로 구분된다. 재검사신뢰도는 동일한 설문을 같은 응답자에게 2회 실시하는 방법으로 매우 단순한 방법이지만 응답자의 기억효과로 신뢰도가 과대 추정될 수 있는 문제가 있다. 동형검사신뢰도는 형식이 같은 A형과 B형의 설문을 실시하는 방법으로 수준이 같고 내용이

다른 문항 제작에 어려움이 있을 수 있다. 반분 신뢰도는 설문의 문항을 양분하여 각각 채점하는 방법으로 한 설문지의 문항들을 반으로 나누어 구성된 두 부분의 상관계수로부터 신뢰도의 추정값을 얻는 방법이다.

객관도는 측정의 결과에 대해 여러 검사가 혹은 채점자가 어느 정도로 일치된 평가를 하느냐의 정도를 말한다. 객관도는 채점자간 신뢰도와 채점자 내 신뢰도로 구분할 수 있다. 채점자간 신뢰도는 답안지or문항의 답을 2명 이상의 채점자가 독립적으로 채점하여 결과가 일치되는 정도를 말한다. 또한, 채점자내 신뢰도: 채점해야 할 답안지가 많을 때 질 적으로 거의 같은 내용의 답에 대해 한 채점자가 일관성 있게 같은 점수를 준 정도를 말한다.

6. 학습자 특성 이해와 지도

1) 학습자 특성

학습자 특성 분석은 학습자들이 현재 가지고 있는 발달적 특성, 학습 상황, 수행 기능, 선호 경향과 태도 등을 탐색 · 분석하는 것이다(강이철, 2011). 이는 학습자에게 가장 적합한 교육과정, 교수학습, 생활지도 등 여러 프로그램을 설계하고 제공하기 위해 실시된다. 일반적으로 학습자 특성 분석은 일반적 측면(나이, 가정배경, 성별, 지능, 언어, 읽기, 기억력, 사고력, 문제해결력 등), 학습 측면(학습전략, 학습스타일, 학습동기, 학습태도, 학업적 자기효능감, 학습몰입, 자기주도학습 능력 등), 정서 측면(성격, 통제소재, 정서지능, 불안감, 행복 등), 사회적 특성(또래관계, 교사관계, 사회적 기술, 사회적 자기효능감 등) 등으로 분류될 수 있다(유승우 등, 2013; Dick, Carey, & Carey, 2009).

학습자 특성 분석은 우선, 학습자의 발달과 요구에 부응하는 교육과정 목표 설정, 교수학습경험의 선정과 조직, 교수학습의 전개와 평가의 방향 설정 등 교육과정과 학습모듈 개발에 유용하다. 둘째, 학습자의 출발점 기능, 주제에 대한 사전지식, 내용과 잠재적 전달 체제에 대한 태도, 학습동기, 교육수준과 지적 능력, 일반적인 학습스타일 및 태도 등을 체계적으로 파악하여 교수 및 학습 설계에 유용하다(Dick, Carey, & Carey, 2009). 셋째, 교육과정 및 학습모듈의 효과성 검증과 교수학습 과정과 결과의 효용성 판단에 유용하다(Keller, 2013).

2) 학습양식

학습스타일이라고도 일컫는 학습양식은 학습자 개인의 생물학적이고 발달적인 특성으로서 자신을 둘러싸고 있는 환경을 지각하고 처리하며, 이러한 과정에서 나타나는 독특하고 지속적인 개인의 학습 특성이다(고영남, 2013). Gregorc(1982)은 학습유형이란 한 개인이 어떻게 학습하고 환경에 적응하는 가를 보여주는 행동들로 구성된다고 하였다. Dunn과 Dunn(1978)은 학습유형이란 개인이 어떠한 정보와 기술에 집중하여 어려운 일을 처리하고 내면화하며 유지시키는가와 관련된 개인적인 선호경향이라고 하였다. Kolb(1984)는 학습자가 외부에서 들어오는 정보를 지각하고 처리할 때 선호하는 방법이라고 하였다.

학습양식은 성격 중심 접근의 학습양식, 정보처리적 접근의 학습양식, 학습 환경 및 수업에서의 사회적 상호작용 접근의 학습양식 등으로 분류된다(고영남, 2013). 성격 중심 접근의 학습양식은 Witkin의 장독립성－장의존성, Kagan의 숙고성－충동성, Briggs와 Myers의 MBTI, Gregorc의 학습양식 등이 있다. 정보처리적 접근의 학습양식은 Kolb의 학습양식, Schmeck의 학습양식, Felderman과 Silverman의 학습양식 등이 있다. 학습 환경 및 수업에서의 사회적 상호작용 접근의 학습양식은 Dunn과 Dunn의 학습양식, Grasha와 Reichmann의 학습양식 등이 있다.

학습양식에 따른 학습자 분류도 여러 방식이 있다(고영남, 2013). 그 예를 들면, Gregorc은 구체적－순차적 학습자, 구체적－임의적 학습자, 추상적－순차적 학습자, 추상적－임의적 학습자로 분류했다. Kolb는 조절적 학습자, 확산적 학습자, 동화적 학습자, 수렴적 학습자 등으로 분류했다. Felderman과 Silverman은 감각적 학습자, 직관적 학습자, 시각적 학습자, 언어적 학습자, 활동적 학습자, 반성적 학습자, 순차적 학습자, 통합적 학습자 등으로 분류하였다. Dunn과 Dunn은 청각적-분석적 학습자, 청각적-통합적 학습자, 시각적-분석적 학습자, 시각적-통합적 학습자, 촉각적-분석적 학습자, 촉각적-통합적 학습자, 운동감각적 학습자 등으로 분류하였다.

학습양식은 학업성취, 자기조절학습, 인식론적 신념, 학습몰입, 학습태도 및 학업동기 등과 관련되어 측정되는 변수이다. 방담이(2014)는 학습양식은 대학생의 성별로 차이를 보이는데 여학생은 시각적 양식을, 남학생은 임의적-직관적 양식을 선호한다고 하였다. 김은정(2014)는 학업성취도가 높은 공대생들은 직관형, 전체형, 심층형의 학습양식을 보인다고 하였다. 송영주(2013)은 전문대생의 학습양식은 학업성취에 직접적으로 영향을 미치며, 순차적-통합적 영역에서 균형형의 학습유형을 보이는 전문대학생은 한쪽 유형에 우세한 학습자에 비해 높은 학업성취를 보인다고 하였다. 전미애(2013)은 이공계 대학생은 확산형을 선호하는 경향이 높았으며, 자기주도학습과 학습양식의 하위변수 간 상관을 보인다고 하였다. 송영주(2010)은 전문대학생 영역별로 균형 잡힌 학습스타일을 보이고 있으며, 활동형 학습자는 숙고형 학습자에 비해 높은 학습전략 점수를 보인다고 하였다. 고영남(2005)는 감각적, 시각적, 활동적, 통합적 학습양식을 선호하는 경향이 높으며, 감각적 학습양식을 선호하는 학생들이 직관적 학습양식을 선호하는 학생보다 학업성취도가 높으며, 통합적 학습양식을 선호하는 학생들이 순차적 학습양식을 선호하는 학생들보다 진로결정 수준이 더 높다고 하였다.

셀프체크 Felder와 Solomon 학습양식 척도

• Felder 학습양식 척도

1. 나는 _______, 더 잘 이해한다.
   (a) 직접 해보았을 때
   (b) 깊이 생각하였을 때

2. 나는 _______사람으로 불리는 것을 좋아한다.
   (a) 현실적
   (b) 혁명적

3. 어제 일어난 일을 생각한다면, 나는 대체로 _______으로 떠오른다.
   (a) 그림 장면
   (b) 단어 혹은 문장

4. 나는 _______하는 경향이 있다.
   (a) 주제의 세부내용을 이해하지만, 전체 윤곽의 파악을 어려워
   (b) 전체 구조는 잘 파악하지만, 세부내용의 이해를 어려워

5. 내가 새로운 무엇인가를 배울 때, _______ 이 내게 도움이 된다.
   (a) 그것에 대해 말하는 것
   (b) 그것에 대해 생각하는 것

6. 내가 만약 교사라면, 나는 _______과정을 가르치고 싶다.
   (a) 사실과 실제 상황(실험)을 다루는
   (b) 아이디어와 이론(사고적인)을 다루는

7. 나는 새로운 정보를 얻을 때, _______ 형태를 좋아한다
   (a) 그림, 도표, 그래프 혹은 지도 등
   (b) 지침서 혹은 언어 정보(말로 설명)

8. 나는 _______.
   (a) 모든 부분을 먼저 이해하고, 전체 내용을 파악한다.
   (b) 전체 사실을 먼저 파악하고, 부분을 어떻게 적용되는지 이해한다.

9. 스터디 그룹에서 어려운 과제를 다루면, 나는 _______.
   (a) 참여하고 아이디어를 제공하는 편이다.
   (b) 뒤에 앉아서 듣는 편이다.

10. 나는 _______을 배우는 것이 보다 쉽게 느껴진다.
   (a) 사실
   (b) 개념

11. 그림이나 도표가 많은 책을 보면, 나는 _______
   (a) 그림이나 도표를 주의 깊게 보는 편이다.
   (b) 그것을 설명하는 문장에 관심이 가는 편이다.

12. 내가 수리문제를 풀 때, 나는 _______
   (a) 보통 바로 답을 얻기 위해서 내 방식대로 풀어본다.
   (b) 해답을 먼저 보지만, 답이 얻어지는 과정을 익히려고 노력한다.

13. 학급에서 나는 _______
   (a) 보통 가능한 많은 친구들을 사귀려고 하는 편이다.
   (b) 거의 많은 친구를 사귀려고 하지 않는 편이다.

14. 비소설류(nonfiction) 독서에서, 나는 _______ 것을 선호한다.
   (a) 새로운 사실이나 그것을 하는 방법을 말해주는
   (b) 생각하고 새로운 아이디어를 제공하는

15. 나는 수업시간에 _______ 교사를 좋아한다.
   (a) 도표나 그림을 많이 소개하는
   (b) 설명하는데 시간을 많이 보내는

16. 이야기나 소설을 분석할 때, 나는 _______
   (a) 사건을 생각하고, 주제들을 이해하기 위해서 서로 사건을 연관시키는 편이다.
   (b) 책을 읽은 후에 주제가 무엇인지 알고, 다시 되돌아가서 그들을 입증하기 위해서 사건을 찾는다.

17. 나는 숙제를 할 때, 나는 대게 _______
   (a) 즉시 문제풀이를 시작하는 편이다.
   (b) 먼저 문제를 충분히 이해하려고 노력하는 편이다.

18. 나는 _______ 아이디어를 좋아하는 편이다.
   (a) 확실한
   (b) 이론적인

19. 나는 _______을 잘 기억한다.
   (a) 본 것
   (b) 들은 것

20. 나는 _______ 교사가 내가 더 좋다.
   (a) 분명하고 연속적인 단계로 재료를 제공해주는
   (b) 전체 윤곽과 다른 단원과 관련되는 자료를 제공해주는

21. 나는 _______ 공부하는 것을 좋아한다.
   (a) 스터디 그룹에서
   (b) 혼자서

22. 나는 _______ 생각하는 것을 좋아하는 편이다.
   (a) 과제(나의 일)의 세부사항을 면밀히
   (b) 과제를 해결하는 방법을 창의적으로

23. 나는 새로운 장소의 방향을 찾으려 할 때, 나는 _______를 보는 편이다.
   (a) 지도
   (b) 안내문

24. 나는 _______
   (a) 매우 꾸준히 공부하며, 열심히 노력하면 이해할 수 있다고 생각한다.
   (b) 중단과 시작을 반복하면서 공부하며, 전체가 혼란스럽기도 하고 갑자기 이해되기도 한다.

25. 나는 _______ 하는 편이다.
   (a) 먼저 일을 시작
   (b) 일을 어떻게 시작할 것인지에 대해서 먼저 생각

26. 나는 흥밋거리를 읽을 때, 작가가 _______ 하는 것을 좋아한다.
   (a) 의미하는 것이 무엇인지 분명하게 말하는
   (b) 창의적이고 흥미로운 방법으로 사물을 말하는

27. 교실에서 도표나 스케치를 볼 때, 나는 _______을 더 잘 기억한다.
 (a) 그림
 (b) 교사가 설명한 것

28. 정보의 실체를 파악할 때, 나는 _______
 (a) 세부 사항에 초점을 두고 전체 윤곽을 놓치는 편이다.
 (b) 세부 사항에 알기 앞서 전체 윤곽을 이해하려는 편이다.

29. 나는 _______을 잘 기억한다.
 (a) 해본 것
 (b) 깊이 생각해본 것

30. 나는 일을 수행할 때, 나는 _______ 하는 편이다.
 (a) 정해진 방법으로 일을 완수하려고
 (b) 그 일을 해결하는 새로운 방법을 찾으려고

31. 나는 다른 사람의 자료를 볼 때, 나는 _______ 을(를) 좋아한다.
 (a) 차트나 그래프
 (b) 결과를 정리한 요약문

32. 보고서를 쓸 때, 나는 _______작업을 좋아한다.
 (a) 보고서의 시작과 전개(그것에 대한 생각 혹은 쓰기)
 (b) 보고서의 차이점과 순서(그것에 대한 생각 혹은 쓰기)

33. 내가 그룹 프로젝트를 수행할 때, 나는 먼저 _______ 하기를 바라는 편이다.
 (a) 누구나 아이디어를 발표하는 "그룹 브레인스토밍"
 (b) 개인적으로 머리를 짜내고 그 다음 함께 모여 아이디어를 비교

34. 다른 사람이 나에게 _______ 사람이라고 부르는 것이 가장 높은 칭찬이라고 생각한다.
 (a) 현명한
 (b) 상상력이 풍부한

35. 모임에서 사람을 만날 때, 나는 _______을 잘 기억하는 편이다.
 (a) 그들의 모습
 (b) 그들이 한 말

36. 나는 새로운 주제를 공부할 때, 나는 _______ 하는 편이다.
(a) 그 주제에 집중하면서 내가 할 수 있는 힘껏 공부
(b) 주제와 그와 관련된 주제들을 연결지려고

37. 나는 _______ 으로 보이는 편을 더 좋아한다.
(a) 사교적
(b) 내성적

38. 나는 _______를 강조하는 수업을 선호한다.
(a) 구체적인 자료(사실, 자료)
(b) 추상적인 자료(개념, 이론)

39. 오락(파티) 대신에, 나는 _______
(a) TV를 보는 편이다.
(b) 독서를 한다.

40. 어떤 교사들은 수업의 개요를 설명하고 강의를 시작한다. 이러한 개요는 _______
(a) 내게 약간 도움이 된다.
(b) 내게 아주 도움이 된다.

41. 그룹으로 과제를 수행하는 데, 전체 그룹에서 1등급을 받으려는 것은
(a) 나에게 관심거리다.
(b) 나에게 관심을 끌지 못한다.

42. 내가 오랫동안 계산하는 일을 할 때, 나는 _______
(a) 모든 단계를 반복하고 주의 깊게 나의 일을 확인하려고 한다.
(b) 나는 꼼꼼하게 나의 일을 확인하고 그렇게 하는 것이 내게 힘을 준다.

43. 내가 가본 장소는 _______ 그림을 그린다.
(a) 쉽게 아주 정확하게
(b) 어렵고 덜 자세하게

44. 그룹에서 문제를 해결할 때, 나는 _______ 에 대해 생각하는 것을 보다 더 좋아한다.
(a) 풀이과정에서 단계
(b) 전 범위에서 가능한 결론 혹은 해답의 적용

점수 계산표

Active/ Reflective (활동적/반성적)			Sensory/intuitive (감각적/직관적)			Visible/ Verbal (시각적/ 언어적)			Sequencial/ Global (순차적/ 전체적)		
Q	a	b	Q	a	b	Q	a	b	Q	a	b
1			2			3			4		
5			6			7			8		
9			10			11			12		
13			14			15			16		
17			18			19			20		
21			22			23			24		
25			26			27			28		
29			30			31			32		
33			34			35			36		
37			38			39			40		
41			42			43			44		

4개의 영역에서 (a), (b)개수의 합을 나타내기

Active/ Reflective (활동적/반성적)		Sensory/intuitive (감각적/직관적)		Visible/ Verbal (시각적/ 언어적)		Sequencial/ Global (순차적/ 전체적)	
a	b	a	b	a	b	a	b
( )	( )	( )	( )	( )	( )	( )	( )

위 4개의 각 영역에서(높은 항목 - 낮은 항목):
예) Active/ Reflective영역에서 (a)가 3개이고, (b)가 8개라면 아래의 빈칸에 _______ 라고 쓰시면 됩니다.

학습양식		학습양식에 따른 특징
정보처리	활동적	외향적인 특성으로 학습과정 중 토론이나 협동활동 등을 통해 문제를 해결하는 방법을 선호
	반성적	내향적인 특성으로 자기평가, 반성적 학습활동을 통해 문제를 해결하는 방법을 선호
정보지각	감각적	잘 조직된 순서에 따라서 정보를 인식하는 방법을 선호
	지각적	기억을 바탕으로 학습자가 자유롭게 정보를 조직하는 방법을 선호

학습양식		학습양식에 따른 특징
정보입력	시각적	시각적인 정보인 그림, 도표, 사진, 미디어 콘텐츠를 선호
	언어적	언어적 정보인 텍스트나 음성 콘텐츠를 선호
정보이해	순차적	연속적이며 단계적, 구조적 학습방법을 선호
	전체적	전체적이고 포괄적인 관점에서 바라보며 자유로운 이해 방법과 다양한 학습 방법을 선호

3) 학습동기

학습동기는 학습자가 학업을 수행할 수 있도록 하는 원동력이다(Bandura, 1986). 그것은 학습자가 스스로 학습을 선택하고 노력을 기울이며 어려움이 있어도 끈기를 보이게 하는 기제이다(김아영, 2002). 또한 학생들의 학업성취에 가장 큰 영향을 주는 요인이다(한순미, 2004).

학습동기는 주의집중(Attention), 적절성(Relevance), 자신감(Confidence), 만족(Satisfaction), 즉 ARCS 모형을 주장한 Keller(2013)에 의해 체계화되었다. 그는 학습동기를 수업에서 학습자들의 주의력을 집중시키고, 학습자들의 흥미를 학습내용으로 연관시켜 적절한 학습활동을 확인하며, 학습을 성공할 수 있다는 자신감을 주고, 학습한 경험과 성취에 대해 만족하도록 하는 것으로 보았다.

학습동기는 내재적 동기(intrinsic motivation)와 외재적 동기(extrinsic motivation)가 있다. 내재적 동기는 학습 활동 자체를 목적으로 하는 동기, 외재적 동기는 학습 활동이 다른 무엇을 위한 수단의 의미로 사용되는 동기이다(Schunk, 2006). 내재적 동기가 높은 사람들은 자기결정감, 호기심, 과제에 대한 몰입, 흥미 등의 요인에 영향을 받는 반면, 외재적 동기가 높은 사람들은 경쟁, 평가, 인정, 금전, 타인의 통제 및 제약 등의 요인에 영향을 받는다. 학습목표와 수행 측면에서도 내재적 동기가 높은 학습자는 학습과제를 자기주도적 완수해보려는 숙달목표를 추구하는 반면, 외재적 동기가 높은 학습자는 타인과의 경쟁에서 우월성을 보이고자 하는 수행목표를 지향하는 경향이 높다.

이희숙, 김창석(2015)에 의하면 학습동기는 초등학생의 플립러닝 학습에 의해 유발되는 경향이 있다. 정세영, 김정섭(2013)은 중학생 1학년에게 보이는 학습동기와 학습전략은 정적인 관계를 보인며 성별에 따라 차이가 있다고 하였다. 김길영, 조성제(2013)은 일반고 학생의 내재적 학습동기는 탄력성의 외적보호요인을 강화함으로서 높일 수 있다고 하였다. 장성화, 민윤회, 이동률, 이미애(2014)는 학습동기는 학교적응에 영향을 미친다고 하였다. 김희정, 송인섭(2013)은 교사-학생 관계 수준에 따라서 학습동기가 결정되며, 또한 학습동기를 매개로 하여 학습몰입에도 영향을 미친다고 하였다.

셀프체크 **김아영(2002)의 학업동기 척도**

- 학업적 자기효능감: 과제수준선호(1-8), 자기조절효능감(9-18), 자신감(19-26,)
- 학업적 실패내성: 과제수준선호(27-32), 감정(33-38), 행동(39-44)

문항	확실히 아니다	상당히 아니다	약간 아니다	약간 그렇다	상당히 그렇다	확실히 그렇다
1. 나는 쉬운 문제를 여러 개 푸는 것보다 어려운 문제 하나를 푸는 것을 더 좋아한다.						
2. 나는 쉬운 과목보다는 어려운 과목을 좋아한다.						
3. 쉬운 문제보다는 조금 틀리더라도 어려운 문제를 푸는 것이 더 좋다.						
4. 나는 깊이 생각해야 하는 문제보다는 쉽게 풀 수 있는 문제를 더 좋아한다. (R)						
5. 시간이 많이 들더라도 깊이 생각하게 만드는 과목이 더 재미있다.						
6. 나는 복잡하고 어려운 문제에 도전하는 것이 재미있다.						
7. 가능하다면 어려운 과목은 피해가고 싶다. (R)						
8. 학교 공부는 무조건 쉬울수록 좋다. (R)						
9. 나는 수업시간에 배운 내용 중 중요한 것이 무엇인지 잘 파악할 수 있다.						
10. 나는 수업시간 중에 중요한 내용을 잘 기록할 수 있다.						
11. 나는 어떻게 공부하는 것이 효과적인 방법인지를 잘 안다.						
12. 나는 수업시간에 배운 내용 중 내가 무엇을 알고,						

문항	확실히 아니다	상당히 아니다	약간 아니다	약간 그렇다	상당히 그렇다	확실히 그렇다
무엇을 모르는지 정확히 판단할 수 있다.						
13. 나는 수업시간에 배운 내용을 잘 기억할 수 있다.						
14. 나는 수업시간에 새로 배운 것들을 이미 알고 있는 것과 쉽게 연결시킬 수 있다.						
15. 나는 복잡하고 어려운 내용을 기억하기 쉽게 바꿀 수 있다.						
16. 나는 정해진 시간 안에 주어진 과제를 잘 마칠 수 있다.						
17. 나는 수업시간에 주의집중을 잘 할 수 있다.						
18. 나는 보통 공부를 시작하기 전에 계획을 세우고 거기에 맞추어 공부한다.						
19. 수업시간에 발표를 할 때 실수를 할 것 같아 불안하다. (R)						
20. 토론을 할 때, 혹시 창피를 당할까봐 내 의견을 제대로 발표하지 못한다. (R)						
21. 선생님과 친구들 앞에서 발표하는 것은 내게 너무 큰 스트레스를 준다. (R)						
22. 수업시간 중에 선생님이 문제를 풀리고 시킬까봐 불안하다. (R)						
23. 선생님이 모두에게 질문을 할 때, 나는 답을 알아도 대답하지 못한다. (R)						
24. 나는 시험때만 되면 우울해진다. (R)						
25. 시험을 치르기 전에는 시험을 망칠 것 같은 생각이 든다. (R)						
26. 시험이 다가오면 불안해서 잠을 이룰 수가 없다. (R)						
27. 학교 공부 중에서 어려운 것을 좋아한다.						
28. 아주 쉬운 과목보다는 차라리 어려운 과목을 공부하는 것이 더 낫다.						
29. 어렵거나 도전적인 문제를 풀려고 애쓰는 것은 재미있는 일이다.						
30. 생각을 많이 해야 하는 공부가 재미있다.						
31. 좀 틀리더라도 어려운 숙제를 하는 것을 좋아한다.						

문항	확실히 아니다	상당히 아니다	약간 아니다	약간 그렇다	상당히 그렇다	확실히 그렇다
32. 시간이 많이 걸리고 생각해야 하는 문제보다는 빨리 끝낼 수 있는 문제를 푸는 것이 낫다. (R)						
33. 학교에서 실수를 하면 기분이 매우 나쁘다. (R)						
34. 학교에서 실수를 많이 하면 매우 우울해지거나 화가 난다. (R)						
35. 나쁜 점수를 받을 때마다 어디론가 숨고 싶어진다. (R)						
36. 선생님 질문에 틀린 답을 하면 매우 기분이 나빠진다. (R)						
37. 학교성적이 나빠지면 매우 슬퍼진다. (R)						
38. 학교공부를 할 때 틀릴까봐 걱정을 많이 한다. (R)						
39. 학교에서 나쁜 성적을 받으면 틀린 것을 공부해서 다시 풀어본다.						
40. 꼭 해야 하는 것은 아니라도 학교공부 중에서 틀린 것은 다시 공부해 맞춰본다.						
41. 모르는 것이 있으면 선생님께 설명해 달라고 한다.						
42. 학교공부를 하다가 틀리면 계속해서 해보고 또 해본다.						
43. 새로운 학교 과제를 하다가 성공하지 못하면 금방 포기해 버린다. (R)						
44. 나쁜 점수를 받으면 마음을 잡고 열심히 공부하려고 결심하고 한다.						

4) 마인드셋

마인드셋(mindset)은 학습자가 갖고 있는 지능이나 능력에 대한 변화가능성에 대한 신념체계를 말한다(Dweck, 2006). Dweck(2006)은 지능과 능력에 대한 변화에 대한 신념 여부에 따라 고정 마인드셋(fixed mindset)과 성장 마인드셋(growth mindset)으로 구분하였다. 고정 마인드셋은 지능이 선천적으로 고정되어있어 아무리 노력해도 바꿀 수 없다고 믿는 신념체계로 수행목표과 수행회피가 강하며, 학업과제에 대한 도전과 노력이 낮으며, 학습장애 극복하는 동기나 전략 사용에 있어서 약한 특성을 지닌다. 반면, 성장 마인드셋은 개인이 소유하고 있는 지능이나 능력은 고정된 것이 아니면 노력을 통해 언제든지 향상될 수 있다고 믿음을 가지고 학습에 대한 인내와 노력을 통해 과제를 이행하고 성과를 높이려고 노력한다(Dweck, 2009; Blackwell, Trzesniewski, & Dweck, 2007). 또한, 성장 마인드셋은 목표달성 과정에서 도전과 실패를 극복하는 데 필요한 단기적인 관심사를 설정하게 함으로써 당면한 위기에 포기하지 않고 장기적인 학습에 집중할 수 있도록 해준다(Dweck, 2006).

최근까지 선행연구에서는 마인드셋이 고정 마인드셋과 성장 마인드셋으로 구분한 척도를 활용하는 경향이 높았다(안도희, 2005; 이서정, 신태섭, 2018; 이정림, 권태훈, 2016). 그러나 최근에는 한국형 마인드셋 척도가 개발 타당화되고 있다. 윤지혜, 한근영, 원주영(2012)은 청소년용 마인드셋 척도를 개발하여 타당화하였는데, 타인의식, 학습기회 개방성, 실패회피, 인정추구, 학습추구 등 5개 요인을 확인하였다. 경일수, 김혜균, 서은영, 탁진국(2017)은 성장 마인드셋 척도를 개발 타당화하였는데, 지능신념, 과제수행태도, 실패·스트레스 회복탄력성 , 운명신념, 재능신념 등 5개 요인을 확인하였다. 따라서 최근 선행연구에서는 성장 마인드셋만을 변수로 측정하는 연구도 수행되고 있다(류재준, 임효진, 2018; 권대훈, 2018).

성장 마인드셋은 학업적 인내로 알려진 그릿과 자기조절(통제) 등과 관련 있는 변수로도 알려져 있다(윤지혜, 한근영, 원주영, 2012; Bashant, 2014; Duckworth & Eskreis-Winkler, 2013). 류재준, 임효진(2018)은 성장 마인드셋은 그릿에 정적 영향을 미친다고 하였다. 이정림, 권대훈(2016)은 통제소재와 마인드셋의 그릿과의 유의한 관계를 탐색했고, 그릿을 매개로 학업성취에 영향을 미치는 것을 확인했다. 이서정, 신태섭(2018)도 수학포기 고등학생의 마인드셋은 그릿을 매개로 학업적 자기효능감에 대해 영향을 미치는 것을 확인하였다. 권대훈(2018)도 그릿이 성장 마인드셋이 학업지연에 미치는 영향을 매개한다는 측면을 확인하였다. 또한, 마인드셋은 자기조절에 유의한 영향을 준다. 구체적으로 성장 마인드셋은 자기조절을 촉진하지만, 고정 마인드셋은 자기조절을 방해한다(Molden & Dweck, 2006). Burnette, O'Boyle, VanEpps, Pollack, & Finkel(2013)은 마인드셋과 자기조절 관계에 대한 메타분석에서 성장 마인드셋은 자기조절에 유의한 영향을 미친다는 점을 확인했다.

셀프체크 Dweck의 마인드셋 척도

- 고정마인드셋(1-3), 성장마인드셋(4-6)

문항	전혀 동의 하지 않음	동의 하지 않음	별로 동의 하지 않음	대체로 동의함	동의함	매우 동의함
1. 지능은 어느 정도 결정되어 있어 바꾸기 어렵다.						
2. 지능은 따고나는 거라 변화시키기 어렵다.						
3. 새로운 것을 배울 수는 있지만 그것으로 타고난 지능을 바꾸기는 어렵다.						
4. 타고난 지능이 어떻든지 나는 내 지능을 변화시킬 수 있다.						
5. 나는 내 지능을 많이 변화시킬 수 있다.						
6. 내가 가진 지능의 정도와 관계없이 나는 언제든지 지능을 변화시킬 수 있다.						

5) 학업적 그릿

그릿(Grit)은 성공적 목표 수행에 있어서 오랜 시간과 노력이 필요로 하거나 어려움과 장애에 부딪히더라도 장기적 목표에 대한 끈기와 열정(perseverance and passion for long-term goals)을 발휘할 수 있는 힘으로 정의된다(Duckworth, 2016; Duckworth, Peterson, Matthews, & Kelly, 2007, p. 1087). Tough(2012)는 학생들의 학업성취 향상을 위해서는 교수학습과 교육과정 개선과 함께 그릿을 길러야 한다고 주장했다. OECD(2014)에서는 Education and Social Progress를 통해 개인행복과 사회진보를 예측하는 사회정서역량(social-emotional competence)의 요인으로 그릿을 추가하였다.

그릿은 흥미의 지속성(consistency of interest)과 꾸준한 노력(perseverance of effort) 등으로 구성된다(Duckworth & Quinn 2009). 흥미의 지속성은 열정에 해당되는 것으로 목표와 흥미를 쉽게 또는 자주 바꾸지 않고 일관되게 유지하는 경향성을 뜻한다. 꾸준한 노력은 인내에 해당되는 것으로 목표 달성을 위한 열심뿐만 아니라 그 과정에서 마주하게 되는 실패나 좌절, 역경에도 불구하고 노력을 계속하는 경향성을 말한다.

이러한 그릿에 대한 국내 연구는 초등학생부터 성인에 이르기까지 학습과 진로와 직업 등 여러 분야에서 확장, 적용되고 있다. 또한, 그릿을 측정하기 위해 활용되는 척도도 Duckworth 등에 의해서 개발된 그릿척도(Grit-O)와 간편척도(Grit-S)의 문항들(Duckworth et al., 2007; Duckworth & Quinn, 2009)이 약간씩의 수정을 거쳐 사용되고 있는 것이 일반적이다. 이에 한국 학생이나 직장인 등의 상황에 맞게 타당화하여 사용하는 경향이 있다. 임효진(2017)은 Duckworth 등에 의해 개발된 그릿의 요인구조를 한국적 상황에 맞게 타당화하였다.

임현희, 조한익(2018)은 학업을 주되게 수행하는 청소년을 위한 학업적 그릿을 타당화하였다. 임현희, 조한익(2018)은 학업적 그릿을 학업적 측면에서 목표에 도전하고 추구할 때 생기는 학업적 열정, 학업적 흥미유지, 학업적 노력지속을 포함한 것으로 정의하였다. 학업적 열정은 열정에서 확장된 개념으로 학생들이 도전하는 학업적인 목표에 관한 의도적인 노력과 헌신으로 학업성취를 이루기 위해 목표에 대해서 열정을 갖고 도전하는 것을 의미한다. 학업적 흥미유지는 장기적인 목표를 향해 나아가는 동안 흥미를 잃지 않고 열정적으로 목표를 추구하는 것으로서 그릿의 요소인 관심과 흥미의 일관성을 학업상황에 포함한 것이다. 학업적 노력지속은 공부하는 도중에 역경이나 지연이 발생하더라도 장기간에 걸쳐서 교육적인 목표를 향한 지속적인 노력으로 학업에 목표를 두고 실패를 배움의 기회로 삼는 성장 신념과 관련된다.

셀프체크 임현희, 조한익(2018)의 학업적 그릿 척도

– 학업적 열정(1-10), 학업적 노력지속(11-16), 학업적 흥미유지(17-23)

문항	전혀 그렇지 않다	그렇지 않다	보통이다	그렇다	매우 그렇다
나는 공부에 대한 의욕이 높다.					
나는 공부에 대한 의지가 높다.					

문항	전혀 그렇지 않다	그렇지 않다	보통 이다	그렇다	매우 그렇다
나는 공부에 대한 열정이 높은 학생이다.					
나는 공부에 대한 목표가 뚜렷하다.					
나는 좌절을 겪어도 공부에 대한 의지가 강하다.					
나는 공부할 때 열정이 넘친다.					
나는 열정을 북돋우면서 공부한다.					
나는 의지를 가지고 열심히 공부한다.					
나는 공부가 어려워도 열정이 식지는 않는다.					
나는 목표를 세우고 공부한다.					
나는 공부를 꾸준히 해 나간다.					
나는 꾸준히 공부한다.					
나는 몇 개월 이상 걸리는 공부도 꾸준히 한다.					
나는 공부를 끈기 있게 해 나간다.					
나는 공부를 끝까지 잘 마무리한다.					
나는 끈기 있게 꼼꼼히 공부한다.					
나는 공부할 때 흥미와 호기심이 생긴다.					
나는 다른 일이나 생각 때문에 공부가 방해받지는 않는다.					
나는 공부할 때 시간 가는 줄 모른다.					
나는 공부에 흥미가 있다.					
나는 공부를 할 때 흥미를 갖고 몰입한다.					
나는 공부가 재미있어 내가 즐기는 다른 활동들을 포기할 수 있다.					
나는 공부에 대한 흥미를 꾸준히 유지한다.					

출처: 임현희, 조한익(2018). 청소년용 학업적 그릿 척도의 개발과 타당화. 교육심리연구, 32(3), 495-523.

6) 성취목표지향성

성취목표지향성(achievement goal-orientation)은 개인이 학업성취를 추구하고, 경험하고, 해석하는 틀을 창조하는 것과 관련이 있다(이주화, 김아영, 2005)이다. 또한 개인이 추구하는 목표유형에 따라 발휘하는 성취동기의 유형이며, 성취상황에서 발현되는 성취동기는 개인이 추구하는 목표 유형에 의해 해석될 수 있다(천경희, 송영명, 2011).

성취목표지향성은 수행과 숙달, 접근과 회피에 따라 수행접근, 수행회피, 숙달접근, 숙달회피의 4개 요인으로 나뉜다(이주화, 김아영, 2005). 아래에서는 이주화, 김아영(2005)이 제시한 요인별 정의와 학습자 특성을 요약 제시한다. 우선, 수행접근목표는 타인과의 상대적인 능력 획득에 중점을 두는 목표로 다른 사람보다 더 잘하거나 적은 노력으로 성공함으로써 자신의 우수한 능력을 입증하려는 목표성향이다. 수행접근목표를 지향하는 학습자는 긍정적인 자아개념, 정서, 태도를 보이며, 학업과제에 가치를 두며, 과제에 대한 노력과 수행의 지속력을 보인다.

둘째, 수행회피목표는 다른 사람과 비교해서 상대적인 무능력이 드러나는 것을 회피하는 것에 중점을 두는 회피지향성의 일종으로 근본적으로 동기의 회피 형태로 해석되며, 실패에 대한 두려움에 기반을 둔다. 수행회피목표를 지향하는 학습자는 낮은 자신감과 부정적인 자아개념, 학습된 무기력을 나타내는 경향이 있다.

셋째, 숙달접근목표는 자신의 유능함을 개발 또는 발전시키거나 과제를 숙달하는 것에 중점을 두는 목표유형이다. 즉, 어떤 외적 보상보다는 학습과정 그 자체에 가치를 부여하며 과제의 숙달을 통해서 새로운 지식과 기술을 획득하려고 하는 목표지향성을 말한다. 숙달접근목표를 지향하는 학습자는 새로운 지식과 기능의 습득을 지향하고, 과제를 이해하려고 노력하며, 자신의 능력수준을 향상시키고, 숙달감을 달성하려고 하며, 자신이 설정한 기준에 도달함으로써 성취감을 느낀다.

넷째, 숙달회피목표는 자신이 보유하고 있는 기술 또는 능력이 감소하거나 무능해질 수 있는 부정적인 가능성을 회피하는데 중점을 두는 목표 성향이다. 숙달회피목표를 가진 사람들은 수업과제를 습득하지 못하거나 잘못 이해하는 것을 피하기 위해 노력한다. 그래서 숙달회피목표를 지닌 학습자는 학업적 완벽주의를 보이며, 실패에 대한 두려움과 낮은 자기결정성을 보인다.

요약하면, 박병기, 이종욱(2005, p. 335)이 성취목표지향성의 정의와 예시문항을 2×2 표로 제시한 것과 같다.

구분			지향내용	
			숙달	수행
지향 태도	접근	정의	**숙달접근목표** 학습과제의 심층적 이해 또는 이를 통한 내적성장을 적극적으로 지향하는 경향성	**수행접근목표** 높은 성적과 점수의 획득 또는 이를 통한 타인인정과 자기과시를 적극적으로 지향하는 경향성
		예시 문항	1. 내가 공부하는 주된 이유는 학습내용을 철저히 알고 싶기 때문이다. 2. 내가 공부하는 주된 이유는 나 자신의 꾸준한 성장을 원하기 때문이다.	1. 뛰어나게 공부를 잘하는 사람으로서 남들에게 인정받고 싶다. 2. 내가 공부하는 주된 이유는 남들보다 높은 성적을 받기 위한 것이다.
	회피	정의	**숙달회피목표** 학습과제의 이해 또는 이를 통한 내적성장을 소극적으로 지향하는 경향성	**수행회피목표** 성적과 점수의 획득 또는 이를 통한 인정과 과시를 소극적으로 지향하는 경향성
		예시 문항	1. 이해하기 힘든 내용을 계속 공부하는 것은 시간낭비라고 생각한다. 2. 내가 공부하는 주된 이유는 퇴보하고 싶지 않기 때문이다.	1. 모르는 것을 남들이 알까 두려워서 수업시간에 질문하지 않는다. 2. 공부하는 직접적 목표는 남들만큼의 성적을 받는 것이다.

자료: 박병기, 이종욱(2005), p. 335.

셀프체크 이주화, 김아영(2005)의 학업적 성취목표지향성 척도

– 수행접근목표(1–5), 수행회피목표(6–10), 숙달접근목표(11–15), 숙달회피목표(16–20)

문항	확실히 아니다	상당히 아니다	약간 아니다	약간 그렇다	상당히 그렇다	확실히 그렇다
1. 나의 목표는 다른 학생들보다 좋은 성적은 받는 것이다.						
2. 나는 다른 학생보다 좋은 점수를 받는 상상을 하면 의욕이 생긴다.						
3. 다른 학생들과 비교했을 때 내가 공부를 더 잘한다면 매우 뿌듯할 것이다.						
4. 나에게는 다른 학생들 보다 공부를 잘하는 것이 중요하다.						
5. 수업시간에 내가 다른 학생들에 비해 더 잘한다는 것은 나에게 중요하다.						
6. 나의 목표는 다른 학생들과 비교하여 나쁜 성						

문항	확실히 아니다	상당히 아니다	약간 아니다	약간 그렇다	상당히 그렇다	확실히 그렇다
적을 받지 않는 것이다.						
7. 나는 다른 학생들보다 나쁜 성적을 받게 될까봐 걱정한다.						
8. 내가 공부하는 이유는 다른 학생들보다 나쁜 성적을 받지 않기 위해서이다.						
9. 내가 공부하는 이유는 단지 다른 학생들보다 나쁜 성적을 받는 것이 싫기 때문이다.						
10. 내가 수업을 열심히 듣는 이유는 다른 학생들에 뒤떨어지지 않기 위해서이다.						
11. 나는 새로운 것을 배울 수 있는 도전적인 숙제를 좋아한다.						
12. 내가 공부하는 이유는 수업내용을 완벽하게 이해하고 싶기 때문이다.						
13. 나는 수업에서 가능한 한 많은 것을 배우고 싶다.						
14. 수업을 통해 나의 능력을 향상시키는 것은 중요하다.						
15. 나는 수업에서 나의 능력을 향상시킬 수 있는 기회를 찾는다.						
16. 나는 선생님이 주신 숙제의 내용을 이해하지 못할까봐 여러 번 확인한다.						
17. 나는 주어진 시간 내에 완벽하게 숙제를 끝마치지 못할까봐 두렵다.						
18. 나는 주어진 내용을 완벽하게 이해하지 못할까봐 두렵다.						
19. 나는 수업에서 반드시 알아야 하는 것을 배우지 못할까봐 걱정한다.						
20. 내가 공부하는 이유는 수업시간에 배운 내용을 이해하지 못할까봐 두렵기 때문이다.						

7) 학습전략

학습전략은 학습 목표 달성을 위해 필요한 지식과 기능을 긍정적이고 지속적으로 변화되도록 정신적 조작과 정서적 관리 및 자원과 자신을 관리하는 체계적 활동이다(황재규, 2011, p. 1837). 노원경(2008, p. 263)은 학습을 보다 효과적으로 하기 위하여 학습자 자신이 취하는 모든 방법적 사고 또는 행동으로 학습목표를 정하고 그것을 성취해 가는 과정에서 사용하는 여러 가지 학습기술에 대한 총체적인 개념으로 보았다.

김동일(2005)는 학습전략의 구성요인이 인지적 측면(인지와 초인지 등), 정서적 측면(자아효능감, 학습동기 등), 행동적 측면(자원관리 등)으로 구분하였다. 노원경(2008)은 국내외 대학에서 실시하는 학습전략 프로그램을 메타분석하여 학습전략의 요소들을 목표관리, 시간관리, 수업듣기, 교재읽기, 노트필기, 시험관리, 보고서 쓰기, 발표하기 등으로 구분하였다. 박성미(2009)는 자기관리전략, 시험치기전략, 인지전략, 기억전략, 리포트작성전략, 자원활용전략, 노력하기전략, 협동학습전략 등으로 구분하였다. 이렇듯 학습전략의 구성요소는 학자마다 달리 규정되고 있어서 합의되기 어렵다. 하지만 황재규(2011)가 여러 선행연구들을 메타적으로 분석한 결과를 보면 학습전략의 구성요소의 대강을 알 수 있다. 그는 학습전략을 인지적, 정서적, 행동적 수준으로 구분하였다. 인지적 요소는 주의집중, 시연, 정교화, 조직화, 대인불안 등으로, 정서적 요소는 시험불안, 성적불안, 과제불안, 과제불안, 노력관리, 학습환경관리 등으로, 행동적 요소는 학습자료관리, 타인조력관리, 쓰기관리, 시험치기관리, 토론관리 등으로 분류하였다.

Pintrich 등(1991)의 The Motivated Strategies for Learning Questionnaire(MSLQ)

■ 학습동기(motivation)

1. 가치(value components)

a. 내재적 목표지향(intrinsic goal orientation): 학생이 도전, 호기심, 숙련 등과 같은 내재적 목적으로 학습에 참여하고 있다는 인식 정도이다.

b. 외재적 목표지향(extrinsic goal orientation): 학생이 성적, 보상, 성과, 다른 사람에 의한 평가와 경쟁과 같은 외재적 목적으로 학습에 참여하고 있다는 인식 정도이다.

c. 과제 가치(task value): 학습과제나 자료 등에 있어서 얼마나 흥미롭고 중요하며 유용한가에 대한 학생의 평가 정도이다.

2. 기대(expectancy components)

a. 통제신념(control beliefs): 학습에 대한 노력은 긍정적인 결과를 가져올 것이라는 학생의 신념을 말하는 것으로, 학습결과가 교사나 운 등 외적 요인이라기보다는 학습자 개인이 보다 전략적이고 효과적으로 학습에 임하고 노력한 결과임을 강조하는 정도이다.

b. 학업적 자기효능감(self-efficacy for learning): 이것은 과제 수행에서 성공할 것이라는 기대와 그 과제에 대해 완전히 숙련할 수 있다는 자신의 평가 정도이다.

3. 정서(affective components)

a. 시험불안(test anxiety): 시험에 대한 인지적, 정서적 불안, 시험을 망칠 것 같다는 부정적 생각, 시험에 대한 정서적, 생리학적 불안감 등을 말한다.

■ **학습전략(learning strategies)**

1. 인지 및 메타인지 전략(cognitive and metacognitive strategies)

a. 시연(rehearsal): 학습한 자료나 노트 등을 암기하거나, 중요한 개념 목록을 만들어 외우거나, 속으로 반복해서 말해보는 학습 전략이다.

b. 정교화(elaboration): 바꿔쓰기, 요약, 유추와 노트필기 등으로 사전 지식과 새로운 정보를 통합하고 연계하는 학습 전략이다.

c. 조직(organization): 범주화, 개요작성, 간단한 차트나 다이어그램 및 표를 만들기, 핵심 주제어 찾기 등으로 적절한 학습정보를 선택하거나 정보들을 연결할 수 있는 학습 전략이다.

d. 비판적 사고(critical thinking): 읽고 듣을 것을 잘 이해하고 있는지 스스로에게 질문해 보거나, 다른 주장이나 결과에 대한 다른 대안을 생각해 보기 등으로 새로운 장면에 기존 지식을 적용할 수 있는 학습 전략이다.

e. 메타인지 자기조절(metacognitive self-regulation): 생각에 대한 생각을 말하는 것으로, 계획, 점검, 조절 등과 관련된 학습전략이다.. 계획(planning)은 어떤 전략과 정보처리를 사용할 것인지에 대한 생각을 말하는데, 시작 전에 목차부터 살펴보기, 무슨 내용에 대한 것인지를 대강 훑어보기, 문제를 풀기 전에 무엇을 묻고자 하는지를 추측하기, 문제에 대한 작업이 이루어지기 전 목표 설정하기 등을 예로 들 수 있다. 점검(monitoring)은 자신의 주의집중을 추적하면서 이해 정도를 확인하는 것으로, 그 예는 학습내용에 집중하기, 자신의 이해정도를 스스로 평가해 보기, 시험치는 동안 문제 푸는 속도 체크하기, 자신이 얼마나 이해했는지를 검증해보기 등이 해당된다. 조절(regulation)은 점검과 밀접한 관계가 있다. 자신의 인지활동을 점검하다가 문제가 생기게 되면 앞으로 되돌아가고, 이해하기 어려운 부분이 있으면 속도를 줄이는 것을 예로 들 수 있다.

2. 자원관리 전략

a. 시간 및 학습환경(time and study environment): 학습 시간의 계획과 관리와 함께 학습에 주의를 기울 수 있는 학습조건이나 환경을 만들 수 있는 정도이다.

b. 노력 조절(effort regulation): 학습에서의 주의가 산만해질 때, 어렵거나 흥미롭지 못한 학습과제를 직면할 때, 학습에 대한 노력과 집중을 위해 자기조절이 가능한 정도이다.

c. 동료학습(peer learning): 학습한 내용에 대한 동료에 대한 설명, 동료와의 토론, 협업적 과제 수행이 학습결과에 효과적이라고 인식하는 정도이다.

d. 도움청하기(help seeking): 동료나 교수자에게 학습내용을 질문하거나, 학습자원을 요청하할 수 있는 정도이다.

셀프체크 박성미(2009)의 전문대학생을 위한 학습전략 척도

– 자기관리전략(1–14), 시험치기전략(15–27), 인지전략(28–40), 기억전략(41–46), 리포트작성전략(47–52), 자원활용전략(53–57), 노력하기전략(58–64), 협동학습전략(65–68)

문항	전혀 그렇지 않다	그렇지 않다	보통이다	그렇다	매우 그렇다
1. 매일 규칙적인 학습시간을 정해두고 이를 실천한다.					
2. 정신이 맑을 때 공부할 수 있도록 학습 시간계획을 세운다.					
3. 수면, 식사, 여가 등을 포함시켜 균형 잡힌 학습 시간계획을 세운다.					
4. 평소 학습 시간계획표를 작성하여 체계적으로 학습하려 한다.					
5. 시험 중 답안을 작성하기 전에 시간을 미리 계획한다.					
6. 다른 사람들에 비해 공부에 더 많은 시간을 투자하는 편이다.					
7. 가급적 그날 배운 강의내용을 복습하려 한다.					
8. 각 과목별로 한 주에 적어도 강의시간의 두 배 정도는 공부한다.					
9. 시험공부는 충분히 여유를 가지고 시작한다.					
10. 학습장소에서 학습에 방해가 되는 요소를 파악하여 없앤다.					
11. 학습시간계획을 세울 때는 달성 가능한 현실적인 학습목표를 수립한다.					
12. 강의를 들을 때 신속하고 정확한 노트 필기를 위해 약어나 기호를 사용한다.					

문항	전혀 그렇지 않다	그렇지 않다	보통 이다	그렇다	매우 그렇다
13. 강의를 들을 때 중심개념을 잘 파악하면서 강의를 듣는다.					
14. 시험공부를 할 때는 공부한 내용에 대하여 문제를 출제해 보면서 공부한다.					
15. 시험을 치를 땐, 문제를 신중하게 읽고 문제의 모든 부분에 주의를 기울인다.					
16. 시험을 치르기 직전의 강의는 가능한 충실하게 참석한다.					
17. 시험답안지를 제출하기 전에 답안을 다시 한번 충분히 검토해 본다.					
18. 시험공부를 할 때는 노트내용과 강의 중 받은 학습 자료를 충분히 활용한다.					
19. 학습내용에 대해 이해할 수 없는 부분이 있으면 다른 사람의 도움을 청한다.					
20. 공부를 시작하기 전에 학습에 필요한 자료와 도구를 갖추어둔다.					
21. 공부할 때는 집중이 잘 되는 조용한 장소에서 한다.					
22. 꼭 필요한 경우에는 늦은 밤이나 주말에도 공부한다.					
23. 노트필기에 빠진 부분이 많을 경우에는 친구 혹은 교수에게 물어본다.					
24. 시험 중 사용이 허락되는 도구를 미리 파악해 둔다.					
25. 시험공부를 하다가 시간이 모자라게 되면 중요한 부분만을 찾아서 한다.					
26. 암기한 내용을 머릿속에서 떠올려본다.					
27. 답안을 작성할 때는 교수가 항상 강조하는 아이디어를 중심으로 답안을 조직한다.					
28. 새로운 내용을 배울 때는 그것과 관련된 상황을 상상해보면서 이해한다.					
29. 새로운 개념이나 이론은 이미 알고 있는 것들과 연결지어 이해하려 한다.					
30. 공부할 분량이 많으면 내용이 어떤 구조로 이루어졌는지 적어본다.					
31. 어떤 주제에 대해 학습할 때 나름대로 내 생각을 정리해 본다.					

문항	전혀 그렇지 않다	그렇지 않다	보통이다	그렇다	매우 그렇다
32. 새로운 개념을 배울 때는 이해하기 쉽도록 구체적인 예를 떠올려 본다.					
33. 복잡한 내용을 학습할 때는 그 내용을 도표로 그리거나 요약해 본다.					
34. 책을 읽다가 모르는 단어/구절이 나오면 전후맥락을 고려하여 내용을 추측한다.					
35. 지금 공부하고 있는 내용을 출발점으로 내 자신의 아이디어를 발전시켜 본다.					
36. 교재에서 제시된 주장이나 결론에 대해 또 다른 대안은 없는지 검토해본다.					
37. 책을 읽을 때는 내용을 보다 잘 이해하기 위해 제시된 학습보조자료를 활용한다.					
38. 공부하는 도중에 그 내용을 잘 이해하고 있는지 스스로 질문해보곤 한다.					
39. 중요한 개념은 가급적 이해하기 쉬운 말로 풀어 본다.					
40. 공부를 하기 전에 공부할 분량을 미리 정해놓고 시작한다.					
41. 암기한 내용을 자신의 말로 다시 써 본다.					
42. 정확하게 암기하기 위해 어떤 특정한 상황을 연상하면서 암기한다.					
43. 중요한 개념이 잘 상기되도록 핵심어를 기억해 둔다.					
44. 암기해야 하는 중요한 내용을 잘 선정한다.					
45. 무조건 암기하기보다는 원리와 개념을 이해하면서 암기한다.					
46. 교재를 읽으면서 그 내용을 얼마나 잘 이해하고 있는지를 점검하면서 읽는다.					
47. 리포트의 내용을 글로 표현할 때 상황에 맞는 표현, 어휘, 구문을 활용한다.					
48. 리포트의 내용을 글로 표현할 때 글의 문장을 적당한 길이, 어조로 조절한다.					
49. 리포트의 내용을 일단 글로 표현한 후, 불필요한 표현을 없앤다.					
50. 리포트의 내용을 글로 표현할 때, 나만의 의견을 명확하게 표현할 수 있다.					

문항	전혀 그렇지 않다	그렇지 않다	보통 이다	그렇다	매우 그렇다
51. 리포트의 내용을 글로 표현하기 전에 먼저 개요를 작성해 본다.					
52. 리포트를 해결하기 위하여 도서관의 자료를 활용하거나 인터넷 검색을 한다.					
53. 학습내용을 명확하게 이해할 수 없을 때 다른 참고문헌을 계속해서 찾아본다.					
54. 정보가 부족하면 다양한 출처들(강의노트, 교재, 학술지 등)을 찾아본다.					
55. 이해하기 힘든 전공용어가 있으면 사전을 찾아본다.					
56. 노트필기가 완벽하지 못할 때는 참고도서를 찾아본다.					
57. 학습내용과 관련된 자료를 찾기 위해 다양한 방법을 활용한다.					
58. 학습할 내용에 흥미가 전혀 없어도 공부하려 한다.					
59. 학습내용이 너무 어렵거나 복잡해도 포기하지 않고 공부한다.					
60. 공부를 하려고 할 때, 무엇부터 공부할 것인지 순서를 정한 후에 시작한다.					
61. 공부를 시작하기 전, 무엇을, 어떻게 공부할지 미리 머리속으로 생각해 본다.					
62. 시험을 잘 치룰 수 있다는 확신감이 들 때까지 공부한다.					
63. 학습하고자 하는 분량을 결정했을 때, 그것을 마치려고 노력한다.					
64. 리포트는 미루지 않고 그때그때 해결하려 한다.					
65. 친구들이 교재내용에 대해 질문하도록 하고, 나 또한 친구들에게 질문해본다.					
66. 내가 잘 이해했는지 확인하기 위해 공부한 내용을 친구들에게 설명해본다.					
67. 토론이나 발표수업인 경우, 적극적으로 참여하려 한다.					
68. 토론이나 발표 중에도 필요하면, 노트해둔다.					

8) 학업적 자기효능감

학업적 자기효능감은 학습자가 학업적 과제의 수행을 위해 필요한 행위를 조직하고 실행해 나가는 자신의 능력에 대해 내리는 판단이다(김아영, 박인영, 2001, p. 97). 이경희, 김지연(2014, p36)는 학업적 자기효능감을 자신이 성취하고자 하는 목표를 달성하기 위하여 요구되는 능력이나 활동을 적절하게 수행할 수 있는 능력에 대한 개인의 기대와 예측을 수반하는 주관적 판단으로 보았다. 학업적 자기효능감이 높은 학습자는 높은 학업성취, 도전적 과제 선택, 과제의 성공적 수행을 위한 노력, 끈기 있는 과제 수행, 낮은 불안감, 수업에 대한 집중도와 참여도, 교과에 대한 흥미와 가치, 과제 수행에 대한 인식, 효과적인 학습전략 선택, 높은 자기조절능력, 학교생활적응도, 진로결정수준을 보이는 것으로 알려져 있다(권재환, 김경희, 2013; 김아영, 박인영, 2001; 이경희, 김지연, 2014; 차명호, 이정애, 2012; 홍애순, 조규판, 2014).

학업적 자기효능감의 구성요소는 김아영, 박인영(2001)에 의해 체계적으로 제시되었다. 이들은 학업적 자기효능감이 자신감, 자기조절효능감, 과제난이도 선호 등 3개 요인으로 제시하였다. 자신감은 자신의 가치와 능력에 대한 개인의 확신 또는 신념의 정도이다. 자기조절효능감은 개인이 자기관찰, 자기판단, 자기반응과 같은 자기조절적 기제를 잘 수행하는 수 있는가에 대한 효능 기대이다. 과제난이도 선호는 자신이 통제하고 다룰 수있다고 생각하는 도전적이고 구체적인 목표를 선택하는 과정을 통해 표출되는 것이다.

셀프체크 김아영, 박인영(2001)의 학업적 자기효능감 척도

– 과제난이도선호(1–10), 자기조절효능감(11–20), 자신감(21–28)

문항	확실히 아니다	상당히 아니다	약간 아니다	약간 그렇다	상당히 그렇다	확실히 그렇다
1. 나는 복잡하고 어려운 문제에 도전하는 것이 재미있다.						
2. 가능하다면 어려운 과목은 피해가고 싶다. (R)						
3. 나는 깊이 생각해야 하는 문제보다는 쉽게 풀수 있는 문제를 더 선호한다. (R)						
4. 비록 실패하더라도 다른 친구들이 풀지 못한 문제에 도전하는 것이 즐겁다.						
5. 시간이 많이 들더라도 깊이 생각하게 만드는 과목이 더 재미있다.						
6. 만약 여러 과목 중 몇 과목만 선택할 수 있다면, 쉬운 과목만을 선택할 것이다. (R)						
7. 학교 공부는 무조건 쉬울수록 좋다. (R)						
8. 쉬운 문제보다는 조금 틀리더라도 어려운 문제를 푸는 것이 더 좋다.						
9. 나는 쉬운 문제를 여러 개 푸는 것보다 어려운 문제 하나를 푸는 것을 더 좋아한다.						
10. 나는 쉬운 과목보다는 어려운 과목을 좋아한다.						
11. 나는 수업시간에 새로 배운 것들을 이미 알고 있는 것과 쉽게 연결시킬 수 있다.						
12. 나는 보통 공부를 시작하기 전에 계획을 세우고, 거기에 맞추어 공부한다.						
13. 나는 수업시간 중에 중요한 내용을 잘 기록할 수 있다.						
14. 내가 싫어하는 수업시간에도 주의집중을 잘 할 수 있다.						
15. 나는 복잡하고 어려운 내용을 기억하기 쉽게 바꿀 수 있다.						
16. 나는 수업시간에 배운 내용을 잘 기억할 수 있다.						

문항	확실히 아니다	상당히 아니다	약간 아니다	약간 그렇다	상당히 그렇다	확실히 그렇다
17. 나는 어떻게 공부하는 것이 효과적인 방법인지를 잘 안다.						
18. 나는 정해진 시간 안에 주어진 과제를 잘 마칠 수 있다.						
19. 나는 수업시간에 배운 내용 중 내가 무엇을 알고, 무엇을 모르는지 정확히 판단할 수 있다.						
20. 나는 수업시간에 배운 내용 중 중요한 것이 무엇인지를 잘 파악할 수 있다.						
21. 선생님과 친구들 앞에서 발표하는 것은 내게 너무 큰 스트레스를 준다. (R)						
22. 시험을 치루기 전에는 시험을 망칠 것 같은 생각이 든다. (R)						
23. 수업시간 중에 선생님이 문제를 풀라고 시킬까봐 불안하다. (R)						
24. 토론을 할 때, 혹시 창피를 당할까봐 내 의견을 제대로 발표하지 못한다. (R)						
25. 수업시간에 발표를 할 때, 실수를 할 것 같아 불안하다. (R)						
26. 선생님이 모두에게 질문을 할 때, 답을 알아도 대답하지 못한다. (R)						
27. 시험이 다가오면 불안해서 잠을 이룰 수가 없다. (R)						
28. 나는 시험 때만 되면 우울해 진다. (R)						

9) 자기조절학습

자기조절학습이란 '학습자가 자신의 학습 활동의 주인이 되어 학습 목표와 학습 동기를 진단하고, 학습에 필요한 인적 · 물적 자원을 관리하며, 학습의 모든 과정에서 의사 결정과 행위의 주체가 되는 자기 학습'이다(정미경, 2005, p. 159). 김미영(2013)은 자기조절학습이란 학습자가 스스로 인지, 정서, 행동을 촉진하고 유지하며 계획하고 모니터링하는 과정이라고 정의하였다. 정미경(2005, p.159)는 자기조절학습을 학습자의 내재적 과정, 학습자가 몸담고 있는 환경, 그리고 학습 행동의 세 가지 결정 변인이 학습자가 자기 학습을 조절하려는 노력이라 할 수 있다로 보았다.

자기조절능력이 높은 사람은 자신을 계획하고 관리하는 능력이 뛰어나, 장기적인 목표달성을 위해 바람직한 행동을 도모하고 바람직하지 않은 행동은 억제하여 주어진 문제상황을 다각적으로 모색하고 평가할 수 있다. 반면에 자기조절능력이 낮은 사람은 인지적 문제해결능력과 학업성취수준이 낮을뿐 아니라 대인관계에서도 충동적이고 공격적이다(정옥분, 한성열, 이숙자 등, 2009, p. 175).

자기조절 능력이 높은 학습자의 특성은 다음과 같이 정리할 수 있다(김미영, 2013, p. 295; 정미경, 2005, p. 159). 첫째, 자기조절 학습자는 자신의 학업성취를 향상시키기 위해 학습에 인지적, 동기적, 행동적 전략을 체계적으로 사용한다. 둘째, 자기조절 학습자는 학습 중에 학습의 효과를 알아보기 위해 자기 지향적인 피드백을 사용한다. 셋째, 자기조절 학습자는 특정 자기조절학습 전략을 선택하여 사용하는 방법이나 이유를 설명할 수 있다. 넷째, 자기조절학습의 중요한 측면은 인지와 동기는 별개로 다루어져서는 충분히 이해하기 어려운 상호 연관성이 있는 과정이다. 다섯째, 자기조절학습은 내적인 학습 욕구를 가지고 학습 과정을 스스로 통제하고 검색하며, 관리하는 학습자의 전략적이면서도 의도적인 노력의 과정이라고 볼 수 있다. 여섯째, 자기조절학습 활동은 학습자의 학업성취 능력에 영향을 미친다.

자기조절학습의 구성요인은 여러 학자들에 의해 제시되었다. 예를 들면, 정미경(2003)은 동기, 인지, 행동 요인으로 제시했다. 첫째, 학습자 자신의 능력에 대한 기대, 학습에 참여하는 이유와 목적, 그리고 불안에 대한 처리와 같은 동기 조절 요인이며, 둘째, 학습자가 자료를 기억하고 이해하는데 사용하는 실제적인 인지, 초인지 전략에 해당하는 인지조절 요인이며, 셋째, 학습자가 자신의 학습을 성공적으로 이끌기 위해 가장 적합한 학습 환경을 선택하고, 구조화하며, 창조하는 것을 의미하는 행동조절 요인이다(정미경, 2005, p. 162).

셀프체크 정미경(2005)의 대학생 자기조절학습 척도

인지 관련

- Zimmerman과 Martinez-pons(1986): 계속적인 기록과 점검, 시연과 기억 등
- Weinstein, Mayer(1986): 시연, 정교화, 조직화, 이해도 모니터링
- Corno(1986): 메타인지, 통제(주의통제, 약호화통제, 정보처리통제)
- Weinstein, Schulte와 Palmer(1987): 학습보조, 시험전략, 자기점검
- Pintrich(1989): 암송, 정교화, 조직화
- Pintrich와 DeGroot(1990): 인지전략, 메타인지전략
- Sink(1991): 학습과 수행에 대한 초인지 적통제
- Lindner와 Harris(1992): 메타인지(집행적처리과정), 학습전략
- Baumert, Fend, O'Neil과 Peschar(1998): 학습전략

행동 관련

- Pintrich(1989): 시간관리, 환경구성, 노력 조절, 타인의 도움 구하기
- Pintrich와 DeGroot(1990): 자기조절
- Zimmerman과 Martinez-pons(1986): 정보탐색, 환경의 구조화, 도움구하기 등
- Kuhl(1984), Corno(1989): 의지통제
- Corno(2001): 환경구성, 시간관리, 노력 조절
- Hofer, Yu와 Pintrich(1998): 정보활용, 도움구하기, 환경구조화
- Lindner와 Harris(1992): 환경 이용과 통제
- Baumert, Fend, O'Neil과 Peschar(1998): 행동통제전략, 사회적 능력, 학습 잠재력

동기 관련

- Zimmerman과 Martinez-pons(1986): 자기강화, 자기보상
- Weinstein, Schulte와 Palmer(1987): 자기계획, 의지, 학습불만, 주의집중 등
- Pintrich와 DeGroot(1990): 동기적 신념(자기효능감, 내재적 가치, 시험불안)
- Sink(1991): 일반적인 자기효능감, 특수적자기효능감, 내적동기, 자아존중감, 완성경향성
- Baumert, Fend, O'Neil과 Peschar(1998): 동기유발, 목표지향성, 자아개념
- Hofer, Yu & Pintrich(1998), Dembo & Eaton(2000): 자기보상
- Wolters(1999, 2010): 자기보상, 흥미강화, 환경통제, 가치고양, 자기지시(수행적, 숙달적)

정서 관련

- Salovey et al.(1995): 주의, 명료성, 기분 개선
- Garnefski et al.(2001): 적응적 정서조절(긍정적 초점변경, 긍정적 재평가, 조망확대수용 등), 부적응적 정서조절(반추, 자기비난, 타인비난, 파국화)
- Schutz et al.(2004): 인지적 평가과정, 과제중심과정, 정서중심과정, 과제중심 재획득
- Cratz와 Roomer(2004): 정서자각과 이해, 정서수용, 충동적 행동통제, 목표일치행동 등
- 김은진, 양명희(2012): 이완, 발산, 재평가, 지지추구, 문제중심행동
- 유지현, 이숙정(2012): 정서의 자각, 목표일치행동, 긍정적 재평가, 정서조절접근

[그림 13-4] 자기조절학습 선행연구에서 사용된 측정변인들

자료: 양명희, 정윤선(2013), p. 243

동기 조절 문항

– 자기효능감(1-11), 내재적 가치(12-21), 시험불안(22-27), 외현적 목표지향(28-32)

문항	전혀 그렇지 않다	대체로 그렇지 않다	보통이다	대체로 그렇다	매우 그렇다
1. 나는 우리 과 다른 학생들에 비해 공부를 잘 한다.					
2. 나는 학교에서 배운 내용을 이해한다.					
3. 나는 노력한 만큼 좋은 학점을 받는다.					
4. 나는 우리 과의 다른 학생들에 비해 우수한 학생이다.					
5. 나는 앞으로도 좋은 학점을 받을 수 있다.					
6. 나는 우리 과의 다른 학생들에 비해 공부 방법이 우수하다.					
7. 나는 강의 내용을 공부할 수 있는 능력이 있다.					
8. 나는 앞으로도 공부를 잘 할 것이다.					
9. 나는 교수님께서 시키시는 일을 잘 해낸다.					
10. 나는 교수님으로부터 인정을 받는다.					
11. 나는 어려운 과제라도 노력하면 할 수 있다.					
12. 공부는 내 인생의 중요한 목표이다.					
13. 나는 많은 노력이 들더라도 무엇인가를 배울 수 있는 학습 내용을 좋아한다.					
14. 나는 공부하는 내용이 내게 중요하기 때문에 공부한다.					
15. 나는 공부하는 내용이 흥미 있기 때문에 공부한다.					
16. 나는 학교에서 배운 내용을 이해하는 것이 중요하다고 생각한다.					
17. 나는 대학 생활이 내가 성장하는데 중요한 역할을 할 것이라고 생각한다.					
18. 나는 대학에서 배우는 내용이 살아가는데 유용할 것이라고 생각한다.					
19. 나는 학교공부를 중요하게 생각한다.					
20. 나는 교수님의 말씀을 중요시한다.					
21. 나는 교수님의 말씀이 어려워도 알려고 노력한다.					
22. 나는 시험지를 보면 알 던 것도 생각이 안 난다.					
23. 나는 시험 볼 때 허둥댄다.					

문항	전혀 그렇지 않다	대체로 그렇지 않다	보통이다	대체로 그렇다	매우 그렇다
24. 나는 시험 볼 때 긴장해서 답을 못 쓸 때가 있다.					
25. 나는 시험 볼 때 잘 못 볼까봐 걱정한다.					
26. 나는 시험지를 받으면 몸이 굳어진다.					
27. 나는 공부를 열심히 해도 시험 때면 걱정된다.					
28. 나는 다른 학생들보다 공부 잘하는 것이 중요하다.					
29. 나는 다른 학생들보다 내가 더 우수하다는 것을 교수님께 보여 드리고 싶다.					
30. 나는 교수님의 질문에 나 혼자만 대답하면 기쁘다.					
31. 나는 가능한 다른 친구들보다 좋은 학점을 받고 싶다.					
32. 나는 학점이 무엇보다 중요하다고 생각한다.					

●●● 인지 조절 문항

– 인지전략(33–45), 시연과 기억(46–52), 점검(53–58), 계획(59–63)

문항	전혀 그렇지 않다	대체로 그렇지 않다	보통이다	대체로 그렇다	매우 그렇다
33. 나는 책에서 읽은 내용을 공부할 때 활용하려고 노력한다.					
34. 나는 암기할 내용을 잘 아는 것과 연결해서 외운다.					
35. 나는 새로운 내용을 공부할 때 이미 배운 내용과 관련시켜 공부한다.					
36. 나는 공부할 때, 내가 지금까지 아는 것들과 새로운 것이 어떤 관련성이 있는지 찾아본다.					
37. 나는 새로운 내용을 배울 때는 그것과 관련된 상황을 머릿속으로 상상해보면서 이해한다.					
38. 나는 강의 내용을 실생활과 관련지어 공부한다.					
39. 나는 새로운 개념을 배울 때는 이해하기 쉽도록 구체적인 예를 떠올려 본다.					
40. 나는 어떤 주제에 대해 공부할 때 나름대로 내 생각을 정리해본다.					
41. 나는 복잡한 내용을 공부할 때 그림이나 표로 작성해 본다.					

문항	전혀 그렇지 않다	대체로 그렇지 않다	보통 이다	대체로 그렇다	매우 그렇다
42. 나는 독서 내용과 강의 내용을 연결시켜 봄으로써 강의내용을 이해하려고 노력한다.					
43. 나는 공부할 때 개념들을 모아서 나름대로 관계를 정립해 본다.					
44. 나는 공부할 때 비슷한 내용을 관련시키거나 비교한다.					
45. 나는 어려운 내용은 내가 잘 아는 것과 관련시킨다.					
46. 나는 교수님께서 강조하시는 곳에 밑줄을 친다.					
47. 나는 공부할 때 교재, 노트, 참고자료의 내용을 맞추어 본다.					
48. 나는 공부할 때 교재, 노트를 읽고 또 읽는다.					
49. 나는 강의 중에 배운 내용들을 암기하려고 여러 번 외운다.					
50. 나는 시험 공부할 때 노트에 필기한 내용을 다시 정리한다.					
51. 나는 공부할 때 새로운 것이 나오면 모두 외운다.					
52. 나는 어떤 내용을 외우기 위해 자주 사용하는 나만의 방법이 있다.					
53. 나는 글의 첫머리에 무엇을 써야 할 지 생각해 본다.					
54. 나는 공부하기 전에 어떻게 공부 할지 미리 생각해 본다.					
55. 나는 책을 읽는 도중에 혼돈이 생기면 앞으로 돌아가서 내용을 정리해본다.					
56. 나는 책을 읽을 때 어떤 문장의 뜻을 모르면 앞·뒤 문장을 통해 그 문장의 뜻을 생각한다.					
57. 나는 글을 쓸 때, 잠시 멈추고 내가 쓴 글을 검토한다.					
58. 나는 누가 시키지 않아도 내가 쓴 글을 읽어보고 다시 고친다.					
59. 나는 독서할 때 초점을 분명히 하기 위해 나 자신에게 미리 질문해 본다.					
60. 나는 글쓰기 전에, 미리 계획을 세운다.					
61. 나는 글쓰기 전에, 글 쓰는 목적에 대해 미리 생각해 본다.					
62. 나는 책 읽기 전에 그것에 관해 알고 있는 것이 무엇인지 나 자신에게 질문해 본다.					
63. 나는 책 읽기 전에 왜 읽어야 하는지 생각한 후 읽는다.					

●●● 행동 조절 문항

– 노력조절(64–71), 시간과 공부조절(72–78), 조력추가(79–84), 공부환경조절(85–88)

문항	전혀 그렇지 않다	대체로 그렇지 않다	보통이다	대체로 그렇다	매우 그렇다
64. 나는 공부할 내용이 재미없어도 끝까지 공부한다.					
65. 나는 학습 과제가 주어지면 정해진 시간 내에 완성한다.					
66. 나는 좋은 학점을 받기 위해 싫어하는 과목도 열심히 공부한다.					
67. 나는 규칙적으로 강의에 출석한다.					
68. 나는 공부할 때, 최대한 열심히 한다.					
69. 나는 공부할 내용이 재미없고 지루해도 끝까지 공부한다.					
70. 나는 과제물을 정해진 시간까지 다 끝내 놓는다.					
71. 나는 공부할 때, 배운 내용을 익히기 위해 최선을 다한다.					
72. 나는 공부 시간을 잘 활용한다.					
73. 나는 효과적으로 공부하기 위해 시간 계획을 세워 공부한다.					
74. 나는 매일 일정한 시간을 정해 놓고 공부 한다.					
75. 나는 공부를 잘 하기 위해 규칙적으로 생활한다.					
76. 나는 공부하는 시간과 쉬는 시간을 분명히 구분한다.					
77. 나는 교수님이나 부모님께서 시키기 전에 스스로 알아서 공부한다.					
78. 나는 고정적인 공부 장소가 있다.					
79. 나는 여러 가지 보충자료들을 수집해서 공부한다.					
80. 나는 강의 중에 모르는 내용이 있으면 교수님께 질문한다.					
81. 나는 공부하다가 모르는 내용이 있으면 다른 사람에게 물어본다.					
82. 나는 모르는 내용이 있으면 관련 자료나 인터넷을 찾아본다.					
83. 나는 학교 생활과 관련해서 어려운 문제는 교수님께 도움을 받는다.					
84. 나는 학습 자료가 필요하면 교수님께 도움을 구한다.					
85. 나는 공부를 잘 할 수 있도록 환경을 정돈 한다.					
86. 나는 필요한 책을 공부하기에 편리하도록 정돈한다.					
87. 나는 공부하는데 방해가 되는 물건을 제거한다.					
88. 나는 집중이 잘 안될 때 쉬운 과목이나 내가 좋아하는 과목으로 바꾸어서 공부한다.					

10) 자기주도학습

자기주도적 학습은 학습자 스스로가 책임감을 가지고 자신의 학습 전 과정을 주도하는 것이다(정옥분, 임정하, 저운화, 김리진, 윤정은, 2012). 홍기칠(2014, p. 5)은 자기주도학습을 '개별 학습자가 학습에 주도권을 가지고 자신의 학습요구와 동기를 진단하고, 학습목표를 설정하며, 학습에 필요한 인적, 물적 자원을 확보하고, 인지적, 행동적, 동기적 학습전략을 선택하여 지식을 구성하고, 성취한 학습결과를 스스로 평가하는 과정과 활동'이라고 정의하였다. 이광성(2014, p. 417)은 자기주도학습을 학습자가 학습상황에서 자기 스스로 혹은 학습조력자와의 상호작용을 통해 학습의 계획, 실행, 평가 과정을 주도하고 관리하는 학습이라고 정의하였다.

정옥분 등(2012)은 자기주도학습이 강조되어야 할 중요성을 다음 여섯 가지로 제시하였다. 첫째, 학습과정에서 학습자의 주체적인 해석 과정이 중요하다. 둘째, 학습경험에서 학습자가 주도적으로 참여하는 것이 중요하다. 셋째, 학습과정에서 학습자 자신이 경험하고 깨닫고 발견하는 작업이 중요하다. 넷째, 학습자의 자발적인 의지와 통제력이 중요하다. 다섯째, 학습자의 주도적인 평가능력이 중요하다. 여섯째, 학습의 결과보다 과정이 중요하다.

홍기칠(2014)은 인지, 동기, 행동 등 세 영역으로 구분했다. 인지는 인지전략(시연, 정교화, 조직화, 창의성)과 상위인지전략(계획, 점검, 조절)으로, 동기는 숙달목적지향, 자기효능감, 성취가치, 시험불안, 개방성으로, 행동은 행동통제, 학업시간관리, 도움구하기 등으로 제시했다. 정옥분 등(2012)은 자기주도학습능력의 구성요소를 학습동기, 학습능력, 학습전략 및 기술 등 세 가지 영역으로 구분했다. 학습동기 영역은 학습목표, 인생목표, 공부미래확신, 공부의지, 공부희열로, 학습능력은 학습 집중력, 논리적 토론기술, 학습몰입, 학습이해력으로, 학습 전략 및 기술은 예습/복습, 노트필기기술, 시간관리, 목표관리로 구분하였다.

셀프체크 이석재, 장유경, 이헌남, 박광엽(2003)의 자기주도학습 척도

- 자기주도적 학습능력: 학습욕구진단(1-10), 학습목표설정(11-14), 학습을 위한 자원파악(15-19), 기본적 자기관리능력(20-24), 학습전략의 선택(25-29), 학습실행의 지속성(30-34), 결과에 대한 노력귀인(35-39), 자기성찰(40-44)

문항	매우 드물게	드물게	보통	자주	매우 자주
1. 전에는 몰랐던 것을 알게 되어 즐겁고 재미있게 공부한다.					
2. 누가 시키지 않더라도 내 스스로 책을 사서 읽는다.					
3. 내가 잘 모르는 것이라면, 처음부터 배우는 것을 피한다. (R)					
4. 새로운 것을 배울 때 마다 힘들고 피곤하다. (R)					
5. 배우고자 하는 것이 있으면, 아무리 바빠도 그것을 배울 시간을 내어서 배운다.					
6. 내 스스로 학습할 수 있는 능력을 갖고 있다고 믿고 노력한다.					
7. 내가 하고 싶은 공부는 잠을 늦게 자더라도 끝까지 마친다.					
8. 실패를 하더라도 어려운 과제를 풀려고 도전한다.					
9. 좋은 직업을 가질 수 있는 기회를 넓히기 위해서 공부한다.					
10. 모르는 것을 새롭게 알아가는 즐거움 때문에 공부한다.					
11. 학습하거나 과제를 할 때 계획한 일을 언제까지 마쳐야 하는지 날짜나 시간을 미리 결정해둔다.					
12. 매일 해야 할 일의 계획을 세운다.					
13. 내가 세운 계획대로 학습을 진행한다.					
14. 학습을 할 때 먼저 무엇부터 할까 스스로 계획을 세운다.					
15. 학습을 할 때는 주 교재나 노트필기 외에도 다양한 참고문헌을 가지고 한다.					
16. 모르는 것이 있으면 다른 사람에게 잘 질문한다.					
17. 내가 배우고 싶은 것이 있으면 관심 있는 친구나 동료들을 모아서 함께 공부하든지, 가르쳐 줄 수 있는 선배나 전문가를 찾아서 꼭 배운다.					
18. 내가 배우고 싶은 것이 있으면 모든 방법을 동원해서 알아낸다.					
19. 다른 사람들에 비해 시험이나 과제수행을 위해 필요한 다양한 자료들을 적극적으로 수집한다.					

문항	매우 드물게	드물게	보통	자주	매우 자주
20. 공부가 잘 되는 장소로 가서 공부한다.					
21. 깊은 잠을 자다가도 일어나고 싶은 시간에 스스로 일어날 수 있다.					
22. 다른 사람이 재촉하지 않아도 내 일을 스스로 알아서 한다.					
23. 과제를 항상 기한에 맞게 해낸다.					
24. 준비물이나 과제, 교재 등을 잊어버리고 학습장소에 간 적이 있다. (R)					
25. 강의시간에 속도가 느려서 다 못 적은 것이 있으면 강의가 끝나고 꼭 적는다.					
26. 강의 중 강사의 질문에 대답하려고 노력한다.					
27. 공부할 때 중요한 내용이 무엇일까 계속 생각하면서 공부한다.					
28. 강의시간에 강사가 강조하거나 중요하다고 하는 것을 꼭 적어둔다.					
29. 강의가 끝나고 쉬는 시간에 노트에 필기한 것을 다시 읽어본다.					
30. 과제나 해야 할 일은 끝까지 한다.					
31. 과제나 해야 할 일이 많을 때는 누군가 도와주어야 다 끝낼 수 있다. (R)					
32. 무슨 일이든 내가 시작한 일은 끝까지 한다.					
33. 처음엔 좋아서 시작한 일이라도 싫증이 나면 그만둔다. (R)					
34. 한 가지 일을 하다가도 다른 하고 싶은 일이 생기면 하던 일을 그만두고 새로운 일을 다시 시작한다. (R)					
35. 성적이 잘 안나오면 노력이 부족하다고 생각하고 더 열심히 공부한다.					
36. 시험성적이 잘 안나오면 노력이 부족해서 그렇다고 생각하고 포기한다. (R)					
37. 추진한 과제의 결과가 좋게 나온 것은 운이 좋다고 생각하기보다 추진과정을 잘 관리하였기 때문이라고 본다.					
38. 성적이 잘 나오면 노력을 했기 때문이라고 생각하고 더 열심히 준비한다.					

문항	매우 드물게	드물게	보통	자주	매우 자주
39. 아무리 내가 노력을 해도 성적에는 운이 많이 작용하므로 운이 좋기만 바란다. (R)					
40. 성적이나 과제수행 결과가 왜 잘 나왔는지, 혹은 왜 못 나왔는지를 스스로 평가한다.					
41. 나의 공부습관 중 나쁜 습관이 있는지 스스로 생각해 본다.					
42. 내가 한 일의 결과를 보고 계획을 스스로 수정한다.					
43. 내 성적이나 과제수행결과를 다른 사람들의 것과 비교 분석한다.					
44. 이미 끝난 과제라도 다음에 더 잘 할 수 있는 방법을 생각한다.					

11) 학습몰입

Csikszentmihalyi(2004)는 몰입을 행위에 깊게 빠져 시간의 흐름이나, 공간, 더 나아가서는 자신에 대한 생각까지도 잊어버리게 될 때를 일컫는 심리적 상태로 보았다. 이러한 정의를 적용하여 박성익, 김연경(2006, p. 96)은 학습몰입을 학습과제 해결이나 어떤 학습활동에 완전히 빠져들어 오로지 과제해결을 위하여 모든 정신과정과 활동을 하나로 모으는 최상의 집중경험으로 보았다.

Csikszentmihalyi(2004)는 몰입경험에서 일어나는 아홉가지 특성을 다음과 같이 분류하였다(김아영, 탁하얀, 이채희, 2010; 석임복, 강이철, 2007). 첫째, 몰입상태는 도전과 기술의 상태로 수행자가 어떤 상황에 도전하여 그에 적절한 개인의 기술이나 능력을 사용할 때 도전과 기술 사이의 균형과 조화를 이루게 된다. 둘째, 행동과 지각의 일치 상태는 수행자가 몰입하는 동안 행동에 대한 자신의 지각이 일치하여 수행이 거의 자동적으로 이루어지는 상태이다. 셋째, 몰입은 '명확한 목표'가 있는 상태로 행위자가 완전한 몰입이 가능한 이유는 사전에 명확한 목표를 설정하였기 때문이다. 넷째, 몰입은 '구체적 피드백'이 있는 상태이며, 이것은 수행 중의 활동에 대한 정확하고 신속한 피드백을 의미한다. 다섯째, 몰입상태에서는 수행하고 있는 과제에 대한 '전적인 집중'을 한다. 여섯째, 몰입 상태에 있는 사람은 자신의 행동과 환경에 대한 '통제감'을 가진다. 일곱째, 몰입

중에는 '자의식의 상실'을 경험하는데 이것은 자기 자신의 존재를 인식하지 못할 만큼 활동과 자신이 하나가 되는 것을 말한다. 여덟째, 몰입상태에서는 시간이 평소보다 빠르게 혹은 느리게 왜곡되어 지각되는 '시간의 변형된 느낌'을 갖는다. 아홉째, '자기목적적인 경험(autotelic experience)'으로 미래에 올 수 있는 어떤 이익에 대한 기대가 없는, 행동 그 자체가 보상이 되는 경험을 의미하는 것으로 내재동기의 특징을 공유한다.

학습몰입의 구성요인은 Csikszentmihalyi(2004)가 분류한 9가지 몰입 특성들, 즉 도전과 능력의 조화, 행동과 의식의 통합, 명확한 목표, 구체적인 피드백, 과제에 대한 집중, 통제감, 자의식의 상실, 시간 감각의 왜곡, 자기 목적적 경험 등 아홉 가지로 구분하는 경향이 높다. 그 예는 학습몰입 척도를 개발한 석임복, 강이철(2007)과 김아영, 탁하얀, 이채희(2010)에서 찾을 수 있다.

셀프체크 김아영, 탁하얀, 이채희(2010)의 성인용 학습몰입 척도

- 도전-기술 균형(1-3), 명확한 목표(4-6), 구체적 피드백(7-9), 행동-지각 일치(10-12), 과제집중(13-15), 통제감(16-18), 자의식 상실(19-21), 변형된 시간 감각(22-24), 자기목적적 경험(25-29)

문항	확실히 아니다	상당히 아니다	약간 아니다	약간 그렇다	상당히 그렇다	확실히 그렇다
1. 나의 능력은 새로운 내용을 완전히 이해하기에 충분하다.						
2. 새로운 내용을 공부하는 것이 어렵지만 내 실력이라면 충분히 해낼 수 있다고 믿는다.						
3. 나는 새로운 학습 내용에 도전할만한 능력을 가지고 있다.						
4. 공부를 시작하기 전에 공부할 양을 미리 정한다.						
5. 나는 공부할 때 목표를 분명히 세워둔다.						
6. 나는 공부할 때 내가 해야 할 일이 무엇인지 정확히 알고 있다.						
7. 나는 내가 제대로 공부하고 있다고 느낀다.						
8. 나는 공부하는 동안 얼마나 잘하고 있는지 정확하게 안다.						

문항	확실히 아니다	상당히 아니다	약간 아니다	약간 그렇다	상당히 그렇다	확실히 그렇다
9. 나는 내가 공부하고 있는 것을 보면 얼마나 잘하고 있는지 말할 수 있다.						
10. 나는 공부할 때 특별히 생각하지 않아도 저절로 진행된다.						
11. 공부하는 과정이 물 흐르는 것 같이 자연스럽다.						
12. 나는 공부하는 과정이 자동적으로 일어나는 것처럼 느껴진다.						
13. 나는 공부할 때 완전히 빠져 들곤 한다.						
14. 공부를 할 때는 다른 생각을 전혀 하지 않는다.						
15. 나는 공부할 때 완전히 집중한다.						
16. 나는 공부할 때 나 자신을 완전히 장악하고 있다는 느낌이 든다.						
17. 나는 공부할 때 내가 하고자 하는대로 할 수 있다.						
18. 나는 공부를 할 때 모든 절차가 내 자신의 휘하에 있다고 느낀다.						
19. 나 자신을 잊어버릴 정도로 공부에 몰두하곤 한다.						
20. 공부할 때 너무 집중해서 다른 사람이 말을 해도 못 알아듣곤 한다.						
21. 나는 공부할 때 내 주변에서 무슨 일이 일어나는지 잘 모른다.						
22. 공부에 집중할 때는 시간이 흐르는 속도가 평소와 다르게 느껴진다.						
23. 공부하는 동안에는 시간가는 줄 모른다.						
24. 공부하는 동안은 시간이 매우 빠르게 흐른다.						
25. 나는 결과에 상관없이 공부하는 것 자체를 즐긴다.						
26. 나는 공부를 하는 동안 행복하다고 느낀다.						
27. 공부를 하는 과정 자체가 재미있다.						
28. 나는 공부하는 시간이 즐겁다.						
29. 공부는 나에게 신나는 일이다.						

12) 자기결정성 학업동기

자기결정성 학업동기는 어떤 행동을 하기로 결정하는데 스스로의 의지가 얼마나 반영되어 있는가 하는 것이며, 학업적 자기결정성은 자신이 공부하는 이유를 스스로 선택에 귀인하는 정도를 말한다(정지영, 김희화, 2010, p. 121). 자기결정성 학업동기의 구성요소는 일반적으로 내재적 동기, 동일시, 외적조절, 내사회피, 내사접근, 무동기 등 6개 요인으로 구분된다(박병기, 이종욱, 홍승표 2005; 정지영, 김희화, 2012). 이들 요인들은 그 자기결정성 정도에 따라 연속선상(contiuum)으로 제시될 수 있다(김아영, 오순애, 2001; 김청자, 2006).

우선, 무동기는 자기결정성이 전혀 없는 위치하는 동기 유형으로서 행동하려는 의지가 결핍되어 있는 상태이다. 무동기 상태인 학생들은 행동을 전혀 하지 않거나 아니면 하고자하는 의도가 전무한 상태에서 어떤 일을 행한다. 둘째, 외적 조절은 규칙에 따라야 하니까 혹은 처벌을 피하기 위해 어떤 행동을 취하는 것으로 자기결정성의 부재 상태에서 수행되는 행동이며 외재적 동기화의 가장 극단적인 형태이다. 단순히 교사나 부모와 같은 권위자들이 제시하는 행동을 하는 것을 의미한다. 셋째, 내사조절은 자기 자신과 다른 사람들의 인정을 받거나 비판을 회피하기 위하여 행동하는데 어떤 행동에 대한 내적 자아존중감에 기초한 압력 즉 죄의 회피 그리고 수치심을 통해 형성된다. 넷째, 동일시 조절은 개인의 목표나 가치의 중요성으로 인해 주로 선택을 하여 행동한다. 그러나 수행 자체에 대한 기쁨이 아니라 어떤 목적을 달성하기 위해 수행하는 것을 말한다. 다섯째, 통합조절은 외적 동기의 유형 중 가장 자율적인 유형으로 동일시 조절이 자신이 받아들인 가치, 목표, 욕구와 통합될 때 나타난다. 행동은 자발적으로 수행하지만 개인적으로 중요한 결과를 얻기 위해 행해지므로 외재적이다. 여섯째, 내재적 동기는 과제 자체에 대한 관심과 기쁨으로 과제 자체에 대한 관심과 기쁨으로 행동하는 가장 자율적이고 자기결정성이 높은 유형이다.

셀프체크 박병기, 이종욱, 홍승표(2005)의 초등학교 고학년과 중학생용 자기결정성 학습동기 척도

- 무동기(1-8), 외적조절(9-16), 내사조절(17-24), 동일시조절(25-32), 통합조절(33-40), 내재적 동기(41-48)

문항	확실히 아니다	상당히 아니다	약간 아니다	약간 그렇다	상당히 그렇다	확실히 그렇다
1. 숙제를 왜 해야 하는지 잘 모르겠다.						
2. 숙제를 하는 것은 시간낭비이다.						
3. 공부는 나에게 관심거리가 아니다.						
4. 나는 공부에 대해서 신경 쓰지 않는다.						
5. 수업 중에 하는 토론이나 발표에 대해서 관심이 없다.						
6. 수업 중에 하는 토론이나 발표는 시간 낭비이다.						
7. 성적에 대해서 나는 별 의미를 부여하지 않는다.						
8. 나는 성적에 대해서 신경 쓰지 않는다.						
9. 숙제를 하지 않으면 곤경에 처할 것이기 때문에 하는 수 없이 숙제한다.						
10. 숙제를 하지 않으면 규칙 위반이기 때문에 하는 수 없이 숙제한다.						
11. 공부를 해야 부모님께서 야단치지 않으시니까 하는 수 없이 공부한다.						
12. 학생이라면 공부를 해야만 하기 때문에 하는 수 없이 공부한다.						
13. 토론/발표의 순서가 나에게 돌아오기 때문에 하는 수 없이 참여한다.						
14. 토론/발표에 참여하는 것은 규칙이기 때문에 하는 수 없이 참여한다.						
15. 성적을 잘 받아야 부모님께 야단맞지 않기 때문에 하는 수 없이 잘 받고자 노력한다.						
16. 성적을 잘 받지 않으면 곤경에 처할 것이기 때문에 하는 수 없이 잘 받고자 노력한다.						
17. 숙제를 잘해야 선생님께서 나를 좋은 학생으로 생각할 것이므로 숙제한다.						
18. 숙제를 안하면 선생님께 미안한 마음이 들어서 숙제한다.						

문항	확실히 아니다	상당히 아니다	약간 아니다	약간 그렇다	상당히 그렇다	확실히 그렇다
19. 공부를 잘해야 부모님께서 나를 좋은 자식으로 생각할 것이므로 공부한다.						
20. 공부를 하지 않으면 내 자신이 창피할 것 같아서 공부한다.						
21. 토론/발표에 참여해야 선생님께서 나를 똑똑하다고 생각할 것이므로 참여한다.						
22. 토론/발표에 참여하지 않으면 내 자신이 뒤쳐진 것 같아서 참여한다.						
23. 성적을 잘 받아야 선생님께서 나를 우수하다고 생각할 것이므로 잘 받고자 노력한다.						
24. 성적을 잘 받지 않으면 나 자신이 창피하므로 잘 받고자 노력한다.						
25. 숙제를 잘 해야 학습내용 이해에 도움이 될 것 같아 스스로 숙제한다.						
26. 숙제는 나에게 중요한 것이기 때문에 스스로 숙제한다.						
27. 공부를 해야 필요한 지식을 얻을 수 있을 것 같아 스스로 공부한다.						
28. 공부는 나에게 중요한 것이기 때문에 스스로 공부한다.						
29. 토론/발표에 참여해야 내 생각을 객관적으로 검토할 수 있어서 스스로 참여한다.						
30. 토론/발표에 참여하는 것은 나에게 중요하기 때문에 스스로 참여한다.						
31. 성적은 나의 실력을 객관적으로 보여 주는 것이므로 잘 받고자 스스로 노력한다.						
32. 성적을 잘 받는 것은 나에게 중요한 의미를 지니므로 잘 받고자 스스로 노력한다.						
33. 숙제를 잘 하는 것이 인간적 성장에 도움될 것 같아 스스로 숙제한다.						
34. 숙제하는 것은 나의 가치관에 비추어 당연하므로 스스로 숙제한다.						

문항	확실히 아니다	상당히 아니다	약간 아니다	약간 그렇다	상당히 그렇다	확실히 그렇다
35. 공부를 잘 하는 것이 인간적 성장에 도움될 것 같아 스스로 공부한다.						
36. 공부하는 것은 나의 가치관에 비추어 당연하므로 스스로 공부한다.						
37. 토론/발표에 참여하는 것이 인간적 성장에 도움될 것 같아 스스로 참여한다.						
38. 토론/발표에 참여하는 것이 나의 기치관에 비추어 당연하므로 스스로 참여한다.						
39. 성적을 잘 받는 것이 인간적 성장에 도움될 것 같아 잘 받고자 스스로 노력한다.						
40. 성적을 잘 받는 것은 나의 가치관에 비추어 당연하므로 잘 받고자 스스로 노력한다.						
41. 숙제 자체가 재미있어서 스스로 숙제한다.						
42. 숙제하는 것 자체가 즐겁기 때문에 스스로 숙제한다.						
43. 공부 자체가 재미 있어서 스스로 공부한다.						
44. 공부하는 것 자체가 즐겁기 때문에 스스로 공부한다.						
45. 토론/발표가 재미 있어서 스스로 참여한다.						
46. 토론/발표에 참여하는 것 자체가 즐겁기 때문에 스스로 참여한다.						
47. 성적이라는 것 자체가 흥미 있어서 잘 받고자 스스로 노력한다.						
48. 성적을 받는 것 자체가 재미 있어서 잘 받고자 스스로 노력한다.						

13) 통제소재

내외통제성은 개인이 내적 또는 외적 통제개념 중 어느 방향성을 보인가에 따라서 사람의 여러 행동 양식이 달라진다고 본다. 자신과 타인의 행동 및 사건에 대한 원인을 어떻게 지각하느냐에 따라 인간의 행동은 다르게 나타난다. 어떤 사람은 자신의 행동을 자신의 능력이나 노력 등 내적 요인으로 돌리는 반면, 다른 사람은 운이나 재수 또는 다른 사람 등 외적 요인에 둔다. 이때 내적 요인이 강하면 내부통제성과 외적 요인이 강하면 외부통제성이라고 한다(박재황, 김순업, 2004; Glasser, 1998; Rotter, 1966).

외부통제성이 보다 강한 사람은 적대적이고, 공격적이며, 대인관계가 부족하며, 부정적 스트레스와 불안이 강하며, 자아존중감이 낮으며, 우울과 부정적 정서를 보이며, 좌절된 상황에서 건설적인 대처보다 자기비난적이고 무기력한 대처를 하는 것으로 나타났다(이종신, 문혁준, 2009; 정상원, 심흥섭, 2008). 한편, 내부통제성이 강한 사람은 높은 효능감과 긍정적 정서 등을 갖으며(두흔, 박재황, 2013), 가족과 친구와의 긍정적 관계를 가지며(김선미, 정옥분, 1994), 책임감과 도덕적 추론 및 결정력을 보이며(강윤정, 박종희, 최지영, 2010), 환경의 변화에 대한 유연성과 적응성이 높으며, 긍정적 정서와 삶의 안정감을 가지며(박재황, 김순업, 2004), 심리적이고 주관적 안녕감이 높으며(이경미, 김영태, 박정환, 2012), 가족관계의 만족도가 높으며(한주리, 허경호, 2005), 삶의 의미와 만족도가 높으며(이병관, 2013) 경향이 높다.

내외통제성을 측정하기 위하여 도구들로는 Glasser(1998)와 Rotter(1966)의 척도를 사용하는 경향이 높다.

셀프체크 Rotter(1966)의 내외통제성 척도

구분		문항
내적 통제	1번	6, 7, 8, 10, 11, 14, 16, 18
	2번	2, 3, 4, 13, 17, 20, 21
외적 통제		내적 통제와 반대로
허구 척도		1, 5, 9, 12, 15, 19

- 각 문항(총 21문항)에는 내적 통제성과 외적 통제성 문항이 한 쌍으로 되어 있는 2개의 답지로 구성
- 내적통제에 1점, 외적통제에 0점 처리, 15점 만점은 완전 내적 통제자임

1. (1) 아이들이 빗나가는 것은 부모가 너무 야단을 치지 때문이다. (　)
   (2) 아이들이 빗나가는 것은 부모나 너무 얼러 기르기 때문이다. (　)

2. (1) 일어날 일은 기어코 일어나고야 만다. (　)
   (2) 노력하지 않고 운수만 믿을 때에는 결과가 아주 좋지 않다. (　)

3. (1) 세상은 착실한 사람이 손해를 보게 마련이다. ( )
   (2) 착실히 사는 것이 세상을 가장 잘 사는 방법이다. ( )
4. (1) 자식은 가르치기 나름이다. ( )
   (2) 아무리 가르쳐도 안 될 아이는 안된다. ( )
5. (1) 사람은 모두 이기적이다. ( )
   (2) 사람의 본성을 남을 돕기를 좋아한다. ( )
6. (1) 계획만 잘 짜면 일은 다 된 거나 다름없다. ( )
   (2) 아무리 계획을 잘 짜도 운이 나빠 그르치는 수가 있다. ( )
7. (1) 하려고만 하면 부정부패는 일소할 수 있다. ( )
   (2) 아무리 계획을 잘 짜도 운이 나빠 그르치는 수가 있다. ( )
8. (1) 해야 할 일을 스스로 결정하도록 하는 사람이 좋은 지도자이다. ( )
   (2) 해야 할 일을 분명히 정해 주는 사람이 좋은 지도자이다. ( )
9. (1) 주는 것이 없이 미운 사람은 어쩔 수 없이 밉다. ( )
   (2) 사람은 사귀어 보면 다 좋다. ( )
10. (1) 사람에 대한 불평등을 모두 없애기 위해서는 국민 각자가 자기의 권리를 지키고 주장해야 한다. ( )
    (2) 사회의 모든 불평등을 없애기 위해서는 집권자 자신의 이해와 노력이 있어야 한다.
11. (1) 내가 노력해야 좋을 배필을 만난다. ( )
    (2) 연분이 닿아야 좋은 배필을 만난다. ( )
12. (1) 자기의 잘못은 기꺼이 받아들이는 것이 옳다. ( )
    (2) 잘못은 했지만 덮어두는 것이 좋을 때가 더러 있다. ( )
13. (1) 잘 살고 못 살고는 팔자소관이다. ( )
    (2) 얼마나 잘 사느냐는 내가 얼마나 열심히 일했는가에 달려 있다. ( )
14. (1) 국민도 나라 일에 영향을 줄 수 있다. ( )
    (2) 일반 국민은 나라 일에 왈가왈부해 봤자 소용없다 ( )
15. (1) 될성부른 나무는 떡잎부터 알아본다. ( )
    (2) 공든 탑은 무너지지 않는다. ( )
16. (1) 사회의 부정은 대개 정치인들에게 잘못이 있어 그렇다. ( )
    (2) 사회의 부정은 국민 하나하나에 책임이 있다. ( )
17. (1) 세계적으로 일어나는 일에 대해서는 우리로서는 어쩔 수 없다. ( )
    (2) 정치 및 사회적인 일에 적극 참여하면 우리는 세계적으로 일어나는 일에 영향을 미칠 수 있다.
18. (1) 사람이란 결국 자기의 값어치에 따라 존경을 받게 마련이다. ( )
    (2) 불행한 일이긴 하나 제 아무리 노력해도 그 가치를 인정받지 못하는 일이 가끔 있다. ( )
19. (1) 돈은 먹고 살 수 있을 정도만 벌면 된다. ( )
    (2) 돈은 많이 벌면 벌수록 좋다. ( )

20. (1) 농사가 잘 되는 것은 하늘의 소관이다. ( )
    (2) 농사가 잘 되고 안 되는 것은 그저 부지런히 일하는데 있다. ( )

21. (1) 유능한 사람이라도 운이 나쁘면 지도자가 될 수 없다. ( )
    (2) 유능하면서도 지도자가 못 되는 것은 그 사람이 자기의 모든 기회를 활용하지 않았기 때문이다. ( )

14) 사회적 지지

변찬석, 박외곤(2013)은 사회적 지지를 가족, 친구, 동료 및 타인에 의해 우리에게 주어지는 신체적 및 정서적 위안으로 정의하였다. 여기에는 문제해결을 도와주는 것에서부터 물질적 지원, 정보 제공, 및 정서적 확신감 등의 다양한 형태를 포함하고 있다. Albrecht와 Adelman(1987)은 어떤 상황에 대해 더욱 확실하게 느낄 수 있게 함으로써 그 상황을 조절할 수 있는 것처럼 느끼게 하는 의사소통이라고 하였다. 여기에는 심리적 및 신체적 지지 등을 포함하는 다양한 형태를 포함하고 있다고 하였다.

조한익(2011)과 안도희, 최혜린(2011)에 의하면 사회적 지지는 가족지지, 친구지지, 교사지지로 나눌 수 있다고 하였다. 그리고 사회적 지지의 하위 변수로는 또래나 친한 친구들과의 기쁨, 즐거움, 친밀감, 심리적 안정감을 내용으로 하는 친구지지, 가족으로부터의 사랑, 인정, 도움, 관심을 내용으로 하는 가족지지, 교사로부터의 정보 도움, 관심, 인정 등을 내용으로 하는 교사지지로 구성된다고 하였다.

사회적지지 관련 선행연구를 살펴보면, 조한익(2011)은 사회적 지지는 학업성취도, 효능감, 부적응행동, 자기효능감 등과 관련이 있으며 학교적응에 직접 간접적으로 영향을 미치는 것으로 알려져 왔다. 박영신, 김의철, 김영희, 민병기(1999), 정병삼(2005)은 사회적 지지에 대해 긍정적으로 지각하는 학생들은 부모, 친구, 교사로부터 지지와 관심을 받을 때 학업성취도가 높다고 하였다. 또한 임미향, 박영신(2006)은 사회적 지지와 학업성취도 수준이 높을수록 삶의 질을 긍정적으로 인식은 학업성취도 수준에 긍정적인 영향을 미치며, 나아가서는 행복감을 더 많이 느낀다고 하였다. 안도희, 최혜림(2012)는 학업성취는 사회적 지지의 가족 요인 및 친구 요인과 유의한 정적 상관이 있으며,

가족 요인이 학업 성취를 긍정적으로 예측한다는 사실을 통해 가족으로부터 심리적 지지를 많이 받을수록 학업 성취가 증진된다고 하였다. 홍애순, 조규판(2014)는 사회적 지지, 학업적 자기효능감, 학교생 활적응, 학교행복감, 학업성취도 간에는 정적 상관이 있으며, 하위요인 중 또래지지와 교사지지는 학교행복감에 영향을 미친다고 하였다.

셀프체크 **이숙자(2005)의 대학생용 사회적지지 척도**

– 정서적지지(1–7), 정보적지지(8–13), 물질적지지(14–19), 평가적지지(20–25)

번호	문항 내용(아버지, 어머니, 친구는...)	전혀 그렇지 않다	그렇지 않다	보통 이다	그렇다	매우 그렇다
1	언제나 사랑해 주고 보살펴 준다.					
2	내가 그들과 함께 친밀감을 느끼게 해 준다.					
3	언제나 나의 문제에 관심을 가지고 들어준다.					
4	내가 믿고 의지할 수 있는 사람들이다.					
5	항상 나의 일에 관심을 갖고 염려해준다.					
6	내가 결정을 내리지 못하고 망설일 때, 내가 결정을 내릴 수 있도록 용기를 준다.					
7	내가 기분이 나쁠 때 나의 기분을 이해해 주고 나의 기분을 전환시켜주려고 노력한다.					
8	모두 배울 점이 많은 존경할만한 사람들이다.					
9	내가 어려운 상황에 처했을 때 현명하게 문제를 해결할 수 있는 방안을 제시해준다.					
10	내가 몰랐던 사실을 일깨워 주고 확실하게 해준다.					
11	내가 현실을 이해하고 사회생활에 잘 적응할 수 있게끔 건전한 충고를 해준다.					
12	나에게 생긴 문제의 원인을 찾아내는데 도움이 되는 정보를 제공해준다.					
13	내가 어떤 선택을 해야만 할 때 합리적인 결정을 내릴 수 있게 조언을 해준다.					
14	내가 돈이 필요하다고 하면 아무리 큰돈이라도 마련해 준다.					

번호	문항 내용(아버지, 어머니, 친구는...)	전혀 그렇지 않다	그렇지 않다	보통 이다	그렇다	매우 그렇다
15	그들이 직접 나를 도와 줄 없을 때는 다른 사람을 통해 서라도 나에게 도움을 준다.					
16	무슨 일이건 대가를 바라지 않고 최선을 다해 나를 도와준다.					
17	내가 의논할 문제가 생겼을 때마다 나를 위해 시간을 내주고 응해 준다.					
18	내가 필요로 하는 물건이 있으면 언제라도 빌려준다.					
19	내가 아파 누웠을 때 나의 일을 대신해준다.					
20	내가 취한 행동의 옳고 그름을 공정하게 평가해 준다.					
21	내가 그들에게 필요한 가치 있는 존재임을 인정해준다.					
22	내가 하고 있는 일에 자부심을 가질 수 있게 나의 일을 인정해준다.					
23	내가 잘 했을 때는 칭찬을 아끼지 않는다.					
24	나를 인격적으로 존중해준다.					
25	나의 의견을 존중해 주고 대체로 받아들여준다.					

15) 학업소진

학업을 수행하는 학생에게 무엇보다도 필요한 것은 지칠 줄 모르는 학업에 대한 높은 수준의 에너지, 열정, 몰입일 것이다. 그런데 많은 학생들은 과중한 학업 스트레스로 인해 학업 수행 과정에서 성과가 오르지 않는 슬럼프 기간을 겪으면서 정서적으로 지치고 무기력하고 냉소적인 태도를 보일 때가 많다(서미옥, 2018; Salmela-Aro, Kiuru, Leskinen, & Nurmi,2009). 이로 인해 학생들은 학업에 대한 강한 압박감과 스트레스 및 우울 등을 경험하는 학업소진(academic burnout)을 야기할 수 있다(Salmela-Aro, Savolainen, & Holopainen, 2009; Sulea, Beek, Sarbescu, Virga, & Schaufeli, 2015; Walburg, 2014).

학업소진은 장기간에 걸친 만성적 학업스트레스와 학업에 대한 부담으로 인해 야기되는 심리적 증상으로서 정서적 자원의 고갈, 학업에 대한 냉소적이고 분리된 태도와

무능감 등을 보이는 현상이다(이현아, 조한익, 2013, p. 584). 이영복, 이상만, 이자영(2009)에 따르면, 탈진, 무능력, 반감, 냉담 그리고 불안 5개 요인으로 구성된다. 선행연구에서는 완벽주의(Shih, 2012), 불안(Silvar, 2001)은 학업소진을 높이는데 기여하는 변수로, 자기통제(Seibert, May, Fitzgerald, & Fincham, 2016), 자신감(Bask & Salmela-Aro, 2013), 스트레스 대처(정인경, 김정현, 2016), 자기효능감(Bilge, Dost, & Çetin, 2014), 학업탄력성(이영만, 2014), 학업열의(장윤옥, 정서린, 2017), 학교 적응(김정현, 윤여진, 정인경, 2016) 등은 학업소진을 낮추는 변수로 알려져 있다.

셀프체크 **이영복, 이상민, 이자영(2009). 한국형 학업소진 척도**

- 탈진(1-5), 무능력(6-10), 반감(11-15), 냉담(16-20), 불안(21-25)

	설문 내용	매우 그렇지 않다	약간 그렇지 않다	보통 이다	약간 그렇다	매우 그렇다
1	나는 학교 수업이 끝나고 집에 돌아오면 완전히 지친다.					
2	나는 학업로 인해 소진되었다고 느낀다.					
3	나는 아침에 일어나면 학교에 가서 다시 공부를 해야 하는 것 때문에 힘들다.					
4	나는 공부 때문에 심정적으로 너무 고갈된 느낌이다.					
5	나는 공부를 하거나 수업에 참여하는 것 때문에 스트레스를 많이 받는다.					
6	나는 공부한 만큼 성적이 오르지 않아 절망감을 느낀다.					
7	나는 공부에 대한 능력과 자질이 없다.					
8	나는 공부에 대한 능력이 없는 것 같다.					
9	나는 공부를 아무리 열심히 해도 안된다.					
10	나는 공부에 관한 한 항상 이 정도밖에 못하나 하고 생각한다.					
11	나는 공부 없는 세상에서 살고 싶다.					
12	나는 공부가 중요한 세상이 싫어진다.					
13	나는 공부밖에 없는 세상이 싫다.					
14	나는 공부하기 싫다.					
15	나는 공부로 인해 짜증스러움을 느낀다.					

	설문 내용	매우 그렇지 않다	약간 그렇지 않다	보통 이다	약간 그렇다	매우 그렇다
16	나는 공부가 미래에 도움이 될지 회의적이다.					
17	나는 내가 하고 있는 공부가 중요한 지 의심스럽다.					
18	나는 공부에 대한 열정이 식는 것 같다.					
19	나는 공부를 해봤자 별 볼 일 없다.					
20	나는 학교에 입학한 이후로 공부에 대한 흥미를 덜 느끼게 되었다.					
21	나는 공부를 안 하고 있으면 더 불안하다.					
22	나는 놀면서 공부에 대한 걱정으로 마음이 편치 않다.					
23	나는 공부를 하고 있어도 늘 불안하다.					
24	나는 공부에 대한 걱정 때문에 자고 일어나도 개운하지가 않다.					
25	나는 공부 때문에 걱정이 너무 많다.					

출처: 이영복, 이상민, 이자영(2009). 한국형 학업소진 척도 개발 및 타당화. 한국교육학연구, 15(3), 59-78.

7. 생활지도, 상담 및 진로지도[6)]

학교 현장에서는 장기결석, 학교부적응, 학교폭력 및 정서문제행동 치유 등을 위한 학생 상담 및 예방 프로그램 개발 운영 등을 위한 교사의 역량 함양을 요구하고 있다. 또한, 학생들이 중간·기말고사에 대한 부담에서 벗어나 체험 중심의 교과 활동과 함께 장래 진로 탐색과 선택 지원을 효과적으로 할 수 있는 교사들을 필요로 하고 있다. 아래에서는 생활지도, 상담, 진로지도, 청소년 비행과 학교폭력, 교육소외대상 학생 등에 대해 살펴본다.

6) 이 장에서 제시된 생활지도, 상담, 진로지도는 김규태, 강유정, 권민석, 최경민(2017)의 교육행정 및 교육경영(제4장 생활지도 및 경영), 박선환, 박숙희, 우지향(2013)의 생활지도와 상담, 강영배(2013)의 청소년 진로교육 및 상담론, 김봉환, 정철영, 김병석(2006)의 학교진로상담, Swanson & Fouad(2005)의 사례로 배우는 진로 및 직업상담에서 발췌하여 재구성하였음.

1) 생활지도

생활지도는 영어의 'guidance'를 번역한 것으로 '안내하다', '지도하다', '관리하다', '이끌다' 등의 의미를 갖는다. 생활지도는 학생 개개인이 자신과 자신의 주변 환경에 대한 이해를 바탕으로 일상생활에서 직면하는 교육적 · 가정적 · 사회적 문제 등 다양한 문제를 스스로 해결하여 건전하게 성장 · 발달할 수 있도록 도와주는 조직적인 봉사활동이라고 볼 수 있다.

생활지도의 기능은 다음과 같다. 첫째, 자신을 올바르게 이해하도록 돕는다. 둘째, 자신의 잠재력을 발견하고 계발하도록 돕는다. 셋째, 당면한 문제를 정확히 파악하여 스스로 해결할 수 있도록 돕는다. 넷째, 신체적 · 인지적 · 정의적 · 사회적 측면이 골고루 성장 · 발달하도록 돕는다. 다섯째, 모든 환경에 건전하고 성숙하게 적응하도록 도우며 끝으로 민주시민의 자질을 갖추도록 돕는다.

생활지도의 활동은 일반적으로 조사활동, 정보활동, 상담활동, 정치활동, 추수활동 등이 있으며, 이에 대해 살펴보면 다음과 같다.

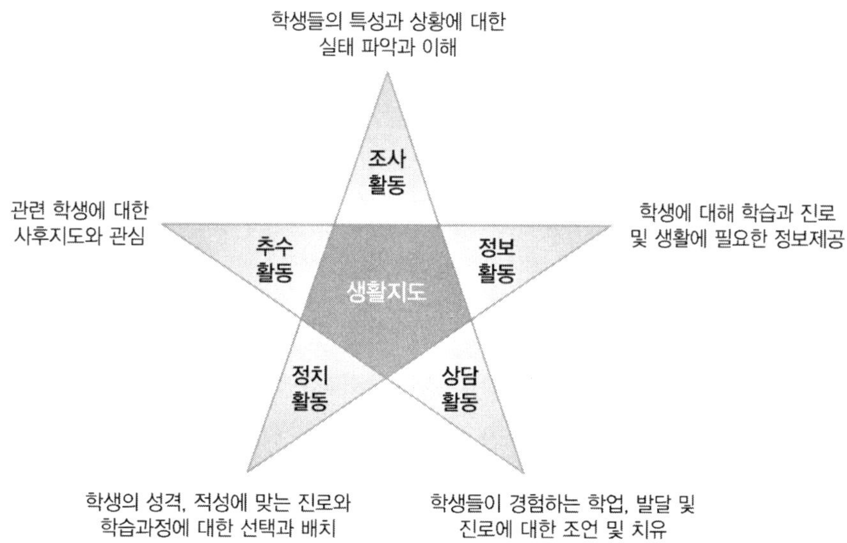

첫째, 조사활동은 계획이나 실천을 위해 보다 과학적이고 정확한 학생들의 실태를 파악하거나 학생들의 자기 이해를 돕기 위한 활동이다. 각종 표준화 검사, 학업성취도 검사, 환경조사, 질병조사, 생활사 조사, 가족관계 조사, 교우관계 조사, 관찰에 의한 행동의 누가기록하고, 학생의 현재, 미래 활동에 대한 정확한 판단을 목적으로 학생에 대한 정보를 수집하는 과정하며, 학생의 개별성을 찾아내는 자료 제공 및 학생이해 활동, 학생평가 활동 등이 필요하다.

둘째, 정보활동은 학생들이 필요로 하는 각종 정보 및 자료를 제공하여 학생들의 개인적 성장과 사회적 적응을 돕기 위한 활동이다. 교육정보, 직업정보, 개인적 및 사회적 정보를 의미하며, 정보는 학교 자체에서 조사하거나 인쇄물을 통해 수집, 정리, 보관하여 개인상담이나 집단상담시 제공한다. 정보 수집 방법으로는 인터넷 정보, TV, 신문, 잡지, 각 분야 전문가, 각종 간행물 및 논문, 전문서적 등이 있으며, 정보 제공 방법으로는 강의, 개인 및 집단 상담, 온라인 상담, 안내 책자, 게시판, 편지, 교내 방송, 오리엔테이션, 현장 견학, 전문가 초빙 등이 있다.

셋째, 상담활동은 상담자와 내담자 간의 관계에서 면접상담의 기술을 통해 학생들의 자율능력과 문제해결력을 기르는 동시에 학생들의 적절한 감정 처리를 위해 조력함으로써 정신건강을 향상시키고 적응을 돕는 활동이다. 상담활동은 협력적인 관계 형성→문제 탐색→문제 해석→방향 설정의 과정으로 이루어지며, 상담활동의 목적은 학생들의 행동변화 촉진, 학교 적응능력 향상, 합리적인 의사결정 능력 배양, 대인관계 기술 증진, 학생 개인의 잠재능력 개발이다. 상담의 종류에는 개인상담, 집단상담, 전화상담, 쪽지상담, 온라인상담, 또래상담 등이 있다.

넷째, 정치활동은 자신의 적성 및 진로의 특성을 정확하게 이해하여 진로를 현명하게 선택하도록 도와주는 활동이다. 주로 진학지도, 취업지도, 상위학교나 계열, 학과 선택 등이 해당된다. 정치활동은 학생에 대한 충분한 자료와 정보를 토대로 학생이 스스로 희망하는 분야를 선택할 수 있도록 조력하는데 주안점이 있다.

다섯째, 추수활동은 지도를 받은 학생들의 추후 적응 상태를 확인하여 항상 보살피고 부적응에 대한 조력과 보다 나은 적응을 돕는 활동이다. 사후 점검활동으로 상담자나 교사가 학생에게 제공한 도움의 성과를 알아보기 위한 우발적인 추수활동과 사례연구의 대상이 되었거나 집중적인 교정 지도를 받은 학생에 대한 추수활동, 졸업생, 중퇴자, 졸업예정자, 진학예정자에 대한 추수활동 등이 있다.

2) 상담

상담은 "내담자의 자기성장을 궁극적인 목적으로하여 상담자와 내담자 사이에 이루어지는 조력관계의 과정"이다. 구체적으로 상담은 도움을 주는 과정이다. 둘째, 상담은 면대면의 관계에서 이루어지는 것이다. 여기서 대면관계가 의미하는 기본적인 배경은 신뢰관계의 구축을 의미한다. 셋째, 적응적, 교정적, 치료적인 것을 목표로 하는 심리치료와 달리 상담은 교육적, 예방적, 발달적인 것을 목표로 한다.

상담은 생활지도의 가장 핵심적인 활동으로 개인 대 개인의 관계성을 바탕으로 형성된다. 관계성을 중시하는 상담이 효과적으로 수행되기 위해서는 상담과정에서 교사가 갖추어야 자세들이 있는데, 그것들은 신뢰, 수용, 긍정적 존중, 공감적 이해, 솔직함 등에 해당된다.

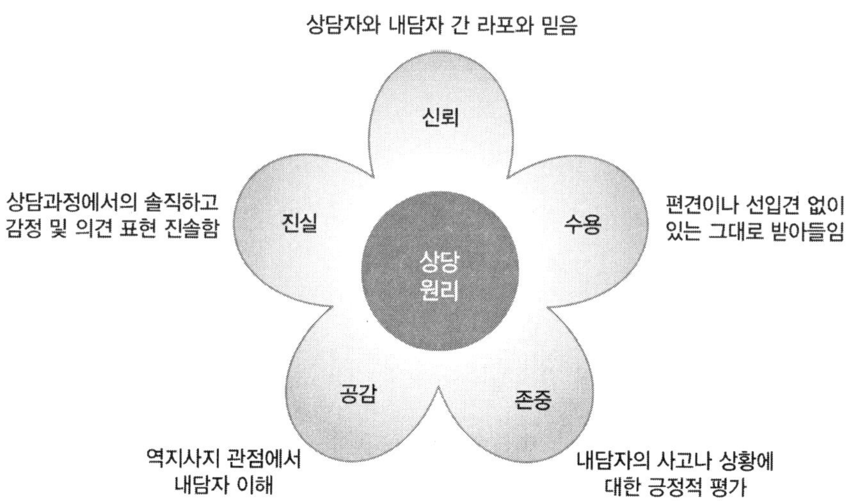

① **신뢰**(trust): 상담과정에서 무엇보다 중요한 것은 상담자와 내담자 사이의 신뢰이다.

② **수용**(acceptance): 내담자의 견해, 태도, 가치에 대해 인정하고 편견이나 선입감이 개입된 판단 없이 내담자를 받아들이는 것이다.

③ **긍정적 존중**(positive regard): 내담자와 관련된 모든 사물, 상황에 대한 사고나 감정을 긍정적으로 평가하고 판단하는 것으로 모든 문제해결은 긍정적인 생각에서 시작된다는 점을 강조하고 있다.

④ **공감적 이해**(empathic understanding): 상담자는 내담자의 불안, 좌절, 혼란 등을 내담자의 입장에서 이해해야 한다. 흔히 감정이입, 공감이라고 설명되는 공감적 이해는 내담자의 경험, 신념, 사고 등을 상담자가 내담자인 것처럼 듣고 이해해야 함을 의미한다.

⑤ **솔직함**(genuineness): 상담자가 내담자와의 상담관계에서 자신의 경험이나 감정을 왜곡하지 않고 필요한 경우에는 그 감정을 솔직하게 표현할 수 있음을 의미하는 것으로 진실성 또는 일치성이라고도 한다.

상담은 인간의 성장, 발달을 향한 잠재력을 중시하고 이러한 성장에 방해가 되는 장애물을 제거하는데 주안점을 두고 진행하며, 지식이나 사실보다는 감정을 중시하며, 과거보다는 현재를 중시하며, 상담관계 자체를 내담자의 성장경험으로 삼아야 하며, 허용적인 분위기가 있어야 하며, 압력이나 강요가 없어야 한다.

상담을 위해서는 내담자의 기본 정보 수집, 주로 호소하는 문제와 상담경위 및 동기 파악, 현재 생활과 환경의 탐색, 상담에 대한 내담자의 요구, 기대 파악, 필요한 조력의 방법(상담, 심리검사, 집단상담 등)들을 연결 등이 필요하다.

상담의 과정은 1) 상담에 대한 내담자의 자발성을 일깨운다, 2) 상담이나 상담상황에 대하여 이해시킨다, 3) 자신의 감정을 자유롭게 표현하도록 돕는다, 4) 부정적인 감정을 토로하게 한다, 5) 긍정적인 감정을 표현한다, 6) 자기이해, 자기수용을 경험하게 한다, 7) 긍정적 행동을 취하게 된다, 8) 상담을 종결하는 순서로 진행되는 것이 일반적이다.

상담이론의 유형은 여러 가지가 있으나, 여기서는 행동주의 상담과 인간주의 상담을 제시하고자 한다.

우선, 인간중심 상담은 칼 로저스에 의해서 창안된 상담방법이다. 인간중심상담은 심리적 부적응을 겪고 있는 사람뿐만 아니라 인간적 성숙과 자기실현을 추구하는 모든 정상적인 사람들에게 적용할 수 있다. 인간중심 상담자가 내담자에게 진솔하고, 내담자를 무조건적인 긍정적 존중을 보이고 내담자의 감정을 공감한다면 내담자는 자아실현의 경향성을 발휘한다고 믿는다. 이에 인간중심 상담의 목표는 한 개인이 지니고 있는 문제의 해결보다는 인간적 성장에 목표를 두고 있다. 즉, 충분히 기능하는 인간이 되도록 돕는 것이라고 할 수 있다.

로저스는 상담 관계의 6가지 필요충분조건을 제시하였다(김규태 등, 2016). ① 상담자와 내담자가 심리적 접촉을 한다. ② 내담자는 불일치의 상태에 있고 상처받기 쉬우며 초조하다. ③ 상담자는 내담자와의 관계에서 일치성을 보이며 통합적이다. ④ 상담자는 내담자를 위해 무조건적 · 긍정적 존중을 경험한다. ⑤ 상담자는 내담자의 내적 참조틀을 바탕으로 한 공감적 이해를 경험하고 내담자에게 자신의 경험을 전달하려고 시도한다. ⑥ 내담자는 의사소통의 과정에서 상담자의 무조건적 긍정적 존중 및 공감적 이해를 지각하고 경험한다.

인간중심 상담	행동주의 상담
내담자 중심 관계지향 성숙과 자아실현 수용, 공감, 존중, 진실	상담자 중심 문제해결지향 문제행동 변화 행동수정 원리

다음으로, 행동주의 상담이론은 철저하게 관찰가능하고 측정 가능한 외현적 행동의 변화에 그 초점을 두고 있다. 그러므로 철저하게 통제된 연구에 의한 실험적 발견에 의존하며 광범위하게 정의 임상적 절차를 활용한다. 이에 행동주의 상담이론은 과학적

원리가 포함되어 있다. 이에 행동주의 상담에서의 상담의 목표 설정은 매우 중요하며 상담의 목표는 구체적이고 달성가능한 행동 단위로 내담자와 합의하여 설정하여야 하며 목표가 고정된 것이 아니라 상담의 진행과 함께 목표의 수정도 가능하다.

행동주의 상담자는 상담에서 능동적이고 지시적인 역할을 담당해야 한다. 그들은 과학적 지식을 인간문제의 해결에 활용하기 때문에 때로는 교사의 역할을 수행해야 하기도 한다. 행동주의 상담자들은 다른 상담자들과 마찬가지로 내담자가 준 단서에 주의를 기울이며 요약, 반영, 명료화 등의 기법도 필요에 따라 사용할 수 있다. 행동주의 상담은 내담자와 상담자 모두 적극적인 역할을 해야 하며 특히 내담자는 자신의 명확한 역할이 있고 상담과정에 대한 내담자의 인식과 참여가 상담의 결과에 상담한 영향을 미친다. 물론 행동주의 상담에서는 관계지향적인 접근의 상담자들이 중요하게 여기는 공감적 이해, 따스함 등이 전적으로 동의를 하지 않지만 상담자와 내담자의 관계가 중요하다고 하며 이러한 것들이 행동의 변화를 촉진시킨다고 주장한다. 행동주의 상담에서의 주요 기법은 행동수정원리와 맥을 같이한다.

■ 바람직한 행동의 증강 방법

- **차별강화:** 학생이 보이는 여러 행동 중 목표로 하는 행동 하나만을 선택하여 강화하는 방법이다. 예를 들어, 교사의 허락 없이 수시로 자리를 뜨고 돌아다니는 학생의 행동을 수정하고자 할 경우, 학생이 제자리에 앉아 있을 때에만 강화하고, 그 밖의 행동에 대해서는 강화를 하지 않는다.
- **행동형성(행동조형)**
  - 학생이 한 번도 해 본 적이 없거나 거의 하지 않으려는 행동을 가르치고자 할 때 이용하는 방법이다. 새로운 행동을 형성하고자 하는 것이므로 어려운 과제를 한 번에 제시하지 말고 작은 단계로 나누어 조금씩 부과해야 한다.
  - 밥을 잘 먹지 않으려는 학생의 경우, 밥을 한 숟가락 또는 두 숟가락 먹었을 때 칭찬을 해 주는 방식으로, 적은 양을 요구하여 동기유발을 시키고, 점차 음식의 종류와 양을 늘려 가는 것이 바람직하다.
- **프리맥 원리**
  - 학생이 좋아하고 빈번히 하는 활동이 무엇인지를 확인해 두었다가 학생이 해야 할 일을 완전히 하였을 때, 그 좋아하는 활동을 할 수 있게 허락해 주는 행동수정 방법이다. 프리맥의 원리를 사용하고자 할 때는 학생의 여러 행동의 빈도를 조사하여 빈도표를 만들고, 빈도가 높은 행

동은 빈도가 낮은 행동을 강화하는데 사용한다.
- 한 학생의 빈도가 가장 낮은 행동이 수학공부이고, 빈도가 가장 높은 것이 딱지치기라고 했을 때, 수학공부를 하면 딱지치기를 시켜줘서 수학공부를 강화하는 방식이다.

• **토큰강화**: 학생이 바람직한 행동을 했을 때, 원하는 다른 물건으로 교환이 가능한 토큰(상징물)을 주어 강화하는 방법이다. 이 방법은 한 가지 강화물만을 주었을 때 생길 수 있는 포화현상을 방지할 수 있으며, 강화의 시간적 지연을 예방할 수 있다는 장점이 있다.

• **용암법(fading)**: 용암법이란 Skinner의 행동수정기법 중 하나로, 특정한 행동이 다른 사태에서도 발생할 수 있도록 그 조건을 점차적으로 변경시켜 주는 과정을 말한다. 예를 들면, 집에서는 안경을 쓰지만 학교에 가면 안 쓴다든지, 식구들 앞에서는 말을 잘 하지만 이웃이나 학급의 학생들 앞에서는 말을 못한다든지 하는 경우에 사용되는 기법이다.
- 식구들 사이에 친구의 수를 차츰 늘려 최종적으로 친구들만 있는 곳에서도 말을 할 수 있도록 하는 방법이다.

■ 바람직하지 못한 행동을 약화시키는 방법

• **상반행동의 강화**: 문제가 되는 행동과 반대되는 바람직한 행동을 찾아 강화하여 문제행동을 감소시키거나 제거시키는 방법이다. 예를 들어, 수업시간에 제멋대로 지껄여대는 학생의 경우, 상반행동인 손을 들고 발언할 기회를 얻어야 발언할 수 있도록 상반행동을 강화하므로 함부로 지껄이는 행동을 감소시키는 경우이다.

• **타임아웃(Time-out)**: 잘못된 행동을 하는 행동을 하는 학생을 다른 장소에 잠시 격리시키는 방법이다. 이 방법이 효과를 거두기 위해서는 다음과 같은 조건이 필요하다.

① 문제 행동을 하는 장소가 떠나기 싫어할 만큼 재미있는 곳이어야 한다.
② 학생이 일시적으로 격리되어 있을 곳에는 학생에게 재미와 흥미를 줄 수 있는 강화자극이 없어야 함.

• **소거**: 문제 행동에 주어지던 강화를 중단하여 그 행동의 발생율을 감소시키려는 것이다. 예를 들어, 아이가 교사의 관심을 받기 위해 수업시간에 울거나 소리를 지른다고 판단이 될 때는 아이의 행동을 무시하여 소거되도록 한다.

출처: 김규태, 방경곤, 이병환, 권민석(2013)에서 인용

3) 진로관련이론 및 진로상담

(1) Holland의 성격-직무 적합성

이 이론은 개인 간의 성격에는 본질적인 차이가 있고, 진로에는 다양한 유형이 있고, 자신의 성격 유형과 부합하는 직무 환경에 있는 사람이 직업안정성과 직무만족이 높다는 것을 강조한다. Holland는 현실형(realistic type), 탐구형(investigative type), 친화형(social type), 관습형(conventional type), 사업형(enterprising type), 예술형(artistic type)으로 구분하여 성격 특성과 그에 적합한 직업을 제시하였다.

〈표 13-8〉 홀랜드 성격 유형에 따른 직업 분류

	유형	성격 특성	적합한 직업
현실형	기술, 체력, 조정을 바탕으로 한 육체적 활동을 선호	소심, 성심, 고집, 안정, 순응, 실용적	정비공, 선반공, 조립공, 농부
탐구형	사고력, 조직력, 이해력이 요구되는 활동을 선호	분석, 호기심, 독립, 독창적	생물학자, 경제학자, 수학자, 보도기자
친화형	다른 사람을 도와주고 육성시키는 활동에 주력	사교, 친절, 이해, 협력적	사회봉사, 교사, 상담가, 임상심리학자
보수형	제도적 규제와 질서, 명명백백한 활동을 선호	확인, 인률, 실용, 상상력, 부재, 비탄력적	회계사, 기업 관리자, 은행 출납원, 사무서기
사업형	상대방에 대한 영향이나 언변 활동을 선호	자신감, 야망, 오만, 청력적, 권력 지향적	변호사, 부동산중개업자, 대외홍보 전문가, 중소기업 관리자
예술형	창조적이고 비체계적인 모호한 활동은 선호	상상력, 무질서, 실용, 이상, 감성적	화가, 음악가, 작가, 실내 장식가

(2) 사회인지진로이론(Social Cognitive Career Theory: SCCT)

이 이론은 반두라의 사회인지이론(특히, 자기효능감)을 진로발달 및 선택에 적용한 이론으로, 직업흥미가 어떻게 발달하고, 진로선택이 어떻게 이루어지며, 진로 수행 수준이 어떻게 결정되는지를 제시한 이론이다. 이 이론은 진로탐색과 선택 및 수행이 직업에 대한 체험이나 모델링에 대한 관찰학습을 통해 이루어지며, 이 과정을 촉진하는 것이 바로 자기효능감이라는 점을 강조한다. 즉, 개인은 체험과 모델링 관찰을 통해서 자신이 갖는 진로에 대한 자기효능감을 보이는 직업 및 활동에 관심을 갖고 탐색 및 선택하는 경향을 보인다는 것이다.

〈표 13-9〉 **진로체험 프로그램 유형**

유형	내용
현장견학형	• 기업, 박물관, 공공기관 등의 견학으로 정보 제공 • (예시) 기업 · 공공기관 등의 홍보관과 생산시설 활용으로 생산품의 발달과정, 생산과정 등 체험
현장체험형	• 직업 현장체험을 통해 폭넓은 직업 탐색의 기회 및 직업세계에서 요구하는 기초적인 지식이나 기술 학습 기회 제공 • (예시) 대학, 기업체, 공공기관과 협력하여 실질적인 체험학습(제과제빵만들기, 목공예, 자동차 정비 체험 등)
대화형	• 다양한 직업의 직업인(명장, CEO, 전문가 등)을 초빙하여 직업과 인생에 대한 깊이 있는 이해를 도모할 수 있도록 설명회 또는 간담회 개최 • (예시) 기업의 전문직업인을 다수 초청하여 희망하는 전문직업인과의 '대화의 장' 운영
콜로키아형	• 다양한 직업군을 만나 면담, 체험 등을 통해 진로인식 및 진로탐색을 할 수 있는 기회 제공 • (예시) 학생 자신이 희망하는 직업군을 선택하여 주말, 방학 등을 이용한 '직업알기 프로젝트' 수행
지역 연계형	도 · 농 · 산 · 어촌 학교간 자매결연으로 지역의 특색에 따른 직업체험 공유
시청각 자료 활용형	기업, 공공기관 등의 제작한 각종 저작물 등을 활용한 직업체험, 교과통합 진로교육 수업시 활용
1校1社형	• 소외 학생에게 다양한 진로교육의 기회를 제공할 수 있도록 1校1社 등 추진 • (예시) 기업이 소외계층을 대상으로 진로체험, 학습지원, 복지 제공, 채용 등이 가능하도록 협약

(3) Ginzberg의 과업선택 발달이론

Ginzberg는 직업의 선택은 하나의 발달과정으로, 그것은 단 한번에 결정이 아니라 일련의 결정들이 계속적으로 이루어지는 것이라고 주장했다. 각 단계의 결정은 전 단계의 결정 및 다음 단계의 결정과 밀접한 관계를 가지고 있다고 했다. 또 직업선택이란 일회적인 행위, 즉 단일결정이 아니라 장기간에 걸쳐서 이루어지는 일련의 연속적인 결정이며, 직업선택 과정은 비가역적이라고 한다.

직업선택의 과정 단계로 환상적 직업선택 단계(6-10세), 잠정적 직업선택 단계(11-17세), 현실적 직업선택 단계(18-22세)로 구분했다.

① **환상적 직업선택 단계**(6-10세): 현실여건, 자신의 능력이나 가능성을 고려하지 않고, 독단적으로 특정 직업을 선택해서 그 직업에서 하는 일을 놀이활동을 통해 표출하려고 한다. 즉, 대통령, 과학자, 우주인 등 현실감 없이 여러 과업을 꾸는 단계이다.

② **잠정적 직업선택 단계**(11-17세): 선택과정에서 흥미, 능력, 가치 등을 고려한다. 그러나 이 시기에는 현실적인 요인들을 고려하지 않기 때문에 시험적 선택 단계라고 한다. 자신의 흥미를 고려해서 장차 자신의 할 일을 잠정적으로 선택하는 단계라고 할 수 있다.

③ **현실적 직업선택 단계**(18-22세): 자신의 흥미, 능력, 가치, 기회뿐만 아니라 직업의 요구조건, 교육기회

(4) Super의 직업자아개념

Super는 인간이 능력, 흥미, 성격 등에 있어서 차이가 있으며, 이런 특성의 차이로 인해 특정한 직업들에 대하여 적합성을 지니게 된다고 하였다. 개인의 직업적 선호와 능력, 진로와 직업과 관련된 자아개념도 개인의 발달단계에 따라 변화하기 때문에 직업선택과 이와 관련된 진로지도 활동도 그에 맞게 제공될 필요가 있다고 하였다. 그가 제시한 직업자아의 발달은 성장기(0-14세), 탐색기(15-24세), 확립기(25-44세), 유지기(45-65세), 쇠퇴기(65세 이후)로 구분된다. 이중 성장기에 해당되는 초기 청소년(초등, 중1 정도)은 부모, 가까운 친척, 교사 등과 매체의 인기 있는 인물들과 동일시함으로서 직업자아개념이 세워진다. 또한, 탐색기에 해당되는 중고등학생들은 학교생활, 여가활동, 파트타임 일을 통해서 자아검증, 역할시행, 직업적 탐색을 하며 직업자아개념을 확립한다.

(5) 진로상담

진로상담은 개인이 평생 동안 자신과 직업세계에 대한 충분한 이해를 바탕으로 자신의 진로를 구체적으로 계획하고, 주도적이고 합리적으로 선택하도록 돕는다. 이 선택 안에서 지속적인 발전을 할 수 있도록 지원하는 진로에 초점을 둔 종합적인 상담활동으로 취학 후 대학에 이르기까지 교육제도 내에서 사회생활에서의 진로교육 및 지도를 포함한다. 진로상담은 또한 학생으로 하여금 장래 진로를 개척하기 위하여 치밀한 방법과 계획을 세워 생애문제에 대처해 나갈 것인가에 관한 여러 문제를 현명하게 선택하고 적응하는 방법과 진로발달과정을 통하여 자기이해와 자신의 잠재력을 발견할 수 있도록, 전문가인 상담자와의 원만한 인간관계 속에서 내담자가 진로결정을 할 수 있는 계기를 마련해 주는 종합적인 조력과정이다.

진로상담은 학생 개인의 가능성을 발견하고 그것을 최대한 실현하도록 돕는 활동이라고 할 수 있다. 구체적으로 개인이 자신과 일의 세계를 이해하고 탐색하여 자기 자신에게 적합한 일을 선택하고, 선택한 일을 잘 수행할 수 있도록 취학 전부터 평생 동안 학교, 가정, 사회에서 가르치고, 도와주는 활동일 것이다.

(6) 진로개발역량

통계청 조사에 따르면 우리 청소년의 82.1%가 대학 진학을 희망하고 있으며, 63.6%는 분명한 인생 목표를 가지고 장래 직업을 선택하고 있다. 이러한 측면은 우리 청소년들이 자신의 생애목표와 진로 선택 및 준비에 필요한 능력을 갖추어야 함을 시사한다[30]. 학술적으로 이러한 능력은 진로개발역량이라고 불리는데, 그것은 학생들이 자신의 미래 진로에 대한 체계적인 정보 탐색, 적절한 진로 선택, 효과적인 진로준비와 관리에 필요한 지식, 기술 및 태도라고 정의된다.

학생들은 대부분 학교에서 많은 시간을 보내고 있으며, 진로상담과 심리검사, 진로와 직업 수업, 현장학습 및 견학, 인터넷 · 동영상교육, 인사초청강연, 창의적 체험활동, 소집단 · 동아리활동 등을 통해 진로개발역량을 배양하고 있다. 이러한 측면에서 진로개발역량은 학생들이 학교에서 경험하는 교과 및 비교과 프로그램 참여에 필요한 자기주도성, 학습동기, 학습전략과 같은 학습자 특성에 의해 결정된다고 볼 수 있다.

셀프체크 임효신, 정철영(2015)의 중학생 진로개발역량 척도

– 자기이해(1–3), 진로탐색(4–9), 직업세계이해(10–13), 진로준비(14–17), 진로적응(18–19)

문항	전혀 그렇지 않다	그렇지 않다	보통이다	그렇다	매우 그렇다
1. 나는 내가 좋아하는 직업과 싫어하는 직업을 구별할 수 있다.					
2. 나는 내가 직업과 관련된 다양한 능력(언어능력, 수리논리력, 음악능력 등)을 어느 정도 가지고 있는지 알고 있다.					
3. 나의 특성과 잘 맞는 직업 또는 직업의 특성이 무엇인지 설명할 수 있다.					
4. 나는 주변 사람들(가족, 선생님, 친구 등)로부터 진로(직업, 진학 등)에 관한 정보를 구한다.					
5. 나는 책, 신문, 잡지 등의 자료를 통해 진로정보를 찾아 수집한다.					
6. 나는 인터넷 검색을 통해 진로정보를 찾아 수집한다.					
7. 나는 진로상담을 통해 모르거나 궁금한 진로정보를 찾아 수집한다.					
8. 나는 관심 있는 직업과 관련된 직업체험을 통해 진로정보를 얻는다.					
9. 나는 관심 있는 직업에서 일하고 있는 사람에 대한 자료를 찾아 수집한다.					
10. 나는 10–20년 후에는 어떤 직업이 사라지고 새로 생겨날지에 대해 생각해 본 적이 있다.					
11. 나는 내가 관심 있는 직업이 10–20년 후에는 어떻게 변화할지 설명할 수 있다.					
12. 나는 내가 관심 있는 직업을 갖기 위해 어느 학교에 진학하여 어떤 공부를 해야 하는지 설명할 수 있다.					
13. 나는 내가 관심 있는 직업을 가진 사람들이 어떻게 일을 하고 돈을 얼마나 버리는지 설명할 수 있다.					

문항	전혀 그렇지 않다	그렇지 않다	보통 이다	그렇다	매우 그렇다
14. 나는 나의 특성(흥미, 적성, 성격, 가치관 등)과 관심 있는 직업의 특성(하는 일, 자격요건, 근무환경 등)을 비교하여 진로선택을 할 수 있다.					
15. 나는 진로목표(고교 및 대학 진학, 희망직업 진출 등) 달성을 위한 진로계획을 세울 수 있다.					
16. 나는 진로목표 달성을 위해 나에게 맞는 학습 방법을 선택하여 스스로 공부한다.					
17. 나는 진로목표를 달성하기 위해 좋아하는 과목뿐만 아니라 싫어하는 과목도 열심히 공부한다.					
18. 나는 내가 좋아하는 일을 하는 것이라면 성공적인 결과가 보장되지 않더라도 견딜 자신이 있다.					
19. 나는 진로계획에 변화가 생기더라도 적응할 자신이 있다.					

4) 청소년 비행이론

청소년 비행은 청소년이 반사회적 행위를 하거나 사회규범에 어긋나는 행위를 말한다. 청소년비행이론에는 아노미이론, 차별접촉이론, 하위문화이론, 사회통제이론, 문화적 일탈이론, 낙인이론 등이 있다(천정웅, 김민, 김진호, 박선영, 2011). 이에 대해 간략하게 제시하면 다음과 같다.

① **아노미이론**: 사회구조와 문화 속에서 정당한 방법으로 규정된 목표를 달성할 수 없을 때, 그리고 자신의 목표를 추구할 기회가 제한되어 있을 때 비행을 저지른다고 보는 이론이다.

※ 아노미는 한 사회의 문화목표와 제도화된 수단 간의 괴리 현상을 말한다. 문화목표는 한 사회에서 거의 모든 성원에게 바람직하다고 규정된 것이며, 제도화된 수단은 문화목표를 달성하는 합리적인 수단이나 방법을 말한다.

② **차별접촉이론**: 모든 일탈행위는 타인과의 상호작용과 소통을 통해 학습되며, 또한 비행 문화를 함께 공유하는 또래관계 속에서 비행을 배우게 된다는 이론이다.

③ 하위문화이론: 하위문화를 지닌 집단은 비행과 관련된 비합법적 수단을 배울 수 있는 기회가 더 많이 주어져서 비행을 저지르게 된다는 이론이다.

④ 사회통제이론: 비행의 원인은 비행 동기가 아니라 그 동기를 통제할 수 있는 통제 기제, 즉 사회적 유대에 있다고 보고, 사회적 유대가 약할 때 비행을 저지르게 된다는 이론이다.

⑤ 낙인이론: 비행은 개인 행위의 특성 요인보다는 사람들이 범죄자라고 낙인을 찍는 행위에서 기인한다고 보는 이론이다.

〈표 13-10〉 Bronfenbrenner(1979)의 생태학적 발달 체계 관점에서의 청소년 비행 원인

체계(system)	내용과 예시
개인	학생 개인이 지니고 있는 심리적, 사회적 특성들(예: 학생의 공격성, 자부심, 성취동기 결핍, 열등감, 자기통제성 등)
미시체계	학생 개인이 갖는 친구, 교사, 학부모와의 직접적 경험(예: 결손가정, 빈곤가정, 열등생으로의 낙인, 동료 학생 및 교사와의 관계 소원 등)
중간체계	학생 개인의 행동에 영향을 미치는 미시 체계의 두 집단 이상의 관계와 영향(예: 교외 불량서클 가입, 학교 밖 비행 친구 등)
외체제	학생 개인과는 관계되지 않지만 학생 개인 행동에 상당한 영향력을 갖는 교육환경 또는 제도(예: 엄격한 학교규칙, 청소년 단속 및 규제, 청소년 활동 시설 부족 등)
거시체계	학생 개인 및 다른 체계에 간접적으로 관련이 있는 보다 넓은 의미의 사회적 문화와 환경(예: 입시교육, 폭력 및 비행을 담은 대중매체, 향락주의문화 등)

5) 교육소외계층 학생에 대한 지원[7)]

교육복지 우선지원 사업은 교육·문화적 여건이 상대적으로 열악한 도시지역 저소득층 등 교육취약계층 학생들을 대상으로 다차원(학습, 문화·체험, 심리·심성, 복지 등)적인 지원을 통해 실질적인 교육기회 보장 및 교육격차 해소를 위해 추진되고 있는 사업이다. 교육복지 우선지원 사업의 대상은 다음과 같다.

7) 김규태, 방경곤, 이병환, 권민석(2013)에서 인용함

① 1차 집단: 기초생활보장수급자 자녀, 법정한부모 가정 자녀, 차상위계층 자녀, 난치병, 특수교육 대상자, 자치단체석식지원학생, 건강보험료 최저생계비 120% 이하 자녀, 다문화 가정 자녀, 새터민 가정 학생, 조손가정 자녀 등

② 2차 집단: 담임교사가 추천하는 저소득 가정의 아동·학생 등

③ 3차 집단: 일반학생(전체 학생)

교육복지 우선지원 사업의 주요 내용은 다음과 같다.

영역	주요내용
학습	교육과정과 연계한 기초학습력 확보 및 학습결손 치유·예방 프로그램
문화·체험	교실 중심의 교육에서 벗어나 현장체험학습의 기회를 제공함으로써 교육내용을 보충·심화, 다양한 문화체험을 통해 문화적 결핍에서 벗어나도록 하여 교육효과를 극대화, 건강한 또래 문화 형성
심리·심성	아동·청소년들의 긍정적인 자아개념, 건강한 사회 함양을 위해 성장과정에서 방임·방치 등의 경험으로 인한 심리적 문제로 학교생활이나 일상생활에 적응하기 어려운 학생들을 치유하기 위한 프로그램
복지	학교·가정·지역사회와 연계하여 학생의 통합 보호체계 구축
지원	사업 운영을 위한 교직원 및 학부모 연수, 사업홍보 등 프로그램 운영

6) 문화실조과 보상교육

개인이 소속된 사회의 가치관이 규정하는 인간의 바람직한 발달을 도모하는 데 필요한 문화적 환경이 결핍된 상태를 뜻한다. 여기서 문화적 환경이란 인류가 진화과정에서 만들어 사용해 오고 있는 문화유산 일체를 말하는 것으로, 언어, 예술, 용구, 기구, 인쇄물, 컴퓨터, 통신매체 등 일체를 포함한다. 이것은 주로 빈곤계층이나 소수자 집단에 속하는 아동에게는 주의집중력이나 주의지속력의 저하, 언어능력의 부족, 일반지능의 저하 등 여러 심리적 문제가 취학전 시기부터 일어난다. 이것을 '문화결핍(cultural deprivation)'이라 하는데, 이 문화결핍이 원인이 되어 학업부진이 일어나며 나아가서는 취

직곤란이나 빈곤까지 초래한다. 인간발달에 있어서 유전 요인보다 환경 요인을 더 중시하는 입장에서 나온 것으로, 문화 실조에서 벗어나기 위해서는 문화 환경을 개선해야 한다는 주장이 교육정책에 반영되어 보상 교육(compensatory education)이 적절하게 제공될 필요가 있다.

7) 교육평등

교육평등은 허용적 평등, 보장적 평등, 조건의 평등, 결과의 평등으로 구분된다. 허용적 평등은 계층, 신분 등 차별 없이 모든 사람들에게 교육받을 기회를 제공이다. 보장적 평등은 경제, 사회, 지리적 장애 요소를 제거하고 교육 받을 권리를 보장하는 것이다. 예를 들면, 섬지역 학생들이나 재정 능력이 부족한 가정의 학생들에게 교통수단이나 장학금을 제공함으로 의무교육을 받을 수 있게 하는 것이다. 조건의 평등은 교육과정, 교사의 질, 학교 시설 등에서 누구나 같은 조건에서 교육을 받을 수 있는 조건을 제공하는 것이다. 결과의 평등은 문화실조 등에 대한 보상교육, 교육복지사업 등을 통해 학업성취의 평등을 적극적으로 실현하는 것이다.

상황 적용 문제1 학습동기에 대한 지도[8)]

- 다음과 같은 학생에게 나타난 학습동기측면에서의 문제의 원인과 해결책을 생각해 보자.

A학생은 평소에 학습 의욕이 떨어져서, 공부 시간에 학습활동에 잘 참여하지 않는다. 그러나 자신이 학습활동을 제대로 하지 않고 있다는 사실을 다른 친구들이 알아차릴까봐 친구들의 반응에 신경을 많이 쓰는 편이다. 지도교사의 칭찬을 받는 날이면 학습활동에 적극적으로 참여하려고 노력하는 모습을 볼 수 있다.

B학생은 학업성취 수준이 높은 편이어서, 수준 높은 과제도 잘 수행하고, 수행 후에는 기다리거나 다른 책을 읽는 편이다. 그러나 수업 시간에는 발표 및 학습 활동에 적극적으로 참여하지 않으며, 자기 과제해결 중심의 태도를 보인다. 또한 교사의 칭찬이나 물질적인 보상에는 별다른 관심을 보이지 않는 편이다.

◆ A학생
- 외재적 동기(타인의 평가)에 영향을 많이 받음.
- 타인이 부정적으로 판단하는 것을 회피하려하므로 학습의욕, 자신감, 도전의지가 약함.
  - ☞ 비교적 성취수준이 낮은 과제를 제공하여 성공의 경험을 갖도록 해줌.
  - ☞ 지속적인 보상이 필요.
  - ☞ 장기적으로는 학습 자체에 의미를 부여하고, 학습과정에서 학습의 즐거움을 얻을 수 있도록 유도하는 것이 필요.

◆ B학생
- 자신의 학습 능력보다 낮은 수준의 과제가 제시되어 학습동기가 낮음.
- 교사와의 래포 형성 미흡 및 외재적인 동기 부여에는 별다른 관심을 갖지 않음.
  - ☞ 학습 능력과 수준에 맞는 도전적인 과제 제시
  - ☞ 교사의 지속적인 피드백 제시로 학생과의 소통 강화
  - ☞ 학습의 즐거움과 흥미를 가질 수 있도록 내재적 동기 유발 필요

8) 김규태, 방경곤, 이병환, 권민석(2013)에서 인용

상황 적용 문제2 학생의 선행학습 고민에 대한 상담[9)]

중학교 1학년 담임교사인 A교사는 자신이 가르치고 있는 학교에서 학기 초에는 대부분의 학생들이 선행학습을 통해서 수업 내용을 많이 이해하고 있었다. 그런데 점점 학생들이 수업에 대한 흥미와 수업 참여도가 저조해지고, 학습에 대한 이해도가 낮아지는 현상을 목격하게 되었다. 그래서 몇몇 학생들과 그러한 현상에 대해 대화를 나누었더니 다음과 같은 말을 듣게 되었다.

> C학생: "학기초에는 방학동안 선행학습을 하고 오니까 학습 내용이 좀 쉬운 것 같았는데요, 몇 달 지나면 다 잊어버리고 내용도 어려워지니까 재미없어요."
> D학생: "맞아요. 지금도 과외도 하고, 학원도 다니느라 친구들과 놀 시간도 없는데, 자꾸 성적은 떨어져요."

A교사는 이런 상황에서 학생들에게 자기주도 학습이 필요한 이유와 제대로 된 학습을 할 수 있도록 지도해야겠다는 생각을 하게 되었다. A교사가 학생들을 제대로 지도할 수 있는 방안은 무엇인지? 그 근거도 생각해 보자.

◆ **학습자 스스로 학습목표를 설정하고 노력해야 함**
- 학습목표를 스스로 설정하고 이루기 위해 노력한다면 학습에 대한 동기가 더 유발됨

◆ **목표 달성을 위한 자기관리(self-management)가 요구됨**
- 목표 달성을 위한 학습 과정을 스스로 점검하는 자기 관리 활동이 필요함
- 인적 · 물적 자원의 선택, 학습 과정의 계획, 성과에 대한 점검을 통해 학습 방법을 개선해 나가야 함

◆ **자기통제(self-control) 활동이 필요함**
- 학습 과정에 대해 스스로 비판 및 반성을 통해 자기 행동과 사고를 통제할 수 있어야 함

◆ **학습하는 방법의 학습이 필요함**
- 효과적인 학습하는 방법의 학습 및 학습 전략의 습득으로 효과적인 학습 방법을 선택 및 개선해나가야 함

9) 김규태, 방경곤, 이병환, 권민석(2013)에서 인용

상황 적용 문제3 수업 시간마다 잠을 자는 학생이 있다. 어떻게 하면 좋을까?

먼저 잠자는 원인을 파악하여 지도하도록 합니다. 건강상의 문제가 아니면 대부분 밤늦게 TV를 보거나 컴퓨터를 오래한다거나, 스마트폰에 중독되었다거나, 기타 소설, 만화에 빠져 있는 경우가 많다. 교사가 해 볼 수 있는 다른 방법으로 방과 후 대체 활동을 마련하거나, 운동을 권유하고, 실질적인 도움이 될 수 있도록 부모님께 스마트폰이나 컴퓨터 사용 시간 체크하는 방법도 생각해 볼만하다. 스마트폰, 컴퓨터 중독인 학생들은 교사 혼자 힘으로는 치료가 불가능함으로 Wee센터나 전문적인 치료기관에 도움을 의뢰하는 것도 한 방법이다.

상황 적용 문제4 산만한 학생은 어떻게 지도해야 하는가?

첫째, 생활의 틀을 만들어주고 주변 환경을 정리하여 산만함을 줄여주도록 한다. 교사는 주변 환경을 산만하지 않게 조정하고 집중할 과제에 대한 호기심을 높여준다. 소음이나 잡다한 물건이 눈에 띄지 않게 자극을 줄이고 사려 깊은 과제를 부여하며 일상생활을 규칙적이고 일관성 있게 해나갈 수 있도록 지도한다.

둘째, 집중하거나 산만한 태도를 고치려는 노력에 대해 보상해 준다. 주의지속 시간은 칭찬과 보상이 주어지면 늘어난다. 또한 결과보다 학생들의 시도 자체를 격려하고 보상하는 것이 효과적이다.

셋째, 자기조절 방법을 가르친다. '일단 멈추고, 쳐다보고, 듣는다.'라는 생각을 심어주고 근육이완법, 복식호흡법으로 긴장을 풀게 한다.

넷째, 규칙을 만들어 활용한다. 아침에 등교해 책가방 정리 - 아침자습하기 - 책읽기 등 교사와의 약속을 하고 지키게 한다. 학교와 학급에서의 규칙은 글로 적어 게시하고 일과표나 체크리스트를 만들어 스스로 표시하게 한다. 또한 제 때 할 일을 마치지 못했을 경우에는 쉬는 시간을 활용하여 과제를 끝낼 수 있도록 함으로써 책임감을 배양시켜 준다.

상황 적용 문제5 다른 학생과 잘 어울리지 못하는 학생은 어떻게 지도합니까?

첫째, 학생이 처한 현재의 마음을 이해하는 것이 가장 중요하다. 친구들과 어울리지 못한다고 해서 조바심을 내거나 지나치게 간섭하기보다는 학생에 대한 이해와 학생 스스로 친구를 사귈 수 있도록 도와준다. 얼마나 마음고생이 심했는지 학생을 다독거려 주고, 그 누군가의 좋은 친구가 될 수 있다고 믿게 한다. 학생의 생각을 자유롭게 표현하도록 하여 학생의 입장을 정확하게 파악해 준다.

둘째, 학생이 스스로 좋은 느낌을 갖도록 이끌어 준다. 대개 소심한 학생들은 사람을 쉽게 사귀지 못하고 눈에 띄지 않아 접근해 오는 사람도 드물어 스스로 대인관계에 대해 부정적인 생각을 하고 있는 경우가 많다. 가령 "난 원래 내성적이고 많이 수줍어해."라는 일종의 체념을 하는데, 이건 원만한 대인관계를 형성할 수 없는 내성적인 사람이라는 인식을 강화시킬 뿐이다. 내성적이고 소극적인 행동은 사람에 의해 이루어지는 것이지 사람 그 자체가 아니라는 것을 알려주고 학생이 만날 사람들이 좋은 사람일 것이라는 믿음을 갖게 하면서 자신이 사랑받는 존재이며 부모님과 친구들에게 필요한 존재라는 의식을 갖게 한다. 학생이 지금 자신에 대해 어떻게 생각하는지 알아보고, 가족이나 친구들에게 자신이 어떤 모습으로 바뀌었으면 좋을지 능력이든 외모이든 자신에게 긍정적인 자아상을 심어 주어 자부심을 가질 수 있게 한다.

셋째, 심한 열등감에서 친구들과 어울리기를 피하는 경우라면 학생의 가능성과 능력을 높이 평가해 주고, 사소한 것일지라도 학생의 장점을 격려하여 꾸준한 칭찬으로 자신감을 갖게 한다. 친구들과 비교하여 자신의 부족한 점만 찾아내어 스스로 열등한 인간이라고 자기를 비하시키는 학생들의 경우 가정에서 부모가 학생을 대하는 태도에 문제가 없는지 알아보고 또 학생이 열등감을 갖게 한 요인이 무엇인지를 찾아보아야 한다. 즉 학생에 대한 부모의 기대 수준이 지나치게 높지는 않은지, 또 형제간이나 또래 학생과 지나치게 비교를 해서 학생으로 하여금 기를 죽여 위축되게 하지는 않는지를 살펴보아야 한다.

넷째, "친구들하고 친하게 지내야지. 친구를 사귀면 얼마나 좋은지 아니?"라고 비난하거나 명령하거나 충고하는 식의 어투보다는, 존중하는 태도를 보이면서 "넌 누구하고 친구가 되고 싶으니? 어떻게 하면 친구가 될 수 있을까?"하고 함께 생각해 보는 것이 좋다. 대개 친구를 잘 사귀지 못하는 학생의 경우, 실패가 두려워 행동에 옮기지 못하는 경우가 많다. 이럴 때 교사는 이런 학생이 가까운 곳에서 친구를 발견하게 되면 친구를 사귀는 것이 얼마나 즐거운 일인지, 그리고 그 친구 사이를 유지하기 위해서는 계속적인 노력이 필요하다는 것을 일깨워 주어야 합니다.

다섯째, 상대방의 입장을 느껴보도록 도와준다. "네가 그렇게 말했을 때 친구 기분은 어떨까?", "너라면 어떻게 했겠니?" 등의 질문을 통해 상대방의 입장과 감정을 이해하도록 해준다. 학생이 상대방의 입장을 이해하는 것이 쉬운 일은 아니지만, 친구들과 놀면서 때와 장소, 상황에 맞게 자신의 행동을 적절히 조절하고 다른 사람의 입장에서 생각할 줄 아는 마음을 갖도록 한다. 다른 사람들이 이야기할 때 그 사람의 의도를 잘 파악하고, 그에 대한 자신의 느낌이나 생각을 조리 있게 이야기하게 한다.

상황 적용 문제6 행동수정원리 적용[10)]

- 다음과 같은 학생의 생활 및 학습태도를 살펴보고, 수정하고자 하는 행동을 한 가지 골라 적절한 지도 방안을 생각해 보자.

A학생은 수업시간에 교사의 말을 잘 듣지 않고, 책상에 계속 낙서를 하거나 가지고 있는 물건을 자주 부수어 버리는 습관을 가지고 있다. 색연필이나 학용품 등 새 것을 가져오면 3일이 멀다하고 못쓰게 만든다거나, 어떤 것은 가져온 그 당일에 망가지기도 한다. 알림장 쓰기도 마찬가지다. 다른 친구들이 알림장을 쓸 때까지 알림장을 꺼내지도 않는다. 글쓰기가 서툴러서 알림장을 쓰기 시작해서 마칠 때까지 시간도 많이 걸린다.

수업 시간에 과제를 해결하지 못하여 남아서 하게될 경우, 아주 오래 시간이 걸리더라도 과제 해결은 다 하고 가는 편이다. 즉, 옆에서 누군가가 말하지 않으면 아무것도 하지 않고, 계속 누군가가 말해주면 조금씩 하는 특이한 편이다.

◆ **행동수정의 절차는 일반적으로 표적 행동의 선정과 정의→기초선 측정→행동수정 기법의 적용→행동수정 효과의 검증(피드백 수집)→행동의 일반화 과정을 거친다.**

- 표적 행동의 선정과 정의
  - ☞ 알림장 제 시간에 쓰기
- 기초선 측정
  - ☞ 행동수정을 통해 변화시키기로 한 행동이 자연상태에서 얼마나 일어나고 있는지를 객관적으로 확인한다.
  - ☞ 문제행동을 감소시키는 것이 목표라면 그 문제행동에 대해 관찰·기록하고, 적응행동을 증가시켜야 하는 것이 목표라면 그 적응행동에 대해 관찰·기록한다. 어떤 행동을 관찰하고 어떻게 기록할 것인지를 정하고 기록지에 학생의 행동을 관찰하고 기록한다.
- 행동수정 기법의 적용
  - ☞ 알림장을 몇 분 안에 쓸 것인지를 목표를 정하고 칭찬 스티커나 칭찬 도장 등 어떤 강화물을 줄 것인지를 정한다. 프리맥의 원리, 토큰 강화 방법 등 다양한 방법을 적용하여 행동을 강화해 나간다.
- 행동수정 효과의 검증(피드백 수집)
  - ☞ 교사는 가능한 하루에 한번 이상 아동과 만나 그날의 기록을 확인해야 한다.
- 행동의 일반화 과정
  - ☞ 강화물이 없는 상태에서도 학생의 행동이 유지될 수 있도록 점검한다. 관찰하고, 기록하고, 기록한 내용을 확인하고, 행동 변화에 대한 학생의 생각과 감정을 탐색한다. 그리고 칭찬이나 미소와 같은 사회적 강화는 예전과 동일하게 제공한다.

10) 김규태, 방경곤, 이병환, 권민석(2013)에서 인용

상황 적용 문제7 다문화학생에 대한 지도[11)]

- A교사는 중학교 2학년 담임교사이다. A교사반에는 국제결혼가정자녀(베트남인 어머니)인 B학생이 있다. B학생은 어느 날 친구들끼리 다음과 같은 이야기를 주고 받는 것을 듣게 되었다.

> 친구C. "우리반 B랑은 도대체 말이 안 통한다니까. 내가 친절하게 해 주려고 해도 뭘 말을 알아들어야 친절하게 해 주지."
> 친구D. "야. 말도 마라. 바보처럼 아는 것도 없으면서 생긴 건 또 왜 그렇냐? 자기네 나라 가서 살 일이지. 왜 우리나라에 와 있냐?"

'친구C'와 '친구D'의 대화를 통해서 나타난 B학생이 겪고 있는 어려운 점이나 문제점은 무엇인지? 3가지 말하고, 그 원인에 대한 해결 방안도 생각해 보자.

◆ **다문화가정 자녀가 겪는 문제점**

- 한국어 능력 부족: 언어와 문화가 다르므로 친구들과 의사소통의 어려움을 겪음
- 학습부진: 한국어 능력 및 기초학력 부진으로 교과 학습에 어려움이 있음
- 일반학생의 인식부족: 신체적 특징으로 인해서 주변 사람들을 회피하려하거나 놀림을 받기도 함
- 학교 생활에 부적응

◆ **해결 방안**

- 정확한 실태 파악을 통한 학생에 맞는 맞춤형 지도 계획 수립
- 다문화 학생의 학급 적응프로그램(또래상담, 또래멘토, 학생 및 교사 결연제 등) 운영
- 다문화교육 이해 제고를 위한 일반 학생 교육 계획 수립 및 실시
- 다문화가정 자녀 대학생 멘토링으로 기초학력향상
- 이중언어강사를 활용한 다문화가정 학생 학교생활 상담 및 학력 향상 지도
- 다문화교육 이해 제고를 위한 교원 및 학부모 연수

11) 김규태, 방경곤, 이병환, 권민석(2013)에서 인용

상황 적용 문제8 교육소외계층 학생 지도[12)]

- A교사는 교육복지우선지원사업 학교에 근무하고 있다. 아래에는 A교사 학급의 상황을 제시하였다. A교사가 B학생에게 학교에서 추진되는 현장체험학습 안내장을 전할 때의 문제점을 찾고, B학생을 설득할 방안을 생각해 보자.

학생 B는 부모님의 이혼으로 현재 어머니와 둘이서 살고 있다. 올해 학교에서는 교육복지우선지원사업을 추진하고 있으며, B도 마땅히 지원대상이 되었다. 업무담당교사는 대상 학생들의 문화적 결핍을 채워주기 위하여 다양한 체험학습을 계획하여 운영하고 있다. A교사는 업무담당교사가 봉투에 B학생의 이름이 적힌 체험학습 안내장을 보내올 때마다 걱정이 앞선다.
왜냐하면, 지난 달에는 현장체험학습 안내장을 받은 B에게 옆에 앉은 짝꿍이
"B야, 너 체험학습 가냐? 옆 반의 C도 간다던데. 아~ 찌질한 애들끼리 가는 거구나!"
하고 놀리는 바람에 체험학습을 한사코 거부한 사건이 있었기 때문이다.

당시에 A교사는 B를 달래고, 짝꿍도 혼내고 설득하였다. 그러나 그 날 이후 A교사는 B에게 현자체험학습 참가를 권유하여 한 번도 성공한 적이 없다.

◆ **문제점**

- 다른 학생들이 보는 데서 공개적으로 안내장을 전하여 놀림의 대상이 되었다.
- 사업 대상을 1차 집단에 한정함으로써 낙인효과가 발생하였다.

◆ **설득 방안**

- 사업 내용에 따라 참가 대상을 다양하게 운영하여 낙인효과를 방지하기
- 안내장을 전할 때는 다른 학생들 몰래 개별적으로 전달하기
- 상담을 통해 B의 상처 입은 마음을 먼저 치유하기
- 부모님께 상황을 설명하고, 협력하여 설득하기 등
- B와 친한 친구를 함께 참여하도록 계획하기 등

12) 김규태, 방경곤, 이병환, 권민석, 2013)에서 인용

학습 정리

최근 교육 현장에는 2015 개정 교육과정의 현장 착근과 함께 4차 산업혁명 시대를 대응할 수 있는 창의융합인재 육성을 위한 여러 정책과 프로그램들이 추진되고 있으며, 학급담임은 1) 현장 중심 교원양성과정 개편, 2) 2015 개정 교육과정, 3) 학생 참여수업 및 과정 중심 평가, 4) 소프트웨어 교육, 5) 생활지도 및 상담, 6) 교사 리더십 및 배움의 공동체 등을 이해하고 실천해야 한다. 학급담임으로서 교사가 학급관리를 위해 실천해야 할 실제들은 다음과 같다.

학급담임으로서 실천해야 할 직무영역과 특징

학급담임 직무 영역	특징
핵심역량 계발을 위한 교육과정	핵심역량을 계발하기 위한 교과활동 및 창의적 재량활동 제공
창의융합인재 육성을 위한 통합 및 융합교육	문이과 통합을 위한 공통과목(공통사회, 공통과학) 운영과 교과간 통합/융합 수업을 통한 창의융합인재 육성
지능정보사회 대응을 위한 소프트웨어 교육	지능정보사회에 필요한 논리적 사고력과 창의력 증진을 위한 소프트웨어(SW) 교육 실시 및 디지털 테크놀로지 활용
학습자 참여를 강조하는 수업 제공	수업의 주체가 학습자가 되며, 학생의 참여를 강조하는 토의·토론, 액션러닝, 문제기반학습, 팀기반학습, 프로젝트수업, 플립러닝 등 구성주의 수업 방법의 활용
과정을 중시하는 수행평가	학생의 학습 수행에 대한 성취기준을 설정하고, 학습결과뿐 아니라 학습 과정을 중시하는 수행평가 실시
학생의 이해 및 돌봄을 위한 상담	장기결석, 학교부적응, 학교폭력 및 정서문제행동 치유 등을 위한 학생 상담 및 예방 프로그램 개발 운영 역량 개발
자유학기제 및 진로지도	학생들이 중간·기말고사에 대한 부담에서 벗어나 체험 중심의 교과활동과 함께 장래 진로 탐색과 선택 지원
교사리더십과 전문적 학습공동체	현장 교육에 대한 현장 중심 전문가로서 갖추어야 할 리더십 함양과 함께 교직 현장에서 전문가들이 실천적 과정에 대해 함께 연구하고 성찰하는 전문적 학습공동체 운영

참고문헌

강경석, 강경수(2007). 교사의 학교장 신뢰와 동료교사 신뢰가 학교조직효과성에 미치는 영향. **교육문화연구**, 13(1), 35-64.

강경석, 홍철희(2008). 교사의 조직공정성 인식과 조직시민행동이 교사의 혁신행동에 미치는 영향. **교육행정학연구**, 26(2), 287-315.

강경석, 황구현(2009). 교사의 학교조직공정성 인식과 조직지원인식, 리더-구성원 교환관계(LMX) 및 학교조직효과성 간의 관계. **한국교원교육연구**, 26(3), 141-168.

강대현(2013). 사회과 교사의 전문성 발달 분석 연구. **사회과교육**, 52(4), 75-89.

강영배(2013). **청소년 진로교육 및 상담론**. 파주: 양서원.

강영하(2008). 초등학생의 행복감 구성요인 탐색. **초등교육연구**, 21(2), 159-177.

강영하(2012). 행복연구가 교육에 주는 시사점. **초등교육연구**, 25(2), 1-21.

강원도교육청(2017). 교권보호 매뉴얼.

강윤정, 박종희, 최지영(2010). 도덕적 인성, 도덕적 추론 및 내외통제성의 관계. **인간발달연구**, 17(3), 89-107.

강이철(2011). **교육방법 및 교육공학의 입문**. 파주: 양서원.

강현숙(2018). 20-30대 젊은교사 절반, 정년 생각 안해... 가장 스트레스 주는 사람은학부모. 경기일보, 2018년 6월 11일자.

경기도교육청(2015). 교권보호 매뉴얼.

경일수, 김혜균, 서은영, 탁진국 (2017). 성장 마인드셋 척도개발 및 타당화. 한국심리학회 학술대회 사료집, 200-200.

고승아(2017). 고3 담임 10명 중 우울증세.. 현직교사 40%가 우울. 메디컬투데이, 2017년 2월 6일자.

고영남(2005). 대학생의 학습양식에 따른 학업성취 및 진로결정수준의 관계. **열린교육연구**, 13(3), 215-234.

고영남(2013). **학습양식과 교육**. 파주: 교육과학사.

교육부(2013. 5. 29). **행복한 학교생활로 학생의 끔과 끼를 찾는다**. 교육부 보도자료.

교육부(2014. 2. 13). **꿈과 끼를 키우는 행복한 학교**. 교육부 업무보고자료.

교육부(2015). 2015 개정 교육과정 관련 교육부 보도자료(2015.9.23.).

교육부(2016). 2015 개정 교육과정 총론.

구본용, 김영미(2014). 중등교사의 직무스트레스와 심리적 소진 및 교사효능감의 관계. **청소년학연구**, 21(7), 275-306

구원회(2016). 교사 전문성 발달 과정의 특성이 전문성 신장에 주는 시사점 탐색. 인문사회과학연구, 17(1), 467-503.

구재선, 서은국(2012). 행복은 4년후 학업성취를 예측한다. **한국심리학회지: 사회 및 성격**, 26(2), 35-50.

권낙원, 김민환, 한승록, 추광재(2011). **교사를 위한 교육과정론**. 고양: 공동체.

권대훈(2018). 성장 마인드셋, 미래시간조망, 그릿과 지연의 관계. **아시아교육연구, 19**(3), 725-744.

권미경, 김천기(2015). 교사의 관점에서 본 학부모의 소비자 주권적 태도와 그에 따른 교사의 위축 및 정체성 변화. **교육종합연구, 13**(3), 83-109.

권미경, 김천기(2015). 교사의 관점에서 본 학부모의 소비자 주권적 태도와 그에 따른 교사의 위축 및 정체성 변화. **교육종합연구, 13**(3), 83-109.

권석만(2008). **긍정심리학: 행복의 과학적 탐구**. 서울: 학지사.

권순형, 김도기(2014). 집단적 교사효능감, 개인적 교사효능감 및 교사협력 간 구조적 관계. **한국교원교육연구, 31**(2), 161-180

권순호, 김병주(2012). 학교장의 변혁적 리더십과 조직효과성의 관계에서 조직공정성과 교사 임파워먼트의 매개효과. **한국교원교육연구, 29**(4), 153-176

권이종, 김용구, 김혜자(2011). **초임교사를 위한 학급경영의 길라잡이**. 파주: 교육과학사.

권재환, 김경희(2013). 대학생의 학업적 자기효능감이 학교생활적응에 미치는 영향: 자기조절학습능력의 매개효과를 중심으로. **청소년문화포럼, 35**, 32-58.

권형진(2016). 최근 7년간 교권침해 3만건... 여교사 성희롱, 학부모 폭력 증가. News1, 2016년 2월 22일자.

김갑성(2016). 주요국의 교권보호 정책과 시사점. 교육개발, 195, 42-48.

김규태 외(2016). **최신 교육학의 이해**. 파주: 양성원.

김규태(2012). **교육책무성: 이론, 정책, 제도**. 서울: 원미사.

김규태(2018). 교원 정체성 이론과 쟁점 및 과제. 한국교원교육학회 학술대회자료.

김규태(2018). **교육학 논리와 논술**. 파주: 양성원.

김규태, 강유정, 권민석, 최경민(2017). **현장중심 학습지원을 위한 교육행정 및 교육경영**. 파주: 양성원.

김규태, 방경곤, 이병환, 권민석(2013). **새로운 초중등 교원임용시험을 위한 논술과 면접**. 파주: 양서원

김규태, 이석열, 강유정, 신지승(2014). **교직의 사회학적 이해**. 서울: 강현출판사.

김규태, 최경민(2015). **교육조직행동척도**. 파주: 양서원.

김길영, 조성제(2013). 청소년 탄력성과 학습동기: 외적보호요인과 내재적 학습동기. **한국산학기술학회논문지, 14**(6), 2717-2726.

김대건(2008). 긍정적 조직학파의 연구경향에 대한 소고. 한국정부학회 하계학술대회 자료집.

김동일(2005). **학업상담을 위한 학습전략 프로그램**. 서울: 학지사.

김동철, 김대건(2012). 긍정조직행태 주요 요인 간 관계에 관한 연구: 진성리더십, 심리적 자본, 심리적 주인의식을 중심으로. **한국행정학보, 46**(4), 27-51.

김명희, 양성관(2011). 양성. (2011). 학교장의 감성리더십과 교사 직무만족의관계에 미치는 LMX 의 매개효과. **교육행정학연구, 29**(1), 57-81.

김미영(2013). 고등학교 학생들의 자지조절 학습능력 비교. **실과교육연구, 19**(2), 289-311.

김병찬(2005). 현대 교사상 탐색을 위한 질적 분석 연구. **한국교육, 32**(4), 57-90.

김봉환, 정철영, 김병석(2006). **학교진로상담**. 서울: 학지사.

김상돈(2008). 학교장의 감성적 지도성과 학교조직 개방성이 학교조직 효과성에 미치는 영향. 박사학위

논문. 국민대학교 대학원.

김상효, 엄준용(2014). 중등교사의 직무스트레스와 학교조직효과성의 관계에서 내외 통제성, 사회적 지지의 조절효과. **한국교육학연구**, 20(2), 215-249

김선미, 정옥분(1994). 아동의 내외통제소재와 사회적 능력과의 관계. **대한가정학회지**, 33(3), 149-163.

김승권, 장영식, 조흥식, 차명숙(2008). **한국인의 행복결정요인과 행복지수에 관한 연구**. 서울: 한국보건사회연구원.

김아영(2002). 학업동기 척도 표준화 연구. **교육평가연구**, 15(1), 157-184.

김아영(2012). 교사전문성 핵심요인으로서의 교사효능감. **교육심리연구**, 26(2), 63-84

김아영, 박인영(2001). 학업적 자기효능감 척도 개발 및 타당화 연구. **교육학연구**, 39(1), 95-123.

김아영, 오순애(2001). 자기결정성 정도에 따른 동기유형의 분류. **교육심리연구**, 15(4), 97-119.

김아영, 탁하얀, 이채희(2010). 성인용 학습몰입 척도 개발 및 타당화. **교육심리연구**, 24(1), 39-59.

김옥예(2006). 교사 전문성의 재개념화에 관한 연구. **교육행정학연구**, 24(4), 139-160.

김용하, 윤강재, 김계연(2009). **OECD 국가 행복지수 산정에 관한 연구**. 서울: 한국보건사회연구원.

김은정(2014). 공과대학생의 인지적 · 정의적 학습양식 특성 분석. **공학교육연구**, 17(6), 20-29.

김이경, 유균상, 이태상, 백선희, 정금현, 박상완(2004). **교사평가 시스템 연구**. 서울: 한국교육개발원.

김이경, 정수현, 박호근, 박상봉(2004). **교원자격 양성제도 개편 방안 연구**. 서울: 한국교육개발원.

김정근(2011). **고령화 시대의 노인 1인 가구: 소득변화의 특징과 시사점**. 서울: 삼성경제연구소.

김정숙, 유금란(2010). 전문상담교사의 역할갈등과 소진의 관계에서 전문직 정체성의 조절효과. 한국심리학회지: **상담 및 심리치료**, 22(1), 53-69.

김정현, 윤여진, 정인경(2016). 청소년의 학업소진과 학교생활적응의 관계에서 스트레스 대처의 매개효과. **한국가정과교육학회지**, 28(1), 71-85.

김정휘(1991). 교사의 직무스트레스와 정신 신체적 반응 또는 탈진과의 관계. 박사학위논문, 중앙대학교.

김종백, 김태은(2008). 학교행복 검사도구 개발 및 타당화. **교육심리연구**, 22(1), 259-279.

김종철, 이윤식(2013). 초등교사가 지각하는 학교장의 수업지도성, 교사의 수업전문성, 학교조직몰입, 학교조직효과성 간의 관계 연구. **한국교원교육연구**, 30(4), 331-354

김주섭, 박재춘(2013). 조직문화와 긍정심리자본, 조직몰입의 인과관계에 대한 다수준분석. **인적자원관리연구**, 20(3), 51-74.

김주엽, 김명수(2011). 긍정심리자본이 조직구성원의 직무만족과 정서적 몰입에 미치는 영향. **경영교육논총**, 67, 117-148.

김지영(2014). 일본의 교권보호 정책 현황.
https://www.kedi.re.kr/khome/main/research/selectExternalForm.do?acNum0=16532

김창걸(2003). **교육조직행위론**. 서울: 형설출판사.

김창걸(2003). **리더십의 이론과 실제**. 서울: 박문각

김철수(2004). **헌법학개론**. 서울 : 박영사.

김청자(2006). 자기결정성 동기유형과 창의적 인성 요인과의 관계 연구. **교육과학연구**, 37(3), 237-256.

김한준(2018). 천안지역 교사, 스트레스에 의한 명예퇴직 잇따라. 중도일보, 2018년 2월 18일자.

김해룡, 정현우(2013). 감성리더십이 긍정심리자본과 변화몰입에 미치는 영향에 관한 연구: 긍정심리자본의 매개효과. **인적자원관리연구**, 20(3), 1-30.

김혁동(2010). 학교조직의 공정성과 구성원간의 신뢰가 조직몰입에 미치는 영향. **한국교육포럼**, 9(2), 155-178.

김혁동(2012). 학교조직의 공정성과 구성원간의 신뢰가 조직몰입에 미치는 영향. **한국교육논단**, 9(2), 155-178.

김형주, 유태용(2013). 직무과부하가 직무탈진에 미치는 영향: 긍정심리자본의 매개효과와 사회적 지지와 성격의 조절효과. **한국심리학회지: 산업 및 조직**, 26(2), 317-340.

김효정, 정가윤, 이현주(2013). 과학교사들의 교사모임에의 참여 경험과 교사 정체성 형성과정에 대한 탐색: 실천공동체 이론을 중심으로. **한국과학교육학회지**, 33(2), 390-404.

김희규(2013). 교장의 분산적 지도성과 교사의 교직 헌신과의 관계. **교육종합연구**, 10(3), 123-144

김희규, 류춘근, 최상영(2014). 학교장의 감성적 리더십이 학교풍토 및 학교효과성에 미치는 영향. **교육종합연구**, 12(2), 181-202.

김희규, 전상훈(2011). 교사의 전문성 개발, 헌신, 지식공유와 교수효과성과의 구조적 관계 분석. **HRD연구**, 13(2), 67-86.

김희정, 송인섭(2013). 중 · 고등학생의 교사-학생관계, 학습동기 변인, 학습몰입 간의 관계 모형 검증. **교육심리연구**, 27(2), 409-429.

나일주(2010). **교육공학 관련 이론**. 파주: 교육과학사.

노원경(2008). 학습전략 루브릭의 개발 및 효과 연구: 대학생 학습전략 교육 프로그램을 중심으로. **교육공학연구**, 24(4), 259-294.

노종희(2001). 교원 직무만족의 개념화 및 측정에 관한 연구. **교육행정학연구**, 19(2), 163-181.

노종희(2004). 초중등교사의 교직헌신의 개념화 및 측정도구 개발. **교육행정학연구**, 22(2), 215-232.

다니엘 핑크(2011). **새로운 미래가 온다**. 서울: 한국경제신문.

대구광역시교육청(2014). **대구행복교육과정총론**. 대구광역시교육청 고시 2014-01호(2014. 3. 1)

대한교육연합회(1982). **교원의 직무만족도에 관한 분석적 연구**. 서울: 대한교육연합회.

두흔, 박재황(2013). 중국인 유학생의 Glasser 내 · 외부통제성이 문화적응 스트레스와 대학생활 적응도에 미치는 영향: 인구통계학적 변인을 통제변인으로. **상담학연구**, 14(4), 2067-2083.

류재준, 임효진(2018). 성장신념, 자기결정성, 그릿의 관계에서 목표 유형의 조절효과. **교육심리연구**, 32(3), 397-419.

류춘근(2013). 학교장의 조직헌신과 학교조직 효과성과의 관계. **한국교육학연구**, 19(3), 269-292.

문성윤(2013). 분산적 리더십 진단 도구 개발 연구. **교육행정학연구**, 31(1), 159-181.

민부자, 홍후조(2011). 교육과정의 효과적인 운영을 위한 학급 · 학교 규모에 관한 시론적 연구. **아시아교육연구**, 12(2), 1-24.

박균열(2009). 교사의 임파워먼트와 교사헌신 및 학교조직 효과성 간의 공분산구조 분석. **한국교원교육연구**, 26(1), 315-341.

박명희(2012). 학교 교육과정에서 행복 개념의 도입에 대한 탐색적 연구: 기술 · 가정 교과에서 행복역량 강화를 중심으로. **한국가정과교육학회지**, 24(4), 117-132.

박병기, 이종욱(2005). 2×2 성취목표지향성 척도의 개발 및 타당화. **교육심리연구, 19**(1), 327-352.

박병기, 이종욱, 홍승표(2005). 자기결정성이론이 제안한 학습동기 분류형태의 재구성. **교육심리연구, 19**(3), 699-717.

박병량, 주철안(2001). **학교 · 학급경영**. 서울: 학지사.

박병선, 배성우(2012). 대인관계와 학교성적이 학교 청소년의 주관적 행복감에 미치는 영향: 성별 및 학교급별 비교. **청소년복지연구, 14**(3), 215-238.

박선환, 박숙희, 우지향(2013). **생활지도와 상담**. 고양: 공동체.

박성미(2009). 전문대학생을 위한 학습전략 진단 도구의 개발. **수산해양교육연구, 21**(1), 16-27.

박성익, 김연경(2006). 온라인 학습에서 학습몰입요인, 몰입수준, 학업성취 간의 관련성 탐구. **열린교육연구, 14**(1), 93-115.

박소연, 윤선아(2012). 초등학교 교사의 교사효능감을 매개로 한 직무만족과 조직몰입의 관계. **뇌교육연구, 3**(9), 27-49.

박재황, 김순업(2004). 내부-외부 통제 척도 개발. **좋은인간관계학회지: 좋은인간관계, 2**(1), 62-79.

박종일, 박찬웅, 서효정, 염유식(2010). 한국 어린이-청소년 행복지수연구와 국제비교. **한국사회학, 44**(2), 121-154.

박현정, 강주연, 이수진, 현 주(2006). **KEDI 종합검사도구 개발연구(II): 가정특성과 학교특성을 중심으로**. 서울: 한국교육개발원.

박희경(2014). 초등학교의 분산적 지도성, 교사 임파워먼트, 학교조직 효과성 간의 구조관계. 박사학위논문, 이화여자대학교.

방담이(2014). 대학생들의 전공계열과 성별에 따른 인식론적 신념과 학습양식 간의 관계. **학습자중심교과교육연구, 14**(9), 463-484.

배연미(2011). 초 · 중 통합운영학교 학교장 리더십과 학교조직효과성 간의 관계 연구. **초등교육학연구, 18**(2), 159-182

배장오(2012). **학교경영과 학급경영**. 파주: 서현사.

백성준, 황인성(1997). **학교 · 학급규모 적정화와 재정 대책**. 서울: 한국교육개발원.

변찬석, 박외곤(2013). 초등학생이 지각하는 사회적지지. **시각장애연구, 29**(1), 129-144.

사효능감, 집단적 교사효능감 및 수업전문성 간의 관계. **한국교원교육연구, 29**(4), 541-564

서경혜(2009). 교사 전문성 개발을 위한 대안적 접근으로서 교사학습공동체의 가능성과 한계. **한국교원교육연구, 26**(2), 243-276.

서경혜(2015). **교사학습공동체**. 서울: 학지사.

서미옥(2018). 중 · 고등학생의 학업소진과 관련변인들 간의 관계에 대한 메타분석. **교육심리연구, 32**(1), 53-78.

서미옥(2017). 초 · 중등 교사들의 소진과 개인내적 요인, 직무요인 및 사회적 요인 간의 관계에 대한 메타분석. **교육심리연구, 31**(4), 615-637.

서성무, 이지우, 장영혜(2012). 긍정적 정서가 심리적 자본 및 마음챙김에 미치는 영향: 심신수련 프로그램의 효과. **경영교육연구, 27**(6), 127-156.

서울대학교 교육연구소(2011). **교육학용어사전**. 서울: 하우동설.

서울대학교 행복연구센터(2012). **교과서 행복 교사용지도서**. 서울: 서울대학교 행복연구센터.

서울대학교 행복연구센터(2013). **행복교과서**. 서울: 주니어김영사.

서은국, 구재선(2011). 단축형 행복 척도(COMOSWB) 개발 및 타당화. **한국심리학회지: 사회 및 성격, 25**(1), 95-113.

석임복, 강이철(2007). Csikszentmihalyi의 몰입 요소에 근거한 학습 몰입 척도 개발 및 타당화 연구. **교육공학연구, 23**(1), 121-154.

소경희(2003). 교사전문성의 재개념화 방향 탐색을 위한 기초연구. **교육과정연구, 21**(4), 77-96.

손경애, 고종욱(2007). 교사의 직무스트레스와 직무만족 및 조직몰입의 관계에서 사회적 지원의 조절효과. **교육행정학연구, 25**(4), 73-94.

손준종(2015). 전국교직원노동조합의 교사 정체성 담론 연구. **한국교육학연구, 21**(1), 239-275.

송경오(2015). 학교혁신을 위한 교사 전문적 정체성의 의미와 중요성: 자유학기제와 혁신학교 사례를 중심으로. **교육행정학연구, 33**(4), 147-174.

송경오, 정지선(2008). 현직교사의 전문성에 영향을 미치는 학교환경 분석. **한국교육, 35**(3), 81-105.

송미경, 양난미, 이은경(2016). 교사의 소명의식, 자아존중감, 직업적 정체감, 삶의 만족 간의 관계. **교원교육, 32**(4), 197-218.

송병순 외(2002). **교육하회학**. 서울: 문음사.

송영주(2010). 전문대학생의 학습유형 및 학습전략과 학업성취도와의 관계. **열린교육연구, 18**(4), 321-342.

송영주(2013). 학습유형과 학습전략, 학습시간에 따른 전문대학생의 학업성취 경로분석. **열린교육연구, 21**(4), 47-68.

송인발, 박주호(2014). 교사의 전문성 개발 참여에 미친 학교 수준 변인의 영향. **한국교원교육연구, 31**(4), 93-117.

신나민, 류호섭, 박종향(2013). 중학생의 학급규모에 대한 인식과 학교생활간의 관계에 관한 실증적 연구. **교육시설 논문지, 20**(6), 49-56.

신동한(2008). 학교장의 감성리더십과 교사의 교직헌신도 및 학교조직 효과성 간의 관계. **교육행정학연구, 26**(3), 125~149.

신보현(2016). 교사의 팔로워십 측정도구 개발 및 타당화. 박사학위논문, 인천대학교.

신재흡(2007). 도덕적 지도성과 임파워먼트가 교직헌신에 미치는 영향 분석. **교육행정학연구, 25**(2), 93-119.

신재흡(2008). 변혁적 지도성과 조직헌신이 조직시민행동에 미치는 영향 분석. **교육행정학연구, 26**(1), 69-95.

신재흡(2010). 서번트 리더십과 팔로워십이 학교 조직효과성에 미치는 영향 분석. **교육종합연구, 8**(2), 66-90.

신재흡(2014). 학교장의 서번트 리더십과 학교 조직문화가 학교 조직효과성에 미치는 영향 분석. **교육종합연구, 10**(1), 19-41.

안길훈(2007). 학생들의 선호-교사상에 대한 내용분석적 연구. **교육행정학연구, 25**(4), 117-140.

안도희(2005). 대학생의 지적능력에 대한 신념, 성취목적지향 및 학습전근책 간의 관계모형. **한국교육,**

32(4), 3-27.

안도희, 김누리(2014). 초등학교 교사의 직무환경이 교사효능감에 미치는 영향 : 교사역량의 매개효과와 직급간 다집단 분석. 한국교원교육연구, 31(4), 251-274

안도희, 김유리(2012). 기대 및 가치 신념이 청소년의 학업성취와 주관적 안녕감에 미치는 영향. 청소년학연구, 19(3), 293-319.

안도희, 최혜림(2012). 고등학생의 학업 동기 및 사회적 지지와 학업 성취와의 관계. 한국교육문제연구, 30(2), 145-164

안아라, 김한별(2013). 초등학교 교직에서 남교사의 정체성 탐색. 교육문제연구, 48, 81-108.

안화용, 한인수(2013). 진실한 리더십과 긍정심리자본의 관계에 대한 고찰. 경영경제연구, 35(2), 97-118.

양난미, 이지연(2008). 교사들의 내적·외적 동기, 교수몰입과 행복감의 관계. 상담학연구, 9(1), 1-14.

예지은, 진현, 서의정, 김명진, 류지성(2013). 직장인의 행복에 관한 연구. 서울: 삼성경제연구소.

오정수, 정병근(2015). 체육교사의 직업정체성과 교사효능감 및 직무수행 태도의 구조적 관계. 한국체육과학회지, 24(5), 1029-1040.

옥장흠(2009). 교사의 직무스트레스 요인이 직무만족과 조직몰입 및 이직의도에 미치는 영향. 한국교원교육연구, 26(2), 175-200.

우명숙(2017). 학교규모와 학급규모가 학생과 교사의 교육활동에 미치는 영향. 교육재정경제연구, 26, 139-161.

우창빈(2013). 행복을 추구하는 행복정책은 가능한가?: 행복을 목표로 하는 공공정책의 이론, 논란, 가능성과 조건들. 행정논총, 51(2), 283-318.

유승우, 임형택, 권충훈 등(2010). 교육방법 및 교육공학. 파주: 양서원.

유홍준, 유태용, 정태인, 배성호, 조아름(2014). 직업정체성 척도개발과 직업정체성의 선행 및 결과변인들 간 관계 검증. 한국심리학회지: 산업 및 조직, 27(4), 617-45.

윤선인(2014). 영국이 교권보호 정책 현황 https://www.kedi.re.kr/khome/main/research/selectExternalForm.do?acNum0=16528

윤정일, 신효정(2006). 교사 전문성에 관한 교사, 학생, 학부모의 인식 연구. 한국교원교육연구, 23(2), 79-100.

윤정일, 송기창, 조동섭, 김병주(2015). 교육행정학원론(5판). 서울: 학지사.

윤지혜, 한근영, 원주영(2012). 청소년용 심리구조 척도 개발에 관한 연구. 미래청소년학회지, 9(2), 79-99.

윤현진, 장형심(2012). 학교장의 변혁적 리더십이 초등교사의 조직시민행동에 미치는 영향: 동료교사에 대한 교사신뢰의 매개효과. 교육행정학연구, 30(4), 325-348

이경미, 김영태, 박정환(2012). 고등학생의 심리적 안녕감이 정서지능과 내외통제성에 미치는 영향. 한국산학기술학회논문집, 13(3), 1027-1034.

이경희, 김지연(2014). 대학생의 학업적 자기효능감, 학습동기, 수업만족도와 학업성취도 간의 관계에 관한 연구. Andragogy Today, 17(4), 33-57.

이광성(2014). 의사소통능력이 자기주도적 학습능력에 미치는 효과 연구. 열린교육연구, 22(1), 413-429.

이광수(2013). 교사에게 제공되는 보상 유형, 직무동기, 교직헌신 간의 관계. 학습자중심교과교육연구,

13(4), 49-70

이동섭, 조봉순, 김기태, 김성국, 이인석, 최용득(2009). 긍정심리학의 응용을 통한 인사조직연구의 새로운 접근. **인사 · 조직연구**, 17(2), 307-339.

이미라(2007). 교장의 감성리더십과 학교의 조직감성과 조직학습의 관계. 충남대학교 박사학위논문.

이민종(2018). 학부모 욕설에 비해... 교사들 전화번호 공개 '스트레스'. 문화일보, 2018년 7월 17일자.

이병관(2013). 내외통제성과 우연에 대한 지각이 대학생 삶의 만족도에 미치는 효과 연구. **인간이해**, 34(1), 37-54.

이병임, 류형선(2011). 고등학생의 학생 유형과 성별에 따른 행복비교. **영재와 영재교육**, 10(3), 117-132.

이병환, 장기풍, 김규태(2012). **최신 교육행정 및 교육경영**. 서울: 태영출판사.

이보영(2014). 핀란드의 교권보호 정책 현황.
https://www.kedi.re.kr/khome/main/research/selectExternalForm.do?acNum0=16539

이봉주, 유정아(2017). 교사소진척도 타당화연구. **한국HRD연구**, 12(3), 89-115.

이서정, 신태섭(2018). 고등학생의 마인드셋이 그릿을 매개로 학업적 자기효능감에 미치는 영향: 수학포기여부에 따른 다집단분석. **아시아아교육연구**, 19(1), 59-87.

이석열(2006). 교장의 감성리더십과 학교의 조직 감성와 조직 학습의 관계. 박사학위논문, 충남대학교.

이석열(2015). **교원의 능력개발을 위한 전문적 학습공동체 운영 방안**. 서울: 한국교육개발원.

이석재, 장유경, 이헌남, 박광엽(2003). **생애능력 측정도구 개발연구 : 의사소통능력, 문제해결능력, 자기주도적 학습능력을 중심으로-**. 서울: 한국교육개발원..

이세웅(2014). 미국의 교권보호 정책 현황.
https://www.kedi.re.kr/khome/main/ research/selectExternalForm.do?acNum0=16526

이수용(2016). "비판적 반성"을 통한 초등사회과 교사의 전문성 발달 고찰. **사회과교육**, 55(1), 25-40.

이숙정(2005). 교사가 지각한 신리 척도의 타당화. **교육평가연구**, 8(3), 117-134.

이숙정(2006). 학교변인과 학생들의 교사신뢰와의 관계. 학교급, 학교 · 학급규모, 남녀공학 유형을 중심으로. **교육학연구**, 44(1), 171-194.

이숙정(2006). 중 · 고생의 교사신뢰와 자아존중감, 학습동기, 학업성취 및 학급풍토간의 관계모형 검증. **교육심리연구**, 20(1), 197-218.

이승미(2003). 학급규모가 초등학교에서 교원과 학생의 생활에미치는 영향. **교육방법연구**, 15(2), 79-104.

이쌍철, 홍창남(2013). 교사 간 신뢰가 교사 효능감과 조직시민행동에 주는 효과 분석. **한국교원교육연구**, 30(2). 147-169

이쌍철, 홍창남, 송영명(2011). 교사-교장 신뢰가 교사의 사기 및 학교만족에 주는 효과에 관한 탐색적 연구. **초등교육연구**, 24(1), 43-63.

이애화(2016). **능력중심사회의 NCS 기반의 문제해결능력**. 파주: 양성원.

이영만(2014). 학업스트레스와 학업소진의 관계에서 학업탄력성의 조절효과. **사고개발**, 10(4), 79-101.

이영만(2016). 교사의 심리적 소진 관련 변인에 대한 메타분석. **교사교육연구**, 55(4), 441-459.

이영복, 이상만, 이자영(2009). 한국형 학업소진 척도 개발 및 타당화. **한국교육학연구**, 15(3), 59-78.

이용호, 김상돈, 김현진(2012). 초등학교장의 서번트 리더십이 교사의 교직헌신을 매개로 교사의 직무만

족에 미치는 구조적인 영향. 교육행정학연구, 30(4). 477-503
이우진(2018). 보직 안 맡으려고 교단. 한국교육신문, 2018년 9월 3일자.
이윤식, 이상미(2009). 학교장의 수업지도성과 감성지도성이 교사효능감과 교사헌신에 미치는 영향. 교육행정학연구, 27(2), 1-24.
이윤식, 이효신(2012). 학교조직건강, 개인적 교
이인효(1990). 인문계 고등학교 교직문화 연구. 서울: 한국교육개발원.
이재신(2009). 고등학생의 메타인지와 학습몰입과의 관계: 자기주도적 학습능력의 매개효과. 한국교원교육연구, 26(2), 277-295.
이재신, 이지혜(2011). 교사의 자율성, 낙관성, 교수몰입과 주관적 안녕감 간의 관계. 한국교원교육연구, 28(1), 65-90.
이정림, 권대훈(2016). 통제소재, 마인드셋, 그릿, 학업성취 간의 구조적 관계 분석. 청소년학연구, 23(11), 245-264.
이종근(2018). 소송에 시달리는 교사들... 교권3법 개정으로 보호해야. 한국교육신문,
이종신, 문혁준(2009). 긍정심리 및 내외통제성과 양육 스트레스와의 관계: 유아기 자녀를 둔 어머니를 중심으로. 대한가정학회지, 47(4), 37-48.
이준효(2006). 중등교사 직무스트레스 조사도구 개발. 박사학위논문, 경북대학교.
이지영, 김명언(2008). 조직에서의 긍정심리학의 적용: 긍정조직학의 현주소와 지향점. 한국심리학회지: 산업 및 조직, 21(4), 677-703.
이진원, 조주영, 박세훈(2009). 교사가 인식한 조직공정성과 신뢰의 관계. 교육종합연구, 7(1), 73-95.
이학주(2000). 의미변별법으로 측정한 교사의 자아상. 한국교사교육, 17(1), 183-205.
이항우, 이창호 등(2011). 정보사회의 이해. 서울: 미래인.
이현아, 조한익(2013). 완벽주의와 학업열의 및 학업소진과의 관계. 한국심리학회지: 상담 및 심리치료, 25(3), 575-601.
이혜림, 백윤정, 김은실(2013). 긍정심리자본과 개인 창의성의 관계: 정서와 인지의 매개효과를 중심으로. 인적자원관리연구, 20(2), 145-168.
이효신(2015). 교사 정체성 관점에서 분석한 수석교사제 연구. 학습자중심교과교육연구, 15(6), 295-317.
이희숙, 김창석(2015). 플립러닝 학습이 학습동기에 미치는 효과. 한국컴퓨터교육학회 동계 학술발표논문지, 19(1), 143-147.
이희현, 김소아, 이상은, 이민욱, 김남향(2018). 2017년 교원치유지원센터 운영 성과 분석 결과 보고서. 진천: 한국교육개발원.
이희현, 허주, 김소아, 김종민, 정바울, 오상아(2017). 교사 직무 스트레스 실태 분석 및 해소 방안 연구. 진천: 한국교육개발원.
인보영, 김인옥(2012). 아동의 성격강점이 학교생활 행복에 미치는 영향. 한국웰니스학회지, 7(1), 81-95.
임미향, 박영신(2006). 가정생활과 학교생활에서의 삶의 질: 초등학생을 중심으로, 2006, 332-333.
임우선(2018). 기간제 교사 10% 돌파... 절반이 담임 떠맡아. 동아일보, 2018년 10월 10일자
임지연(2018). 초등학생에게 폭행 당하는 교사들... 교권침해 바로잡아야. 대학저널, 2018년 8월 30일자.
임지윤, 도승이(2014). 교사의 정서노동이 직무스트레스, 소진 및 교사효능감에 미치는 영향. 한국교원

교육연구, 31(1), 197-220.

임현희, 조한익(2018). 청소년용 학업적 그릿 척도의 개발과 타당화. **교육심리연구**, 32(3), 495-523.

임효신, 정철영(2015). 중학생 진로개발역량 검사도구 개발. **진로교육연구**, 28(4), 107-137.

임효진(2017). 그릿의 최근 연구동향과 재개념화의 필요성. **교육심리연구**, 31(4), 663-681.

장성원 등(2013). **미래산업을 바꿀 7대 파괴적 혁신기술**. 서울: 삼성경제연구소(SERI).

장성화, 민윤희, 이동률, 이미애(2014). 초등학생의 학습동기와 자기주도적 학습능력이 학교적응에 미치는 영향. **아동교육**, 23(3), 409-424.

장수명, & 최형주. (2004). 학급규모가 교사의 수업태도와 교수-학습방법의 활용에 미친 영향. **한국교육**, 31(4), 123-154.

장수명(2003). **학급 규모 의 교육 재정, 경제적 분석**. 서울: 한국교육개발원.

장영철, 남궁은정(2013). 긍정 탐구를 통한 조직변화/혁신. **대한경영학회지**, 26(10), 2627-2649.

장윤옥, 정서린(2017). 청소년의 학업스트레스와 학업소진 및 학업열의와의 관계에서 자기조절학습전략의 조절효과. **중등교육연구**, 65(1), 195-223.

장지선, 탁진국(2013). 긍정심리자본, 학습목표지향성, 리더의 비전제시가 정서적 조직변화몰입에 미치는 영향: 변화이점, 조직냉소주의의 조절효과. **한국심리학회지: 산업 및 조직**, 26(1), 1-25.

전미애(2013). 이공계 대학생의 자기주도학습준비도와 학습유형의 관계. **대한공업교육학회지**, 38(2), 240-266.

정광희, 김갑성, 김병찬, 김태은(2008). **한국 교사의 리더십 특성 연구**. 서울: 한국교육개발원.

정대용, 박권홍, 서장덕(2011). 긍정심리자본과 리더십 성과. **경영교육논총**, 66, 401-428.

정미경(2003). 초등학생용 자기조절학습 검사의 표준화. **초등교육연구**, 16(1), 253-273.

정미경(2005). 대학생용 자기조절학습 검사도구 개발. **교육평가연구**, 18(3), 155-181.

정미경(2007). 자기조절학습과 창의적, 비판적 사고력 간의 관계. **영재와 영재교육**, 6(1), 163-182.

정범모(2009). **교육의 방향**. 파주: 교육과학사.

정세영, 김정섭(2013). 전환기 중학생의 학습동기와 학습전략의 관계. **사고개발**, 9(1), 161-176.

정수정(2014). 독일의 교권보호 정책 현황. https://www.kedi.re.kr/khome/main/research/selectExternalForm.do?acNum0=16529

정순경, 손원경(2016). 교사의 정체성 형성요소와 형성과정에 관한 질적 메타분석. 열린부모교육연구, 8(3), 181-202.

정연수, 최은수(2014). 중등학교 교감의 퍼실리테이션 역량이 교사리더십, 학교조직문화, 조직몰입 및 학교조직효과성에 미치는 영향. **한국교원교육연구**, 31(3), 151-173.

정옥분, 임정하, 정순화, 김리진, 윤정은(2012). 초등학생용 자기주도학습능력 척도개발과 타당화 연구. **인간발달연구**, 19(4), 227-245.

정인경, 김정현(2016). 청소년의 학업적 자기효능감과 학업소진의 관계에서 스트레스 대처의 조절효과. **한국교육문제연구**, 34(4), 193-211..

정일환 외(2010), **초· 중· 고 통합운영학교 운영의 활성화 방안 연구**. 한국교육개발원.

정제영, 김현주, 이유진(2014). 교사의 전문성 계발 수준에 영향을 미치는 지역의 교육환경 요인 분석. **한국교원교육연구**, 31(3), 321-342.

정제영, 김현주, 이유진(2014). 교사의 전문성 계발 수준에 영향을 미치는 지역의 교육환경 요인 분석. **한국교원교육연구**, 31(3), 321-342.

정종진(2010). **교육평가 이론과 실제**. 파주: 양서원.

정지영, 김희화(2010). 한국 초등학생의 학업동기 척도개발에 관한 연구: 자기결정성 이론을 근거하여. **청소년학연구**, 17(11), 117-137.

조동근, 임세영(2017). 공업계 고등학교 기계과 교사의 직업정체성에 관한 생애사 연구. **대한공업교육학회지**, 42(1), 1-29.

조동섭, 김왕준, 안병천, 김수미, 김민규(2014). **한 손에 잡히는 학급경영과 교직실무**. 서울: 학지사.

조성구, 한유경, 민윤정, 김애신, 주철안(2011). 분산적 지도성이 학교조직효과성에 미치는 영향. **교사교육연구**, 50(3), 13-28.

조은영, 이지연(2015). 초등교사의 감정노동과 직무스트레스와의 관계에서 소명의식과 일의 의미 조절효과. **열린교육연구**, 23(3), 1-23.

조한익(2011). 초등학생의 심리적 안녕감에 영향을 미치는 사회적지지, 희망, 우울증 및 학업성취도의 구조적 관계 분석. **한국교육심리학회**, 25(1), 153-174.

조한익(2012). 초등학생의 성취목표지향성, 성취정서, 학업성취도 및 주관적 안녕감의 구조적 관계 분석. **교육심리연구**, 26(4), 1001-1021.

조한익(2014). 초등학생의 학업 · 사회적 성취목표지향성, 자기결정성, 학업성취도 및 학교생활적응의 구조적 관계 분석. **초등교육연구**, 27(4), 207-229.

조한익, 권혜연(2010). 청소년의 자기결정성 학습동기와 학업성취의 관계. **청소년학연구**, 17(11), 47-68.

조현철(2003). 자율적 학업동기, 학습전략 및 학업성취간 관계의 구조방정식 모형 분석. **교육학연구**, 41(2), 225-251.

조홍식(2007). 중등 체육교사의 직업적 정체성 요인이 조직의 맥락수행 태도에 미치는 영향. **한국체육학회지**, 46(4), 183-196.

주동범, 박성찬(2013). 학교 조직풍토가 교사의 직무스트레스에 미치는 영향. **한국자치행정학보**, 27(3), 71-91

주삼환, 천세영, 김택균, 신붕섭, 이석열, 김용남, 이미라, 이선호, 정일화, 김미정, 조성만(2009). **교육행정 및 교육경영**. 서울: 학지사.

주영효, 김규태(2009). 분산적 지도성의 이론적 탐색. **교육행정학연구**, 27(2), 25-54.

차명호, 이정애(2012). 주관적 흥미-학과 일치도, 학업적 자기효능감과 학과적응도 간의 관계. **직업교육연구**, 31(4), 227-243.

차선경, 권동택(2012). 초등교사의 교사 발달단계에 따른 직무스트레스 및 심리적 소진 차이 연구. **초등교육학연구**. 19(1), 111-130

차성현, 정태욱(2008). 교사의 직무만족과 직업몰입이 조직시민행동에 미치는 영향 분석. **교육행정학연구**, 26(4), 125-145.

채영병(2005). 고등학교 교사의 개인배경, 역할갈등, 학교조직풍토, 자아효능감과 직무 만족의 관계. 박사학위논문, 서울대학교.

채현순, 장유진(2016). 전문상담교사의 전문직 정체성 형성 과정에 관한 질적 연구. **한국교원교육연구**,

33(4), 167-192.

천경희, 송영명(2012). 의과대학생의 성취목표지향성과 완벽주의가 학업적 자기효능감과 학업성취에 미치는 영향. **교육학연구**, 50(4), 107-132.

천정웅, 김민, 김진호, 박선영(2011). **차세대 청소년학총론**. 파주: 양서원.

최민혜(2010). 아동이 행복한 학교. **초등교육학연구**, 17(2), 223-239.

최상근(1993). 한국 초중등교사의 교직사회화 과정 연구-국? 공립학교 남교사를 중심으로. **교육사회학연구**, 3, 57-78.

최우재, 조윤형(2013). 진성리더십이 부하의 심리적 웰빙과 적응적 수행성과에 미치는 영향: 자기권능감의 매개효과. **인사조직연구**, 21(1), 185-228.

추승희, 고재천(2013). 초등학교 부장교사의 감성적 리더십이 동학년 교사의 직무만족에 미치는 영향. **한국교원교육연구**, 20(1), 107-127.

충북교육청(2017). 교권보호 매뉴얼.

하원규, 최남희(2015). **제4차 산업혁명**. 서울: 콘텐츠하다.

한국교원단체총연합회(2018). 2017년도 교권회복 및 교직상담 활동 실적.

한국교육개발원(2014). **OECD 교육지표**. 서울: 한국교육개발원.

한국교육개발원(2015). **한국교육개발원 교육여론조사**. 서울: 한국교육개발원.

한국교육개발원(2017). 2017년 교육활동 보호 매뉴얼.

한국교육개발원(2018). **교육통계분석자료집: 유초중등분야**. 진천: 한국교육개발원.

한국교육과정평가원(2016). **제4차 산업혁명, 학교교육을 어떻게 변화시킬까?**. 진천: 한국교육과정평가원.

한국교육과정평가원(2016). **지능정보사회 대비 학교교육의 방향과 탐색**. 진천: 한국교육과정평가원.

한국교육학술정보원(2007). 초임교사를 위한 장학가이드북 및 Q&A.

한국정보화진흥원(2017). **미래사회에 지능을 더하다: 교육분야**. 대구: 한국정보화진흥원.

한규석(2017). **사회심리학의 이해(4판)**. 서울: 학지사.

한순미(2004). 학습동기 변인들과 인지전략 및 학업성취간의 관계. **교육심리연구**, 18(1), 229-350.

한재민, 이윤식(2013). 초등학교 교장의 변혁적 리더십과 수석교사의 수업장학활동, 교사효능감, 교사의 수업전문성 간의 구조관계. **한국교원교육연구**, 30(4), 407-432.

한주리, 허경호(2005). 가족구성원의 의사소통 능력, 내외통제성, 충동성, 낙관성이 가족관계 만족도에 미치는 영향. **한국언론정보학보**, 28, 251-293.

한주희, 임규혁(2012). 긍정심리자본에 영향을 미치는 개인 수준과 팀 수준 요인에 관한 연구. **지식경영연구**, 13(5), 91-111.

허난설(2016). 초등 교사의 직무 스트레스와 소진과의 관계에서 직업 정체성의 조절 효과. **열린교육연구**, 24(1), 253-274.

허영주(2015). 중등 예비교사의 교사상 유형 및 추구하는 교사상의 복합성 정도. **교육문화연구**, 21(2), 5-26.

허유성, 최지영, 남창우(2011). 초등학교 저성취학교의 주관적 행복 수준 및 행복에 영향을 미치는 교실변인 탐색: 행복한 저성취 학생을 중심으로. **아동교육**, 20(4), 109-126.

허주, 최수진, 김이경, 김갑성, 김용련, 김서현(2015). **교원 및 교직환경 국제비교 연구: TALIS 2주기 결과**

를 중심으로. 서울: 한국교육개발원.

홍기칠(2012). 교육방법 및 교육공학. 고양: 공동체.

홍기칠(2014). 초등학생용 자기주도학습력 검사의 타당화. 사고개발, 10(2), 1-30.

홍석(2012). 학교장의 감성리더십과 교사의 자기주도적 학습능력 및 직무만족이 교사의 학교조직몰입에 미치는 영향. 평생교육 · HRD 연구, 8(2), 169-189.

홍애순, 조규판(2014). 초등학생이 지각한 사회적지지, 학업적 자기효능감, 학교생활적응이 학교행복감 및 학업성취도에 미치는 영향. 학습자중심교과교육연구, 14(1), 45-68.

홍은숙(2012). 행복한 학교를 위한 교육적 성찰. 도덕교육연구, 24(3), 241-265.

홍창남(2006). 교사효능감의 제고 가능성에 대한 실증 분석. 교육행정학연구, 24(4).161-185.

홍창남, 이쌍철, 정성수(2010). 교사-교장 간 신뢰가 학생의 학업성취에 미치는 영향에 관한 탐색적 연구. 교육행정학연구, 28(4), 327-350.

황재규(2011). 전문대학생용 학습전략 척도개발 및 타당화. 상담학연구, 12(5), 1833-1855.

Abdal-Haqq, Ismat(1995). Professional standards developmen: Teacher involvement. ERIC 383693.

Adams, C. J. (2013). 'Soft skills' seen as key element for higher ed many teens lack crucial life skills like resiliency, grit, and the ability to communicate and advocate, and that's hurting college-completion rates. *Education Digest, 78*(6), 18-22.

Akkerman, S. F., & Meijer, P. C. (2011). A dialogical approach to conceptualizing teacher identity. Teaching and Teacher Education, 27, 308-319.

Albrecht. T. L., & Adelman. M. B. (1987). Cpmmunicating social support: A theoretical perspectie. In T. L. Albrecht & M. B. Adelman(Eds.), Communicating social support(pp. 18–39). Newbury Park, CA: Sage.

Anderson, G. L. (2009). Advocacy leadership: Toward a post-reform agenda in education. New York: Routledge

Aronson, E., Wilson, T. D., Akert, R. M., & Sommers, S. R. (2018). 사회심리학 (9판). 서울: 시그마프레스.

Arvaja, M. (2016). Building teacher identity through the process of positioning. Teaching and Teacher Education, 59, 392-402.

Ashton, P. T., & Webb, R. B. (1986). Making a difference: Teachers' sense of efficacy and student achievement. New York: Longman.

Avey, J. B., Wernsing, T. S., & Luthans, F. (2008). Can positive employees help positive organization chanage?: Impact of psychological capital and emotions on relevant attitudes and behaviors. The Journal of Applied Behavioral Science, 44(1), 48-70.

Baker, J. A., Dilly, L. J., Aupperless, J. L., Patil, S. A. (2003). The Developmental context of school satisfaction: Schools as psychologically healthy environments. School Psychology Quarterly, 18(2), 206-221.

Bakker, A. B., & Schaufeli, W. B. (2008). Positive organizational behavior: Engaged employee in flourishing organizations. Journal of Organizational Behavior, 29, 147-154.

Ballantyne, J. & Zhukov, K. (2017). A good news story: Early-career music teachers' accounts of their "flourishing" professional identity. Teaching and Teacher Education, 68, 241-251.

Bandura, A. (1982). Self-efficacy mechanism in human agency. American Psychologist, 37(2), 122-147.

Bandura, A. (2001). **자기효능감과 삶의 질: 교육, 건강, 운동, 조직에서의 성취** (박영신, 김의철 역). 서울: 교육과학사. (원서 1997년 발행).

Bashant, J. (2014). Developing grit in our students: Why grit is such a desirable trait, and practical strategies for teachers and schools. Journal of Leadership and Instruction, Fall, 14-18.

Bask, M., & Salmela-Aro, K. (2013). Burned out to drop out: Exploring the relationship between school burnout and school dropout. European Journal of Psychology Education, 28, 511-528.

Bass, B. M. (1990). From transactional to transformational leadership: Learning to share the vision. *Organizational Dynamics, 18*(3), 19-31.

Bass, B. M.(1985). ***Leadership and performance beyond expectation***. New York: Free Press.

Bass. B. M. (1981). ***Stogdill's handbook of leadership: A survey of theory and research***. New York: Prentice Hall.

Beijaard, D., Meijer, P. C., & Verloop, N. (2004). Reconsidering research on teachers' professional identity. Teaching and Teacher Education, 20(2), 107-128.

Beijaard, D., Verloop, N., & Vermunt, J. D. (2000). Teachers' perceptions of professional identity: An exploratory study from a personal knowledge perspective. Teaching and Teacher Education, 16(7), 749-764.

Bilge, F., Dost, M. T., & Çetin, B. (2014). Factors affecting burnout and school engagement among high school students: Study habits, self efficacy beliefs, and academic success. Educational Science: Theory and Practices, 14(5), 1721-1727.

Billing, D. (2007). Teaching for transfer of core/key skills in higher education: Cognitive skills. Higher Education, 53(4), 483-516.

Blackwell, L. S., Trzesniewski, K. H., & Dweck, C. S. (2007). Implicit theories of intelligence predict achievement across an adolescent transition: A longitudinal study and an intervention. Child Development, 78(1), 246-263.

Bolman, L. G., & Deal, T. E. (2008). ***Reframing organizations: Artistry, choice, and leadership***(4th ed.). San Francisco, CA: John Wiley & Sons.

Bono, J. E., & Ilies, R. (2006). Charisma, positive emotions, and mood contagion. The Leadership Quarterly, 17, 317-334.

Bright, D. S., & Fry, R. E. (2013). Introduction: Building ethical, virtuous organizations. The Journal of Applied Behavior Science, 49(1), 5-12.

Bronfenbrenner, U. (1979). The ecology of human development: Experiments by nature and design. Cambidge, MA: Harvard University Press.

Buckingham, M., & Clifton, D. O. (2001). Now, discover your strengths. New York: Free Press.

Burnette, J. L., O'Boyle, E., VanEpps, E. M., Pollack, J. M., & Finkel, E. J. (2013). Mindsets matter: A meta-analytic review of implicit theories and self-regulation. Psychological Bulletin, 139(3), 655-701.

Burns, J. M. (1978). ***Leadership***. N.Y: Harper & Row.

Byrk, A. S., & Schneider, B. (2003). Trust in schools: A core resource for school reform. ***Educational Leadership, 60***, 40-44.

Cameron, K. S., & Quinn, R. E. (1999). ***Diagnosing and changing organizational culture***. New York: Addison Wesley.

Cameron, K. S., & Spreitzer, G. M. (2012). The Oxford handbook of positive organizational scholarship. NY: Oxford University Press.

Cameron, K. S., Dutton, J. E., & Quinn, R. E.(ed). (2003). Positive organizational scholarship: Foundations of a new discipline. San Francisco, CA: Berret-Koehler Publications.

Cameron, K., Mora, C., Leutscher, T., & Calarco, M. (2011). Effects of positive practices on organizational effectiveness. The Journal of Applied Behavior Science, 47(3), 266-308.

Chang-Krekl, S. & Colannino, D. (2017). Constructing the image of the teacher on Reddit: Best and worst teachers. Teaching and Teacher Education, 64, 43-51.

Chen, W. (2012). How education enhances happiness: Comprison of mediating factors in four East Asian countries.

Cindy, H., & Joellen, K. (2007). Ten roles for teacher leaders. Educational Leadership, 65(1), 74-77.

Cohen, J. L. (2010). Getting recognized: Teachers negotiating professional identities as learners through talk. Teaching and Teacher Education, 26, 473-481.

Cohen, J., McCabe, E. M., Michelli, N. M., & Pickeral, T. (2009). School climate: Research, ploicy, practice, and teacher evaluation. Teacher College Record, 111(1), 180-213.

Cohen, M D., March, J. G., & Olsen, J. P.(1972). A garbage can midel of organizational choice. ***Administrative Science Quarterly, 17***(1), 1−25.

Collie, R. J., Shapka, J. D., & Perry, N. E. (2011). Predicting teacher commitment: The impact of school climate and social-emotional learning. Psychology in the Schools, 48(10), 1034-1048.

Collins, G. (2011). 코칭바이블: 개인을 변화시키고 조직을 혁신하는 코칭의 모든 것. 서울: IVP.

Cooperrider, D. L., & Whitney, D. (2008). **조직변화의 긍정혁명**. (유준희, 강성룡, 김명언 역). 서울: 쟁이. (원서 2005 발행)

Coutu, D. L. (2002). How resilience works. ***Harvard Business Review, 80***(5), 46-50.

Coutu, D. L. (2002). How resilience works. Harvard Business Review, May, 1-8.

Csikszentmihalyi, M. (2004). **몰입, 미치도록 행복한 나를 만나다**. 서울: 한울림.

Cunningham, W. G., & Gresso, D. W. (1993). Cultural leadership: The culture of excellence in education. Needham Heights, MA: Allyn & Bacon.

Daft, R. L. (2013). **조직이론과 설계**. (김광점 외 역). 서울: 한경사

Danielson, C. (2006). *Teacher leadership: That strengthens professional practice*. Alexandria, VA:

ASCD.

Danielson, C. (2011). 교사리더십 (김미숙 역). 서울: 박학사. (원서 2007년 발행)

Darling-Hammond, L. & Wise, A. E.(1992). "Teacher Professionalism". In M. C. Alkin(ed.) Encyclopedia of Educational Research(6th ed). N.Y. : Macmillan Publishing Co.

Darling-Hammond, L., & Ball, D. L. (1999). What can policy do to support teaching to high standards? CPRE Policy Bulletin, retrieved from http://www.cpre.org/Publications/Publications_Policy_Bulletins.htm

Darling-Hammond, L., & Cobb, V. L. (1995). Rethinking teacher leadership through professional development schools, The Elementary School Journal, 96(1), 87-106.

Davies, R. S. (2011). Understanding technology literacy: A framework for evaluating educational technology integration. *TechTrends, 55*(5), 45-52.

Day, C., Sammons, P., Stobart, G., Kington, A., & Gu, Q. (2007). Teachers matter: Connecting lives, work and effectiveness. New York: McGraw Hill.

Dick, W., Carey, L., & Carey, J. O. (2009). 체제적 수업 설계모형. (김독식, 강명희, 설양환 역). 파주: 아카데미프레스. (원서 2009 발행).

Diener, E., Emmons, R. A., Larsen, R. J., & Griffin, S. (1985). The Satisfaction with Life. Scale. Journal of Personality Assessment, 49, 71-75.

Dieterly,D.L., & Schneider, B. (1974). The Effect of Organzation Environment on Perceived Power and Climate: A Laboratory study, Organzational Behavior and Human Performance.

DiPaola, M, Tarter, C., & Hoy, W. K. (2005). Measuring organizational citizenship in schools: The OCB Scale. In Wayne K. Hoy & Cecil Miskel (Eds.) *Leadership and Reform in American Public Schools*. Greenwich, CT: Information Age.

DiPaola, M. D., & Hoy, W. K. (2001). Formalization, conflict, and change: Constructive and destructive consequences in schools. *The International Journal of Educational Management, 15*(5), 238-244.

DiPaola, M. F., & Hoy, W. K.(2005a). Organizational citizenship of faculty and student achievement. *The High School Journal, 88*(3), 35-44.

DiPaola, M. F., & Hoy, W. K.(2005b). Organizational properties that foster organizational citizenship behavior. *Journal of School Leadership, 15*(4), 391-410.

DiPaola, M. F., & Tschannen-Moran, M.(2001). Organizational Citizenship Behavior in Schools and Its Relationship to School Climate. *Journal of School Leadership, 11*(5), 424-447.

DiPaola, M. F., Tarter, C. J., & Hoy, W. K.(2005). Measuring organizational citizenship of schools: The OCB Scale. In Wayne K. Hoy & Cecil Miskel (Eds.). *Educational Leadership and Reform* (pp.319-341). Greenwich, CT: Information Age.

DiPaola, M., & Tschannen-Moran, M. (2001). Organizational citizenship behavior in schools and its relationship to school climate. Journal of School Leadership, 11 (5), pp. 424-47. This article describes the early version of the scale, the OCBS Scale.

Doll, B., Kurien, S., Leclair, C., Spies, R., Champion, A., Osborn, A. (2012). The classmaps survey: A framework for promoting positive classroom environments. In R. Gilman, E. S. Heubner, & M. J. Furlong(Eds.), Handbook of positive psychology in schools(pp. 213-227). New York: Routledge.

Doyle, W.(1990). "Themes in Teacher Education Research", In W. R. Houston(ed). Handbook of Research on Teacher Education, N.Y.: Macmillan Publishing Co.

Duckworth, A. L. (2016). Grit. 서울: 비즈니스북스.

Duckworth, A. L., & Eskreis-Winkler, L. (2013). True grit. The Observer, 26(4), 1-3.

Duckworth, A. L., & Quinn, P. D. (2009). Development and validation of the Short Grit Scale (GRIT-S). Journal of Personality Assessment, 91(2), 166-174.

Duckworth, A. L., Peterson, C., Matthews, M. D., & Kelly, D. R. (2007). Grit: erseveranceand passion for long-term goals. Journal of Personality and Social Psychology, 92(6), 1087-1101.

Dunn, R., & Dunn, K. (1978). ***Teaching Students Through Their Individual Learning Styles***: A Practical Approach, Reston, VA: Reston Publishing Company, Inc.

Dutton, J. E. (2003). Breathing life into organizational studies. Journal of Management Inquiry, 12(1), 5-19.

Dweck, C. S. (2006). Mindset: The new psychology of success. New York, US: Random House.

Dweck, C. S. (2009). Mindsets: Developing talent through a growth mindset. Olympic Coach, 21(1), 4-7.

Eisenberger, R., Fasolo, P., & Davis-LaMastro, V.(1990). Perceived Organizational Support & Employee Diligence, Commitment, and Involvement. *Journal of Applied Psychology, 75*, 51-59.

Eisner, E. W. (2002). The educational imagination: On the design and evaluation of school programs (3rdEd) Upper Saddle River, New Jersey : Merril lPrentice Hall.

Engels, N., Hotton, G., Devos, G., Bouckenooghe, D., & Aelterman, A. (2008). Principals in schools with a positive school culute. Educational Studies, 34(3), 157-172.

European Commission (2014). A common European digital competence framework for citizens. Retrieved August 4, 2015 from www.openeducationeuropa.eu/en/news/ common-european-digital-competence-framework-citizens+&cd=1&hl=ko&ct=clnk&gl=kr

Fahy, P. F., Wu, H. C., & Hoy, W. K. (2010). Individual academic optimism of teachers: A new concept and its measure. In Wayne K. Hoy & Michael DiPaola (eds.). ***Analyzing school contexts: Influences of principals and teachers in the service of students***(pp. 209-227). Greenwich, CN: Information Age.

Ferrari, A. (2012). Digital competence in practice: An analysis of frameworks. Retrieved Jan 26 2015 from http://jiscdesignstudio.pbworks.com/w/file/fetch/55823162/ FinalCSReport_PDFPARAWEB.pd.f

Ferrari, A. (2012). Digital competence in practice: An analysis of frameworks. Retrieved October 26, 2015, from http://jiscdesignstudio.pbworks.com/w/file/fetch/55823162/FinalCSReport_PDFPARAWEB.pdf

Finn, J. D. (1998). Class Size and Students at Risk: What is Known?: what is Next?. National Institute on the Education of At-Risk Students, Office of Educational Research and Improvement, US Department of Education.

Finn, J. D., Pannozzo, G. M., & Achilles, C. M. (2003). The "why's" of class size: Student behavior in small classes. Review of Educational Research, 73(3), 321-368.

Flores, M. A., & Day, C. (2006). Contexts which shape and reshape new teachers' identities: A multi-perspective study. Teaching and Teacher Education, 22(2), 219-232.

Frenzel, A. C., Goetz, T., Ludtke, O., Pekrun, R., & Sutton, R. E. (2009). Emotional transmission in the classroom: Exploring the relationship between teacher and student enjoyment. Journal of Educational Psychology, 101(3), 705-716.

Friesen, M. D., & Besley, S. C. (2013). Teacher identity development in the first year of teacher education: A developmental and sociological perspective. Teaching and Teacher Education, 36, 23-32.

Froh, J. J., Bono, G., & Emmons, R. (2010). Being grateful is beyond good manners: Gratitude and motivation to contribute to society among early adolescents. Motivation and Emotion, 34(2), 144-157.

Froh, J. J., Yurkewicz, C., & Kashdan, T. B. (2009). Gratitude and subjective well-being in early adolescence: Examining gender differences. Journal of Adolescence, 32, 633-650.

Gee, J. P. (2001). Identity as an analytic lens for research in education. Review of Research in Education, 25, 99-125.

George, J. M., & Jones, G. R. (2015). **조직행동론(6판)**. (양동훈 역). 서울: 시그마프레스.

Giddens, A., & Sutton, P. W. (2014). **현대사회학 (7판)**. 서울: 을유문화사.

Giddens, A., & Sutton, P. W. (2014). **현대사회학** (김미숙 등 공역). 서울: 을유출판사. (원저 2013년 발행)

Giddens, A., & Sutton, P. W. (2015). **사회학의 핵심개념들**. 파주: 동녘.

Gilman, R., Huebner, E. S., & Furlong, M. J.(ed) (2009). Handbook of positive psychology in schools. N. Y.: Routledge.

Gimbel, P. A., & Leana, L. (2013). Healthy schools: The hidden component of teaching and learning. New York: Rowman & Littlefield Education.

Glasser, W. (1998). Choice Theory: A New Psychology of Personal Freedom, New York: Harper Collins.

Goddard, R. D. (2002). A theoretical and empirical analysis of the measurement of collective efficacy: The development of a short form. Educational and Psychological Measurement, 93, 467-476.

Goddard, R. D., & Goddard, Y. L. (2001). A multilevel analysis of the relationship between teacher and collective efficacy in urban schools. *Teaching and Teacher Education, 17*(7), 807-818.

Goddard, R. D., Hoy, W. K., & Hoy, A. W. (2000). Collective teacher efficacy: It's mening, measure and impact on teudent achievement. American Educational Research Journal, 37(2), 479-507.

Goddard, R. D., Hoy, W. K., Woolfolk, A. (2000). Collective teacher efficacy: Its meaning, measure, and effect on student achievement. American Education Research Journal, 37(2), 479-507.

Goddard, R. D., LoGerfo, L., & Hoy, W. K. (2004). High school accountability: The role of perceived collective efficacy. *Educational Policy, 18*(3), 403-425.

Goleman, D., Boyatzis, R., & Mckee, A. (2002). *Primal leadership: Realizing the power of emotional intelligence*. Boston, Mass: Harvard Business School Press.

Gomez, M. L., & White, E. (2010). Seeing one another as "other". Teaching and Teacher Education, 26(4), 1015-1022.

Graham, A., & Phelps, R. (2003). 'Being a teacher' : Developing teacher identity and enhancing practice through metacognitive and reflective learning processes. Australian Journal of Teacher Education, 27(2), 1-14.

Greenberg, J., Schmader, T., Arndt, J., & Landau, M. (2017). 사회심리학. 서울: 시그마프레스.

Greenleaf, R. K. (1977, 2002). Servant-Leadership: A Journey into the Nature of Legitimate Power and Greatness. Mahwah, NJ: Paulist Press.

Gregorc, A. F. (1982). *An adult's guide to styles*. Maynard, MA: Gabriel Systems, Inc.

Gronn, P. (2002). Distributed leadership as a unit of analysis. The leadership quarterly, 13(4), 423-451.

Gürol, M. & Kerimgil, S. (2010). Academic optimism. Procedia - Social and Behavioral Sciences, 9, 929-932.

Hakanen, J. J., Bakker, A. B., & Schaufeli, W. B. (2006). Burnout and work engagement among teachers. Journal of School Psychology, 43, 495-513.

Halpin, A. W., & Croft, D. B. (1963). *The organizational climate of schools*. Chicago, IL: Midwest Administration Center of the University of Chicago.

Hamman, D., Gosselin, K., Romano, J., & Bunuan, R. (2010). Using possible-selves theory to understand the identity development of new teachers. Teaching and Teacher Education, 26(7), 1349-1361.

Hargreave. A. (2000). Four ages of professionalism and professional learning. *Teachers and Teaching: History and Practice, 6*(2), 151-182.

Hargreaves, A. (2000). Four ages of professionalism and professional learning. Teachers and Teaching: History and Practice, 6(2), 151-182.

Hargreaves, D. (1994). The new professionalism: The synthesis of professional and institutional development. Teaching and Teacher Education , 10(4), 423–438.

Harris, A. (2004). Distributed leadership and school improvement: leading or misleading?. Educational Management Administration & Leadership, 32(1), 11-24.

Harrison, C., & Killion, J. (2007). Ten Roles for Teacher Leaders. *Teachers as Leaders, 65*(1), 74-77.

Henderson, N., & Milstein, M. M. (2003). Resiliency in schools: Making it happen for students and educators. Thousand Oaks, CA: Corwin Press.

Higgins, E. T. (1987). Self-discrepancy: A theory relating self and affect. Psychological Review, 94, 319-340.

Hong, J. Y. (2010). Pre-service and beginning teachers' professional identity and its relation to dropping out of the profession. Teaching and Teacher Education, 26(8), 1530-1543.

Hoy, W. K. & Feldman, J. G. (1999). Organizational health profiles for high schools. In J. Freiberg(Ed.). *School climate: Measuring, sustaining, and improving*. Philadelphia: Falmer Press.

Hoy, W. K. & Ferguson, J. (1985). A theoretical framework and exploration of organizational effectiveness in schools. *Educational Administration Quarterly, 21*, 117-134.

Hoy, W. K. & Miskel, C. G. (1996). Educational administration: Theory, research, and practice, 5th edition. New York: McGraw-Hill.

Hoy, W. K. & Miskel, C. G. (2013). *Educational administration*(9th ed.). New York: McGraw-Hill.

Hoy, W. K. & Sabo, D. (1998). Quality Middle Schools: Open and Healthy. Thousand Oaks, CA: Corwin Press.

Hoy, W. K. & Sweetland, S. R. (2000). School bureaucracies that work: Enabling, not coercive. *Journal of School Leadership, 10*, 524-541.

Hoy, W. K. & Sweetland, S. R. (2001). Designing better schools; The meaning and measure of enabling school structures. Educational Administrative Quarterly, 37, 296-321.

Hoy, W. K. & Tarter, C. J. (2004). Organizational justice in schools: No justice without trust. International Journal of Educational Management, 18, 250-259.

Hoy, W. K. & Woolfolk, A. E. (1993). Teachers' sense of efficacy and the organizational health of schools. The Elementary School Journal, 93, 356-372.

Hoy, W. K. (2003). An analysis of enabling and mindful school structures: Some theoretical, research and practical considerations. *Journal of Educational Administration, 41*(1), 87-108.

Hoy, W. K., & Ferguson, J. (1985). A theoretical framework and exploration of organizational effectiveness in schools. *Educational Administration Quarterly, 21*(2), 117-134.

Hoy, W. K., & Kupersmith, W. J. (1985). The meaning and measure of faculty trust. *Educational and Psychological Research, 5*(1), 1-10.

Hoy, W. K., & Miskel, C. G. (2011). *Educational administration: theory, reach, and practice*(9th ed.). Boston: McGraw-Hill.

Hoy, W. K., & Miskel, C. G.(2008). *Educational administration: Theory, research and practice*(8th ed.). New York: McGraw-Hill, Inc.

Hoy, W. K., & Sabo, D. J. (1998). *Quality middle schools: Open and healthy*. Thousands Oaks, CA: Corwin Press.

Hoy, W. K., & Sweetland, S. R. (2000). School bureaucracies that work: Enabling, not coercive. *Journal of School Leadership, 10*, 524-541.

Hoy, W. K., & Sweetland, S. R. (2001). Designing better schools: The meaning and measure of enabling school structures. *Educational Administration Quarterly, 37*(3), 296-321.

Hoy, W. K., & Tarter, C. J. (1997). The road to open and healthy schools: A handbook for change, Secondary Edition. Thousand Oaks, CA: Corwin Press.

Hoy, W. K., & Tarter, C. J. (2004). Organizational justice in schools: No justice without trust. *International Journal of Educational Management, 18*(4), 250-259.

Hoy, W. K., & Tschannen-Moran, M. (1999). Five faces of trust: An empirical confirmation in urban elementary schools. *Journal of School Leadership, 86*(2), 184-208.

Hoy, W. K., & Tschannen-Moran, M. (2003). The conceptualization and measurement of faculty trust in schools: The omnibus T-Scale. In W. K. Hoy & C. G. Miskel (Eds.), *Studies in leading and organizing schools* (Vol. 2, pp. 181-208). Greenwich, CT: Information Age.

Hoy, W. K., & Woolfolk, A. E. (1993). Teachers' sense of efficacy and the organizational health of schools. *The Elementary School Journal, 93*(4), 356-372.

Hoy, W. K., Sweetland, S. R., Smith, P. A. (2002). Toward an organizational model of achievement in high schools: The significance of collective efficacy. *Educational Administration Quarterly, 38*(1), 77-93.

Hoy, W. K., Tarter, C. J., & Kottkamp, R. B. (1991). *Open schools/healthy schools: Measuring organizational climate*. Beverly Hills, CA: Sage.

Hoy, W. K., Tarter, C. J., & Woolfolk Hoy, A. (2006). Academic optimism of schools: A force for student achievement. *American Educational Research Journal*, 43, 425-446.

Hoy, W.K. and Sabo, D.J. (1998). Quality middle schools: Open and healthy. Thousand Oaks, CA: Corwin Press, Inc.

Hoy, W.K., and Kupersmith, W.J. (1985). The meaning and measure of faculty trust. Educational and psychological research, 5(1), 1-10.

Izadinia, M. (2015). A closer look at the role of mentor teachers in shaping preservice teachers' professional identity. Teaching and Teacher Education, 52, 1-10.

Jex, S. M., & Britt, T. W. (2011). **조직심리학** (박영석, 서용원, 이주일, 장재윤 역). 서울: 시그마프레스. (원서 2008년 발행)

Karakas, F. (2011). Positive management education: Creating creative minds, passionate hearts, and kindred spirits. Journal of Management Education, 35(2), 198-226.

Keller, J. M. (2013). **학습과 수행을 위한 동기설계: ARCS 모형 접근** (조일현, 김찬민, 허희옥, 서순식 역). 파주: 아카데미프레스. (원서 2009년 발행)

Kellner, D. (2004). Technological transformation, multiple literacies, and the re-visioning of education. E-Learning, 1(1), 9-37.

Kim, K. T. (2010). 'Panoptic'accountability: Supervisory leaders and normalizing or resisting professonals. KEDI Journal of Educational Policy, 7(1), 67-90.

Kim, K. T., & Reyes, P. (2011). A multifocal analysis of Korean accountability policy implementation. KEDI Journal of Educational Policy, 8(1), 49-80.

Kottkamp, R. B., Mulhern, J. A., & Hoy, W. K. (1987). Secondary school climate: A revision of the OCDQ. *Educational Administration Quarterly, 23*(3), 31-48.

Kristjansson, K. (2012). Positive psychology and positive education: Old wine in new bottles?. Educational Psychology, 47(2), 86-105.

Lachat, M. A. & Smith, S. (2005). Practices that support data use in urban high schools. Journal of Education for Students Placed At Risk, 10(3), 333-349.

Lasky, S. (2005). A sociocultural approach to understanding teacher identity, agency and professional vulnerability in a context of secondary school reform. Teaching and Teacher Education, 21(8), 899-916.

Laub, J. A. (1999). Assessing the servant organization: Development of the servant organizational leadership assessment (SOLA) instrument (Unpublished doctoral dissertation). Florida Atlantic University, Boca Raton, FL.

Lee, S., & Schallert, D. L. (2016). Becoming a teacher: Coordinating past, present, and future selves with perspectival understandings about teaching. Teaching and Teacher Education, 56, 72-83.

Levy, P. (2002). 집단지성: 사이버 공간의 인류학을 위하여. 서울: 문학과지성사.

Lieberman, A., & Miller, L. (2004). Teacher leadership. San Francisco, CA: Jossey-Bass.

Linley, P. A., & Harrington, S. (2006). Strengths coaching: A potential-guided approach to coaching psychology. International Coaching Psychology Review, 1(1), 607-622.

Little, J. W. (1993). Teachers' professional development and educational reform. CPRE Policy Briefs RB-11-10. Consortium for Policy Research in Education.

Lopez, S. J. (2011). 인간의 강점 발견하기. (권석만, 정지연 역). 서울: 학지사. (원서 2008년 발행)

Lopez, S. J. (2012). Schools could be the happiest places on earth. Phi Delta Kappan, 93(4), 72-73.

Lortie, D. C. (1975). *School teacher: A sociological study*. Chicago: The University of Chicago Press.

Louis, K. S., Kruse, S. & Raywid, M. A. (1996). Putting Teachers at the center of reform: Learning schools and professional community. NASSP Bulletin, 80(2), 9-21.

Lunenburg, F. C., & Ornstein, A. C. (2012). *Educational administration: Concepts and practices* (6th ed). Belmont, CA: Wadsworth.

Luthans, F. (2002). Positive organizational behavior: Developing and managing psychological strengths. Academy of Management, 16(1), 57-75.

Luthans, F., & Youssef, C. M. (2004). Human, social, and now positive psychological capital management: Investing in people for competitive advantage. Organizational Dynamics, 33(2), 143-160.

Luthans, F., & Youssef, C. M. (2007). Emerging positive organizational behavior. Journal of Management, 33(3), 321-349.

Luthans, F., Avolio, B. J., Avey, J. B., & Norman, S. M. (2007). Positve psychological capital: measurement and relationship with performance and satisfaction. Personnel Psychology, 60, 541-572.

Luthans, F., Luthans, K. W., & Luthans, B. C. (2004). Postive psychology capital: Beyond human and social capital. Business Horizons, 47(1), 45-50.

Luthans, F., Norman, S. M., Avolio, B. J., & Avey, J. B. (2008). The mediating role of psychological capital in the supportive organizational climate: Employee performance relationship. Journal of Organizational Behavior, 29, 219-238.

Luthans, F., Youssef, C. M., & Avolio, B. J. (2007). Psychological capital: Developing the human competitive edge. N. Y.: Oxford University Press.

Luthans, F., Youssef, C. M., Sweetman, D. S., & Harms, P. D. (2013). Meeting the leadership challenge of employee well-being through relationship psycap and health psycap. Journal of Leadership & Organizational Studies, 20(1), 118-133.

Masten, A. S. (2001). Ordinary magic: Resilience processes in development. American Psychology, 56(3), 227-238.

MBN(2018). 교사 80%, 밤낮없는 학부모 전화, 문자에 스트레스. 2018년 7월 18일.

McClean, G. (2011). 조직개발의 이해: 원칙 프로세스 성과. 서울: 민음인.

McEwan, E. K. (2009). 10 traits of highly effective schools: Raising the achievement bar for all students. Thousand Oaks, CA: Corwin Press.

McMahon, E., & Hoy, W. K. (2009). Professionalism in teaching: Toward a structural theory of professionalism. In W. K. Hoy & M. D. DiPaola (Eds.), *Studies in school improvement* (pp. 205-230). Greenwich, CN: Information Age.

Mentis, M., Holley-Boen, W., Butler, P., Kearney, A., Budd, J., Riley, T., & Bevan-Brown, J. (2016). Māwhai: Webbing a professional identity through networked interprofessional communities of practice. Teaching and Teacher Education, 60, 66-75.

Meyer, J. P., & Allen, J. P. (1991). A three component conceptualization of organizational commitment. *Human Resource Management Review, 1*, 61-89.

Meyer, J. W., & Rowan, B. (1977). Institutionalized organizations: Formal structure as myth and ceremony. American journal of sociology, 83(2), 340-363.

Michalos, A. C. (2008). Education, happiness, and wellbeing. Social Indicator Research, 87(3), 347-366.

Miller, D., & Danel, B. (2007). Competence to cope, worthy of happiness?: How the duality of self-esteem can inform a resilience-based classroom environment. School Psychology International, 28(5), 605-622.

Mockler, N. (2011). Beyond 'what works': Understanding teacher identity as a practical and political tool. Teachers and Teaching, 17(5), 517-528.

Moenkemeyer, G., Hoegl, M., Weiss, M. (2012). Innovatior resilience potential: A process perspective of individual resilience as influenced by innovation project termination. Human Relations, 65(5), 627-655.

Molden, D. C., & Dweck, C. S. (2006). Finding 'meaning' in psychology: A lay theories approach to self regulation, social perception, and social development. American Psychologist, 61, 192-203.

Morris, A., & Felderman. (1996). The dimensions, antecedents, and consequences of emotional labor. *The Academy of Management Review, 21*(4), 986-1010.

Morris, I. (2013). Teaching happiness and well-being in schools: Learning to ride elephants. London: Bloomsbury.

Muchinsky, P. M. (2012). 산업 및 조직심리학. (유태용 역). 서울: 시스마프레스. (원서 2012년 발행)

Murray, C. (1992). Teaching as a profession: The Rochester case in historical perspective. Harvard Educational Review, 62(4), 494-519.

Murray, C. E. (1992). Teaching as a profession: The Rochester case in historical perspective. *Harvard Educational Review, 62*(4), 494-519.

Myers, D. G. (2015). 사회심리학. 서울: 한올.

Naraian, S. (2010). General, special and… inclusive: Refiguring professional identities in a collaboratively taught classroom. Teaching and Teacher Education, 26(8), 1677-1686.

Nelson, D. L., & Cooper, C. L. (2007). Positive organizational behavior. London: Sage Publications.

New London Group(1996). A pedagogy of multiliteracies: Designing social futures. Harvard Educational Review, 66, 60–92.

Newmann, F. M., King, M. B., & Rigdon, M. (1997). Accountability and school performance: Implications from restructuring schools. Harvard Educational Review, 67(1), 41–74.

O'DAY, J., Goertz, M. E., Floden, R. E.(1995). Building capacity for education reform. CPRE Policy Briefs RB-18. Consortium for Policy Research in Education.

OECD(2014). Social and emotional skills constructs and measures for the OECD longitudinal study of skill dynamics. Paris: OECD.

Organ, D. W. (1988). *Organizational citizenship behavior. The good soldier syndrome*. Lexington, MA: Lexington books.

Owens, R. G., & Valesky, T. C. (2011). *Organizational behavior in education: Leadership and school reform*(10th ed.). New York: Pearson Education.

Pappa, S., Moate, J., Ruohotie-Lyhty, M., & Eteläpelto, A. (2017). Teachers' pedagogical and relational identity negotiation in the Finnish CLIL context. Teaching and Teacher Education, 65, 61-70.

Park, N., Peterson, C., & Seligman, M. E. P. (2004). Strenghs of character and well-being. Journal of Social and Clinical Psychology, 23(5), 603-619.

Park, S., Henkin, A. B., & Egley, R. (2005). Teacher team commitment, teamwork and trust: exploring associations. Journal of Educational Administration, 43(5), 462-479.

Pekrun, R., Elliot, A., & Maier, M. A. (2004). Achievement goals and achievement emotions: Testing a model of their joint relations with academic performance. Journal of Educational Psychology, 101(1), 115-135.

Perryman, J. (2006). Panoptic performativity and school inspection regimes: Disciplinary mechanisms and life under special measures. Journal of Education Policy, 21(2), 147-161.

Peterson, C., & Seligman, M. E. P. (2004). Character strengths and virtues: A handbook and classification. New York: Oxford University Press.

Peterson, S. J., & Luthans, F. (2003). The positive impact and development of hopeful leaders. Leadership & Organizational Development Journal, 24(1), 26-31.

Phelps, P. H. (2008). Helping teachers become leaders. The Clearing House: A Journal of Educational Strategies, Issues and Ideas, 81(3), 119-122.

Pintrich, P. R., Smith, D., Garcia, T., & McKeachie, W. (1991). The Motivational Strategies for Learning Questionaire(MSLQ). Ann Arbor, MI: University of Michigan.

Porter, A. C. (1991). Creating a system of school process indicators. Educational Evaluation and Policy Analysis, 13(1), 13-29.

Powley, E. H. (2013). The process and mechanisms of organizational healing. The Journal of Applied Behavioral Science, 49(1), 42-68.

Quinn, R. E. (1988). *Beyond rational management: Mastering the paradoxes & computing demands of high performance*. San Francisco, CA: Jossey-Bass.

Reeves, J. (2018). Teacher identity work in neoliberal schooling spaces. Teaching and Teacher Education, 72, 98-106.

Reyes, P. (1992). *Preliminary models of teacher organizational commitment: Implications for restructuring the workplace*. (ERIC Document Reproduction Service No. EA 024290)

Ritzer, G. (2012). **사회학이론**. 서울: 한울출판사.

Robbins, S. P., & Judge, T. A. (2011). **조직행동론** (이덕로, 김태열, 박기찬, 박원우 역). 서울: Pearson. (원서 2011년 발행)

Roffey, S. (2008). Emotional literacy and the ecology of school wellbeing. Educational & Child Psychology, 25(2), 29-39.

Roiste, A., Kelly, C., Molcho, M., Gavin, A., & Gabhainn, S. N. (2012). Is school participation good for children?: Assoication with health and wellbeing. Health Education, 112(2), 88-104.

Rothstein, R. (2000). Toward a composite index of school performance. The Elementary School Journal, 100(5), 409-441.

Rotter, J. B. (1966). Internal versus external control reinforcement, *American Psychologist, 45*(4), pp. 489-493.

Ryan, R. M., & Deci, E. L. (2000). Self-determination theory and the facilitation of intrinsic motivation, social development, and well-being. American Psychologist, 55(1), 68-78.

Sachs, J. (2001) Teacher professional identity: competing discourses, competing outcomes. Journal of Education Policy, 16(2), 149-161,

Salmela-Aro, K., Kiuru, N., Leskinen, E., & Nurmi, J. (2009). School Burnout Inventory(SBI) reliability and validity. European Journal of Psychological Assessment, 25, 48-57.

SchÖn, D. A. (1983). The reflective practitioner: How professionals think in action. New York: Basic

Books.

Schunk, D. H. (2006). 교육적 관점에서 본 학습이론 (노석준, 소효정, 오정은, 유병민, 이동훈, 장정아 역). 서울: 아카데미프레스. (원서 2005년 발행)

Schwab, C. (2016). 클라우스 슈밥의 제4차 산업혁명. 서울: 새로운현재.

Searle, T. P., & Barbuto, J. E. (2011). Servant leadership, hope, and organizational virtuousness: A framework exploring positive micro and macro behaviors and performance impact. Journal of Leadership & Organizational Studies, 18(1), 107-117.

Sears, T. N., Barbuto, J. E. (2013). A multilevel framework: Exploring and bridging micro and macro levels of positive behavior with relationship. Journal of Leadership & Organizational Studies, 20(3), 274-286.

Seibert, G. S., May, R. W., Fitzgerald, M. C., & Fincham, F. D. (2016). Understanding school burnout: Does self-control matter? Learning and Individual Differences, 49, 120-127.

Seligman, M. E. P. (2006). 긍정심리학. (김인자 역). 서울: 물푸레. (원서 2004년 발행)

Seligman, M. E. P. (2010). 낙관적인 아이. (김세영 역). 서울: 물푸레. (원서 2007년 발행)

Seligman, M. E. P. (2011). 플로리시. (우문식, 윤상운 역). 서울: 물푸레. (원서 2011년 발행)

Seligman, M. E. P., Ernst, R. M., Gillham, J., Reivich, K., & Linkins, M. (2009). Positive education: positive psychology and classroom interventions. Oxford Review of Education, 35(3), 293-311.

Senge, P. M. (2014). The fifth discipline fieldbook: Strategies and tools for building a learning organization. New York: Crown Business.

Sergiovanni, T. J. (1990). Adding value to leadership gets extraordinary results. Educational Leadership, 47(8), 23-27.

Sergiovanni, T. J. (1992). Moral leadership: Getting to the heart of school improvement. New York: Jossey-Bass.

Shapiro, S. (2010). Revisiting the teachers' lounge: Reflections on emotional experience and teacher identity. Teaching and Teacher Education, 26(3), 616-621.

Shernoff, D. J., Csikszentmihalyi, M., Schneider, B., & Shernoff, E. S. (2003). Student engagement in high school classrooms from the perspective of flow theory. School Psychology Quarterly, 18(2), 158-176.

Shih, S. S. (2012). An examination of academic burnout versus work engagement among Taiwanese adolescents. The Journal of Educational Research, 105, 286-298.

Silvar, B. (2001). The syndrome of burnout, self-image, and anxiety with grammar school students. Horizons of Psychology, 10, 21-32.

Sinden, J. E., Hoy, W. K., & Sweetland, S. R. (2004). An analysis of enabling school structure: Theoretical, empirical, and research considerations. *Journal of Educational Administration, 42*(4), 462-478.

Slocum, J. W., & Hellriegel, D. (2013). 조직행동론. (서재현, 설현도, 송상호, 이호선 역). 서울: 한경사. (원서 2011년 발행)

Smith, P. A., & Hoy, W. K. (2007). Academic optimism and student achievement in urban elementary schools. Journal of Educaitional Administration, 45(5), 556-458.

Snyder, C. R. (1995). Conceptualizing, measuring, and nurturing hope. Journal of Counselling & Development, 73, 355-360.

Snyder, C. R. (2000). Handbook of Hope. San Diego: Academic Press.

Snyder, C. R. (2002). Hope theory: Rainbows in the mind. Psychological Inquiry, 13(4), 249-275.

Snyder, C. R., & Lopez, S. J. (2008). 긍정심리학 핸드북. 서울: 학지사. (원서 2002 발행)

Snyder, C. R., Lopez, S. J., Shorey, H. S., Rand, K. L., Feldman, D. B. (2003). Hope theory, measurements, and applications to school psychology. School Psychology Quarterly, 18(2), 122-139.

Snyder, C. R., Shorey, H. S., Cheavens, J., Pulvers, K. M., Adams, V. H., & Wiklund, C. (2002). Hope and academic success in college. Journal of Educational Psychology, 94(4), 820-826.

Spears, L. (1995). Servant leadership and the Greenleaf legacy. Reflections on leadership: How Robert K. Greenleaf's theory of servant-leadership influenced today's top management thinkers, 1-14.

Spector, P. E. (2009). 산업 및 조직심리학. (박동건 역). 서울: 학지사. (원서 2008년 발행)

Spillane, J. P. (2012). Distributed leadership (Vol. 4). New York: John Wiley & Sons.

Spillane, J. P., Parise, L. M., & Sherer, J. Z. (2011). Organizational routines as coupling mechanisms: Policy, school administration, and the technical core. *American Educational Research Journal, 48*(3), 586-619.

Stajkovic, A. D., & Luthans, F. (1998). Self-efficacy and work-related performance: A meta-analysis. Psychological Bulletin, 124(2), 240-261.

Stajkovic, A. D., & Luthans, F. (1998). Self-efficacy and work-related performance: A meta-analysis. Psychological Bulletin, 124(2), 240-261.

Steinhoff, C., & Owens, R. (1989). The organisational culture assessment inventory: A metaphorical analysis in educational settings. Journal of Educational Administration, 27(3), 17-23.

Stiglbauer, B., Gnambs, T., Gamsjager, M., & Batnic, B. (2013). The upward spiral of adolescents' positive school experiences and happiness: Investigating reciprocal effects over time. Journal of School Psychology, 51, 231-242.

Sulea, C., Beek, I. V., Sarbescu, P., Virga, D., & Schaufeli, W. B. (2015). Engagement, boredom, and burnout among students: Basic need satisfaction matters more than personality traits. Learning and individual Differences, 42, 132-138.

Sutherland, L., Howard, S., & Markauskaite, L. (2010). Professional identity creation: Examining the development of beginning preservice teachers' understanding of their work as teachers. Teaching and Teacher Education, 26(3), 455-465.

Swanson, J. L. & Fouad, N. A. (2005). 사례로 배우는 진로 및 직업상담. 서울: 학지사.

Swinson, J. & Harrop, A. (2012). Positive psychology for teachers: A practice guide. N.Y.: Routledge.

Tadic, M., Bakker, A. B., & Oerlemans, W. G. M. (2013). Work happiness among teachers: A day reconstruction study on the role of self-concordance. Journal of School Psychology, 51, 735-750.

Taylor, L. A. (2017). How teachers become teacher researchers: Narrative as a tool for teacher identity construction. Teaching and Teacher Education, 61, 16-25.

Terjessen, M. D., Jacofsky, M., Froh, J., & DiGiuseppe, R. (2004). Integrating positive psychology into schools: Implications for practice. Psychology in the Schools, 41(1), 163-172.

Thomas, L., & Beauchamp, C. (2011). Understanding new teachers' professional identities through metaphor. Teaching and teacher Education, 27(4), 762-769.

Tough, P. (2012). How children succeed: Grit, curiosity, and the hidden power of character. Boston, MA: Houghton Mifflin Harcourt.

Tschannen-Moran, M., & Hoy, W. K. (2000). A multidisciplinary analysis of the nature, meaning, and measurement of trust. *Review of Educational Research, 70*(4), 547-593.

Tschannen-Moran, M., Woolfolk, H. A. ,& Hoy ,W. K. (1998). Teacher efficacy: It' smeaning and measure. *Review of Educational Research, 68*(2), 202-248.

Tschannnen-Moran, M. (2004). ***Trust Matters : Leadership for successful schools***. JOSSEY-BASS.

Tschannnen-Moran, M. (2009). Fostering teacher professionalism in schools: The role of leadership orientation and trust. *Educational Administration Quarterly, 45*(2), 217-247.

Turnbull, J. (2013). 9 Habits of Highly Effective Teachers: A Practical Guide to Personal Development. London: A&C Black.

Turner, J. (2001). 현대 사회학 이론. 서울: 나남출판.

Van Maele, D., & Van Houtte, M. (2009). Faculty trust and organizational school characteristics: An exploration across secondary schools in Flanders. *Educational Administration Quarterly, 45*(4), 556-589.

Walburg, V. (2014). Burnout among high school students: A literature review. Children and Youth Services Review, 42, 28-33.

Walkington, J. (2005). Becoming a teacher: Encouraging development of teacher identity through reflective practive. Asia-Pacific Journal of Teacher Education, 33(1), 53-64.

Webb, P. T. (2006). The choreography of accountability. Journal of Education Policy, 21(2), 201–214.

Weick, K. E. (1976). Educational organizations as loosely coupled systems. *Administrative Science Quarterly, 21*, 1-19

Wenger, E. (1998). Communities of practice: Learning as a social system. Systems Thinker, 9(5), 2-3.

Whitaker, T. (2003). What great principals do differently: Fifteen things that matter most. New York: Routledge.

Williams, J. (2010). Constructing a new professional identity: Career change into teaching. Teaching and Teacher Education, 26(3), 639-647.

Wood, A. M., Maltby, J., Gillett, R., Linley, P. A., & Joseph, S. (2008). The role of gratitude in the development of social support, stress, and depression: Two longitudinal studies. Journal of Research in Personality, 42, 854-871.

Woodfolk Hoy, A. W., hOY, W. K., & Kurz, N. M. (2008). Teacher's academic optimism: The development and test of a new construct. Teaching and Teacher Education, 24, 821-832.

World Economic Forum(2018). The future of jobs report. Geneva: World Economic Forum.

World Economic Forum(2020). Jobs of tomorrow: Mapping opportunity in the new economy. Geneva: World Economic Forum.

Wright, T. A. (2003). Positive organizational behavior: An idea whose time has truly come. Journal of Organizational Behavior, 24, 437–442.

Wright, T. A. (2003). Positive organizational behavior: An idea whose time has truly come. Journal of Organizational Behavior, 24, 437-442.

Wynne, J. (2002). Teacher leadership in education reform. ERIC Digest. http://www. ericdigests. org/2002-4/teachers. html.

Youssef, C. M., & Luthans, F. (2007). Positive organizational behavior in the workplace: The impact of hope, optimism, and resilience. Journal of Management, 33(5), 774-800.

Yukl, G. A.(1994). ***Leadership in Organization*** (3rd ed.). Englewood Cliffs, New Jersey: Prentice-Hill.

Zembylas, M. (2003). Emotions and teacher identity: A poststructural perspective. Teachers and Teaching: Theory and Practice, 9(3), 213-238.

Zullig, K. J., Heubner, E. S., & Patton, J. M. (2011). Relationships among school climate domains and school satisfaction. Psychology in the schools, 48(2), 133-145.

찾아보기

기타

저 / 자 / 소 / 개

■ **김규태**

동국대학교 대학원 교육학박사

The University of Texas at Austin 철학박사

현. 계명대학교 교육학과 교수

교사리더십과 학급경영

1판 1쇄 인쇄 – 2020년 2월 27일

1판 1쇄 발행 – 2020년 3월 2일

저 자 - 김규태

발 행 인 - 강철원

발 행 처 - 양성원

주 소 - 경기도 파주시 검산로 173번길 29-20

전 화 - 031-946-3861(代)

팩 스 - 031-946-3864

이 메 일 - tnwpub@naver.com

홈페이지 - tnwpub.co.kr

출판등록 - 2015년 8월 31일 제 2015-000211 호

ISBN 979-11-6126-256-7

정가 23,000원